U0898615

2017年版

世界关税概况

World Trade Organization
International Trade Centre
The United Nations Conference on Trade and Development 编

郑存强 廖春华 陈绮虹 许秀融 陈征科 译

WORLD TARIFF PROFILES

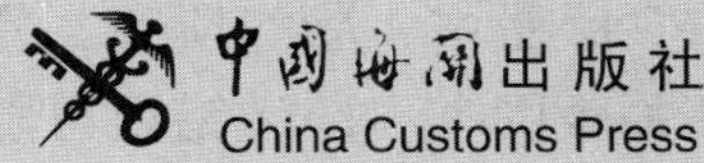

图书在版编目（CIP）数据

世界关税概况：2017 年版/世界贸易组织，国际贸易中心，联合国贸易和发展会议编；郑存强等译．—北京：中国海关出版社，2018.9

ISBN 978-7-5175-0300-2

Ⅰ.①世… Ⅱ.①世… ②国… ③联… ④郑… Ⅲ.①关税—概况—世界—2017
Ⅳ.①F745

中国版本图书馆 CIP 数据核字（2018）第 181220 号

北京市版权局著作权合同登记号：01-2018-4965

ISBN 978-92-870-4163-0（print）/978-92-870-4164-7（pdf）

The report is also available in French and Spanish Copies can be ordered from：WTO Online Bookshop http：//onlinebookshop. wto. org

If you would like more information on the contents of this report or if you have any comments or suggestions for improvement please contact the Market Access Intelligence Section（mai@ wto. org）.

世界关税概况（2017 年版）

SHIJIE GUANSHUI GAIKUANG（2017 NIAN BAN）

编　　者：世界贸易组织　国际贸易中心　联合国贸易和发展会议
译　　者：郑存强　廖春华　陈绮虹　许秀融　陈征科
责任编辑：史　娜
助理编辑：衣尚书
出版发行：中国海关出版社
社　　址：北京市朝阳区东四环南路甲 1 号　　邮政编码：100023
网　　址：www. hgcbs. com. cn
编 辑 部：01065194242－7535（电话）　　01065194231（传真）
发 行 部：01065194221/4227/4238/4246（电话）　　01065194233（传真）
社办书店：01065195616（电话）　　01065195127（传真）
www. customskb. com/book（网址）
印　　刷：北京天恒嘉业印刷有限公司　　经　　销：新华书店
开　　本：889mm×1194mm　1/16
印　　张：16. 5　　字　　数：350 千字
版　　次：2018 年 9 月第 1 版
印　　次：2018 年 9 月第 1 次印刷
书　　号：ISBN　978-7-5175-0300-2
定　　价：280. 00 元

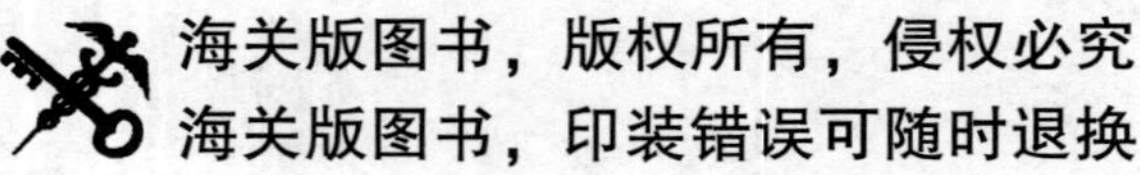

译者序

《世界关税概况》是一本由世界贸易组织（WTO）、国际贸易中心（ITC）、联合国贸易和发展会议（UNCTAD）共同编印的出版物，自2007年起每年出版一辑，迄今已出版11辑。

本书采用结构化数据信息表，分别以世界总览和各国/关境概览的形式，全景展示超过170个国家/关境所实施的关税和非关税措施综合信息。本书分为五章：第一章是各国/关境关税措施总览，以世界海关组织（WCO）主持编制的《协调制度》（HS）为标尺，以所有产品、农产品、非农产品为基本分类，全面展示各国/关境的约束性关税、现行关税、关税水平、总税目数、零关税、中高税率、最高税率、非从价税占比及税目税率差异系数等情况。第二章围绕进口和出口两大主题，以国家/关境页的形式，逐一对各国/关境的关税制度及其在主要出口国所面临的市场准入条件作进一步解构。进口方面，除了对各国/关境的约束性关税水平、现行MFN关税水平和贸易加权关税水平进行概述外，还详细呈现了各国/关境进口农产品和非农产品的关税值域分布情况。同时，按照《协调制度》分类标准将国际贸易商品分为22个产品组，详细呈现各个产品组的关税及实际进口的相关信息。出口方面，以各国/关境农产品和非农产品进出口的5个主要贸易伙伴为横轴，以双边进口贸易总值、双边贸易在HS各章和六位子目分布、有贸易量MFN关税的简单和加权平均值、加权优惠幅度，以及零关税的税目和进口值占比等为纵轴，展示各国/关境的国际贸易地位情况。第三章着重围绕当今世界贸易三大非关税措施——反倾销、反补贴和保障措施，对通过WTO、世界银行及UNCTAD等渠道收集到的各国/关境的非关税措施相关信息进行汇总和梳理，将进口方和出口方所采取的非关税措施、各国/关境按产品组实施的非关税措施及其最常受影响的20个HS章节或品目相关信息呈现在读者眼前。第四章为“出口多元化”特别专题研究。从各国/关境出口市场地域分布的多元化，出口产品多元化及其HS六位子目覆盖面，出口多元化的时序变化、稳定性及其长期趋势，多边关税与贸易谈判产品类别覆盖面，产品多元化和经济体大小与贸易的相关性等多个维度进行深入分析。第五章对本书资料的数据源及读者关心的常见问题作了介绍或解答。

本书所涵盖的各国/关境关税与贸易政策信息量巨大，是WTO多边平台对各国/关境关税制度运行的权威评估和比较解读，是一部考察各国/关境关税与贸易政策的信息密集型工具书。

经过40年的改革开放，我国已发展成为世界第二大经济体。从2001年起，我国成为WTO成员已逾17载。我国经济贸易已经与世界经济深度融合在一起，成为经济全球化进程的积极参与者。但应看到，2008年爆发的国际金融危机深刻影响了全球化进程。一方面，美欧等发达经济体对经济全球化的态度转向消极，给全球经济发展带来极大的不确定性。另一方面，当今中国已经成为世界经济的重要引擎，成为维护全球开放自由贸易之锚和引领新一轮全球化进程的核心动力。诚如习近平主席在2018年博鳌亚洲论坛上发表主旨演讲时所表示的那样：“中国开放的大门不会关闭，只会越开越大。”正是在此背景下，本书的引进和翻译出版恰逢其时，旨在为各级政府部门、生产企业、国际贸易从业者提供一把观察和解读当今世界贸易网络结构和各国/关境关税与贸易政策的钥匙。

一直以来，我们习惯于按照传统的统计方法开展税收政策及其执行效果的评估分析。本书的数据源搜集和统计分析方法为有志于关税与贸易政策研究者提供了一个全新视角。本书内含的一整套科学严谨的分析方法，可作为我们开展税收和贸易数据分析的有益借鉴，有助于拓展我们的全球视野，提升我们的数据搜集、分析和研究能力，从而为全球经济治理贡献中国智慧和中国方案。

本书的绪言和第一章由廖春华翻译，第二章由陈绮虹翻译，第三章由陈征科翻译，第四章由许秀融翻译，全文由郑存强校译。为帮助读者更好地理解书中有关内容，郑存强对本书数据信息表各项指标的统计分析方法所涉相关材料作了补充翻译。本书译稿经海关总署关税征管司姜峰司长、徐慧筠副司长审阅，海关总署广东分署原副主任刘广平就保持本书序列编译更新提出意见，在此谨致谢忱。由于译者水平有限，译文存在纰漏在所难免。不当之处，敬请广大读者批评指正。

译者

2018 年 8 月

出版说明

《世界关税概况》是一部关于货物贸易市场准入方面的出版物，由世界贸易组织（WTO）、国际贸易中心（ITC）及联合国贸易和发展会议（UNCTAD）共同出版。该书每年出版一次，旨在提供超过170个国家/关境所实施的关税和非关税措施的综合信息。同时收录了WTO、ITC和UNCTAD数据库存档的非WTO成员2015年或2016年的现行关税信息。

内容简介

《世界关税概况》提供了超过170个国家/关境的关税和贸易措施的详细信息。本书首先介绍各国/关境关税的构成，读者可以从总表和单页数据表中获取相关数据。在国际贸易中，非关税措施的作用和影响越来越大，因此接下来本书介绍各国/关境非关税措施的应用情况。最后，本书的“出口多元化”特别专题对各国/关境出口多元化的指标随时间变化的情况与趋势进行分析研究。

本书由WTO、ITC及UNCTAD联合编印出版。

更多信息

本书所包含的统计表格可通过WTO网站（www.wto.org/statistics）下载。

一般性说明及缩略语

缩略语

AVG	平均值
AG	农产品
AVE	从价税等值
HS	《协调制度》
Max	最大值
MFN	最惠国
NAV	非从价税
Non-AG	非农产品
SSG	特别保护措施
TL	税号
UV	单位价值

符号

-	不适用
0	=0（非取整）
0.0	>0 且<0.05
100	=100（非取整）
100.0	>99.95 且 <100
空白	给定国家/关境的约束关税或已实施关税和/或进口数据缺失。
斜体	基于从价税估值的最大值以斜体印刷；同时也适用于从价税是作为复合税最高或最低的一部分。
US $	美元

各国/关境已实施关税及其进口的相关统计数据是基于其采用的基准年份《协调制度》（HS）目录进行计算的。约束关税的统计数据则是基于WTO成员核准的关税减让表计得。在先前发布的《世界关税概况》中，各个数据表均基于各WTO成员“入世”时所采用的《协调制度》版本。自2010年起，本书中约束关税的统计数据，均是基于各WTO成员采用的最新《协调制度》版本核准的关税减让表。采用不同版本的《协调制度》目录会对一系列不同时期的约束关税指标造成一定影响。尽管各成员的减让承诺不会因商品分类目录的转换而改变，但《协调制度》从某一版本转换至另一版本，还是会对某些汇总统计数据产生影响。

农产品和非农产品的归类基于WTO《农业协定》附录所涵盖的所有产品。该附录列出了WTO农业谈判时被视为农产品的HS编码。其附录一未列出的HS编码为非农业市场准入谈判时所使用，因此被视为非农产品。

在各国/关境内部和各国/关境间对约束关税和已实施关税进行比较时，除了要注意不同版本的《协调制度》及其目录细分所造成的影响之外，还需注意以下几点：（1）约束关税覆盖范围；（2）约束关税没有得到完全执行；（3）从价税等值（AVEs）。

尽管约束关税承诺原则上涵盖了所有的农产品，但对于非农产品却并非如此。有些WTO成员对非农产品的约束覆盖率较低，有时远远低于100%。有些发达国家（地区）则尚未做到将减让表中的所有税号全覆盖。对约束关税和已实施关税指标的任何比较，只有在约束关税全覆盖的情况下才能确保其有效性。

除最近“入世”的成员外，大多数WTO成员已经实施“乌拉圭回合”所作的全部承诺。对于尚未完全承诺实施的成员，MFN实施关税的平均值或最大值可能超出相应的约束关税指标。

最后，同样重要的是，当《协调制度》目录的变化导致所使用的单位价值不同时，从价税等值的计算会对约束关税与已实施关税之间的比较造成影响。另外，约束关税的表现形式可能与实施关税的形式无法直接可比。在一些情况下，当约束关税是从价税时，其所对应的MFN实施关税的从价税等值会作出相应调整。此时，相应的从价约束关税将作为从价税等值估算的上限。

目　录

绪言

WTO

世界贸易组织（WTO）是处理国家/地区间贸易规则的唯一全球性国际组织。其核心是由世界上大多数贸易方通过谈判和签署、并由各国/关境政府批准生效的WTO协定；其目标是帮助货物生产商、服务供应商、出口商和进口商开展业务。WTO的主要职能是确保贸易流通尽可能顺畅、可预测和自由化。通过管理贸易协定，作为贸易谈判的论坛，解决贸易争端，审查各国/关境贸易政策，通过技术援助和培训项目协助发展中国家处理贸易政策问题，并以与其他国际组织开展合作等方式实现其职能。

ITC

国际贸易中心（ITC）是世界贸易组织和联合国联合设置的机构。ITC通过向私营部门、贸易支持机构和政策制定者提供可持续和包容性的贸易发展方案，促进发展中国家的小企业出口。ITC的战略目标是加强企业的国际竞争力，提升贸易服务供应商的能力，并支持政策制定者将其商业领域融入全球经济。

UNCTAD

联合国贸易和发展会议（UNCTAD）成立于1964年，旨在促进发展中国家以对其发展有利的方式融入世界经济。UNCTAD逐步发展成为一个知识型权威机构，旨在帮助推动对现行政策的辩论和对发展的思考，特别侧重于确保境内政策和国际行动在实现可持续发展方面相互支持。

《世界关税概况》是一部由WTO、ITC和UNCTAD共同发起，致力于货物贸易市场准入的出版物。本书逐一载录了164个WTO成员，以及可获得数据的其他国家/关境的主要关税参数的综合汇编。每部关税概况都包含了各个经济体所实施的进口关税信息，辅之以在其主要出口市场所面临的市场准入条件的分析。

所有国家/关境的统计数据均以标准化表格呈现，以便于在各个国家/关境之间、各行业之间逐一进行比较；对WTO成员而言，还要逐一对其约束关税与已实施关税进行比较。统计是基于各国/关境依据某一版本《协调制度》目录制定的税则和进口数据进行的。在可能的情况下，对非从价税的从价税等值进行估算，并将其纳入到各项关税指标的估算当中。尽管如此，在对这些指标进行解读时仍有一些注意事项，建议读者细读各项统计表之前先阅读统计方法说明。

本书内容分为五章。第一章展示了所有国家/关境的所有产品的关税统计数据，以及农产品和非农产品的细分数据摘要。第二章逐一用完整的页面展示了每个国家/关境按产品部类和关税值域划分的解集信息。同时，还载录了各国/关境在其主要出口市场所面临的市场准入条件。第三章为新增部分，用以涵盖国际贸易中日显重要的非关税措施信息。第四章包含了一个特别专题，为本书每次出版时展示的一个新主题。第五章为附录，载录了“数据来源”和“常见问题”汇编等。

第一章的关税表概述旨在不同国家/关境之间，以及在约束关税与已实施关税之间进行比较。除了关税平均值、最大值、零关税百分比、峰值及从价税等值等标准指标外，还包含关税离散度指标，如各种不同的关税数及其离散系数。在可能的情况下，这些指标是基于对HS六位子目的预合计计得的，从而使各国/关境的关税指标标准化，以便相互兼容。

第二章的关税概况表分为境内市场准入保护情况（Part A），以及各国/关境在其主要出口市场所面临的保护情况（Part B）。在Part A中，约束关税和已实施关税的信息是按关税值域和产品部类呈现的；农产品和非农产品的关税信息分别呈现。此外，还列有特别保障措施和关税配额信息的指标。Part B描述了各国/关境的五个主要出口市场的贸易多元化情况和市场准入条件，并细分为农产品和非农产品加以展示。

第三章载录了反倾销、反补贴和保障措施的摘要表。

第四章呈现的新的特别专题为“出口多元化”。

关税表概述

01
chapter

1.1 列标题说明

列标题	说明或计算方法
已实施 MFN 关税的年份	公历年或财政年度的起始。
约束范围	至少含有一个约束税号的 HS 六位子目的占比。非农产品（Non-AG）税号所占百分比也将单独列出。约束税号全覆盖的，用 100 表示（不带小数点）。某些税号为非约束税号，但其计算结果四舍五入仍用 100 表示的，会加上一位小数，即 100.0。
简单平均	HS 六位子目从价税或从价税等值的简单平均值。
零关税	产品组的子目总数中零关税 HS 六位子目所占比例。部分零关税子目将按比例加以考虑。
非从价税	适用非从价税的 HS 六位子目占比。当只有部分 HS 六位子目适用非从价税时，将采用这些税号的占比。
税率>15%	适用从价税或从价税等值的 HS 六位子目的占比大于 15%。当只有部分 HS 六位子目适用上述税率时，将按比例计入。
税率>3×平均值	适用从价税或从价税等值的 HS 六位子目占比超过本国/关境平均关税的 3 倍。当只有部分 HS 六位子目适用上述税率时，将按比例计入。
截至 2016 年尚未履行的减让	截至 2016 年尚未执行的约束关税的 HS 六位子目占比。当只有部分 HS 六位子目适用上述约束关税时，将按比例计入。
最高税率	税号一级从价税或从价税等值的最大值。
不同关税税率的数量	不同关税税率的数量。非从价税往往被视为不同税种，因为从价税等值的计算总是产生不同的从价税等值。但对于这一指标，在计算时，税率缺失的不包括在内。
差异系数	税号税率的标准离差除以所有税号税率的简单平均值。仅包括从价税或从价税等值。
已实施 MFN 关税的税号数量	已实施 MFN 关税的税号总数。

1.2 技术性说明

只有《协调制度》第1~97章所涵盖商品的关税和进口情况才列入统计。各国/关境已实施的税则依据该国/关境采用的基准年份HS六位数级标准化目录进行验证。不按此标准制定的本国/关境税则号列，即税号的前六位应基于该国/关境所采用的某一版本《协调制度》的标准化子目，将弃之不用。另一方面，缺失的子目会被补齐。因此，所有统计都是基于完整的标准化目录进行的。所有简单平均值都是基于预合计的HS六位子目平均值。预合计是指首先把税号一级的关税均分给各个HS六位子目，然后再基于这些预合计的平均值进行计算。

非从价税应尽可能转换为从价税等值。其转换方法参见《世界关税概况（2006年版）》的技术附录B。

1.3 所有产品

国家/关境	已实施MFN关税的年份	约束范围	简单平均		零关税		非从价税		税率>15%	
			约束关税	已实施MFN关税	约束关税	已实施MFN关税	约束关税	已实施MFN关税	约束关税	已实施MFN关税
		%			HS六位子目所占百分比					
1	2	3	4	5	6	7	8	9	10	11
阿富汗		96.6	13.6		9.1		0.8		28.9	
阿尔巴尼亚	2016	100	6.9	3.8	30.1	51.0	0	0	15.6	0
阿尔及利亚	2016			18.9		1.4		0		42.4
安哥拉	2016	100	59.1	11.4	0	0.1	0	0.0	99.2	26.2
安提瓜和巴布达	2016	95.7	59.6	9.9	0	10.0	0	0.1	95.7	24.5
阿根廷	2016	100	31.8	13.7	0.0	5.6	0	0	97.8	36.6
亚美尼亚	2016	100	8.5	6.2	36.4	22.3	0	9.2	0	2.4
澳大利亚	2016	97.0	9.9	2.5	20.4	50.3	0.4	0.2	13.3	0.1
阿塞拜疆	2015			9.0		3.1		1.2		0.5
巴哈马	2016			33.2		12.0		0.2		80.4
巴林	2016	72.8	34.9	4.7	2.1	10.3	0	1.4	70.6	0.2
孟加拉国	2016	15.5	169.3	13.9	0.0	4.4	0	0.5	15.2	41.6
巴巴多斯		97.5	78.3		0		0		97.5	
白俄罗斯	2016			7.2		15.9		9.7		4.0
伯利兹	2016	96.6	59.3	11.0	0	9.5	0	0.5	96.6	24.9
贝宁	2016	39.6	29.4	12.2	0.7	1.5	0	0	18.4	39.0
不丹	2015			22.3		4.2		0		63.8
玻利维亚	2016	100	40.0	11.7	0	6.9	0	0	100.0	20.5
波黑	2016			6.3		31.2		3.1		2.6
博茨瓦纳	2016	94.3	18.8	7.6	14.3	61.0	0	2.8	39.4	20.8
巴西	2016	100	31.4	13.5	1.0	5.3	0	0	96.4	36.0
文莱	2016	95.5	25.6	1.2	0	82.3	0.3	0.3	95.3	1.1
布基纳法索	2016	39.6	44.1	12.2	0.7	1.5	0	0	18.5	39.0
布隆迪	2016	22.9	69.0	12.8	0.8	36.9	0	1.0	19.9	41.1
佛得角	2015	100.0	16.0	10.0	4.7	45.0	0	0	45.2	30.3
柬埔寨	2016	100	19.5	11.2	0.8	15.7	0	0.0	45.7	10.0
喀麦隆		14.4	79.9		0		0		14.4	
加拿大	2016	99.7	6.5	4.1	39.1	75.8	2.8	1.7	7.1	6.7
中非共和国	2016	62.0	36.1	18.0	0	0.6	0	0.4	62.0	47.9
乍得	2016	14.6	79.9	17.9	0	0.6	0	0.6	14.6	47.0
智利	2016	100	25.1	6.0	0.0	0.3	0	0	100.0	0
中国①	2016	100	10.0	9.9	6.5	7.0	0	0.3	16.3	15.5
哥伦比亚	2016	100	42.1	6.6	2.1	50.7	0	5.4	97.9	6.6
科摩罗	2015			15.3		12.3		0.1		72.9
刚果（布）	2015	17.2	27.4	11.9	0	3.2	0	0.1	15.2	38.4
库克群岛	2016			3.4		98.4		1.1		1.3
哥斯达黎加	2016	100	43.1	5.6	2.0	51.3	0	0	96.0	1.2
科特迪瓦	2016	34.0	11.2	12.2	0.7	1.5	0	0	2.5	39.1
古巴	2016	32.4	21.6	10.2	2.0	6.4	0	0	14.9	6.4
刚果（金）	2015	100	96.1	10.9	0	0.4	0	0	98.9	27.8
吉布提		100	41.3		0.0		0		99.6	
多米尼加	2016	94.3	58.7	10.0	0	24.0	0	0	94.3	23.7
多米尼加共和国	2016	100	34.0	7.3	2.4	55.3	0	0	89.4	29.1
厄瓜多尔	2016	100	21.7	12.3	0	34.5	0	6.0	71.2	36.3
埃及	2016	99.3	36.8	17.9	1.9	11.8	0.2	0.2	70.6	21.0
萨尔瓦多	2015	100	36.7	6.0	2.4	50.3	0	0	97.6	2.2
埃塞俄比亚	2015			17.4		4.5		0.1		51.9
欧盟	2016	100	5.0	5.2	29.2	27.2	4.7	5.1	4.1	4.6
斐济	2015	51.1	40.7	11.7	0	4.7	0.3	1.8	51.1	16.3
加蓬	2016	100	21.2	17.7	0	2.7	0	0	13.9	46.8
冈比亚		14.8	103.5		0		0		14.8	
格鲁吉亚	2016	100	7.4	1.5	22.3	86.8	0.4	0.5	2.0	0.1
加纳	2016	15.4	92.5	12.2	0	1.7	0	0.1	15.4	39.0
格林纳达	2016	100	56.6	11.0	0.2	5.1	0	0.2	99.8	26.5
危地马拉	2015	100	41.3	5.6	2.0	51.3	0	0	94.0	0.6
几内亚		39.2	20.8		0.7		0		18.2	

① 本书在“关境”概念下的“中国”均指除中华人民共和国香港、澳门和台澎金马单独关税区以外的中华人民共和国关境。后文不再一一注明。

税率>3×平均值	税率>3×平均值	截至2016年尚未履行的减让	最高税率		不同关税税率的数量		差异系数		已实施MFN关税的税号数量	国家/关境
约束关税	已实施MFN关税		约束关税	已实施MFN关税	约束关税	已实施MFN关税	约束关税	已实施MFN关税		
HS六位子目所占百分比										
12	13	14	15	16	17	18	19	20	21	22
4.7		0.1	70		59		102			阿富汗
0	10.1	0	20	15	9	7	98	130	9,413	阿尔巴尼亚
	0			30		4		54	15,945	阿尔及利亚
0	7.4	0	80	50	6	6	8	126	5,961	安哥拉
0.2	6.8	0	220	70	32	14	38	94	6,705	安提瓜和巴布达
0	0	0	35	35	17	19	23	74	10,032	阿根廷
0	0.2	0	15	80	9	429	83	80	11,473	亚美尼亚
5.8	0.1	0	55	*176*	74	16	111	162	6,199	澳大利亚
	0.3			*230*		64		92	9,957	阿塞拜疆
	0.1			*246*		19		61	6,116	巴哈马
0.3	0.2	0	200	*200*	4	9	40	158	7,285	巴林
0	0	0	200	25	14	34	39	69	6,631	孟加拉国
0.4		0	247		29		29			巴巴多斯
	0.8			*233*		421		122	11,473	白俄罗斯
0	8.4	0	110	*110*	5	25	32	114	6,302	伯利兹
0.9	0	0	100	35	14	5	93	61	5,898	贝宁
	0.7			100		9		65	5,474	不丹
0	5.9	0	40	40	2	7	1	78	7,486	玻利维亚
	2.3			*187*		208		122	10,142	波黑
2.8	9.4	0	597	*156*	56	214	129	145	7,456	博茨瓦纳
0	0	0	55	35	32	14	28	72	10,028	巴西
0.1	17.5	0	*>1000*	*126*	27	46	159	259	9,915	文莱
0	0	0	100	35	12	5	104	61	5,898	布基纳法索
0	0.6	0	100	*100*	11	11	62	94	5,436	布隆迪
2.0	6.0	1.5	55	50	12	17	80	129	5,767	佛得角
0.1	10.0	0	60	35	24	9	56	79	9,557	柬埔寨
0		0	80		2		2			喀麦隆
1.1	7.7	0	*368*	*368*	532	203	325	473	7,128	加拿大
0	0	0	70	30	8	9	25	53	5,652	中非共和国
0	0	0	80	30	2	10	1	53	5,491	乍得
0.1	0	0	98	6	7	2	9	7	7,784	智利
2.4	2.3	0	65	65	59	81	76	69	13,161	中国
2.1	5.2	2.1	227	98	51	276	56	154	7,473	哥伦比亚
	0			20		4		52	5,390	科摩罗
0	0	0	30	35	3	5	26	63	5,898	刚果(布)
	1.3			*>1000*		50		662	7,999	库克群岛
0.1	1.2	0	233	150	19	13	36	161	10,012	哥斯达黎加
0.1	0	0	64	35	15	5	59	61	5,898	科特迪瓦
0	0	0	62	30	28	13	77	65	5,890	古巴
0	0	0	100	20	9	5	21	54	5,841	刚果(金)
0.7		0	450		14		50			吉布提
0	7.4	0	150	165	4	21	40	160	6,354	多米尼加
0	0.8	0	99	40	13	7	35	122	7,047	多米尼加共和国
0.2	0.8	0	86	85	19	199	39	104	7,540	厄瓜多尔
0.4	0.4	0	>1000	>1000	41	25	415	790	7,859	埃及
0.2	2.2	0	164	164	15	11	35	141	6,978	萨尔瓦多
	0			35		6		67	5,747	埃塞俄比亚
4.3	4.4	0	*366*	*170*	1186	902	171	152	9,413	欧盟
0.1	0.6	0	*492*	*>1000*	34	112	33	226	5,967	斐济
0	0	0	60	30	3	5	73	55	5,599	加蓬
0		0	110		9		20			冈比亚
0.7	12.8	0	*350*	*349*	39	49	114	281	10,254	格鲁吉亚
0	0	0	99	35	6	9	21	61	5,898	加纳
0.6	7.9	0	200	40	9	14	36	93	6,663	格林纳达
0.6	0.6	0	257	40	27	8	47	111	7,184	危地马拉
0.1		0	75		15		77			几内亚

国家/关境	已实施MFN关税的年份	约束范围	简单平均		零关税		非从价税		税率>15%	
			约束关税	已实施MFN关税	约束关税	已实施MFN关税	约束关税	已实施MFN关税	约束关税	已实施MFN关税
		%			HS六位子目所占百分比					
1	2	3	4	5	6	7	8	9	10	11
几内亚比绍		97.8	48.5		0		0		97.8	
圭亚那	2016	100	56.6	10.9	0	9.5	0	0.0	100.0	25.0
海地	2016	88.1	18.7	8.8	5.1	38.8	9.0	0	52.5	24.2
洪都拉斯	2015	100	31.9	5.7	2.0	50.3	0	0.0	89.7	0.7
中国香港①	2016	47.7	0	0	47.7	100.0	0	0	0	0
冰岛	2016	95.0	24.0	4.7	43.6	80.0	3.2	3.0	32.2	4.3
印度	2016	74.4	48.5	13.4	2.3	2.8	5.1	5.0	71.5	18.2
印度尼西亚	2016	96.3	37.1	7.9	2.4	12.7	0	0.2	90.6	9.2
以色列	2016	75.3	22.0	3.9	10.8	64.2	5.7	3.6	20.9	2.8
牙买加	2016	100	49.6	8.5	0.5	58.6	0.0	0	83.9	26.9
日本	2016	99.7	4.5	4.0	53.0	52.9	3.5	3.4	3.7	3.5
约旦	2016	100	16.2	9.7	6.2	54.1	0.2	0.1	47.2	32.4
哈萨克斯坦	2016	100	6.4	6.9	15.0	15.7	7.8	8.2	0.9	2.5
肯尼亚	2016	14.8	95.1	12.8	0	36.8	0	1.0	14.8	41.2
韩国	2016	94.9	16.5	13.9	16.2	15.1	0.7	0.5	20.2	10.4
科威特	2016	99.9	97.9	4.7	2.1	10.3	0	1.4	97.8	0.2
吉尔吉斯斯坦	2016	99.9	7.5	6.9	19.6	16.9	0.5	9.6	3.0	3.3
老挝	2016	100	19.0	8.5	1.1	1.5	0	0.1	56.4	9.2
黎巴嫩	2016			5.7		39.2		6.4		7.3
莱索托	2016	100	79.9	7.6	0	61.0	0	2.8	100.0	20.9
利比里亚		100	26.7		0.1		0		86.1	
中国澳门②	2016	27.5	0	0	27.5	100.0	0	0	0	0
马达加斯加	2016	30.0	27.3	11.7	0.0	5.6	0	0	27.6	38.0
马拉维	2016	34.1	75.1	12.4	0	32.2	0	0.0	34.1	37.5
马来西亚	2016	84.3	21.3	5.8	6.0	65.7	2.9	0.7	36.6	13.3
马尔代夫		96.8	36.4		0		0		96.8	
马里	2016	40.4	29.5	12.2	0.7	1.5	0	0	19.3	39.0
毛里塔尼亚	2015	39.3	19.8	12.0	0.6	3.7	0	0.4	17.7	38.8
毛里求斯	2016	20.0	84.1	1.0	5.2	93.0	0	2.1	14.8	1.0
墨西哥	2016	100	36.2	7.0	0.3	50.3	1.0	0.7	98.7	15.4
摩尔多瓦	2016	100	6.9	5.4	25.0	37.1	1.2	1.6	2.6	2.1
蒙古	2016	100	17.5	5.2	1.6	1.0	0	0	77.4	0.8
黑山	2016	100	5.1	3.9	31.9	30.2	0	0.6	3.3	3.1
摩洛哥	2016	100	41.3	11.5	0.0	0.0	0	0	99.5	29.6
莫桑比克	2016	14.7	97.7	10.1	0	3.6	0	0	14.4	33.4
缅甸	2015	18.8	83.3	5.6	1.1	3.9	0.1	0	15.1	5.0
纳米比亚	2016	94.3	19.2	7.6	14.3	61.0	0	2.8	39.2	20.8
瑙鲁	2016			11.9		4.2		1.5		2.9
尼泊尔	2016	99.4	26.3	12.1	2.5	3.6	0	0.7	87.6	14.2
新西兰	2016	100	10.1	2.0	47.3	63.9	3.2	0.4	31.2	0.0
尼加拉瓜	2016	100	40.9	5.7	2.0	50.8	0	0	98.0	0.8
尼日尔	2016	96.8	45.2	12.2	0.6	1.5	0	0	76.1	39.0
尼日利亚	2016	20.1	120.9	12.1	0	2.5	0	0	20.1	39.0
挪威	2016	100	20.1	6.1	48.6	89.1	10.8	6.3	6.4	5.5
阿曼	2016	100	14.1	5.5	6.0	10.3	0	0.7	5.5	1.1
巴基斯坦	2016	98.7	60.9	12.1	0	0	0.0	0.7	95.1	44.1
帕劳	2016			3.6		14.2		2.4		1.0
巴拿马	2015	100	22.9	6.8	3.9	37.7	0.2	0.1	68.6	1.0
巴布亚新几内亚		100	32.2		0		0.9		71.4	
巴拉圭	2016	100	33.5	9.8	0	13.8	0	0	94.9	28.0
秘鲁	2015	100	29.5	2.4	2.0	67.5	0	0	98.0	0
菲律宾	2016	67.0	25.7	6.3	2.5	3.4	0.1	0	56.0	3.2
卡塔尔	2016	100	15.7	4.7	3.0	10.3	0	1.0	17.8	0.2
俄罗斯	2016	100	7.6	7.1	3.3	15.5	9.1	9.8	1.6	3.6
卢旺达	2016	100	89.2	12.7	1.0	37.0	0	0.7	96.9	40.9
圣基茨和尼维斯	2016	95.7	76.5	9.1	0	25.8	0	0.3	95.6	21.7

① “中国香港”均指中华人民共和国香港单独关税区。后文不再一一注明。

② “中国澳门”均指中华人民共和国澳门单独关税区。后文不再一一注明。

税率>3×平均值		截至2016年尚未履行的减让	最高税率		不同关税税率的数量		差异系数		已实施MFN关税的税号数量	国家/关境
约束关税	已实施MFN关税		约束关税	已实施MFN关税	约束关税	已实施MFN关税	约束关税	已实施MFN关税		
HS六位子目所占百分比										
12	13	14	15	16	17	18	19	20	21	22
0		0	50		3		7			几内亚比绍
0	7.7	0	100	100	4	15	30	112	6,373	圭亚那
0.0	7.5	0	70	40	909	11	59	120	6,580	海地
0.0	0.7	0	164	164	23	13	31	138	7,969	洪都拉斯
0	0	0	0	0	1	1	0	0	7,533	中国香港
5.5	4.4	0	*574*	*470*	434	320	250	369	8,587	冰岛
4.8	2.2	0	300	150	345	295	81	119	11,543	印度
0.4	5.5	0	210	150	17	32	35	130	10,011	印度尼西亚
7.3	11.6	0	560	212	648	258	184	217	8,304	以色列
0	8.6	0	100	100	13	12	50	132	7,159	牙买加
4.1	4.5	0	*613*	*613*	607	444	358	364	9,591	日本
0.5	16.8	0	200	200	26	16	92	152	6,699	约旦
0.8	0.6	26.7	*233*	*233*	1238	460	99	100	11,628	哈萨克斯坦
0	0.7	0	100	*100*	5	11	16	94	5,436	肯尼亚
2.6	2.7	0	887	887	221	114	333	407	12,347	韩国
0	0.2	0	100	100	2	3	20	112	7,285	科威特
0.1	0.5	0	*147*	*147*	50	399	73	86	11,473	吉尔吉斯斯坦
0.7	4.1	0.4	90	40	18	12	59	78	9,725	老挝
	7.2			*286*		162		198	5,970	黎巴嫩
0	9.5	0	200	*111*	3	199	61	144	7,456	莱索托
0		3.9	50		12		38			利比里亚
0	0	0	0	0	1	1	0	0	6,756	中国澳门
0	0	0	30	20	12	6	21	59	6,710	马达加斯加
0	0	0	125	25	11	8	55	84	5,682	马拉维
1.6	13.3	0	*>1000*	*972*	335	81	316	285	9,422	马来西亚
2.3		0	300		2		114			马尔代夫
0	0	0	75	35	12	5	88	61	5,898	马里
1.5	0	0	75	20	13	10	89	59	5,449	毛里塔尼亚
0	6.5	0.3	122	*79*	5	251	66	339	6,351	毛里求斯
0.8	2.4	0	*254*	100	100	78	45	160	12,355	墨西哥
0.8	2.1	0	75	*58*	82	132	87	103	9,474	摩尔多瓦
0.0	0.8	0	75	40	13	10	36	45	5,752	蒙古
3.3	5.4	3.7	50	*50*	77	89	126	145	9,466	黑山
1.3	5.7	0	289	200	48	18	56	144	17,784	摩洛哥
0	0	0	100	20	3	5	15	73	5,197	莫桑比克
0.5	5.0	0	550	40	27	15	107	120	9,820	缅甸
3.4	9.4	0	597	*156*	58	210	130	146	7,456	纳米比亚
	0.6			*>1000*		38		302	5,299	瑙鲁
0.5	0.8	0	200	*200*	14	55	49	96	5,383	尼泊尔
5.4	4.9	0	*435*	*28*	314	10	124	128	7,510	新西兰
0.1	0.8	0	200	164	8	12	26	131	7,425	尼加拉瓜
3.3	0	0	200	35	13	5	77	61	5,898	尼日尔
0	0		0150	35	7	5	39	64	5,923	尼日利亚
6.0	5.2	0	*822*	*822*	933	698	331	444	6,962	挪威
1.4	1.1	0	200	*200*	15	9	138	202	7,321	阿曼
0.0	0.7	0	200	*160*	18	59	37	85	7,050	巴基斯坦
	1.1			*>1000*		100		485	5,279	帕劳
0.5	0.9	0	260	260	68	27	64	143	8,643	巴拿马
0.7		0	*305*		59		58			巴布亚新几内亚
0	0.1	0	35	35	6	25	22	82	10,109	巴拉圭
0	10.3	0	68	11	3	4	20	163	7,554	秘鲁
0.0	3.2	0	80	65	24	15	48	107	10,223	菲律宾
0.8	0.2	0	200	*200*	16	10	109	163	7,284	卡塔尔
0.7	0.6	8.8	*233*	*233*	1428	555	107	122	11,609	俄罗斯
0	0.7	0	100	*100*	15	14	32	93	5,438	卢旺达
0.1	2.8	0	250	*94*	23	28	25	110	6,292	圣基茨和尼维斯

国家/关境	已实施MFN关税的年份	约束范围	简单平均		零关税		非从价税		税率>15%	
			约束关税	已实施MFN关税	约束关税	已实施MFN关税	约束关税	已实施MFN关税	约束关税	已实施MFN关税
		%			HS六位子目所占百分比					
1	2	3	4	5	6	7	8	9	10	11
圣卢西亚	2016	99.6	62.4	9.1	0	41.7	0	0.0	99.6	26.1
圣文森特和格林纳丁斯	2016	99.7	62.9	10.0	0	8.7	0	0.0	99.7	23.9
萨摩亚群岛	2016	100	21.3	11.4	0	2.7	0.4	0.4	54.2	28.7
圣多美和普林西比	2016			10.0		1.1		0.4		10.8
沙特阿拉伯	2015	100	11.2	5.1	7.0	10.3	1.2	1.5	1.1	0.4
塞内加尔	2016	100	30.0	12.2	0	1.5	0	0	99.8	39.0
塞尔维亚	2016			7.4		1.4		0.0		13.7
塞舌尔	2016	100	9.9	2.8	46.3	87.7	0	0.1	27.4	7.6
塞拉利昂		100	47.3		0		0		100.0	
新加坡	2016	72.0	9.6	0.0	17.3	100.0	0.5	0.0	0.5	0.0
所罗门群岛	2016	100	78.3	9.6	0	0.9	1.3	0.8	96.4	0.5
南非	2016	96.1	19.0	7.7	14.4	61.0	0	2.8	39.6	20.8
斯里兰卡	2015	40.5	32.1	9.3	0.2	54.2	0.6	3.3	27.6	19.7
苏里南		26.8	18.0		1.3		0.0		20.9	
斯威士兰	2016	96.1	19.0	7.6	14.4	61.0	0	2.8	39.6	20.8
瑞士	2016	99.7	7.6	6.3	18.4	22.3	81.3	77.7	6.1	4.6
中国台北①	2016	100	6.3	6.4	29.7	30.2	1.1	1.2	6.6	8.3
塔吉克斯坦	2016	100	8.0	7.6	11.8	4.1	0.4	0.5	7.3	0.3
坦桑尼亚	2016	14.5	120.0	12.9	0	36.9	0	1.0	14.5	41.3
泰国	2015	75.2	28.0	11.0	2.2	35.3	18.7	9.0	66.3	24.5
马其顿	2016	100	7.2	6.8	38.0	43.1	1.4	1.5	11.6	11.5
东帝汶	2016			2.5		0		0		0
多哥	2016	15.0	80.0	12.2	0	1.5	0	0	15.0	39.0
汤加	2016	100.0	17.6	11.0	0	18.7	0.0	0	51.2	7.3
特立尼达和多巴哥		100	56.0		1.5		0		95.0	
突尼斯	2016	58.0	57.9	11.6	0	54.8	0	0	58.0	44.7
土耳其	2016	50.3	28.5	10.9	3.5	23.5	0.1	1.3	28.9	14.1
乌干达	2016	17.0	73.0	12.8	0	37.0	0	1.0	17.0	41.1
乌克兰	2016	100	5.8	4.5	30.8	40.1	0.1	0.1	3.8	2.8
阿联酋	2016	100	14.4	4.7	3.1	10.3	0	1.4	0.8	0.2
美国	2016	99.9	3.4	3.5	46.5	45.9	8.2	8.7	2.8	2.8
乌拉圭	2016	100	31.6	10.4	0	15.0	0	0	98.2	34.0
乌兹别克斯坦	2015			14.9		7.8		5.9		33.6
瓦努阿图	2016	100	39.7	7.5	3.4	35.0	0	1.4	96.3	6.7
委内瑞拉	2016	100	36.5	12.7	0	4.8	0	0	99.0	31.6
越南	2016	100	11.5	9.6	14.2	35.1	0.0	0	27.7	24.8
也门	2016	100	21.6	7.5	0.1	1.2	1.1	0	87.6	7.0
赞比亚	2016	17.8	107.3	13.9	0	26.8	0	2.2	17.8	34.4
津巴布韦	2016	24.4	86.3	17.4	3.0	9.7	0.6	7.9	15.7	29.0

① “中国台北”均指中华人民共和国台澎金马单独关税区。后文不再一一注明。

税率>3×平均值		截至2016年尚未履行的减让	最高税率		不同关税税率的数量		差异系数		已实施MFN关税的税号数量	国家/关境
约束关税	已实施MFN关税		约束关税	已实施MFN关税	约束关税	已实施MFN关税	约束关税	已实施MFN关税		
HS六位子目所占百分比										
12	13	14	15	16	17	18	19	20	21	22
0.3	8.9	0	250	70	37	15	45	122	6,487	圣卢西亚
0.3	5.7	0	250	100	38	11	45	101	6,432	圣文森特和格林纳丁斯
0.1	0.3	0.5	*305*	*305*	70	23	42	85	5,482	萨摩亚群岛
	0			20		4		41	5,307	圣多美和普林西比
0.2	0.4	0	*601*	*306*	108	23	192	188	7,323	沙特阿拉伯
0	0	0	30	35	2	5	2	61	5,898	塞内加尔
	3.6			30		16		96	19,829	塞尔维亚
0.6	10.4	0.1	200	200	8	16	141	367	5,566	塞舌尔
0		0	80		7		13			塞拉利昂
0.5	0.0	0	*>1000*	*85*	58	6	506	4,836	9,557	新加坡
0	0.3	0	*199*	*199*	76	74	19	130	5,506	所罗门群岛
3.2	9.4	0	597	*486*	58	237	130	160	7,456	南非
0.0	1.3	0	175	*527*	54	119	63	189	6,920	斯里兰卡
0		0	40		20		52			苏里南
3.2	9.5	0	597	*156*	58	213	130	146	7,456	斯威士兰
4.8	4.0	0	*>1000*	*>1000*	6811	6517	375	467	8,298	瑞士
5.7	7.3	0	*837*	500	256	173	233	200	8,929	中国台北
0.7	0.3	22.4	*233*	*233*	63	30	83	71	10,960	塔吉克斯坦
0	0.7	0	120	*117*	1	13	0	95	5,436	坦桑尼亚
0.9	4.9	0	*855*	*337*	1126	134	72	149	9,562	泰国
4.0	4.2	0	*65*	*65*	293	232	115	127	9,666	马其顿
	0			3		1		0	5,204	东帝汶
0	0	0	80	35	1	5	0	61	5,898	多哥
0	0	0	20	20	4	5	14	64	5,457	汤加
0		0	156		16		37			特立尼达和多巴哥
1.1	15.7	0	200	36	42	7	70	102	11,504	突尼斯
2.9	7.4	0	225	225	320	304	119	217	16,510	土耳其
0	0.7	0	80	*80*	5	12	18	94	5,436	乌干达
3.8	4.4	0	*54*	*54*	56	71	92	114	10,460	乌克兰
0.8	0.2	0	200	*200*	11	8	116	160	7,285	阿联酋
7.5	7.3	0	350	350	1323	1105	292	259	11,228	美国
0	0.4	0	55	35	19	18	23	76	11,607	乌拉圭
	0.4			*269*		99		83	10,847	乌兹别克斯坦
0.0	3.2	0	210	75	16	83	29	111	5,304	瓦努阿图
2.0	1.0	0	135	40	44	18	41	69	11,886	委内瑞拉
3.9	6.6	0.0	*200*	135	64	41	115	118	9,623	越南
0.3	7.0	0	100	25	119	6	40	71	6,190	也门
0	0.1	0	125	*>1000*	7	17	32	157	6,194	赞比亚
0	6.9	0	150	*189*	60	436	87	119	6,143	津巴布韦

1.4 农产品

国家/关境	已实施MFN关税的年份	简单平均		零关税		非从价税		税率>15%	
		约束关税	已实施MFN关税	约束关税	已实施MFN关税	约束关税	已实施MFN关税	约束关税	已实施MFN关税
				HS六位子目所占百分比					
1	2	4	5	6	7	8	9	10	11
阿富汗		33.6		0.4		5.5		74.3	
阿尔巴尼亚	2016	9.6	7.6	10.3	12.3	0	0	17.2	0
阿尔及利亚	2016		23.4		0.4		0		69.8
安哥拉	2016	52.7	23.2	0	0	0	0	94.3	51.7
安提瓜和巴布达	2016	104.9	16.3	0	24.5	0	0	99.9	45.6
阿根廷	2016	32.4	10.3	0.1	7.4	0	0	95.2	15.3
亚美尼亚	2016	14.7	8.2	1.4	11.3	0	21.7	0	0.8
澳大利亚	2016	3.4	1.2	31.3	77.0	1.7	0.9	3.5	0.3
阿塞拜疆	2015		13.3		2.1		5.7		2.7
巴哈马	2016		18.9		28.8		1.1		46.6
巴林	2016	39.6	5.6	0	23.4	0	7.9	99.8	1.3
孟加拉国	2016	192.4	16.9	0	10.4	0	0.7	99.2	57.7
巴巴多斯		111.1		0		0		99.8	
白俄罗斯	2016		11.2		9.0		24.0		7.9
伯利兹	2016	101.3	21.7	0	12.6	0	3.6	99.9	48.2
贝宁	2016	61.4	15.8	0	0	0	0	97.8	53.7
不丹	2015		41.8		0		0		97.0
玻利维亚	2016	40.0	12.5	0	1.8	0	0	100.0	20.6
波黑	2016		9.1		37.2		21.5		17.9
博茨瓦纳	2016	36.6	8.5	21.9	46.1	0	13.8	72.6	22.5
巴西	2016	35.4	10.0	2.7	7.2	0	0	95.7	14.2
文莱	2016	32.7	0.1	0	98.5	2.2	1.1	96.8	0.0
布基纳法索	2016	97.9	15.8	0	0	0	0	97.9	53.7
布隆迪	2016	94.9	20.1	2.9	15.5	0	1.2	96.2	67.7
佛得角	2015	19.3	12.2	0	30.7	0	0	62.0	39.4
柬埔寨	2016	27.9	14.9	0	14.3	0	0	71.6	25.3
喀麦隆		80.0		0		0		99.9	
加拿大	2016	15.4	15.6	46.1	59.6	19.5	12.2	9.2	9.1
中非共和国	2016	30.0	21.7	0	0.1	0	0.4	99.8	65.4
乍得	2016	80.0	21.9	0	0	0	0.5	99.9	66.2
智利	2016	26.1	6.0	0	0	0	0	100.0	0
中国	2016	15.7	15.5	6.0	7.2	0	0.3	35.5	34.9
哥伦比亚	2016	91.5	13.7	0	5.8	0	0	99.8	9.0
科摩罗	2015		12.3		22.5		0		56.3
刚果(布)	2015	30.0	15.1	0	3.0	0	0	99.9	50.8
库克群岛	2016		20.3		93.7		4.1		6.2
哥斯达黎加	2016	43.2	11.6	0	30.2	0	0	90.7	8.4
科特迪瓦	2016	14.9	15.8	0.1	0	0	0	1.1	54.1
古巴	2016	37.4	10.5	3.6	8.6	0	0	93.4	15.7
刚果(金)	2015	97.8	10.9	0	1.5	0	0	99.7	20.5
吉布提		50.4		0		0		99.7	
多米尼加	2016	112.5	21.4	0	24.4	0	0	99.8	46.9
多米尼加共和国	2016	39.3	12.7	0	32.6	0	0	98.9	52.5
厄瓜多尔	2016	25.9	18.3	0	22.7	0	1.4	87.3	58.5
埃及	2016	98.4	61.0	0	15.9	1.6	1.3	68.8	29.0
萨尔瓦多	2015	42.8	11.7	0	28.5	0	0	100.0	11.5
埃塞俄比亚	2015		22.1		1.3		0.2		69.8
欧盟	2016	11.9	11.1	31.4	31.7	31.7	32.1	24.3	22.7
斐济	2015	42.4	19.2	0	5.2	2.2	3.2	99.7	22.2
加蓬	2016	59.7	21.5	0	2.1	0	0	99.3	65.4
冈比亚		105.2		0		0		99.9	
格鲁吉亚	2016	13.0	6.4	8.0	49.8	2.6	2.2	13.7	0.8
加纳	2016	96.6	15.9	0	0	0	0.1	99.9	54.5
格林纳达	2016	100.3	18.5	1.9	11.9	0	0.5	98.1	48.6
危地马拉	2015	51.4	9.6	0	28.4	0	0	97.8	3.9
几内亚		39.6		0		0		97.9	

税率>3×平均值		截至2016年尚未履行的减让	最高税率		不同关税税率的数量		差异系数		已实施MFN关税的税号数量	国家/关境
约束关税	已实施MFN关税		约束关税	已实施MFN关税	约束关税	已实施MFN关税	约束关税	已实施MFN关税		
HS六位子目所占百分比										
12	13	14	15	16	17	18	19	20	21	22
0		0	70		56		57			阿富汗
0	0	0	20	15	6	7	58	59	2,075	阿尔巴尼亚
	0			30		4		41	2,416	阿尔及利亚
0	0	0	60	50	4	5	18	83	775	安哥拉
0	0	0	220	45	10	10	17	82	1,158	安提瓜和巴布达
0	1.4	0	35	35	13	18	24	60	1,032	阿根廷
0	0.4	0	15	80	5	94	14	65	2,533	亚美尼亚
7.5	23.0	0	29	*19*	36	8	143	174	838	澳大利亚
	0.8			*105*		51		80	2,178	阿塞拜疆
	1.0			*246*		18		122	1,072	巴哈马
2.3	1.3	0	200	*200*	3	9	65	305	1,182	巴林
0	0	0	200	25	7	9	19	56	1,100	孟加拉国
0		0	223		15		23			巴巴多斯
	4.1			*233*		109		125	2,533	白俄罗斯
0	3.6	0	110	*110*	4	22	6	100	1,029	伯利兹
0	0	0	100	35	7	4	20	60	912	贝宁
	0			100		5		41	808	不丹
0	0.2	0	40	40	2	7	2	41	1,043	玻利维亚
	9.6			*187*		195		116	2,171	波黑
2.4	6.3	0	597	*111*	51	131	136	132	1,114	博茨瓦纳
0	0.1	0	55	35	21	13	31	55	1,031	巴西
1.0	1.5	0	*>1000*	*50*	24	17	298	1,164	1,298	文莱
0	0	0	100	35	6	4	14	60	912	布基纳法索
0	0.5	0	100	*100*	5	9	24	68	776	布隆迪
0	4.9	0	55	50	11	7	59	108	762	佛得角
0	0	0	60	35	13	5	45	84	1,298	柬埔寨
0		0	80		1		0			喀麦隆
5.7	6.2	0	*368*	*368*	451	193	286	290	1,297	加拿大
0	0	0	30	30	1	6	0	46	884	中非共和国
0	0	0	80	30	1	4	0	45	813	乍得
0.6	0	0	98	6	3	1	23	0	1,413	智利
2.9	3.4	0	65	65	40	46	75	73	1,476	中国
0	3.0	0	227	98	47	11	37	107	1,040	哥伦比亚
	0			20		3		72	716	科摩罗
0	0	0	30	35	1	5	0	62	912	刚果(布)
	4.6			*>1000*		36		277	1,315	库克群岛
1.0	8.2	0	233	150	14	13	63	141	1,661	哥斯达黎加
0.9	0	0	64	35	8	4	38	59	912	科特迪瓦
0	0	0	40	30	7	11	26	81	836	古巴
0	0	0	100	20	4	4	13	47	841	刚果(金)
4.6		0	450		10		99			吉布提
0	4.3	0	150	150	3	18	20	128	1,029	多米尼加
0	3.2	0	99	40	12	7	25	79	1,110	多米尼加共和国
0.7	1.5	0	86	85	16	31	43	80	1,054	厄瓜多尔
2.3	2.0	0	>1000	>1000	32	23	445	677	1,272	埃及
1.4	7.0	0	164	164	13	9	49	128	1,030	萨尔瓦多
	0			35		6		50	831	埃塞俄比亚
7.3	7.3	0	*366*	*170*	1110	841	129	122	2,075	欧盟
0.7	2.5	0	*492*	*492*	34	49	59	259	829	斐济
0	0	0	60	30	2	5	9	48	821	加蓬
0		0	110		6		18			冈比亚
0.3	0.5	0	*350*	*349*	34	49	137	141	2,086	格鲁吉亚
0	0	0	99	35	3	5	12	59	912	加纳
0	0	0	200	40	8	10	30	79	1,126	格林纳达
4.1	1.3	0	257	40	22	8	81	72	1,163	危地马拉
0		0	75		6		15			几内亚

国家/关境	已实施MFN关税的年份	简单平均		零关税		非从价税		税率>15%	
		约束关税	已实施MFN关税	约束关税	已实施MFN关税	约束关税	已实施MFN关税	约束关税	已实施MFN关税
				HS六位子目所占百分比					
1	2	4	5	6	7	8	9	10	11
几内亚比绍		40.1		0		0		100.0	
圭亚那	2016	99.6	21.8	0	10.5	0	0	100.0	49.3
海地	2016	21.3	16.8	16.5	24.7	9.2	0	64.8	45.1
洪都拉斯	2015	32.3	10.3	0	27.0	0	0	94.1	4.9
中国香港	2016	0	0	100.0	100.0	0	0	0	0
冰岛	2016	113.6	24.4	25.6	63.0	24.5	21.3	64.0	29.9
印度	2016	113.5	32.7	0	5.2	0.3	0.3	98.4	81.5
印度尼西亚	2016	47.1	8.4	0	8.5	0	1.4	99.4	9.0
以色列	2016	78.8	8.3	3.6	57.7	0.3	14.3	81.0	15.7
牙买加	2016	97.0	19.2	1.7	31.0	0.3	0	97.3	48.9
日本	2016	17.4	13.1	34.1	36.5	15.1	11.6	23.0	20.5
约旦	2016	23.8	16.8	1.2	35.3	0.8	0.8	56.7	46.7
哈萨克斯坦	2016	9.7	9.5	6.0	9.8	18.2	18.3	6.4	6.1
肯尼亚	2016	100.0	20.2	0	15.4	0	1.2	99.8	68.2
韩国	2016	57.9	56.9	2.2	5.6	5.2	3.2	75.5	53.3
科威特	2016	100.0	5.1	0	23.4	0	7.9	100.0	1.3
吉尔吉斯斯坦	2016	12.7	9.2	1.2	9.4	2.3	24.0	22.8	3.6
老挝	2016	19.6	11.2	7.3	8.8	0	0.6	40.2	21.1
黎巴嫩	2016		15.1		22.4		10.2		24.2
莱索托	2016	199.1	8.6	0	46.1	0	13.8	100.0	22.6
利比里亚		23.8		0		0		72.4	
中国澳门	2016	0	0	99.8	100.0	0	0	0	0
马达加斯加	2016	30.0	14.4	0	7.4	0	0	99.8	59.1
马拉维	2016	120.9	17.4	0	11.7	0	0	99.9	57.0
马来西亚	2016	55.6	8.4	12.9	75.0	21.1	4.8	26.2	8.1
马尔代夫		46.0		0		0		99.8	
马里	2016	59.0	15.8	0	0	0	0	97.9	53.7
毛里塔尼亚	2015	38.1	11.1	0	4.5	0	0.9	98.3	36.0
毛里求斯	2016	119.6	0.9	0	93.0	0	0.3	99.8	0.3
墨西哥	2016	45.0	14.6	0.4	20.7	7.3	4.7	95.4	40.8
摩尔多瓦	2016	13.8	11.6	3.2	9.4	9.0	10.1	19.0	13.8
蒙古	2016	18.8	6.1	0.7	0.8	0	0	72.9	2.8
黑山	2016	10.8	9.0	23.0	29.5	0	4.0	24.1	20.8
摩洛哥	2016	54.4	27.6	0	0	0	0	99.9	52.2
莫桑比克	2016	100.0	13.8	0	0.8	0	0	99.9	60.2
缅甸	2015	102.9	8.6	0.8	10.4	0.7	0	83.3	3.8
纳米比亚	2016	39.1	8.5	22.5	46.1	0	13.8	72.0	22.3
瑙鲁	2016		22.2		18.6		4.3		8.7
尼泊尔	2016	41.0	14.3	0	1.5	0	2.8	95.5	12.5
新西兰	2016	6.1	1.4	53.6	72.4	0.2	0.1	13.6	0
尼加拉瓜	2016	43.5	10.8	0	25.6	0	0	100.0	5.6
尼日尔	2016	84.3	15.8	0	0	0	0	98.0	53.7
尼日利亚	2016	150.0	15.7	0	0	0	0	99.9	53.6
挪威	2016	133.0	39.9	28.0	51.6	66.7	43.5	48.2	38.1
阿曼	2016	27.8	11.0	0	23.4	0	2.8	11.4	7.1
巴基斯坦	2016	96.2	13.4	0	0	0.1	4.5	93.4	47.0
帕劳	2016		7.4		66.5		3.5		3.9
巴拿马	2015	27.7	12.2	0.4	25.7	0.2	0	79.4	7.0
巴布亚新几内亚		44.5		0		6.0		80.2	
巴拉圭	2016	33.1	9.9	0	7.4	0	0	93.3	13.8
秘鲁	2015	30.9	2.8	0	52.6	0	0	100.0	0
菲律宾	2016	35.0	9.8	0	0.5	0.6	0	90.5	13.2
卡塔尔	2016	25.5	5.7	0	23.4	0	6.4	24.0	1.3
俄罗斯	2016	11.0	11.0	3.0	9.2	22.9	23.9	7.2	6.2
卢旺达	2016	74.4	19.9	3.0	15.4	0	1.2	95.4	67.8
圣基茨和尼维斯	2016	108.8	14.1	0	28.0	0	2.0	99.4	35.4

税率>3×平均值		截至2016年尚未履行的减让	最高税率		不同关税税率的数量		差异系数		已实施MFN关税的税号数量	国家/关境
约束关税	已实施MFN关税		约束关税	已实施MFN关税	约束关税	已实施MFN关税	约束关税	已实施MFN关税		
HS六位子目所占百分比										
12	13	14	15	16	17	18	19	20	21	22
0		0	50		2		3			几内亚比绍
0	4.1	0	100	100	2	10	6	95	1,057	圭亚那
0.3	0	0	70	40	112	8	73	87	1,108	海地
0.2	3.5	0	164	164	15	13	38	120	1,197	洪都拉斯
0	0	0	0	0	1	1	0	0	1,034	中国香港
10.0	10.8	0	*574*	*470*	422	318	134	201	1,946	冰岛
0	5.9	0	300	150	19	20	47	88	1,495	印度
3.3	4.2	0	210	150	13	24	50	216	1,320	印度尼西亚
2.8	9.9	0	560	212	123	193	88	217	1,205	以色列
0	1.5	0	100	100	7	11	16	91	1,374	牙买加
5.9	4.0	0	*613*	*613*	352	309	237	244	1,982	日本
3.5	2.3	0	200	200	22	15	133	165	949	约旦
2.9	2.6	19.2	*233*	*233*	721	133	101	103	2,683	哈萨克斯坦
0	0.5	0	100	*100*	1	9	0	68	776	肯尼亚
7.2	8.8	0	887	887	183	92	215	241	1,739	韩国
0	1.3	0	100	100	1	3	0	234	1,182	科威特
0.5	1.5	0	*147*	*147*	37	134	72	84	2,533	吉尔吉斯斯坦
4.4	4.2	2.7	90	40	15	9	90	90	1,298	老挝
	10.8			*286*		32		158	845	黎巴嫩
0	6.3	0	200	*111*	2	123	8	132	1,114	莱索托
0		2.5	50		8		38			利比里亚
0	0	0	0	0	1	1	0	0	970	中国澳门
0	0	0	30	20	1	4	0	50	984	马达加斯加
0	0	0	125	25	6	5	15	52	829	马拉维
8.6	5.8	0	*>1000*	*972*	323	67	286	457	1,255	马来西亚
5.9		0	300		2		140			马尔代夫
0	0	0	75	35	6	4	13	60	912	马里
0	0	0	75	20	7	7	44	65	773	毛里塔尼亚
0	6.9	0	122	30	3	6	11	267	880	毛里求斯
4.5	6.2	0	*254*	100	96	71	89	109	1,275	墨西哥
1.8	0.3	0	75	*58*	77	125	70	59	2,147	摩尔多瓦
0.3	2.8	0	75	40	11	9	27	75	902	蒙古
3.9	7.8	10.8	50	*50*	51	60	85	93	2,099	黑山
8.4	5.9	0	289	200	41	17	96	123	2,557	摩洛哥
0	0	0	100	20	1	4	0	59	721	莫桑比克
3.3	3.1	0	550	40	25	12	92	94	1,436	缅甸
2.4	6.3	0	597	*111*	52	127	130	132	1,114	纳米比亚
	3.0			*>1000*		33		418	759	瑙鲁
0.9	2.1	0	200	*200*	12	32	53	143	792	尼泊尔
8.7	27.5	0	*48*	5	65	6	108	136	1,073	新西兰
0.6	4.4	0	200	164	6	12	34	115	1,173	尼加拉瓜
0	0	0	200	35	7	4	76	60	912	尼日尔
0	0	0	150	35	1	4	0	61	914	尼日利亚
7.6	9.2	0	*822*	*822*	771	684	124	188	1,392	挪威
7.3	7.1	0	200	*200*	11	9	155	252	1,198	阿曼
0	2.3	0	200	*160*	13	44	21	103	879	巴基斯坦
	3.8			*>1000*		28		595	763	帕劳
1.5	3.5	0	260	260	34	25	79	165	1,386	巴拿马
0.3		0	*305*		51		57			巴布亚新几内亚
0	0.7	0	35	30	6	15	20	55	1,032	巴拉圭
0	2.3	0	68	11	2	4	21	111	1,043	秘鲁
0	9.8	0	80	65	22	14	34	114	1,333	菲律宾
5.3	1.3	0	200	*200*	10	9	162	312	1,183	卡塔尔
3.0	2.6	6.3	*233*	*233*	803	201	122	125	2,683	俄罗斯
0	2.5	0	100	*80*	8	12	27	62	776	卢旺达
0	1.2	0	250	*94*	17	26	27	99	1,027	圣基茨和尼维斯

国家/关境	已实施MFN关税的年份	简单平均		零关税		非从价税		税率>15%	
		约束关税	已实施MFN关税	约束关税	已实施MFN关税	约束关税	已实施MFN关税	约束关税	已实施MFN关税
				HS六位子目所占百分比					
1	2	4	5	6	7	8	9	10	11
圣卢西亚	2016	114.7	16.8	0	28.1	0	0	100.0	43.9
圣文森特和格林纳丁斯	2016	114.8	17.4	0	11.2	0	0	99.8	42.7
萨摩亚群岛	2016	27.0	15.2	0	5.8	3.4	2.9	77.1	51.7
圣多美和普林西比	2016		10.4		1.2		0.3		19.1
沙特阿拉伯	2015	16.2	6.1	0.1	23.1	9.0	8.4	5.2	1.6
塞内加尔	2016	29.8	15.8	0	0	0	0	98.8	53.7
塞尔维亚	2016		13.9		3.0		0.1		43.1
塞舌尔	2016	17.1	5.6	29.2	80.1	0	0.8	51.0	9.5
塞拉利昂		40.3		0		0		100.0	
新加坡	2016	23.0	0.1	4.0	99.8	3.5	0.2	3.4	0.2
所罗门群岛	2016	71.4	12.9	0	1.3	3.5	3.4	86.3	3.3
南非	2016	40.4	8.5	21.4	46.1	0	13.8	72.7	22.0
斯里兰卡	2015	50.1	23.7	0	14.9	2.7	13.1	99.6	68.9
苏里南		19.8		0.3		0		99.2	
斯威士兰	2016	40.4	8.6	21.4	46.1	0	13.8	72.7	22.5
瑞士	2016	45.7	34.2	22.0	29.7	78.0	70.3	40.1	27.6
中国台北	2016	16.4	15.7	24.6	25.0	6.8	6.3	37.3	36.2
塔吉克斯坦	2016	10.9	10.5	0.8	1.1	2.8	3.6	7.1	2.6
坦桑尼亚	2016	120.0	20.5	0	15.1	0	1.2	99.9	68.2
泰国	2015	39.3	31.0	2.0	11.8	44.0	23.7	91.4	70.0
马其顿	2016	13.3	12.8	33.1	37.0	9.6	9.0	32.1	30.6
东帝汶	2016		2.5		0		0		0
多哥	2016	80.0	15.8	0	0	0	0	99.9	53.7
汤加	2016	19.1	9.2	0	39.7	0	0	82.2	6.0
特立尼达和多巴哥		88.7		5.9		0		88.2	
突尼斯	2016	116.0	31.0	0	12.0	0	0	100.0	86.1
土耳其	2016	61.0	43.2	0.0	16.9	0	5.7	87.3	66.2
乌干达	2016	77.2	20.3	0	15.3	0	1.2	99.9	68.1
乌克兰	2016	10.9	9.2	12.7	21.1	1.1	0.9	25.4	18.3
阿联酋	2016	25.6	5.5	0	23.4	0	7.9	5.7	1.3
美国	2016	4.8	5.2	30.2	30.8	41.3	41.5	5.5	5.8
乌拉圭	2016	34.1	9.9	0	8.7	0	0	96.2	14.4
乌兹别克斯坦	2015		19.0		0.5		10.5		46.9
瓦努阿图	2016	43.6	7.4	0.1	60.4	0	5.5	99.3	20.2
委内瑞拉	2016	55.8	14.1	0	6.0	0	0	99.0	34.6
越南	2016	19.1	16.3	8.7	15.6	0	0	47.7	41.5
也门	2016	24.9	10.4	0	1.1	7.4	0	80.4	17.9
赞比亚	2016	122.9	19.1	0	2.0	0	5.4	99.9	59.3
津巴布韦	2016	140.9	26.4	1.1	4.9	2.6	9.3	95.6	49.9

税率>3×平均值		截至2016年尚未履行的减让	最高税率		不同关税税率的数量		差异系数		已实施MFN关税的税号数量	国家/关境
约束关税	已实施MFN关税		约束关税	已实施MFN关税	约束关税	已实施MFN关税	约束关税	已实施MFN关税		
HS六位子目所占百分比										
12	13	14	15	16	17	18	19	20	21	22
0	0	0	250	45	15	14	24	92	1,123	圣卢西亚
0	0.8	0	250	100	16	11	23	94	1,115	圣文森特和格林纳丁斯
0.9	1.2	1.4	*305*	*305*	65	22	57	127	859	萨摩亚群岛
	0			20		4		51	746	圣多美和普林西比
1.4	1.6	0	*601*	*306*	103	21	291	349	1,194	沙特阿拉伯
0	0	0	30	35	2	4	6	60	912	塞内加尔
	0			30		10		60	4,252	塞尔维亚
1.2	9.5	0.5	200	200	7	16	124	309	854	塞舌尔
0		0	80		4		12			塞拉利昂
2.9	0.2	0	*>1000*	*85*	56	6	379	1,781	1,298	新加坡
0	2.4	0	*199*	*199*	34	52	39	197	807	所罗门群岛
1.4	6.7	0	597	*110*	52	147	131	133	1,114	南非
0.0	2.7	0	175	*175*	33	87	12	107	1,064	斯里兰卡
0		0	20		6		9			苏里南
1.4	6.3	0	597	*111*	52	132	131	131	1,114	斯威士兰
8.3	9.8	0	*>1000*	*>1000*	1775	1583	188	257	2,134	瑞士
3.4	3.2	0	*837*	500	167	135	215	183	1,503	中国台北
0.9	1.2	9.3	*233*	*233*	56	28	89	77	2,466	塔吉克斯坦
0	1.0	0	120	*117*	1	11	0	70	776	坦桑尼亚
3.2	3.5	0	*855*	*337*	373	102	103	96	1,303	泰国
9.9	9.6	0	*65*	*65*	276	210	84	94	2,175	马其顿
	0			3		1		0	742	东帝汶
0	0	0	80	35	1	4	0	60	912	多哥
0	0	0	20	20	2	4	10	84	800	汤加
0		0	156		11		39			特立尼达和多巴哥
0	0	0	200	36	27	7	33	33	2,303	突尼斯
4.5	10.3	0	225	225	135	228	79	106	2,803	土耳其
0	1.0	0	80	*80*	5	10	11	66	776	乌干达
0.9	1.0	0	*54*	*54*	29	44	69	76	2,193	乌克兰
5.7	1.3	0	200	*200*	2	8	168	306	1,182	阿联酋
6.1	5.5	0	350	350	820	790	343	320	1,684	美国
0	0.4	0	55	35	14	16	23	59	1,495	乌拉圭
	0.9			*269*		42		64	2,428	乌兹别克斯坦
0.2	12.0	0	210	75	12	51	27	170	763	瓦努阿图
0	0	0	135	40	38	17	60	67	1,231	委内瑞拉
2.0	1.6	0	135	135	31	30	86	87	1,299	越南
2.3	0	0	100	25	102	5	54	71	934	也门
0	0.1	0	125	*77*	4	14	10	46	868	赞比亚
0	3.6	0	150	*150*	28	75	26	95	908	津巴布韦

1.5 非农产品

国家/关境	已实施MFN关税的年份	约束范围	简单平均		零关税		非从价税		税率>15%	
			约束关税	已实施MFN关税	约束关税	已实施MFN关税	约束关税	已实施MFN关税	约束关税	已实施MFN关税
		%	HS六位子目所占百分比							
1	2	3	4	5	6	7	8	9	10	11
阿富汗		96.1	10.3		10.5		0		21.4	
阿尔巴尼亚	2016	100	6.4	3.1	33.4	57.4	0	0	15.3	0
阿尔及利亚	2016			18.1		1.6		0		37.8
安哥拉	2016	100	60.1	9.5	0	0.2	0	0.0	100.0	22.0
安提瓜和巴布达	2016	95.0	51.7	8.9	0	7.8	0	0.1	95.0	21.3
阿根廷	2016	100	31.7	14.3	0	5.3	0	0	98.2	40.1
亚美尼亚	2016	100	7.6	5.9	41.7	24.1	0	7.2	0	2.6
澳大利亚	2016	96.6	11.0	2.7	18.8	45.9	0.2	0.0	14.8	0.0
阿塞拜疆	2015			8.3		3.2		0.4		0.1
巴哈马	2016			35.6		9.2		0.0		86.0
巴林	2016	68.7	33.8	4.6	2.5	8.2	0	0.3	66.2	0
孟加拉国	2016	2.7	39.7	13.4	0.0	3.4	0	0.5	2.4	38.9
巴巴多斯		97.2	73.1		0		0		97.2	
白俄罗斯	2016			6.5		17.0		7.3		3.4
伯利兹	2016	96.0	52.0	9.3	0	9.0	0	0.0	96.0	21.4
贝宁	2016	29.5	11.3	11.5	0.8	1.8	0	0	5.2	36.5
不丹	2015			19.0		4.9		0		58.2
玻利维亚	2016	100	40.0	11.6	0	7.8	0	0	100.0	20.5
波黑	2016			5.9		30.2		0.1		0.0
博茨瓦纳	2016	93.4	15.7	7.5	13.0	63.5	0	0.9	33.8	20.6
巴西	2016	100	30.8	14.1	0.7	4.9	0	0	96.5	39.7
文莱	2016	95.1	24.4	1.3	0	79.6	0	0.1	95.1	1.3
布基纳法索	2016	29.6	13.8	11.5	0.8	1.8	0	0	5.3	36.5
布隆迪	2016	10.2	26.4	11.6	0.5	40.4	0	0.9	7.1	36.7
佛得角	2015	100.0	15.4	9.7	5.5	47.2	0	0	42.4	28.9
柬埔寨	2016	100	18.0	10.6	1.0	16.0	0	0.0	41.4	7.5
喀麦隆		0.2	68.8		0		0		0.2	
加拿大	2016	99.7	5.2	2.2	38.1	78.5	0.3	0	6.8	6.3
中非共和国	2016	56.2	37.7	17.4	0	0.7	0	0.4	56.2	45.0
乍得	2016	0.4	76.6	17.3	0	0.7	0	0.7	0.4	44.1
智利	2016	100	25.0	6.0	0.0	0.3	0	0	100.0	0
中国	2016	100	9.1	9.0	6.6	6.9	0	0.3	13.3	12.3
哥伦比亚	2016	100	34.6	5.5	2.4	58.1	0	6.3	97.6	6.2
科摩罗	2015			15.8		10.7		0.1		75.4
刚果(布)	2015	3.5	15.2	11.4	0	3.2	0	0.1	1.1	36.3
库克群岛	2016			0.6		99.2		0.6		0.5
哥斯达黎加	2016	100	43.1	4.6	2.3	54.8	0	0	96.8	0.0
科特迪瓦	2016	23.1	8.5	11.6	0.8	1.8	0	0	2.7	36.6
古巴	2016	21.2	9.2	10.1	1.7	6.0	0	0	1.8	4.9
刚果(金)	2015	100	95.8	10.9	0	0.2	0	0	98.8	29.0
吉布提		100	39.9		0.0		0		99.6	
多米尼加	2016	93.4	50.0	8.2	0	23.9	0	0	93.4	20.2
多米尼加共和国	2016	100	33.2	6.4	2.8	59.0	0	0	87.9	25.2
厄瓜多尔	2016	100	21.1	11.4	0	36.5	0	6.7	68.8	32.6
埃及	2016	99.2	27.5	10.7	2.2	11.1	0	0	70.9	19.7
萨尔瓦多	2015	100	35.8	5.0	2.8	53.9	0	0	97.2	0.6
埃塞俄比亚	2015			16.6		5.0		0.1		48.9
欧盟	2016	100	3.9	4.2	28.9	26.4	0.6	0.6	1.0	1.6
斐济	2015	43.0	40.0	10.5	0	4.6	0.0	1.6	43.0	15.3
加蓬	2016	100	15.4	17.1	0	2.8	0	0	1.0	43.9
冈比亚		0.7	59.7		0		0		0.7	
格鲁吉亚	2016	100	6.5	0.7	24.4	93.0	0.0	0.2	0.3	0
加纳	2016	1.3	40.7	11.5	0	2.0	0	0.1	1.3	36.5
格林纳达	2016	100	50.0	9.7	0	4.0	0	0.2	100.0	22.8
危地马拉	2015	100	39.7	4.9	2.3	55.1	0	0	93.5	0.0
几内亚		29.1	10.1		0.8		0		4.9	

税率>3×平均值		截至2016年尚未履行的减让	最高税率		不同关税税率的数量		差异系数		已实施MFN关税的税号数量	国家/关境
约束关税	已实施MFN关税		约束关税	已实施MFN关税	约束关税	已实施MFN关税	约束关税	已实施MFN关税		
HS六位子目所占百分比										
12	13	14	15	16	17	18	19	20	21	22
0.2		0.1	50		12		88			阿富汗
10.3	21.0	0	20	15	8	6	107	165	7,338	阿尔巴尼亚
	0			30		4		55	13,529	阿尔及利亚
0	11.7	0	80	50	4	6	3	129	5,186	安哥拉
0.2	3.4	0	206	70	26	13	24	89	5,547	安提瓜和巴布达
0	0	0	35	35	10	15	23	75	9,000	阿根廷
0	0.2	0	15	25	8	363	92	80	8,940	亚美尼亚
6.5	0.0	0	55	*176*	58	11	104	157	5,361	澳大利亚
	0.1			*230*		19		89	7,779	阿塞拜疆
	0			100		13		50	5,044	巴哈马
0	0	0	100	5	3	2	26	31	6,103	巴林
0.1	0	0	200	25	13	29	89	71	5,531	孟加拉国
0.4		0	247		18		24			巴巴多斯
	0.3			*125*		340		77	8,940	白俄罗斯
0	4.8	0	110	50	5	13	16	99	5,273	伯利兹
1.3	0.4	0	60	35	12	5	93	59	4,986	贝宁
	0.1			100		9		56	4,666	不丹
0	6.9	0	40	40	2	7	1	84	6,443	玻利维亚
	0.0			*47*		17		84	7,971	波黑
0.4	9.3	0	50	*156*	14	98	69	148	6,342	博茨瓦纳
0	0	0	35	35	19	13	27	73	8,997	巴西
0	20.3	0	50	*126*	6	31	30	235	8,617	文莱
1.4	0.4	0	100	35	11	5	147	59	4,986	布基纳法索
1.3	0.4	0	100	*75*	10	8	114	98	4,660	布隆迪
1.8	14.9	1.8	55	50	12	17	84	133	5,005	佛得角
0	7.5	0	43	35	20	9	56	77	8,259	柬埔寨
0		0	80		2		23			喀麦隆
6.8	16.4	0	20	25	126	36	99	205	5,831	加拿大
0	0	0	70	30	8	9	25	53	4,768	中非共和国
0	0	0	80	30	2	10	3	54	4,678	乍得
0	0	0	25	6	5	2	2	7	6,371	智利
1.4	1.2	0	50	50	55	71	69	64	11,685	中国
0.1	5.9	2.4	104	*40*	7	271	20	156	6,433	哥伦比亚
	0			20		4		49	4,674	科摩罗
0	0.4	0	30	35	3	5	67	61	4,986	刚果(布)
	0.5			*>1000*		17		1,242	6,684	库克群岛
0	19.6	0	100	45	16	5	30	122	8,351	哥斯达黎加
0	0.4	0	25	35	12	5	67	59	4,986	科特迪瓦
0.8	0	0	62	30	27	13	81	61	5,054	古巴
0	0	0	100	20	8	5	23	55	5,000	刚果(金)
0.0		0	230		9		19			吉布提
0	3.7	0	100	165	3	13	3	146	5,325	多米尼加
0	25.2	0	40	20	7	5	36	132	5,937	多米尼加共和国
0	0.2	0	40	40	11	175	36	108	6,486	厄瓜多尔
0.1	12.3	0	160	>1000	19	10	71	342	6,587	埃及
0	0.6	0	80	30	9	8	30	121	5,948	萨尔瓦多
	0			35		6		70	4,916	埃塞俄比亚
7.4	2.9	0	26	26	124	110	106	101	7,338	欧盟
0	15.1	0	40	*>1000*	1	67	0	182	5,138	斐济
0.9	0	0	60	30	3	5	29	55	4,778	加蓬
0		0	110		6		43			冈比亚
0.3	6.7	0	20	12	15	4	74	375	8,168	格鲁吉亚
0	0.4	0	99	35	6	8	46	60	4,986	圭亚那
0	5.6	0	100	40	3	13	3	88	5,537	格林纳达
0	19.4	0	75	20	13	5	31	119	6,021	危地马拉
0.3		0	40		14		71			几内亚

国家/关境	已实施MFN关税的年份	约束范围	简单平均		零关税		非从价税		税率>15%	
			约束关税	已实施MFN关税	约束关税	已实施MFN关税	约束关税	已实施MFN关税	约束关税	已实施MFN关税
		%			HS六位子目所占百分比					
1	2	3	4	5	6	7	8	9	10	11
几内亚比绍		97.4	50.0		0		0		97.4	
圭亚那	2016	100	50.1	9.3	0	9.4	0	0.0	100.0	21.3
海地	2016	86.1	18.2	7.4	3.2	41.1	9.0	0	50.4	20.7
洪都拉斯	2015	100	31.8	5.0	2.3	54.2	0	0.0	89.0	0
中国香港	2016	39.8	0	0	39.8	100.0	0	0	0	0
冰岛	2016	94.3	9.5	1.4	46.4	82.9	0.0	0	27.3	0.0
印度	2016	70.5	34.5	10.2	2.6	2.5	5.9	5.7	67.5	7.7
印度尼西亚	2016	95.8	35.6	7.8	2.8	13.4	0	0.0	89.3	9.2
以色列	2016	71.7	10.2	3.1	11.9	65.2	6.5	1.8	11.8	0.7
牙买加	2016	100	42.5	6.7	0.4	63.2	0	0	81.9	23.2
日本	2016	99.6	2.5	2.5	55.9	55.7	1.7	2.0	0.8	0.7
约旦	2016	100	15.1	8.6	7.0	57.2	0.1	0	45.8	30.0
哈萨克斯坦	2016	100	6.0	6.5	16.3	16.7	6.2	6.5	0.1	1.9
肯尼亚	2016	2.0	57.0	11.6	0	40.4	0	1.0	2.0	36.7
韩国	2016	94.1	9.8	6.8	18.3	16.7	0.1	0.1	11.9	3.3
科威特	2016	99.9	97.5	4.6	2.5	8.2	0	0.3	97.4	0
吉尔吉斯斯坦	2016	99.9	6.7	6.5	22.4	18.2	0.2	7.3	0.0	3.2
老挝	2016	100	18.9	8.1	0.1	0.3	0	0.1	59.1	7.2
黎巴嫩	2016			4.1		42.0		5.8		4.4
莱索托	2016	100	60.1	7.5	0	63.5	0	0.9	100.0	20.6
利比里亚		100	27.2		0.1		0		88.4	
中国澳门	2016	16.5	0	0	16.5	100.0	0	0	0	0
马达加斯加	2016	19.5	25.2	11.2	0.0	5.3	0	0	16.6	34.5
马拉维	2016	23.1	42.0	11.5	0	35.6	0	0.0	23.1	34.3
马来西亚	2016	81.9	14.9	5.4	5.0	64.2	0.1	0.1	38.2	14.2
马尔代夫		96.3	34.9		0		0		96.3	
马里	2016	30.5	13.4	11.5	0.8	1.8	0	0	6.3	36.5
毛里塔尼亚	2015	30.1	10.6	12.2	0.7	3.6	0	0.3	5.5	39.3
毛里求斯	2016	7.9	16.3	1.0	6.0	93.0	0	2.4	1.9	1.2
墨西哥	2016	100	34.8	5.7	0.3	55.2	0.0	0.1	99.2	11.2
摩尔多瓦	2016	100	5.9	4.4	28.3	41.7	0	0.2	0.1	0.1
蒙古	2016	100	17.3	5.0	1.7	1.0	0	0	78.1	0.4
黑山	2016	100	4.2	3.0	33.2	30.3	0	0.0	0.2	0.1
摩洛哥	2016	100	39.3	8.9	0.0	0.0	0	0	99.4	25.8
莫桑比克	2016	0.6	26.0	9.5	0	4.0	0	0	0.1	29.4
缅甸	2015	5.3	21.3	5.1	1.1	2.9	0	0	3.7	5.2
纳米比亚	2016	93.4	15.7	7.5	13.0	63.5	0	0.9	33.8	20.6
瑙鲁	2016			10.2		1.8		1.1		2.0
尼泊尔	2016	99.3	23.8	11.7	2.9	3.9	0	0.4	86.3	14.5
新西兰	2016	100	10.7	2.2	46.3	62.5	3.7	0.5	33.8	0.0
尼加拉瓜		100	40.5	4.9	2.3	55.0	0	0	97.7	0
尼日尔	2016	96.3	38.4	11.5	0.7	1.8	0	0	72.5	36.5
尼日利亚	2016	6.8	49.7	11.5	0	3.0	0	0	6.8	36.6
挪威	2016	100	3.0	0.5	51.7	95.3	2.3	0.1	0.0	0.0
阿曼	2016	100	11.8	4.7	7.1	8.2	0	0.3	4.5	0.1
巴基斯坦	2016	99.0	55.1	11.9	0		0	0.1	95.4	43.6
帕劳	2016			3.0		5.4		2.2		0.5
巴拿马	2015	100	22.1	6.0	4.5	39.7	0.2	0.1	66.9	0.0
巴布亚新几内亚		100	30.3		0		0.1		70.0	
巴拉圭	2016	100	33.5	9.8	0	14.9	0	0	95.2	30.4
秘鲁	2015	100	29.3	2.4	2.2	70.0	0	0	97.8	0
菲律宾	2016	61.9	23.4	5.7	2.9	3.9	0	0	50.8	1.5
卡塔尔	2016	100	14.0	4.6	3.5	8.2	0	0.1	16.8	0.0
俄罗斯	2016	100	7.1	6.5	3.4	16.5	7.0	7.4	0.8	3.1
卢旺达	2016	100	91.7	11.5	0.7	40.6	0	0.6	97.2	36.4
圣基茨和尼维斯	2016	95.0	70.9	8.4	0	25.5	0	0	95.0	19.6

税率>3×平均值		截至2016年尚未履行的减让	最高税率		不同关税税率的数量		差异系数		已实施MFN关税的税号数量	国家/关境
约束关税	已实施MFN关税		约束关税	已实施MFN关税	约束关税	已实施MFN关税	约束关税	已实施MFN关税		
HS六位子目所占百分比										
12	13	14	15	16	17	18	19	20	21	22
0		0	50		3		1			几内亚比绍
0	4.1	0	100	70	4	13	3	100	5,316	圭亚那
0	4.6	0	*50*	40	808	11	55	122	5,472	海地
0	19.5	0	55	15	19	4	30	126	6,772	洪都拉斯
0	0	0	0	0	1	1	0	0	6,499	中国香港
8.6	17.0	0	175	20	40	8	134	203	6,641	冰岛
0.1	0.8	0	150	100	333	286	36	73	10,048	印度
0	5.8	0	60	150	9	16	25	101	8,691	印度尼西亚
4.5	14.1	0	170	*137*	554	77	126	174	7,099	以色列
0	4.3	0	100	50	11	10	38	136	5,785	牙买加
8.9	8.9	0	*385*	*385*	312	192	297	259	7,609	日本
0.0	15.6	0	*60*	30	13	9	66	131	5,750	约旦
0.1	0.4	27.8	*24*	30	535	356	74	73	8,945	哈萨克斯坦
0	0.4	0	100	50	5	8	31	97	4,660	肯尼亚
6.5	0.1	0	*193*	*193*	55	38	90	75	10,608	韩国
0	0	0	100	5	2	2	21	31	6,103	科威特
0	0.3	0	20	*83*	22	293	63	76	8,940	吉尔吉斯斯坦
0.1	2.4	0.0	60	40	14	10	51	72	8,427	老挝
	6.6			75		139		131	5,125	黎巴嫩
0.1	9.3	0	200	*60*	3	91	6	146	6,342	莱索托
0		4.1	50		10		38			利比里亚
0	0	0	0	0	1	1	0	0	5,786	中国澳门
0	0	0	30	20	12	6	27	60	5,726	马达加斯加
0	0	0	125	25	11	8	18	90	4,853	马拉维
0.0	14.2	0	*58*	60	20	27	70	163	8,167	马来西亚
1.8		0	300		2		103			马尔代夫
2.4	0.4	0	60	35	11	5	111	59	4,986	马里
0.0	0	0	50	20	12	8	72	58	4,676	毛里塔尼亚
1.9	6.5	0.9	122	*79*	3	249	190	351	5,471	毛里求斯
0.0	7.5	0	*156*	50	15	18	15	154	11,080	墨西哥
0.1	1.7	0	20	20	13	16	76	103	7,327	摩尔多瓦
0	0.4	0	30	20	9	6	37	26	4,850	蒙古
2.2	12.4	2.7	20	20	55	45	100	117	7,367	黑山
0	0.9	0	45	50	11	9	11	98	15,227	摩洛哥
0.1	0	0	100	20	3	5	149	75	4,476	莫桑比克
0.0	5.2	0	165	40	12	15	87	124	8,384	缅甸
0.4	9.3	0	50	*156*	15	98	69	149	6,342	纳米比亚
	0.3			45		9		31	4,540	瑙鲁
0	0.6	0	60	80	11	30	36	74	4,591	尼泊尔
6.1	5.7	0	*435*	*28*	276	6	123	127	6,437	新西兰
0	19.1	0	100	15	7	4	24	116	6,252	尼加拉瓜
0	0.4	0	50	35	11	5	51	59	4,986	尼日尔
0.1	0.9	0	150	35	7	5	32	64	5,009	尼日利亚
11.9	4.7	0	*344*	*296*	168	16	246	937	5,570	挪威
0	0.1	0	20	100	9	3	52	56	6,123	阿曼
0	0.4	0	100	100	14	20	32	82	6,171	巴基斯坦
	0.6			*69*		75		73	4,516	帕劳
0.0	0.0	0	81	81	46	11	55	92	7,257	巴拿马
0.4		0	100		15		55			巴布亚新几内亚
0	0.0	0	35	35	6	23	22	85	9,077	巴拉圭
0	11.6	0	30	11	2	3	20	174	6,511	秘鲁
0	1.5	0	50	30	8	9	49	99	8,890	菲律宾
0	0.0	0	30	20	14	4	41	33	6,101	卡塔尔
0.0	0.2	9.2	*115*	*106*	644	386	57	74	8,926	俄罗斯
0	0.4	0	100	*100*	14	8	31	99	4,662	卢旺达
0	0.8	0	170	70	10	9	12	107	5,265	圣基茨和尼维斯

国家/关境	已实施MFN关税的年份	约束范围	简单平均		零关税		非从价税		税率>15%	
			约束关税	已实施MFN关税	约束关税	已实施MFN关税	约束关税	已实施MFN关税	约束关税	已实施MFN关税
		%			HS六位子目所占百分比					
1	2	3	4	5	6	7	8	9	10	11
圣卢西亚	2016	99.5	54.4	7.8	0	43.9	0	0.0	99.5	23.1
圣文森特和格林纳丁斯	2016	99.7	55.1	8.9	0	8.3	0	0.0	99.7	21.1
萨摩亚群岛	2016	100	20.4	10.8	0	2.2	0	0.0	50.7	24.9
圣多美和普林西比	2016			10.0		1.1		0.4		9.4
沙特阿拉伯	2015	100	10.5	5.0	8.1	8.1	0.1	0.4	0.4	0.2
塞内加尔	2016	100	30.0	11.5	0	1.8	0	0	99.9	36.5
塞尔维亚	2016			6.4		1.1		0.0		8.8
塞舌尔	2016	100	8.7	2.3	49.1	88.8	0	0	23.4	7.4
塞拉利昂		100	48.5		0		0		100.0	
新加坡	2016	67.3	6.2	0	19.5	100.0	0	0	0	0
所罗门群岛	2016	100	79.4	9.1	0	0.9	0.9	0.3	97.9	0.0
南非	2016	95.5	15.7	7.5	13.4	63.5	0	0.9	34.6	20.6
斯里兰卡	2015	30.6	22.3	6.9	0.2	60.8	0.2	1.7	15.7	11.5
苏里南		15.8	16.2		1.4		0.0		9.0	
斯威士兰	2016	95.5	15.7	7.5	13.4	63.5	0	0.9	34.6	20.6
瑞士	2016	99.7	1.9	1.7	17.9	21.1	81.8	78.9	1.0	0.8
中国台北	2016	100	4.7	4.8	30.4	31.1	0.3	0.3	2.0	3.7
塔吉克斯坦	2016	100	7.6	7.2	13.6	4.6	0	0.0	7.4	0
坦桑尼亚	2016	0.3	120.0	11.6	0	40.5	0	0.9	0.2	36.9
泰国	2015	71.4	25.6	7.7	2.3	39.2	14.9	6.6	62.5	16.9
马其顿	2016	100	6.2	5.8	38.8	44.1	0.1	0.2	8.5	8.3
东帝汶	2016			2.5				0		0
多哥	2016	0.98	0.0	11.5	0	1.8	0	0	0.9	36.5
汤加	2016	100.0	17.3	11.3	0	15.2	0.0	0	46.5	7.5
特立尼达和多巴哥		100	50.5		0.8		0		96.2	
突尼斯	2016	51.6	40.8	8.3	0	61.9	0	0	51.6	37.8
土耳其	2016	42.7	17.0	5.5	4.0	24.6	0.1	0.6	20.0	5.5
乌干达	2016	3.2	51.2	11.5	0	40.7	0	0.9	3.2	36.6
乌克兰	2016	100	5.0	3.7	33.6	43.3	0.0	0	0.5	0.3
阿联酋	2016	100	12.7	4.6	3.5	8.2	0	0.3	0	0
美国	2016	99.9	3.2	3.2	49.0	48.4	3.2	3.2	2.3	2.3
乌拉圭	2016	100	31.2	10.5	0	16.1	0	0	98.5	37.2
乌兹别克斯坦	2015			14.2		9.1		5.1		31.4
瓦努阿图	2016	100	39.1	7.5	3.9	30.7	0	0.7	95.8	4.4
委内瑞拉	2016	100	33.6	12.5	0	4.6	0	0	99.0	31.1
越南	2016	100	10.4	8.5	15.0	38.3	0.0	0	24.6	22.0
也门	2016	100	21.1	7.0	0.1	1.2	0.1	0	88.9	5.2
赞比亚	2016	4.2	44.4	13.0	0	30.9	0	1.6	4.1	30.2
津巴布韦	2016	11.9	9.8	15.9	3.3	10.5	0.2	7.6	2.4	25.5

税率>3×平均值		截至2016年尚未履行的减让	最高税率		不同关税税率的数量		差异系数		已实施MFN关税的税号数量	国家/关境
约束关税	已实施MFN关税		约束关税	已实施MFN关税	约束关税	已实施MFN关税	约束关税	已实施MFN关税		
HS六位子目所占百分比										
12	13	14	15	16	17	18	19	20	21	22
0.6	6.2	0	206	70	30	10	34	125	5,364	圣卢西亚
0.6	3.4	0	206	40	31	9	35	88	5,317	圣文森特和格林纳丁斯
0	0.0	0.3	55	50	16	6	33	52	4,623	萨摩亚群岛
	0			20		4		39	4,561	圣多美和普林西比
0	1.5	0	20	20	17	11	52	51	6,129	沙特阿拉伯
0	0.4	0	30	35	2	5	1	59	4,986	塞内加尔
	5.8			30		15		93	15,577	塞尔维亚
0.1	9.2	0	200	200	7	8	136	361	4,712	塞舌尔
0		0	80		7		11			塞拉利昂
0	0	0	10	0	5	1	81	0	8,259	新加坡
0	0	0	120	20	47	25	15	23	4,699	所罗门群岛
0.5	9.3	0	50	*486*	15	105	69	165	6,342	南非
0.1	11.4	0	100	*527*	27	36	82	217	5,856	斯里兰卡
0		0	40		17		75			苏里南
0.5	9.3	0	50	*156*	15	96	69	149	6,342	斯威士兰
8.2	8.3	0	*67*	*53*	5037	4939	170	166	6,164	瑞士
3.0	4.7	0	*158*	*156*	131	80	113	119	7,426	中国台北
0.6	0	24.5	30	15	17	6	71	56	8,494	塔吉克斯坦
0	0.4	0	120	*60*	1	8	0	97	4,660	坦桑尼亚
0.4	11.2	0	*164*	*145*	760	41	40	143	8,259	泰国
2.4	8.3	0	*34*	*34*	31	35	102	114	7,491	马其顿
	0			3		1		0	4,462	东帝汶
0	0.4	0	80	35	1	5	0	59	4,986	多哥
0	0	0	20	20	4	5	14	60	4,657	汤加
0		0	100		11		22			特立尼达和多巴哥
0.1	4.6	0	180	36	28	6	39	118	9,201	突尼斯
0.7	5.4	0	100	82	249	114	74	146	13,707	土耳其
0	0.4	0	80	50	4	8	22	98	4,660	乌干达
0.5	5.5	0	25	25	42	42	89	113	8,267	乌克兰
0	0	0	15	5	10	2	35	31	6,103	阿联酋
8.6	8.4	0	*55*	*55*	586	397	150	144	9,544	美国
0	0.4		035	35	12	15	22	78	10,112	乌拉圭
	0.3			*226*		61		87	8,419	乌兹别克斯坦
0	1.8	0	85	55	15	41	29	97	4,541	瓦努阿图
0	0.2	0	40	40	13	16	13	67	10,655	委内瑞拉
2.1	4.0	0.1	*200*	100	56	36	120	122	8,324	越南
0	5.2	0	43	25	30	6	34	67	5,256	也门
0	2.0	0	125	*>1000*	6	8	34	178	5,326	赞比亚
0.5	7.8	0	150	*189*	38	370	149	122	5,235	津巴布韦

国家/关境关税概况

02

chapter

2.1 关税概况索引

① 欧盟（原欧共体）提供的信息包括其28个成员国。

① 瑞士提供的信息包括列支敦士登。

Part A.1 关税及进口：概述及关税值域

行标题	说明或计算方法
最终约束关税简单平均	最终约束关税税率的简单平均值，不包括非约束的税号。
已实施 MFN 关税简单平均	已实施 MFN 关税的简单平均值。
贸易加权平均	按照 HS 六位子目贸易量加权的 HS 六位子目平均已实施 MFN 关税税率。
进口值（以 10 亿美元计）	进口值，以 10 亿美元计。
约束覆盖范围	至少含有一个约束税号的 HS 六位子目的占比。非农产品（Non-AG）税号所占百分比也将单独列出。约束税号全覆盖的，用 100 表示（不带小数点）。某些税号为非约束税号，但其计算结果四舍五入仍用 100 表示的，会加上一位小数，即 100.0。
农产品（AG）：关税配额（%）	涉及关税配额的 HS 六位子目在农产品关税减让表中所占比例。部分覆盖的，将按比例加以考虑。
农产品（AG）：特别保障措施（%）	至少含有一个税号涉及特别保护措施（SSG）的 HS 六位子目在农产品关税减让表中所占比例。部分覆盖的，将按比例加以考虑。

2.2 技术性说明

只有《协调制度》第1~97章所涵盖商品的关税和进口情况才列入统计。各国/关境已实施的税则依据该国/关境采用的基准年份 HS 六位数级标准化目录进行验证。不按此标准制定的本国/关境税则号列，即税号的前六位应基于该国/关境所采用的某一版本《协调制度》的标准化子目，将弃之不用。另一方面，缺失的子目会被补齐。因此，所有统计都是基于完整的标准化目录进行的。所有简单平均值都是基于预合计的 HS 六位子目平均值。预合计是指首先把税号一级的关税均分给各个 HS 六位子目，然后再基于这些预合计的平均值进行计算。

非从价税应尽可能转换为从价税等值。其转换方法参见《世界关税概况（2006 年版）》的技术附录 B。

Part A. 2 按产品分组的关税及进口

关税值域的频率分布

频率分布中的关税值域占比是根据HS六位子目中每个税号的关税占比来计算的。例如，某一HS六位子目项下有两个税号，一个税号的关税为10，另一个税号的关税为20，则把该HS六位子目的一半配给5~10值域，另一半配给15~25值域。无论何时，频率分布均包含从价税等值。就已实施的MFN关税而言，关税值域占比之和为100%，除非存在无法转换为从价税等值或税号缺失的情况。在这种情况下，就不能以单独类别列出。对于约束关税，其关税值域之和为约束覆盖范围的占比，除非存在无法转换为从价税等值或税号缺失的情况。请注意，使用不同版本的《协调制度》目录计征约束关税和已实施MFN关税，将会影响到约束关税与已实施MFN关税占比频率值域的比较。

当某一税号的贸易量可得时，其进口量将按税号分配到相应的关税值域。否则，HS六位子目的进口量将按比例分配到相应的关税值域。例如，如某一HS六位子目项下有两个税号，一个税号的关税为10，另一个税号的关税为20，则该HS六位子目的一半进口量配给5~10值域，另一半配给15~25值域。

对于涉及非从价税的HS六位子目占比，当只有部分HS六位子目涉及从价税时，将采用这些税号的占比。

列标题		说明或计算方法
最终约束关税	平均值	最终约束关税的简单平均值，不包括非约束的税号。
	零关税（%）	产品组的子目总数中零关税HS六位子目所占比例。部分零关税子目将按比例加以考虑。
	最大值	产品组中的最高从价税或计得的从价税等值。
	约束（%）	至少含有一个约束税号的HS六位子目的占比。约束税号全覆盖的，用100表示（不带小数点）。某些税号为非约束税号，但其计算结果四舍五入仍用100表示的，会加上一位小数，即100.0。
已实施MFN关税	平均值	已实施MFN关税的简单平均值。
	零关税（%）	产品组的子目总数中零关税HS六位子目所占比例。部分零关税子目将按比例加以考虑。
	最大值	产品组中的最高从价税或计得的从价税等值。
进口	占比（%）	产品组的进口占比。
	零关税（%）	产品组中MFN零关税进口量占该组别总进口量的比例。如各国/关境税则税号一级的进口数据缺失，该部分零关税子目将按比例加以考虑。

Part A. 2 中“组”的定义

产品组	MTN①	2012 年版《协调制度》目录
农产品（AG）		
动物产品	17	第 1、2 章，品目 1601～02。
乳制品	21	品目 0401～06。
水果、蔬菜	12	第 7、8 章，品目 1105～06、2001～08。
植物	19	品目 0601～03、1211，第 13～14 章。
咖啡及茶	13	品目 0901～03，第 18 章（品目 1802 除外），品目 2101。
谷物及其制品	×15	品目 0407～10、1101～04、1107～09，第 19 章，品目 2102～06、2209。
	16	第 10 章。
含油子仁、脂肪及油脂	18	品目 1201～08，第 15 章（子目 150410，150420 除外），品目 2304～06、3823。
糖及糖食	14	第 17 章。
饮料及烟草	20	品目 2009、2201～08。
	22	第 24 章。
棉	×23	品目 5201～5203。
其他农产品	×15	品目 0904～10。
	×23	第 5 章（品目 0508，子目 051191 除外），品目 0604、1209～10、1212～14、1802，子目 230110，品目 2302～03、2307～09，子目 290543～45，品目 3301、3501～05，子目 380910、382460，品目 4101～03、4301、5001～03、5101～03、5301～02。

① MTN（多边贸易谈判）商品分类首先由“东京回合”给出定义，并在“乌拉圭回合”采用《协调制度》进行分类。本书中产品组的分类与基于 1992 年版《协调制度》的分类稍有差异。

产品组	MTN	2012 年版《协调制度》目录
非农产品（Non-AG）		
鱼及鱼产品	11	第 3 章，品目 0508，子目 051191、150410、150420，品目 1603～05，子目 230120。
矿产品及金属	4	品目 2601～17、2620，第 72～76 章（品目 7321～22 除外），第 78～83 章（品目 8304～05 除外）。
	9	第 25 章，品目 2618～19、2621、2701～04、2706～08、2711～15，第 31 章，品目 3403，第 68～71 章（品目 6807，子目 701911～19、701940～59 除外），子目 911310～20。
石油	97	品目 2709～10。
化工品[①]	5	品目 2705，第 28～30 章（子目 290543～45、300590 除外），第 32、33 章（品目 3301，子目 330620 除外），第 34 章（品目 3403、3406 除外），品目 3506～07、3601～04，第 37～39 章（子目 380910，品目 3823，子目 382460、392112～13、392190 除外）。
木材、纸及其他	1	第 44、45 章，第 47～49 章，品目 9401～04（子目 940490 除外），子目 961900。
纺织品	×2	子目 300590、330620、392112～13、392190、420212、420222、420232、420292，第 50～60 章（品目 5001～03、5101～03、5201～03、5301～02 除外），第 63 章，子目 640520、640610，品目 6501～05、6601，子目 701911～19、701940～59、870821，品目 8804，子目 911390、940490、961210。
衣着	×2	第 61、62 章。
皮革、鞋及其他	3	第 40、41 章（品目 4101～4103 除外），品目 4201～05（子目 420212、420222、420232、420292 除外），品目 4302～04，第 64 章（子目 640520、640610 除外），品目 9605。
非电气设备	7	品目 7321～22，第 84 章（子目 846721～29 除外），子目 850860、852841、852851、852861，品目 8608、8709。
电气设备	8	子目 846721～29，第 85 章（子目 850860、852841、852851、852861，品目 8519～8523 除外，但包括子目 852352）。
运输设备	6	第 86 章（品目 8608 除外），品目 8701～08（子目 870821 除外），品目 8711～14、8716、8801～03，第 89 章。
其他工业品	10	品目 2716、3406、3605～06、4206，第 46 章，品目 6506～07、6602～03，第 67 章，品目 6807、8304～05、8519～23（子目 852352 除外），品目 8710、8715、8805，第 90～93 章（品目 9113 除外），品目 9405～06，第 95～97 章（品目 9605、961210，子目 961900 除外）。

① HS 子目 330210 所涉部分商品最初作为农产品归类，未被纳入化工品。

Part B 出口至主要贸易伙伴及其面临的关税

列标题		说明及计算方法
双边进口	以百万美元计	主要贸易伙伴的进口总额。
多元化：95%贸易额所在税号税目	HS 章	扣除5%双边贸易流最小的税号后的贸易流所涉及的HS章节数。
	HS 六位子目	扣除5%双边贸易流最小的税号后的贸易流所涉及的HS六位子目数。
有贸易量MFN关税平均值	简单平均	仅基于有进口量的税号MFN关税的简单平均值。
	加权平均	经贸易加权的MFN关税平均值。
优惠幅度	加权平均	MFN关税与最优惠关税之差的贸易加权平均值。无论是MFN关税还是最优惠关税，不能用从价税表示的税号不纳入统计。
零关税进口	税号（%）	所有双边贸易流中零关税税号所占比例，包括零关税优惠待遇。如相关税号的进口数据缺失，则部分零关税子目将按比例加以考虑。
	价值（%）	所有双边贸易流中零关税贸易流所占比例，包括零关税优惠待遇。如相关税号的进口数据缺失，则部分零关税子目将按比例加以考虑。

2.3 国家/关境关税概况

阿富汗

Part A.1 关税及进口：概述及关税值域

概述	总计	农产品	非农产品	"入世"时间		2016
最终约束关税简单平均	13.6	33.6	10.3	约束覆盖范围：	总计	96.6
已实施 MFN 关税简单平均					非农产品	96.1
贸易加权平均				农产品：关税配额（%）		0
进口值（以10亿美元计）				农产品：特别保障措施（%）		0

频率分布	零关税	0≤5	5≤10	10≤15	15≤25	25≤50	50≤100	>100	非从价税（%）
	税号及进口值（%）								
农产品									
最终约束关税	0.4	0.7	19.0	0	19.7	30.9	23.8	0	5.5
已实施 MFN 关税									
进口									
非农产品									
最终约束关税	10.5	25.8	38.3	0.1	10.8	10.6	0	0	0
已实施 MFN 关税									
进口									

Part A.2 按产品分组的关税及进口

产品组	最终约束关税				已实施 MFN 关税			进口	
	平均值	零关税（%）	最大值	约束（%）	平均值	零关税（%）	最大值	占比（%）	零关税（%）
动物产品	30.5	2.7	60	100					
乳制品	31.2	0	40	100					
水果、蔬菜及植物	45.8	0	60	100					
咖啡及茶	16.7	0	30	100					
谷物及其制品	36.2	0	60	100					
含油子仁、脂肪及油脂	18.0	0	60	100					
糖及糖食	35.3	0	50	100					
饮料及烟草	56.7	0	70	100					
棉	20.0	0	20	100					
其他农产品	22.7	0	60	100					
鱼及鱼产品	6.9	0	30	100					
矿产品及金属	11.7	11.6	40	97.0					
石油	13.3	0	15	100					
化工品	6.4	1.1	40	92.2					
木材、纸及其他	10.0	12.0	30	95.6					
纺织品	15.2	0	40	95.5					
衣着	29.9	0	30	100					
皮革、鞋及其他	8.7	5.6	30	79.2					
非电气设备	4.8	23.4	20	100					
电气设备	5.8	43.6	30	100					
运输设备	6.9	26.6	50	91.6					
其他工业品	10.5	17.1	30	99.5					

Part B 出口至主要贸易伙伴及其面临的关税

主要市场	双边进口		多元化：95%贸易额所在税号税目		有贸易量 MFN 关税平均值		优惠幅度	零关税进口	
	以百万美元计		HS 章	HS 六位子目	简单平均	加权平均	加权平均	税号（%）	价值（%）
农产品									
1. 印度	2015	307	7	19	24.7	39.1	24.4	12.5	46.3
2. 巴基斯坦	2015	281	4	12	9.8	10.1	0.8	2.8	14.7
3. 欧盟	2015	19	7	11	8.2	0.9	0.9	100.0	100.0
4. 阿联酋	2015	12	5	14	3.3	3.4	0.0	33.3	31.0
5. 俄罗斯	2015	9	1	1	5.0	5.0	5.0	100.0	100.0
非农产品									
1. 巴基斯坦	2015	109	6	8	14.2	5.0	0.7	1.1	0.0
2. 美国	2015	13	6	11	4.0	0.2	0.2	80.7	99.1
3. 欧盟	2015	9	24	66	3.6	0.8	0.8	100.0	100.0
4. 阿联酋	2015	8	3	7	4.5	3.9	0.0	9.2	21.9
5. 中国	2015	5	6	7	6.8	7.0	7.0	94.9	99.9

阿尔巴尼亚

Part A. 1 关税及进口：概述及关税值域

概述		总计	农产品	非农产品	"入世"时间	2000
最终约束关税简单平均		6.9	9.6	6.4	约束覆盖范围：总计	100
已实施 MFN 关税简单平均	2016	3.8	7.6	3.1	非农产品	100
贸易加权平均	2015	3.4	6.6	2.8	农产品：关税配额（%）	0
进口值（以10亿美元计）	2015	3.7	0.6	3.1	农产品：特别保障措施（%）	0

频率分布		零关税	0≤5	5≤10	10≤15	15≤25	25≤50	50≤100	>100	非从价税（%）
		税号及进口值（%）								
农产品										
最终约束关税		10.3	19.2	53.2	0.0	17.2	0	0	0	0
已实施 MFN 关税	2016	12.3	21.6	50.9	13.1	0	0	0	0	0
进口	2015	24.7	20.3	39.9	13.2	0	0	0	0	1.9
非农产品										
最终约束关税		33.4	31.0	18.3	2.0	15.3	0	0	0	0
已实施 MFN 关税	2016	57.4	18.7	14.2	9.6	0	0	0	0	0
进口	2015	65.2	10.1	16.8	7.9	0	0	0	0	0

Part A. 2 按产品分组的关税及进口

产品组	最终约束关税				已实施 MFN 关税			进口	
	平均值	零关税（%）	最大值	约束（%）	平均值	零关税（%）	最大值	占比（%）	零关税（%）
动物产品	9.4	0.1	20	100	7.9	4.2	15	2.1	1.6
乳制品	10.0	0	15	100	9.9	0	15	0.4	0
水果、蔬菜及植物	11.8	0	20	100	10.3	0	15	2.2	0
咖啡及茶	14.2	0	20	100	10.9	8.3	15	1.2	34.6
谷物及其制品	8.8	1.1	20	100	7.0	6.4	15	5.1	34.5
含油子仁、脂肪及油脂	2.8	67.5	10	100	2.3	67.5	10	1.4	88.4
糖及糖食	7.2	0	10	100	5.4	5.9	10	0.9	0.0
饮料及烟草	13.6	26.5	20	100	9.4	27.1	15	2.5	22.8
棉	5.0	0	5	100	2.0	0	2	0.0	0
其他农产品	9.5	4.4	20	100	6.1	6.5	15	0.5	4.4
鱼及鱼产品	0.0	99.7	10	100	0.0	99.8	10	1.0	99.9
矿产品及金属	6.5	42.1	20	100	4.7	42.3	15	14.9	52.4
石油	8.8	0	10	100	5.6	39.3	10	7.3	43.4
化工品	3.8	30.7	10	100	1.6	51.9	10	11.6	41.1
木材、纸及其他	0.4	95.8	20	100	0.3	95.6	15	4.8	98.5
纺织品	9.1	0.2	20	100	4.6	41.3	15	6.0	62.5
衣着	17.5	0.2	18	100	0.0	100.0	0	5.8	99.8
皮革、鞋及其他	13.8	3.4	20	100	8.7	25.8	15	5.9	69.0
非电气设备	3.7	29.5	10	100	0.5	89.1	10	7.6	79.4
电气设备	4.6	39.3	10	100	3.1	56.6	10	6.6	50.7
运输设备	8.0	9.1	20	100	3.0	43.9	15	6.7	87.8
其他工业品	10.2	30.3	20	100	7.4	30.2	15	5.5	76.6

Part B 出口至主要贸易伙伴及其面临的关税

主要市场	双边进口		多元化：95%贸易额所在税号税目		有贸易量 MFN 关税平均值		优惠幅度	零关税进口	
	以百万美元计		HS 章	HS 六位子目	简单平均	加权平均	加权平均	税号（%）	价值（%）
农产品									
1. 欧盟	2015	65	16	45	12.5	7.5	7.5	87.8	99.4
2. 美国	2015	14	4	4	2.2	0.1	0.1	92.3	99.9
3. 塞尔维亚	2015	9	4	11	16.8	26.0	26.0	100.0	100.0
4. 塞内加尔	2015	6	4	6	18.3	20.1	0.0	0.0	0.0
5. 黑山	2015	5	7	27	14.8	21.7	21.7	100.0	100.0
非农产品									
1. 欧盟	2015	926	39	217	5.1	5.8	5.4	99.2	98.0
2. 中国	2015	128	9	13	14.7	1.2	0.0	3.8	91.2
3. 土耳其	2015	47	14	28	8.0	17.1	17.1	100.0	100.0
4. 马其顿	2015	40	19	32	9.2	5.7	5.7	100.0	100.0
5. 黑山	2015	28	23	52	4.7	3.6	3.6	100.0	100.0

阿尔及利亚

Part A.1 关税及进口：概述及关税值域

概述		总计	农产品	非农产品	未“入世”	
最终约束关税简单平均					约束覆盖范围：	总计
已实施 MFN 关税简单平均	2016	18.9	23.4	18.1		非农产品
贸易加权平均	2015	12.8	12.4	12.9	农产品：关税配额（%）	
进口值（以10亿美元计）	2015	51.8	10.0	41.8	农产品：特别保障措施（%）	

频率分布		零关税	0≤5	5≤10	10≤15	15≤25	25≤50	50≤100	>100	非从价税（%）
		税号及进口值（%）								
农产品										
最终约束关税										
已实施 MFN 关税	2016	0.4	20.2	0	9.5	0	69.8	0	0	0
进口	2015	0.0	65.6	0	8.1	0	26.2	0	0	0
非农产品										
最终约束关税										
已实施 MFN 关税	2016	1.6	23.1	0	37.5	0	37.8	0	0	0
进口	2015	4.9	44.0	0	31.0	0	20.1	0	0	0

Part A.2 按产品分组的关税及进口

产品组	最终约束关税				已实施 MFN 关税			进口	
	平均值	零关税（%）	最大值	约束（%）	平均值	零关税（%）	最大值	占比（%）	零关税（%）
动物产品					27.9	0	30	0.7	0
乳制品					22.7	0	30	2.3	0
水果、蔬菜及植物					25.5	0	30	2.0	0
咖啡及茶					26.5	0	30	0.9	0
谷物及其制品					23.5	2.2	30	8.0	0.0
含油子仁、脂肪及油脂					18.9	1.1	30	2.7	0.2
糖及糖食					23.8	0	30	1.5	0
饮料及烟草					26.8	0	30	1.0	0
棉					5.0	0	5	0.0	0
其他农产品					18.1	0.2	30	0.4	0.0
鱼及鱼产品					29.7	0.0	30	0.2	0.0
矿产品及金属					16.5	1.1	30	16.9	2.3
石油					18.7	32.5	30	3.9	47.4
化工品					14.6	0.2	30	11.9	0.5
木材、纸及其他					19.4	0	30	3.7	0
纺织品					24.0	0.2	30	1.4	1.6
衣着					30.0	0	30	0.8	0
皮革、鞋及其他					19.0	0.6	30	1.6	0.2
非电气设备					9.0	0.1	30	18.0	0.3
电气设备					17.7	0	30	9.4	0
运输设备					11.0	23.4	30	10.3	14.0
其他工业品					21.0	6.9	30	2.4	5.4

Part B 出口至主要贸易伙伴及其面临的关税

主要市场	双边进口		多元化：95%贸易额所在税号税目		有贸易量 MFN 关税平均值		优惠幅度	零关税进口	
	以百万美元计		HS 章	HS 六位子目	简单平均	加权平均	加权平均	税号（%）	价值（%）
农产品									
1. 欧盟	2015	52	9	12	15.4	14.2	5.8	45.9	79.1
2. 土耳其	2015	30	1	1	23.8	133.6	0.0	13.3	0.4
3. 突尼斯	2015	26	4	4	27.3	4.2	4.2	100.0	100.0
4. 黎巴嫩	2014	23	1	1	5.8	0.0	0.0	100.0	100.0
5. 尼日尔	2015	10	4	6	16.5	17.0	0.0	0.0	0.0
非农产品									
1. 欧盟	2015	20,843	3	7	3.6	0.3	0.3	100.0	100.0
2. 美国	2015	2,901	1	2	1.4	0.0	0.0	98.0	100.0
3. 巴西	2015	1,813	1	3	1.2	0.0	0.0	76.9	100.0
4. 日本	2015	927	1	4	1.2	0.0	0.0	61.5	99.1
5. 韩国	2015	865	1	2	6.4	0.9	0.0	16.7	71.2

安哥拉

Part A.1 关税及进口：概述及关税值域

概述		总计	农产品	非农产品	“入世”时间	1996
最终约束关税简单平均		59.1	52.7	60.1	约束覆盖范围：总计	100
已实施 MFN 关税简单平均	2016	11.4	23.2	9.5	非农产品	100
贸易加权平均	2015	9.4	18.8	7.4	农产品：关税配额（%）	0
进口值（以 10 亿美元计）	2015	14.4	2.5	11.9	农产品：特别保障措施（%）	0

频率分布		零关税	0≤5	5≤10	10≤15	15≤25	25≤50	50≤100	>100	非从价税（%）
		税号及进口值（%）								
农产品										
最终约束关税		0	0	1.3	4.4	0	0	94.3	0	0
已实施 MFN 关税	2016	0	26.5	21.8	0	9.6	42.1	0	0	0
进口	2015	0	26.7	32.4	0	10.3	30.5	0	0	0
非农产品										
最终约束关税		0	0	0	0	0	0	100.0	0	0
已实施 MFN 关税	2016	0.2	58.0	19.8	0	10.3	11.7	0	0	0.0
进口	2015	0.0	66.9	18.1	0	6.9	8.0	0	0	0

Part A.2 按产品分组的关税及进口

产品组	最终约束关税				已实施 MFN 关税			进口	
	平均值	零关税（%）	最大值	约束（%）	平均值	零关税（%）	最大值	占比（%）	零关税（%）
动物产品	53.4	0	55	100	16.6	0	50	5.5	0
乳制品	55.0	0	55	100	9.1	0	20	0.8	0
水果、蔬菜及植物	50.5	0	55	100	43.3	0	50	1.4	0
咖啡及茶	55.0	0	55	100	25.8	0	50	0.2	0
谷物及其制品	53.2	0	55	100	16.7	0	30	5.2	0
含油子仁、脂肪及油脂	49.2	0	60	100	5.7	0	30	0.4	0
糖及糖食	55.0	0	55	100	18.5	0	30	0.3	0
饮料及烟草	55.0	0	55	100	44.6	0	50	3.0	0
棉	55.0	0	55	100	10.4	0	20	0.1	0
其他农产品	55.1	0	60	100	8.5	0	50	0.3	0
鱼及鱼产品	60.0	0	60	100	25.4	0	50	1.6	0
矿产品及金属	60.4	0	80	100	10.9	0.8	50	18.1	0.2
石油	63.3	0	80	100	7.7	0	20	1.2	0
化工品	60.0	0	60	100	5.5	0	50	9.6	0
木材、纸及其他	60.0	0	60	100	17.1	0	50	3.1	0
纺织品	60.4	0	80	100	9.5	0	50	1.5	0
衣着	60.0	0	60	100	12.0	0	30	1.1	0
皮革、鞋及其他	60.0	0	60	100	9.5	0	50	1.8	0
非电气设备	60.0	0	60	100	3.3	0	50	24.7	0
电气设备	60.0	0	60	100	5.8	0	50	8.4	0
运输设备	60.0	0	60	100	6.8	0	50	7.8	0
其他工业品	60.0	0	60	100	10.4	0	50	3.7	0

Part B 出口至主要贸易伙伴及其面临的关税

主要市场	双边进口		多元化：95%贸易额所在税号税目		有贸易量 MFN 关税平均值		优惠幅度	零关税进口	
	以百万美元计		HS 章	HS 六位子目	简单平均	加权平均	加权平均	税号（%）	价值（%）
农产品									
1. 欧盟	2015	2	4	5	6.7	1.2	1.2	100.0	100.0
2. 圣多美和普林西比	2015	0	4	6	11.9	19.0	0.0	5.6	1.8
3. 纳米比亚	2015	0	5	8	10.8	7.8	0.0	34.4	9.0
4. 智利	2015	0	1	1	6.0	6.0	6.0	100.0	100.0
5. 莫桑比克	2015	0	2	5	15.0	18.5	11.5	83.3	53.2
非农产品									
1. 中国	2015	16,002	1	1	4.0	0.0	0.0	98.7	99.9
2. 欧盟	2015	7,786	2	2	3.1	0.0	0.0	99.9	100.0
3. 美国	2015	3,010	2	3	0.8	0.0	0.0	100.0	100.0
4. 印度	2015	2,767	1	1	7.7	0.4	0.0	5.4	96.2
5. 中国台北	2015	1,361	1	1	0.1	0.0	0.0	87.5	100.0

安提瓜和巴布达

Part A.1 关税及进口：概述及关税值域

概述		总计	农产品	非农产品	"入世"时间		1995
最终约束关税简单平均		59.6	104.9	51.7	约束覆盖范围：	总计	95.7
已实施 MFN 关税简单平均	2016	9.9	16.3	8.9		非农产品	95.0
贸易加权平均	2015	16.0	19.2	14.6	农产品：关税配额（%）		0
进口值（以10亿美元计）	2015	0.4	0.1	0.3	农产品：特别保障措施（%）		0

频率分布		零关税	0≤5	5≤10	10≤15	15≤25	25≤50	50≤100	>100	非从价税（%）
		税号及进口值（%）								
农产品										
最终约束关税		0	0	0	0	0	0.5	85.2	14.1	0
已实施 MFN 关税	2016	24.5	23.8	2.1	4.1	16.2	29.4	0	0	0
进口	2015	14.7	11.7	2.1	2.2	45.4	23.9	0	0	0
非农产品										
最终约束关税		0	0	0	0	0	92.1	2.0	1.0	0
已实施 MFN 关税	2016	7.8	63.6	3.0	4.3	17.9	3.2	0.2	0	0.1
进口	2015	3.1	32.7	6.2	12.6	33.4	11.9	0.0	0	0

Part A.2 按产品分组的关税及进口

产品组	最终约束关税				已实施 MFN 关税			进口	
	平均值	零关税（%）	最大值	约束（%）	平均值	零关税（%）	最大值	占比（%）	零关税（%）
动物产品	103.0	0	130	100	19.9	22.2	40	6.1	46.4
乳制品	100.0	0	100	100	5.7	37.5	20	2.6	39.5
水果、蔬菜及植物	114.1	0	220	100	21.3	17.9	40	4.7	4.5
咖啡及茶	100.0	0	100	100	18.4	0	40	0.7	0
谷物及其制品	100.0	0	100	100	13.8	21.3	40	6.8	2.1
含油子仁、脂肪及油脂	101.4	0	156	98.8	18.2	19.0	40	0.8	0.8
糖及糖食	100.0	0	100	100	19.5	0	40	0.6	0
饮料及烟草	109.3	0	182	100	20.0	0	45	7.4	0
棉	100.0	0	100	100	5.0	0	5	0.0	0
其他农产品	98.6	0	100	100	6.8	57.0	40	1.2	29.5
鱼及鱼产品	100.0	0	100	0.9	23.0	17.0	40	1.8	25.6
矿产品及金属	51.8	0	120	100	6.8	17.1	30	11.3	1.7
石油	102.7	0	120	100	4.5	37.2	25	0.8	19.0
化工品	50.5	0	190	100	6.5	4.0	20	11.0	3.4
木材、纸及其他	52.4	0	153	100	9.3	14.5	50	8.4	7.0
纺织品	50.2	0	113	100	7.2	2.1	30	3.1	0.6
衣着	50.2	0	93	100	19.8	0	20	2.2	0
皮革、鞋及其他	51.5	0	100	100	9.1	16.0	25	2.0	1.2
非电气设备	50.6	0	100	100	6.1	5.5	30	6.8	1.0
电气设备	55.3	0	163	100	10.3	1.2	35	5.9	0.0
运输设备	57.5	0	143	100	9.6	9.2	35	10.8	2.3
其他工业品	53.0	0	206	100	13.8	3.6	70	5.1	0.9

Part B 出口至主要贸易伙伴及其面临的关税

主要市场	双边进口		多元化：95%贸易额所在税号税目		有贸易量 MFN 关税平均值		优惠幅度	零关税进口	
	以百万美元计		HS 章	HS 六位子目	简单平均	加权平均	加权平均	税号（%）	价值（%）
农产品									
1. 欧盟	2015	15	1	2	5.0	0.3	0.3	100.0	100.0
2. 塞内加尔	2015	12	1	1	18.8	10.1	0.0	0.0	0.0
3. 韩国	2015	8	1	1	18.8	2.1	0.0	0.0	0.0
4. 澳大利亚	2015	1	1	1	5.0	5.0	0.0	0.0	0.0
5. 海地	2014	1	1	1	6.0	0.0	0.0	20.0	99.9
非农产品									
1. 欧盟	2015	14	11	15	2.8	2.5	2.5	100.0	100.0
2. 安哥拉	2015	7	2	2	8.3	2.1	0.0	0.0	0.0
3. 贝宁	2015	2	1	1	10.0	10.0	0.0	0.0	0.0
4. 土耳其	2015	2	1	2	2.3	0.0	0.0	50.0	99.7
5. 海地	2014	1	4	5	9.9	5.0	0.0	8.1	26.8

阿根廷

Part A.1 关税及进口：概述及关税值域

概述		总计	农产品	非农产品	"入世"时间	1995
最终约束关税简单平均		31.8	32.4	31.7	约束覆盖范围：总计	100
已实施 MFN 关税简单平均	2016	13.7	10.3	14.3	非农产品	100
贸易加权平均	2015	12.8	12.9	12.8	农产品：关税配额（%）	0
进口值（以 10 亿美元计）	2015	59.2	1.7	57.5	农产品：特别保障措施（%）	0

频率分布		零关税	0≤5	5≤10	10≤15	15≤25	25≤50	50≤100	>100	非从价税（%）
		税号及进口值（%）								
农产品										
最终约束关税		0.1	3.8	0.4	0.4	6.8	88.4	0	0	0
已实施 MFN 关税	2016	7.4	7.2	56.2	13.9	13.2	2.1	0	0	0
进口	2015	5.6	3.6	38.5	22.2	23.2	6.8	0	0	0
非农产品										
最终约束关税		0	0.1	0.3	1.4	19.8	78.3	0	0	0
已实施 MFN 关税	2016	5.3	14.7	12.9	27.0	24.9	15.2	0	0	0
进口	2015	19.7	8.1	7.4	27.1	23.2	14.5	0	0	0

Part A.2 按产品分组的关税及进口

产品组	最终约束关税				已实施 MFN 关税			进口	
	平均值	零关税（%）	最大值	约束（%）	平均值	零关税（%）	最大值	占比（%）	零关税（%）
动物产品	26.5	0	35	100	8.3	6.5	16	0.1	21.9
乳制品	35.0	0	35	100	18.3	0	28	0.0	0
水果、蔬菜及植物	33.8	0	35	100	10.0	5.6	35	0.9	1.0
咖啡及茶	34.2	0	35	100	14.3	0	35	0.5	0
谷物及其制品	33.0	0	35	100	10.9	14.7	31	0.3	3.6
含油子仁、脂肪及油脂	34.6	0	35	100	8.5	10.8	35	0.2	3.2
糖及糖食	33.3	0	35	100	17.6	0	20	0.1	0
饮料及烟草	35.0	0	35	100	17.8	0	35	0.2	0
棉	35.0	0	35	100	6.4	0	8	0.0	0
其他农产品	31.0	0.7	35	100	7.7	10.4	20	0.5	22.2
鱼及鱼产品	34.5	0	35	100	10.4	3.9	16	0.3	0.3
矿产品及金属	33.8	0	35	100	10.1	7.2	35	15.8	48.8
石油	33.6	0	35	100	0.1	97.2	6	4.2	98.4
化工品	21.4	0	35	100	8.2	1.4	35	18.9	10.6
木材、纸及其他	30.2	0	35	100	11.2	3.3	35	2.8	6.3
纺织品	34.9	0	35	100	23.3	0	35	2.6	0
衣着	35.0	0	35	100	35.0	0	35	0.5	0
皮革、鞋及其他	35.0	0	35	100	16.0	2.8	35	2.4	7.5
非电气设备	34.9	0	35	100	13.4	11.8	35	15.5	12.2
电气设备	34.9	0	35	100	14.8	10.1	35	12.9	4.8
运输设备	34.5	0	35	100	18.5	12.0	35	16.2	7.3
其他工业品	33.5	0	35	100	15.7	8.8	35	5.1	25.1

Part B 出口至主要贸易伙伴及其面临的关税

主要市场	双边进口		多元化：95%贸易额所在税号税目		有贸易量 MFN 关税平均值		优惠幅度	零关税进口	
	以百万美元计		HS 章	HS 六位子目	简单平均	加权平均	加权平均	税号（%）	价值（%）
农产品									
1. 欧盟	2015	6,134	18	42	13.3	4.6	0.0	15.9	72.4
2. 中国	2015	5,005	5	7	13.5	4.6	0.0	12.6	0.2
3. 巴西	2015	2,654	14	42	11.9	13.4	13.4	100.0	100.0
4. 印度	2015	2,298	1	1	48.7	0.4	0.0	13.5	98.8
5. 越南	2015	2,093	3	3	12.5	7.8	0.0	29.7	68.9
非农产品									
1. 巴西	2015	7,630	34	174	14.8	23.8	23.8	99.9	99.8
2. 欧盟	2015	2,308	31	134	4.4	4.7	0.0	20.3	39.0
3. 美国	2015	2,181	31	123	3.3	1.5	0.0	45.5	65.2
4. 智利	2015	1,277	48	392	6.0	6.0	6.0	100.0	100.0
5. 巴拉圭	2015	1,275	34	232	10.7	5.1	4.5	99.0	93.8

亚美尼亚

Part A.1 关税及进口：概述及关税值域

概述		总计	农产品	非农产品	"入世"时间		2003
最终约束关税简单平均		8.5	14.7	7.6	约束覆盖范围：	总计	100
已实施 MFN 关税简单平均	2016	6.2	8.2	5.9		非农产品	100
贸易加权平均	2015	4.6	9.2	3.5	农产品：关税配额（%）		0
进口值（以 10 亿美元计）	2015	3.2	0.6	2.6	农产品：特别保障措施（%）		0

频率分布		零关税	0≤5	5≤10	10≤15	15≤25	25≤50	50≤100	>100	非从价税（%）
		税号及进口值（%）								
农产品										
最终约束关税		1.4	0.5	1.1	97.1	0	0	0	0	0
已实施 MFN 关税	2016	11.3	37.3	20.4	30.1	0.4	0.0	0.4	0	21.7
进口	2015	21.4	25.3	26.4	17.2	1.6	6.5	1.5	0.1	35.9
非农产品										
最终约束关税		41.7	7.1	7.1	44.1	0	0	0	0	0
已实施 MFN 关税	2016	24.1	37.4	22.1	13.8	2.6	0	0	0	7.2
进口	2015	59.7	15.6	17.7	6.2	0.6	0.0	0.0	0	5.3

Part A.2 按产品分组的关税及进口

产品组	最终约束关税				已实施 MFN 关税			进口	
	平均值	零关税（%）	最大值	约束（%）	平均值	零关税（%）	最大值	占比（%）	零关税（%）
动物产品	14.9	0	15	100	11.7	14.8	80	2.1	6.7
乳制品	15.0	0	15	100	13.9	0	18	1.0	0
水果、蔬菜及植物	15.0	0	15	100	8.4	4.9	15	1.8	8.8
咖啡及茶	14.2	0	15	100	5.5	20.8	*15*	2.2	39.5
谷物及其制品	15.0	0	15	100	8.3	17.2	33	4.6	17.0
含油子仁、脂肪及油脂	13.4	11.0	15	100	6.6	18.1	15	2.0	17.4
糖及糖食	14.7	0	15	100	8.2	2.9	*15*	1.1	3.2
饮料及烟草	14.7	2.1	15	100	10.9	7.8	20	3.9	33.9
棉	15.0	0	15	100	0.0	100.0	0	0.0	100.0
其他农产品	14.6	0.8	15	100	4.8	9.2	*13*	0.9	57.4
鱼及鱼产品	15.0	0	15	100	7.1	1.3	15	0.2	17.0
矿产品及金属	7.2	45.8	15	100	7.2	13.9	20	27.1	77.9
石油	5.0	0	5	100	3.9	22.6	5	6.7	61.6
化工品	0.3	96.4	15	100	4.2	24.1	13	11.5	61.8
木材、纸及其他	3.4	75.5	15	100	8.3	10.0	16	4.2	21.9
纺织品	9.2	5.1	15	100	6.8	14.4	18	3.1	49.5
衣着	15.0	0	15	100	7.4	0	18	2.8	0
皮革、鞋及其他	13.8	7.7	15	100	6.1	11.8	*15*	2.1	3.6
非电气设备	9.4	29.8	15	100	2.5	70.5	16	8.4	79.0
电气设备	10.3	30.5	15	100	4.3	48.1	17	4.5	62.0
运输设备	9.1	12.8	15	100	6.9	25.5	25	5.9	24.9
其他工业品	10.6	29.3	15	100	7.7	25.1	20	3.9	56.4

Part B 出口至主要贸易伙伴及其面临的关税

主要市场	双边进口		多元化：95%贸易额所在税号税目		有贸易量 MFN 关税平均值		优惠幅度	零关税进口	
	以百万美元计		HS 章	HS 六位子目	简单平均	加权平均	加权平均	税号（%）	价值（%）
农产品									
1. 俄罗斯	2015	140	9	37	12.9	21.4	21.4	100.0	100.0
2. 格鲁吉亚	2015	21	17	46	10.5	7.2	7.2	100.0	100.0
3. 欧盟	2015	9	8	23	16.0	7.3	7.1	76.5	95.1
4. 美国	2015	7	6	20	7.1	3.2	1.5	60.0	85.1
5. 白俄罗斯	2015	5	2	2	7.5	12.8	12.8	100.0	100.0
非农产品									
1. 欧盟	2015	291	6	8	4.4	2.2	2.0	99.9	94.6
2. 中国	2015	208	1	2	10.4	0.5	0.0	5.3	96.9
3. 格鲁吉亚	2015	154	14	26	1.4	0.5	0.5	100.0	100.0
4. 加拿大	2015	111	1	2	5.3	0.4	0.0	62.8	97.8
5. 美国	2015	54	3	5	7.5	5.0	4.4	51.6	93.0

澳大利亚

Part A.1 关税及进口：概述及关税值域

概述		总计	农产品	非农产品	"入世"时间		1995
最终约束关税简单平均		9.9	3.4	11.0	约束覆盖范围：	总计	97.0
已实施 MFN 关税简单平均	2016	2.5	1.2	2.7		非农产品	96.6
贸易加权平均	2015	4.0	2.4	4.1	农产品：关税配额（%）		0.9
进口值（以10亿美元计）	2015	193.8	12.0	181.8	农产品：特别保障措施（%）		0.9

频率分布		零关税	0≤5	5≤10	10≤15	15≤25	25≤50	50≤100	>100	非从价税（%）
		税号及进口值（%）								
农产品										
最终约束关税		31.3	43.8	17.4	4.0	3.2	0.4	0	0	1.7
已实施 MFN 关税	2016	77.0	22.5	0.1	0.2	0.3	0	0	0	0.9
进口	2015	51.8	44.7	0.2	3.3	0.0	0	0	0	3.5
非农产品										
最终约束关税		18.8	18.3	27.3	17.4	7.7	4.7	2.4	0	0.2
已实施 MFN 关税	2016	45.9	54.1	0	0	0	0.0	0.0	0.0	0.0
进口	2015	44.3	55.7	0	0	0	0.0	0.0	0.0	0.1

Part A.2 按产品分组的关税及进口

产品组	最终约束关税				已实施 MFN 关税			进口	
	平均值	零关税（%）	最大值	约束（%）	平均值	零关税（%）	最大值	占比（%）	零关税（%）
动物产品	1.5	69.2	16	100	0.4	92.8	5	0.3	90.5
乳制品	3.7	20.0	*19*	100	3.1	76.2	*19*	0.3	36.8
水果、蔬菜及植物	3.7	24.1	29	100	1.4	71.1	5	1.0	54.6
咖啡及茶	3.9	50.0	17	100	1.0	79.2	5	0.7	67.0
谷物及其制品	2.7	26.9	17	100	1.1	76.7	5	1.6	29.5
含油子仁、脂肪及油脂	3.3	30.1	14	100	1.5	70.5	5	0.4	73.6
糖及糖食	6.5	0	15	100	1.8	61.8	5	0.2	26.6
饮料及烟草	10.3	3.9	25	100	3.5	29.6	5	1.2	42.4
棉	1.2	40.0	2	100	0.0	100.0	0	0.0	100.0
其他农产品	2.0	30.2	20	100	0.3	94.7	5	0.4	93.7
鱼及鱼产品	0.6	79.4	10	100	0.0	99.6	5	0.7	85.2
矿产品及金属	6.7	21.9	45	97.7	2.7	45.4	5	11.8	38.2
石油	0.0	100.0	0	100	0.0	100.0	0	10.6	100.0
化工品	9.1	8.5	55	100	1.8	63.6	5	10.7	52.3
木材、纸及其他	6.9	26.2	25	100	3.3	33.4	5	4.2	15.3
纺织品	18.2	13.4	55	90.0	4.2	16.2	5	2.2	10.9
衣着	41.4	6.7	55	94.1	4.6	8.1	5	3.2	2.4
皮革、鞋及其他	15.2	9.9	55	85.5	4.1	17.0	5	2.6	2.5
非电气设备	8.5	17.3	50	95.8	2.9	42.9	5	16.6	43.1
电气设备	11.0	26.1	45	98.4	2.9	41.8	5	10.2	57.3
运输设备	12.5	10.2	40	99.2	4.8	34.0	*176*	13.9	8.7
其他工业品	6.1	33.0	40	98.4	1.3	73.1	5	7.1	70.1

Part B 出口至主要贸易伙伴及其面临的关税

主要市场	双边进口		多元化：95%贸易额所在税号税目		有贸易量 MFN 关税平均值		优惠幅度	零关税进口	
	以百万美元计		HS 章	HS 六位子目	简单平均	加权平均	加权平均	税号（%）	价值（%）
农产品									
1. 中国	2015	7,979	15	32	14.7	17.3	1.2	7.5	6.5
2. 美国	2015	4,277	15	35	4.9	8.5	2.8	85.3	75.2
3. 日本	2015	3,734	21	51	19.8	22.7	5.4	50.2	35.2
4. 印度尼西亚	2015	2,807	28	226	8.9	7.7	0.0	7.3	10.7
5. 韩国	2015	2,464	15	34	61.0	43.4	7.4	12.3	36.7
非农产品									
1. 中国	2015	65,531	9	24	8.8	0.5	0.0	10.6	88.3
2. 日本	2015	31,016	7	17	2.2	0.1	0.0	89.8	99.3
3. 韩国	2015	13,941	13	27	6.6	0.9	0.7	78.3	91.4
4. 印度	2015	7,739	13	26	8.7	2.8	0.0	5.0	53.1
5. 欧盟	2015	7,655	45	345	4.4	0.4	0.0	21.0	89.4

阿塞拜疆

Part A.1 关税及进口：概述及关税值域

概述		总计	农产品	非农产品	未“入世”	
最终约束关税简单平均					约束覆盖范围：	总计
已实施 MFN 关税简单平均	2015	9.0	13.3	8.3		非农产品
贸易加权平均	2015	6.8	6.2	6.9	农产品：关税配额（%）	
进口值（以10亿美元计）	2015	8.7	1.3	7.3	农产品：特别保障措施（%）	

频率分布		零关税	0≤5	5≤10	10≤15	15≤25	25≤50	50≤100	>100	非从价税（%）
		税号及进口值（%）								
农产品										
最终约束关税										
已实施 MFN 关税	2015	2.1	14.4	2.5	78.3	1.1	1.1	0.1	0.4	5.7
进口	2015	34.9	33.2	0.8	27.5	2.8	0.8	0	0.1	25.8
非农产品										
最终约束关税										
已实施 MFN 关税	2015	3.2	44.6	6.1	45.8	0	0.0	0.1	0.0	0.4
进口	2015	6.7	38.7	25.6	25.3	0	0.0	0.0	0.0	3.8

Part A.2 按产品分组的关税及进口

产品组	最终约束关税				已实施 MFN 关税			进口	
	平均值	零关税（%）	最大值	约束（%）	平均值	零关税（%）	最大值	占比（%）	零关税（%）
动物产品					13.9	3.8	15	0.9	43.4
乳制品					15.0	0	15	0.6	0
水果、蔬菜及植物					13.3	0.5	15	1.0	0.0
咖啡及茶					14.6	0	15	0.6	0
谷物及其制品					12.5	5.5	15	5.3	69.9
含油子仁、脂肪及油脂					8.6	1.6	15	1.3	0.1
糖及糖食					12.8	8.8	15	1.7	77.3
饮料及烟草					24.3	0	*105*	4.1	0
棉					13.0	0	15	0.0	0
其他农产品					12.0	2.1	15	0.1	2.3
鱼及鱼产品					11.8	0	15	0.1	0
矿产品及金属					8.4	2.7	15	25.7	3.2
石油					10.7	21.8	15	1.6	8.6
化工品					4.5	3.9	15	9.4	34.0
木材、纸及其他					10.9	0	15	4.9	0
纺织品					12.3	0.2	*230*	0.7	0.4
衣着					15.0	0	15	0.9	0
皮革、鞋及其他					12.1	0	*28*	0.8	0
非电气设备					3.3	8.9	15	19.7	4.4
电气设备					8.7	3.6	15	8.8	3.8
运输设备					4.2	5.3	15	8.0	1.7
其他工业品					9.7	6.2	15	4.0	4.3

Part B 出口至主要贸易伙伴及其面临的关税

主要市场	双边进口		多元化：95%贸易额所在税号税目		有贸易量 MFN 关税平均值		优惠幅度	零关税进口	
		以百万美元计	HS 章	HS 六位子目	简单平均	加权平均	加权平均	税号（%）	价值（%）
农产品									
1. 俄罗斯	2015	265	6	18	12.1	10.6	10.6	100.0	100.0
2. 欧盟	2015	72	2	2	15.6	3.7	0.0	7.7	1.2
3. 格鲁吉亚	2015	18	14	28	8.7	8.0	8.0	100.0	100.0
4. 哈萨克斯坦	2015	8	7	14	12.5	39.7	39.7	100.0	100.0
5. 乌克兰	2015	8	4	6	8.7	9.3	9.3	100.0	100.0
非农产品									
1. 欧盟	2015	11,719	1	1	3.1	0.0	0.0	31.7	99.4
2. 印度尼西亚	2015	1,284	1	1	6.8	0.0	0.0	27.3	100.0
3. 格鲁吉亚	2015	521	7	16	1.1	0.4	0.4	100.0	100.0
4. 美国	2015	455	2	6	0.9	0.0	0.0	93.5	100.0
5. 泰国	2015	376	1	1	12.6	0.0	0.0	25.9	100.0

巴哈马

Part A.1 关税及进口：概述及关税值域

概述		总计	农产品	非农产品	未“入世”	
最终约束关税简单平均					约束覆盖范围：	总计
已实施 MFN 关税简单平均	2016	33.2	18.9	35.6		非农产品
贸易加权平均	2015	19.2	13.9	20.4	农产品：关税配额（%）	
进口值（以10亿美元计）	2015	2.9	0.6	2.4	农产品：特别保障措施（%）	

频率分布		零关税	0≤5	5≤10	10≤15	15≤25	25≤50	50≤100	>100	非从价税（%）
		税号及进口值（%）								
农产品										
最终约束关税										
已实施 MFN 关税	2016	28.8	17.8	6.0	0	9.5	35.9	1.0	0.1	1.1
进口	2015	43.0	17.7	1.8	0	8.2	19.2	3.9	0.9	6.2
非农产品										
最终约束关税										
已实施 MFN 关税	2016	9.2	2.5	2.2	0	8.9	76.7	0.5	0	0.0
进口	2015	43.2	4.4	3.8	0	5.9	41.2	1.4	0	0.0

Part A.2 按产品分组的关税及进口

产品组	最终约束关税				已实施 MFN 关税			进口	
	平均值	零关税（%）	最大值	约束（%）	平均值	零关税（%）	最大值	占比（%）	零关税（%）
动物产品					13.4	34.2	40	4.5	54.8
乳制品					5.7	42.9	35	1.4	31.7
水果、蔬菜及植物					15.6	19.1	75	3.5	44.3
咖啡及茶					14.0	64.6	40	0.4	61.3
谷物及其制品					15.7	42.8	85	4.9	49.2
含油子仁、脂肪及油脂					23.5	37.3	45	0.5	95.3
糖及糖食					7.1	78.4	60	0.5	73.4
饮料及烟草					24.4	26.8	*246*	3.8	7.2
棉					45.0	0	45	0.0	0
其他农产品					29.6	11.4	45	0.6	68.5
鱼及鱼产品					31.6	11.2	45	0.8	37.7
矿产品及金属					37.3	10.7	45	11.1	29.0
石油					0.0	100.0	0	16.7	100.0
化工品					41.1	3.9	100	12.4	26.9
木材、纸及其他					31.6	14.5	60	8.1	29.1
纺织品					37.1	1.9	45	1.9	10.2
衣着					19.3	3.4	35	1.8	16.7
皮革、鞋及其他					32.0	19.9	45	1.8	37.5
非电气设备					39.4	3.2	60	7.9	9.2
电气设备					38.7	6.3	60	6.5	6.5
运输设备					14.2	59.7	45	6.3	77.6
其他工业品					32.5	16.3	60	4.7	29.5

Part B 出口至主要贸易伙伴及其面临的关税

主要市场	双边进口		多元化：95%贸易额所在税号税目		有贸易量 MFN 关税平均值		优惠幅度	零关税进口	
	以百万美元计		HS 章	HS 六位子目	简单平均	加权平均	加权平均	税号（%）	价值（%）
农产品									
1. 欧盟	2015	3	3	4	6.7	0.0	0.0	100.0	100.0
2. 海地	2014	2	3	3	9.4	3.5	0.0	0.0	0.0
3. 美国	2015	1	4	4	1.9	1.2	1.2	100.0	100.0
4. 墨西哥	2015	1	1	1	20.1	20.0	0.0	0.0	0.0
5. 俄罗斯	2015	1	1	1	49.2	37.3	0.0	0.0	0.0
非农产品									
1. 多米尼加共和国	2015	352	1	1	13.8	0.0	0.0	22.0	100.0
2. 美国	2015	229	7	13	2.6	2.6	2.6	93.1	100.0
3. 纳米比亚	2015	167	1	1	10.8	0.0	0.0	40.0	99.7
4. 欧盟	2015	94	11	15	3.2	5.9	5.9	100.0	100.0
5. 印度	2015	77	1	1	7.0	10.0	0.0	15.8	0.0

巴林

Part A. 1 关税及进口：概述及关税值域

概述		总计	农产品	非农产品	“入世”时间		1995
最终约束关税简单平均		34. 9	39. 6	33. 8	约束覆盖范围：	总计	72. 8
已实施 MFN 关税简单平均	2016	4. 7	5. 6	4. 6		非农产品	68. 7
贸易加权平均	2015	6. 2	18. 2	4. 1	农产品：关税配额（%）		0
进口值（以 10 亿美元计）	2015	12. 4	1. 9	10. 5	农产品：特别保障措施（%）		0

频率分布		零关税	0≤5	5≤10	10≤15	15≤25	25≤50	50≤100	>100	非从价税（%）
		税号及进口值（%）								
农产品										
最终约束关税		0	0	0	0	0	96. 2	1. 4	2. 3	0
已实施 MFN 关税	2016	23. 4	68. 7	0	0	0	0	0. 6	0. 7	7. 9
进口	2015	34. 5	52. 0	0	0	0	0	0. 1	10. 2	13. 5
非农产品										
最终约束关税		2. 5	0	0	0	0	66. 1	0. 1	0	0
已实施 MFN 关税	2016	8. 2	91. 5	0	0	0	0	0	0	0. 3
进口	2015	17. 0	83. 0	0	0	0	0	0	0	0. 0

Part A. 2 按产品分组的关税及进口

产品组	最终约束关税				已实施 MFN 关税			进口	
	平均值	零关税（%）	最大值	约束（%）	平均值	零关税（%）	最大值	占比（%）	零关税（%）
动物产品	35. 0	0	35	100	2. 8	36. 5	5	2. 7	50. 1
乳制品	35. 0	0	35	100	5. 0	0	5	2. 0	0
水果、蔬菜及植物	35. 0	0	35	100	3. 3	33. 3	5	2. 6	68. 3
咖啡及茶	35. 0	0	35	100	3. 1	37. 5	5	0. 5	18. 5
谷物及其制品	35. 0	0	35	100	3. 2	35. 2	5	2. 7	37. 2
含油子仁、脂肪及油脂	35. 0	0	35	98. 6	4. 8	3. 6	5	0. 5	8. 8
糖及糖食	35. 0	0	35	100	3. 5	29. 4	5	1. 1	89. 2
饮料及烟草	100. 1	0	200	100	42. 2	0. 7	*200*	2. 7	0. 0
棉	35. 0	0	35	100	5. 0	0	5	0. 2	0
其他农产品	35. 0	0	35	100	4. 4	11. 0	5	0. 4	14. 2
鱼及鱼产品	35. 0	0	35	1. 6	3. 6	28. 6	5	0. 3	42. 2
矿产品及金属	34. 9	0. 3	35	70. 9	4. 9	2. 3	5	19. 9	12. 7
石油	35. 0	0	35	60. 0	5. 0	0	5	0. 7	0
化工品	34. 8	0. 6	35	19. 4	4. 4	11. 0	5	13. 9	17. 9
木材、纸及其他	37. 6	0	100	29. 1	4. 7	5. 2	5	3. 4	7. 0
纺织品	35. 0	0	35	98. 0	5. 0	0. 2	5	1. 9	1. 2
衣着	35. 0	0	35	100	5. 0	0	5	2. 4	0
皮革、鞋及其他	35. 0	0	35	36. 5	5. 0	0	5	1. 5	0
非电气设备	33. 0	5. 8	35	100	4. 5	9. 7	5	10. 1	20. 9
电气设备	27. 6	21. 2	35	100	3. 7	26. 3	5	7. 6	58. 2
运输设备	35. 0	0	35	100	4. 0	19. 3	5	20. 2	10. 1
其他工业品	33. 0	5. 8	35	98. 4	4. 6	8. 6	5	2. 8	15. 2

Part B 出口至主要贸易伙伴及其面临的关税

主要市场	双边进口		多元化：95%贸易额所在税号税目		有贸易量 MFN 关税平均值		优惠幅度	零关税进口	
	以百万美元计		HS 章	HS 六位子目	简单平均	加权平均	加权平均	税号（%）	价值（%）
农产品									
1. 沙特阿拉伯	2015	229	4	4	9. 9	4. 5	4. 5	100. 0	100. 0
2. 科威特	2015	129	3	6	4. 3	5. 0	5. 0	100. 0	100. 0
3. 阿联酋	2015	61	5	12	3. 9	5. 0	5. 0	100. 0	100. 0
4. 卡塔尔	2015	46	7	9	4. 3	3. 7	3. 7	100. 0	100. 0
5. 阿曼	2015	14	2	2	12. 5	127. 0	127. 0	100. 0	100. 0
非农产品									
1. 沙特阿拉伯	2015	1,693	17	48	4. 7	4. 9	4. 9	100. 0	100. 0
2. 美国	2015	831	10	20	5. 4	5. 4	5. 4	100. 0	100. 0
3. 欧盟	2015	761	12	20	3. 7	2. 6	0. 0	24. 2	50. 2
4. 阿联酋	2015	657	15	36	4. 7	4. 8	4. 8	100. 0	100. 0
5. 韩国	2015	499	5	8	6. 3	0. 9	0. 0	21. 6	62. 7

孟加拉国

Part A.1 关税及进口：概述及关税值域

概述		总计	农产品	非农产品	"入世"时间	1995
最终约束关税简单平均		169.3	192.4	39.7	约束覆盖范围： 总计	15.5
已实施 MFN 关税简单平均	2016	13.9	16.9	13.4	非农产品	2.7
贸易加权平均	2015	10.8	5.8	12.2	农产品：关税配额（%）	0
进口值（以 10 亿美元计）	2015	47.6	10.3	37.3	农产品：特别保障措施（%）	0

频率分布		零关税	0≤5	5≤10	10≤15	15≤25	25≤50	50≤100	>100	非从价税（%）
		税号及进口值（%）								
农产品										
最终约束关税		0	0	0	0.7	0.2	3.8	0	95.2	0
已实施 MFN 关税	2016	10.4	13.2	18.7	0	57.7	0	0	0	0.7
进口	2015	56.4	5.4	15.9	0	22.3	0	0	0	8.0
非农产品										
最终约束关税		0.0	0.2	0.0	0.1	0.8	1.5	0	0.1	0
已实施 MFN 关税	2016	3.4	31.3	26.3	0.1	38.9	0	0	0	0.5
进口	2015	6.6	29.8	22.2	0.5	38.6	0	0	0	7.4

Part A.2 按产品分组的关税及进口

产品组	最终约束关税				已实施 MFN 关税			进口	
	平均值	零关税（%）	最大值	约束（%）	平均值	零关税（%）	最大值	占比（%）	零关税（%）
动物产品	194.4	0	200	100	19.3	7.7	25	0.0	2.1
乳制品	157.5	0	200	100	23.5	0	25	0.6	0
水果、蔬菜及植物	193.4	0	200	100	20.3	2.9	25	2.1	43.2
咖啡及茶	187.5	0	200	100	21.3	0	25	0.1	0
谷物及其制品	196.2	0	200	100	14.1	15.4	25	3.6	66.2
含油子仁、脂肪及油脂	193.8	0	200	98.7	9.6	31.7	25	7.4	56.4
糖及糖食	190.6	0	200	100	20.4	0	25	1.8	0
饮料及烟草	200.0	0	200	100	25.0	0	25	0.1	0
棉	200.0	0	200	100	3.5	30.0	5	4.7	99.2
其他农产品	190.2	0	200	100	11.7	15.1	25	1.3	5.0
鱼及鱼产品	106.0	0	200	4.3	23.9	3.3	25	0.1	0.0
矿产品及金属	35.6	12.5	50	0.9	12.8	3.9	25	13.9	25.2
石油	–	–	–	0	15.7	0	25	9.9	0
化工品	47.4	0	200	2.8	9.9	5.7	25	9.0	8.8
木材、纸及其他	40.9	0	50	4.3	15.3	8.8	25	2.4	14.3
纺织品	37.5	0	50	0.6	19.4	0.3	25	18.0	0.1
衣着	–	–	–	0	24.4	0	25	1.8	0
皮革、鞋及其他	3.0	0	3	0.6	14.7	0.6	25	1.3	0.9
非电气设备	48.6	0	125	5.7	3.9	1.1	25	10.1	0.1
电气设备	26.5	0	50	0.8	12.9	0.5	25	4.8	1.4
运输设备	20.1	0	50	9.8	11.5	10.9	25	4.9	9.0
其他工业品	22.1	0	50	5.9	12.4	3.9	25	2.1	1.2

Part B 出口至主要贸易伙伴及其面临的关税

主要市场	双边进口		多元化：95%贸易额所在税号税目		有贸易量 MFN 关税平均值		优惠幅度	零关税进口	
	以百万美元计		HS 章	HS 六位子目	简单平均	加权平均	加权平均	税号（%）	价值（%）
农产品									
1. 印度	2015	102	18	35	25.7	26.5	15.8	45.5	25.8
2. 欧盟	2015	83	15	43	15.0	9.5	9.5	100.0	100.0
3. 沙特阿拉伯	2015	56	8	26	3.6	4.2	0.0	28.0	15.8
4. 俄罗斯	2015	27	2	2	8.5	6.1	6.1	66.7	100.0
5. 美国	2015	26	12	26	7.6	21.0	0.0	30.1	48.5
非农产品									
1. 欧盟	2015	16,678	14	88	6.1	11.7	11.7	100.0	100.0
2. 美国	2015	5,860	10	79	8.8	15.5	0.0	21.1	2.4
3. 加拿大	2015	1,154	10	76	9.1	16.8	16.8	100.0	100.0
4. 日本	2015	1,051	21	103	10.6	12.1	12.0	97.8	99.1
5. 土耳其	2015	989	12	64	10.0	9.4	1.9	12.1	20.8

巴巴多斯

Part A. 1 关税及进口：概述及关税值域

概述		总计	农产品	非农产品	“入世”时间		1995
最终约束关税简单平均		78.3	111.1	73.1	约束覆盖范围：	总计	97.5
已实施 MFN 关税简单平均						非农产品	97.2
贸易加权平均					农产品：关税配额（%）		17.0
进口值（以 10 亿美元计）					农产品：特别保障措施（%）		17.4

频率分布	零关税	0≤5	5≤10	10≤15	15≤25	25≤50	50≤100	>100	非从价税（%）
	税号及进口值（%）								
农产品									
最终约束关税	0	0	0	0	0	0	81.1	18.7	0
已实施 MFN 关税									
进口									
非农产品									
最终约束关税	0	0	0	0	0	0	93.5	3.7	0
已实施 MFN 关税									
进口									

Part A. 2 按产品分组的关税及进口

产品组	最终约束关税				已实施 MFN 关税			进口	
	平均值	零关税（%）	最大值	约束（%）	平均值	零关税（%）	最大值	占比（%）	零关税（%）
动物产品	132.1	0	184	100					
乳制品	116.4	0	141	100					
水果、蔬菜及植物	106.5	0	223	100					
咖啡及茶	100.0	0	100	100					
谷物及其制品	100.2	0	135	100					
含油子仁、脂肪及油脂	137.9	0	158	98.6					
糖及糖食	105.5	0	122	100					
饮料及烟草	102.5	0	141	100					
棉	100.0	0	100	100					
其他农产品	99.5	0	158	100					
鱼及鱼产品	100.0	0	100	1.6					
矿产品及金属	72.8	0	158	100					
石油	140.4	0	158	100					
化工品	70.4	0	122	100					
木材、纸及其他	70.0	0	70	100					
纺织品	70.0	0	70	100					
衣着	70.2	0	117	100					
皮革、鞋及其他	72.9	0	127	100					
非电气设备	72.8	0	117	100					
电气设备	76.3	0	152	100					
运输设备	97.6	0	247	100					
其他工业品	78.6	0	162	100					

Part B 出口至主要贸易伙伴及其面临的关税

主要市场	双边进口		多元化：95%贸易额所在税号税目		有贸易量 MFN 关税平均值		优惠幅度	零关税进口	
	以百万美元计		HS 章	HS 六位子目	简单平均	加权平均	加权平均	税号（%）	价值（%）
农产品									
1. 美国	2015	27	3	5	4.0	8.9	0.1	95.2	85.5
2. 欧盟	2015	16	3	6	9.1	8.4	8.4	100.0	100.0
3. 斯里兰卡	2014	8	9	22	21.7	22.8	22.8	100.0	100.0
4. 加拿大	2015	8	3	4	5.5	5.4	5.3	94.4	99.8
5. 圭亚那	2015	4	8	13	29.8	29.0	29.0	100.0	100.0
非农产品									
1. 美国	2015	33	8	10	2.7	0.9	0.9	100.0	100.0
2. 圭亚那	2015	24	8	13	12.9	13.7	13.7	100.0	100.0
3. 中国	2015	19	2	2	2.4	3.8	0.0	68.0	7.3
4. 巴哈马	2015	12	9	25	26.3	4.1	0.0	32.7	79.0
5. 牙买加	2015	12	9	14	9.0	8.5	8.5	100.0	100.0

白俄罗斯

Part A. 1　关税及进口：概述及关税值域

概述		总计	农产品	非农产品	未“入世”	
最终约束关税简单平均					约束覆盖范围：	总计
已实施 MFN 关税简单平均	2016	7.2	11.2	6.5		非农产品
贸易加权平均	2015	4.5	8.8	3.8	农产品：关税配额（%）	
进口值（以 10 亿美元计）	2015	29.0	4.0	24.9	农产品：特别保障措施（%）	

频率分布		零关税	0≤5	5≤10	10≤15	15≤25	25≤50	50≤100	>100	非从价税（%）
		税号及进口值（%）								
农产品										
最终约束关税										
已实施 MFN 关税	2016	9.0	39.6	17.6	25.8	3.3	0.9	3.4	0.3	24.0
进口	2015	13.7	28.8	27.4	25.8	1.8	1.9	0.7	0.0	40.3
非农产品										
最终约束关税										
已实施 MFN 关税	2016	17.0	40.2	25.3	14.0	3.3	0.0	0.0	0.0	7.3
进口	2015	46.8	28.4	17.5	5.4	1.4	0.0	0.0	0.2	3.4

Part A. 2　按产品分组的关税及进口

产品组	最终约束关税				已实施 MFN 关税			进口	
	平均值	零关税（%）	最大值	约束（%）	平均值	零关税（%）	最大值	占比（%）	零关税（%）
动物产品					25.7	14.8	80	0.3	28.6
乳制品					15.0	0	18	0.2	0
水果、蔬菜及植物					8.2	4.8	15	7.0	13.5
咖啡及茶					6.0	20.8	*14*	0.8	11.3
谷物及其制品					9.8	3.5	*67*	1.6	2.2
含油子仁、脂肪及油脂					6.7	18.1	15	1.7	37.9
糖及糖食					12.0	0	*50*	0.4	0
饮料及烟草					21.7	4.4	*233*	1.1	0.6
棉					0.0	100.0	0	0.1	100.0
其他农产品					4.9	7.4	*13*	0.7	6.8
鱼及鱼产品					7.4	1.3	*57*	1.3	2.2
矿产品及金属					7.7	7.6	20	20.9	53.9
石油					4.3	13.6	5	21.3	65.5
化工品					5.0	9.6	13	11.7	10.5
木材、纸及其他					8.8	6.4	*37*	2.4	7.8
纺织品					8.0	0.6	18	2.1	3.1
衣着					7.8	0	18	1.0	0
皮革、鞋及其他					6.3	9.9	*18*	2.0	14.4
非电气设备					2.8	67.5	16	11.1	71.0
电气设备					4.6	45.1	17	5.9	58.6
运输设备					8.7	19.0	*125*	3.2	11.6
其他工业品					8.0	21.9	20	3.2	50.1

Part B　出口至主要贸易伙伴及其面临的关税

主要市场	双边进口		多元化：95%贸易额所在税号税目		有贸易量 MFN 关税平均值		优惠幅度	零关税进口	
	以百万美元计		HS 章	HS 六位子目	简单平均	加权平均	加权平均	税号（%）	价值（%）
农产品									
1. 俄罗斯	2015	2,878	19	105	16.1	23.5	23.5	100.0	100.0
2. 欧盟	2015	167	14	37	13.6	4.2	0.0	15.5	33.4
3. 哈萨克斯坦	2015	99	14	44	17.4	24.3	24.3	100.0	100.0
4. 中国	2015	42	4	5	19.3	9.2	0.0	3.0	0.0
5. 挪威	2015	28	2	2	52.5	73.6	7.4	42.9	0.0
非农产品									
1. 俄罗斯	2015	5,540	64	1,117	9.2	9.8	9.8	100.0	100.0
2. 欧盟	2015	3,767	47	223	4.3	1.5	0.0	22.6	70.6
3. 乌克兰	2015	2,442	34	98	4.3	1.5	1.5	100.0	100.0
4. 中国	2015	968	5	5	7.9	1.6	0.0	17.9	3.0
5. 巴西	2015	513	1	1	15.5	0.1	0.0	12.5	99.7

伯利兹

Part A. 1 关税及进口：概述及关税值域

概述		总计	农产品	非农产品	"入世"时间		1995
最终约束关税简单平均		59.3	101.3	52.0	约束覆盖范围：	总计	96.6
已实施 MFN 关税简单平均	2016	11.0	21.7	9.3		非农产品	96.0
贸易加权平均	2015	19.2	48.7	11.3	农产品：关税配额（%）		0
进口值（以10亿美元计）	2015	1.0	0.2	0.8	农产品：特别保障措施（%）		0

频率分布		零关税	0≤5	5≤10	10≤15	15≤25	25≤50	50≤100	>100	非从价税（%）
		税号及进口值（%）								
农产品										
最终约束关税		0	0	0	0	0	0.5	83.6	15.7	0
已实施 MFN 关税	2016	12.6	34.0	1.6	3.5	12.1	32.3	1.4	2.4	3.6
进口	2015	26.5	7.3	0.5	0.9	21.0	6.3	5.6	31.8	33.4
非农产品										
最终约束关税		0	0	0	0	0	88.5	6.5	1.1	0
已实施 MFN 关税	2016	9.0	62.7	3.0	3.8	16.6	4.8	0	0	0.0
进口	2015	15.0	26.2	13.7	10.6	24.6	7.0	0	0	8.7

Part A. 2 按产品分组的关税及进口

产品组	最终约束关税				已实施 MFN 关税			进口	
	平均值	零关税（%）	最大值	约束（%）	平均值	零关税（%）	最大值	占比（%）	零关税（%）
动物产品	104.1	0	110	100	29.5	9.0	45	0.9	12.2
乳制品	100.0	0	100	100	5.7	37.5	20	1.7	52.6
水果、蔬菜及植物	101.7	0	110	100	22.9	4.8	45	0.8	5.2
咖啡及茶	100.0	0	100	100	16.6	4.2	40	0.8	5.1
谷物及其制品	100.4	0	110	100	16.3	16.5	*110*	4.7	33.2
含油子仁、脂肪及油脂	100.4	0	110	98.8	16.9	24.5	40	2.3	64.7
糖及糖食	101.2	0	110	100	20.8	0	45	0.1	0
饮料及烟草	104.7	0	110	100	66.2	0	*110*	7.9	0
棉	100.0	0	100	100	5.0	0	5	0.0	0
其他农产品	98.8	0	110	100	8.6	21.9	40	1.7	82.4
鱼及鱼产品	109.6	0	110	21.0	31.4	11.2	45	0.1	11.9
矿产品及金属	50.2	0	110	100	7.4	17.0	50	13.0	25.2
石油	66.7	0	70	100	2.4	56.1	25	9.8	30.1
化工品	50.1	0	100	100	6.1	11.4	35	9.9	19.4
木材、纸及其他	51.9	0	70	100	11.0	6.2	50	4.2	10.2
纺织品	50.9	0	70	100	7.3	0.4	30	3.4	0.4
衣着	69.9	0	70	100	19.8	0	20	5.5	0
皮革、鞋及其他	50.3	0	70	100	9.8	3.1	30	3.8	3.2
非电气设备	50.0	0	50	100	5.6	8.6	45	10.8	21.2
电气设备	50.0	0	50	100	9.6	5.5	45	6.0	2.7
运输设备	50.0	0	50	100	9.4	11.7	45	9.1	6.1
其他工业品	50.4	0	70	100	14.5	8.4	50	3.4	3.6

Part B 出口至主要贸易伙伴及其面临的关税

主要市场	双边进口		多元化：95%贸易额所在税号税目		有贸易量 MFN 关税平均值		优惠幅度	零关税进口	
	以百万美元计		HS 章	HS 六位子目	简单平均	加权平均	加权平均	税号（%）	价值（%）
农产品									
1. 欧盟	2015	143	4	4	14.9	38.1	38.1	100.0	100.0
2. 美国	2015	44	6	9	4.2	22.6	5.1	93.8	71.0
3. 孟加拉国	2015	20	1	1	7.6	7.6	0.0	0.0	0.0
4. 巴林	2015	19	1	1	1.4	0.1	0.0	71.4	98.9
5. 牙买加	2015	11	3	8	19.7	32.3	32.3	100.0	100.0
非农产品									
1. 美国	2015	24	12	27	2.2	0.2	0.2	99.1	100.0
2. 科特迪瓦	2015	24	1	8	10.7	10.0	0.0	0.0	0.0
3. 欧盟	2015	24	6	10	4.5	10.8	10.8	100.0	100.0
4. 泰国	2015	11	2	4	6.4	0.9	0.0	42.2	95.4
5. 墨西哥	2015	6	3	6	5.4	16.8	0.0	57.5	10.1

贝宁

Part A.1 关税及进口：概述及关税值域

概述		总计	农产品	非农产品	“入世”时间	1996
最终约束关税简单平均		29.4	61.4	11.3	约束覆盖范围： 总计	39.6
已实施 MFN 关税简单平均	2016	12.2	15.8	11.5	非农产品	29.5
贸易加权平均	2015	13.6	18.8	10.5	农产品：关税配额（%）	0
进口值（以10亿美元计）	2015	2.5	0.9	1.5	农产品：特别保障措施（%）	0

频率分布		零关税	0≤5	5≤10	10≤15	15≤25	25≤50	50≤100	>100	非从价税（%）
		税号及进口值（%）								
农产品										
最终约束关税		0	0.7	1.3	0	0.1	0	97.7	0	0
已实施 MFN 关税	2016	0	27.0	19.2	0	41.7	12.0	0	0	0
进口	2015	0	3.7	49.7	0	14.4	32.2	0	0	0
非农产品										
最终约束关税		0.8	11.8	6.6	5.2	3.9	1.2	0.1	0	0
已实施 MFN 关税	2016	1.8	39.8	21.9	0	36.1	0.4	0	0	0
进口	2015	6.9	31.9	33.5	0	25.3	2.5	0	0	0

Part A.2 按产品分组的关税及进口

产品组	最终约束关税				已实施 MFN 关税			进口	
	平均值	零关税（%）	最大值	约束（%）	平均值	零关税（%）	最大值	占比（%）	零关税（%）
动物产品	60.0	0	60	100	24.5	0	35	9.3	0
乳制品	37.3	0	60	100	17.0	0	35	0.7	0
水果、蔬菜及植物	60.0	0	60	100	17.9	0	35	0.7	0
咖啡及茶	60.0	0	60	100	18.5	0	35	0.1	0
谷物及其制品	59.7	0	100	100	13.6	0	35	21.5	0
含油子仁、脂肪及油脂	78.5	0	100	98.8	11.1	0	35	2.5	0
糖及糖食	60.0	0	60	100	12.6	0	35	1.6	0
饮料及烟草	60.1	0	75	100	17.3	0	35	1.0	0
棉	60.0	0	60	100	5.0	0	5	0.0	0
其他农产品	60.3	0	100	100	9.6	0	20	0.6	0
鱼及鱼产品	9.7	36.0	60	11.2	15.6	0	20	3.8	0
矿产品及金属	28.4	5.7	50	11.7	11.6	1.9	20	9.0	7.1
石油	7.5	0	10	83.3	7.7	19.0	10	11.7	0.0
化工品	24.6	0	60	1.6	7.4	3.8	35	6.5	47.9
木材、纸及其他	5.0	0	5	4.4	11.3	5.1	20	1.5	8.9
纺织品	18.4	0	25	26.4	16.1	0.3	35	4.3	3.7
衣着	15.0	0	15	70.8	20.0	0	20	0.2	0
皮革、鞋及其他	17.5	0	25	27.7	12.3	1.3	20	1.3	2.0
非电气设备	5.3	4.2	25	91.2	6.8	0	20	5.0	0
电气设备	6.9	0	7	93.5	11.2	0.4	20	3.4	5.3
运输设备	12.5	0.3	25	72.3	8.1	2.5	20	9.8	0.0
其他工业品	7.4	0	15	2.7	14.2	2.1	20	5.5	0.1

Part B 出口至主要贸易伙伴及其面临的关税

主要市场	双边进口		多元化：95%贸易额所在税号税目		有贸易量 MFN 关税平均值		优惠幅度	零关税进口	
	以百万美元计		HS 章	HS 六位子目	简单平均	加权平均	加权平均	税号（%）	价值（%）
农产品									
1. 印度	2015	208	2	2	18.1	0.5	0.0	25.0	98.3
2. 越南	2015	101	2	2	2.5	1.8	0.0	50.0	63.5
3. 孟加拉国	2015	42	1	1	0.0	0.0	0.0	100.0	100.0
4. 印度尼西亚	2015	33	1	1	0.0	0.0	0.0	100.0	100.0
5. 中国	2015	19	2	2	15.6	19.1	18.6	71.4	54.4
非农产品									
1. 阿联酋	2015	223	1	1	4.2	0.0	0.0	15.4	99.6
2. 印度	2015	68	5	6	6.8	4.7	0.0	4.5	17.3
3. 中国	2015	59	2	4	1.3	0.1	0.1	100.0	100.0
4. 尼日尔	2015	49	4	6	16.4	18.4	18.4	100.0	100.0
5. 瑞士	2015	41	1	1	2.4	0.0	0.0	100.0	100.0

不丹

Part A.1 关税及进口：概述及关税值域

概述		总计	农产品	非农产品	未“入世”	
最终约束关税简单平均 已实施 MFN 关税简单平均 贸易加权平均 进口值（以 10 亿美元计）	2015	22.3	41.8	19.0	约束覆盖范围： 农产品：关税配额（%） 农产品：特别保障措施（%）	总计 非农产品

频率分布		零关税	0≤5	5≤10	10≤15	15≤25	25≤50	50≤100	>100	非从价税（%）
		税号及进口值（%）								
农产品 最终约束关税 已实施 MFN 关税 进口	2015	0	0	3.0	0	4.6	88.5	4.0	0	0
非农产品 最终约束关税 已实施 MFN 关税 进口	2015	4.9	1.3	34.4	1.1	25.4	32.7	0.1	0	0

Part A.2 按产品分组的关税及进口

产品组	最终约束关税				已实施 MFN 关税			进口	
	平均值	零关税（%）	最大值	约束（%）	平均值	零关税（%）	最大值	占比（%）	零关税（%）
动物产品					30.0	0	30		
乳制品					50.0	0	50		
水果、蔬菜及植物					46.7	0	50		
咖啡及茶					38.3	0	50		
谷物及其制品					38.4	0	50		
含油子仁、脂肪及油脂					43.7	0	100		
糖及糖食					30.0	0	30		
饮料及烟草					78.6	0	100		
棉					20.0	0	20		
其他农产品					33.9	0	50		
鱼及鱼产品					30.0	0	30		
矿产品及金属					21.8	0.8	30		
石油					20.0	0	20		
化工品					13.1	3.5	50		
木材、纸及其他					21.1	3.9	50		
纺织品					24.4	0.3	50		
衣着					30.0	0	30		
皮革、鞋及其他					24.2	3.8	50		
非电气设备					10.1	16.7	50		
电气设备					12.3	12.1	20		
运输设备					17.3	15.0	100		
其他工业品					18.7	8.4	100		

Part B 出口至主要贸易伙伴及其面临的关税

主要市场	双边进口		多元化：95%贸易额所在税号税目		有贸易量 MFN 关税平均值		优惠幅度	零关税进口	
		以百万美元计	HS 章	HS 六位子目	简单平均	加权平均	加权平均	税号（%）	价值（%）
农产品									
1. 孟加拉国	2015	26	2	3	20.7	24.0	9.3	13.3	4.0
2. 印度	2015	9	6	14	66.5	29.0	29.0	100.0	100.0
3. 中国香港	2015	0	2	3	0.0	0.0	0.0	100.0	100.0
4. 日本	2015	0	2	2	1.4	2.8	2.8	100.0	100.0
5. 新加坡	2015	0	4	4	0.0	0.0	0.0	100.0	100.0
非农产品									
1. 印度	2015	272	5	8	7.5	2.6	2.6	100.0	100.0
2. 欧盟	2015	54	3	3	2.7	2.8	2.8	100.0	100.0
3. 孟加拉国	2015	14	3	7	6.9	5.0	3.2	44.4	56.4
4. 尼泊尔	2015	4	3	3	15.5	6.2	0.0	0.0	0.0
5. 美国	2015	3	2	2	3.0	5.4	5.4	76.9	99.8

玻利维亚

Part A.1 关税及进口：概述及关税值域

概述		总计	农产品	非农产品	“入世”时间		1995
最终约束关税简单平均		40.0	40.0	40.0	约束覆盖范围：	总计	100
已实施 MFN 关税简单平均	2016	11.7	12.5	11.6		非农产品	100
贸易加权平均	2015	9.0	11.4	8.8	农产品：关税配额（%）		0
进口值（以10亿美元计）	2015	9.8	0.7	9.1	农产品：特别保障措施（%）		0

频率分布		零关税	0≤5	5≤10	10≤15	15≤25	25≤50	50≤100	>100	非从价税（%）
		税号及进口值（%）								
农产品										
最终约束关税		0	0	0	0	0	100.0	0	0	0
已实施 MFN 关税	2016	1.8	9.6	47.7	20.2	20.1	0.5	0	0	0
进口	2015	1.1	3.1	75.8	6.9	13.0	0	0	0	0
非农产品										
最终约束关税		0	0	0	0	0	100.0	0	0	0
已实施 MFN 关税	2016	7.8	32.3	29.3	10.1	13.3	7.2	0	0	0
进口	2015	14.0	17.2	60.5	4.4	1.9	1.9	0	0	0

Part A.2 按产品分组的关税及进口

产品组	最终约束关税				已实施 MFN 关税			进口	
	平均值	零关税（%）	最大值	约束（%）	平均值	零关税（%）	最大值	占比（%）	零关税（%）
动物产品	39.7	0	40	100	12.7	4.5	20	0.2	0.9
乳制品	40.0	0	40	100	14.2	0	20	0.2	0
水果、蔬菜及植物	40.0	0	40	100	14.4	0	40	0.6	0
咖啡及茶	40.0	0	40	100	15.7	0	40	0.5	0
谷物及其制品	40.0	0	40	100	10.9	0	20	3.5	0
含油子仁、脂肪及油脂	40.0	0	40	100	11.8	2.4	20	0.3	0
糖及糖食	40.0	0	40	100	12.8	0	20	0.4	0
饮料及烟草	40.0	0	40	100	14.3	0	20	0.8	0
棉	40.0	0	40	100	11.0	0	15	0.0	0
其他农产品	40.0	0	40	100	9.3	4.8	20	0.6	12.5
鱼及鱼产品	40.0	0	40	100	17.2	0	20	0.2	0
矿产品及金属	40.0	0	40	100	9.0	2.9	40	13.3	4.6
石油	40.0	0	40	100	9.9	0	15	11.1	0
化工品	40.0	0	40	100	7.0	2.8	20	14.5	3.6
木材、纸及其他	40.0	0	40	100	14.2	2.0	40	3.9	4.5
纺织品	40.0	0	40	100	17.6	0	40	2.0	0
衣着	40.0	0	40	100	40.0	0	40	0.6	0
皮革、鞋及其他	40.0	0	40	100	13.4	1.9	40	3.2	0.2
非电气设备	39.8	0	40	100	3.9	41.9	20	17.8	47.4
电气设备	40.0	0	40	100	7.3	10.3	20	7.6	13.1
运输设备	39.9	0	40	100	7.2	16.9	20	15.2	12.4
其他工业品	40.0	0	40	100	11.1	6.7	20	3.5	11.3

Part B 出口至主要贸易伙伴及其面临的关税

主要市场	双边进口		多元化：95%贸易额所在税号税目		有贸易量 MFN 关税平均值		优惠幅度	零关税进口	
	以百万美元计		HS 章	HS 六位子目	简单平均	加权平均	加权平均	税号（%）	价值（%）
农产品									
1. 哥伦比亚	2015	426	3	5	16.3	18.0	18.0	100.0	100.0
2. 秘鲁	2015	346	8	15	3.4	1.3	1.3	100.0	100.0
3. 欧盟	2015	232	12	17	9.1	4.2	4.1	74.7	98.9
4. 厄瓜多尔	2015	177	2	3	16.4	17.3	17.3	100.0	100.0
5. 美国	2015	135	5	6	1.7	0.5	0.0	83.0	61.7
非农产品									
1. 巴西	2015	2,492	1	1	14.5	0.1	0.1	100.0	100.0
2. 阿根廷	2015	1,430	1	1	14.6	0.1	0.1	100.0	100.0
3. 美国	2015	856	6	10	5.9	0.4	0.4	62.5	99.6
4. 中国	2015	442	5	8	6.2	0.5	0.0	39.1	86.2
5. 欧盟	2015	422	9	19	4.4	0.3	0.2	99.6	98.6

波黑

Part A.1 关税及进口：概述及关税值域

概述		总计	农产品	非农产品	未"入世"	
最终约束关税简单平均					约束覆盖范围：	总计
已实施 MFN 关税简单平均	2016	6.3	9.1	5.9		非农产品
贸易加权平均	2015	7.9	15.2	6.2	农产品：关税配额（%）	
进口值（以10亿美元计）	2015	9.0	1.7	7.3	农产品：特别保障措施（%）	

频率分布		零关税	0≤5	5≤10	10≤15	15≤25	25≤50	50≤100	>100	非从价税（%）
		税号及进口值（%）								
农产品										
最终约束关税										
已实施 MFN 关税	2016	37.2	29.1	10.9	4.9	6.7	9.1	1.8	0.2	21.5
进口	2015	15.9	23.9	13.4	4.9	18.1	21.3	2.4	0.0	43.2
非农产品										
最终约束关税										
已实施 MFN 关税	2016	30.2	31.3	29.7	8.8	0.0	0.0	0	0	0.1
进口	2015	30.6	26.8	32.2	10.4	0.0	0.0	0	0	0.0

Part A.2 按产品分组的关税及进口

产品组	最终约束关税				已实施 MFN 关税			进口	
	平均值	零关税（%）	最大值	约束（%）	平均值	零关税（%）	最大值	占比（%）	零关税（%）
动物产品					23.3	18.8	*114*	2.6	2.1
乳制品					16.2	0	*44*	0.8	0
水果、蔬菜及植物					6.6	31.2	*187*	2.0	8.9
咖啡及茶					6.1	43.8	*27*	1.7	4.7
谷物及其制品					7.9	26.2	*43*	4.3	4.1
含油子仁、脂肪及油脂					2.4	52.8	5	1.9	61.3
糖及糖食					7.6	26.1	*25*	0.8	2.0
饮料及烟草					22.7	0	*45*	2.7	0
棉					0.0	100.0	0	0.1	100.0
其他农产品					1.2	76.1	10	1.4	81.2
鱼及鱼产品					3.1	53.1	*26*	0.4	30.5
矿产品及金属					4.9	36.9	*47*	16.1	32.6
石油					2.6	72.9	10	9.3	83.3
化工品					3.2	52.6	*20*	14.1	37.2
木材、纸及其他					5.3	30.4	15	4.7	23.6
纺织品					8.9	4.4	15	5.2	6.0
衣着					15.0	0	15	2.3	0
皮革、鞋及其他					7.3	23.3	15	5.6	4.1
非电气设备					5.6	18.8	15	8.4	22.0
电气设备					5.9	31.4	15	5.6	15.8
运输设备					5.7	27.2	15	6.7	10.7
其他工业品					6.2	25.2	15	3.3	46.8

Part B 出口至主要贸易伙伴及其面临的关税

主要市场	双边进口		多元化：95%贸易额所在税号税目		有贸易量 MFN 关税平均值		优惠幅度	零关税进口	
	以百万美元计		HS 章	HS 六位子目	简单平均	加权平均	加权平均	税号（%）	价值（%）
农产品									
1. 欧盟	2015	180	25	140	14.6	9.5	7.8	86.5	94.1
2. 土耳其	2015	175	5	10	59.6	116.1	39.0	88.9	60.2
3. 塞尔维亚	2015	65	19	55	22.4	20.3	20.3	100.0	100.0
4. 白俄罗斯	2015	62	2	16	8.8	7.1	1.8	4.3	16.5
5. 马其顿	2015	29	15	28	23.6	22.5	22.5	100.0	100.0
非农产品									
1. 欧盟	2015	3,301	52	376	4.1	3.3	3.3	99.6	99.9
2. 塞尔维亚	2015	352	37	163	8.1	5.0	5.0	100.0	100.0
3. 黑山	2015	105	42	271	4.1	2.8	2.8	100.0	100.0
4. 瑞士	2015	77	30	164	2.8	2.8	2.8	100.0	100.0
5. 土耳其	2015	74	24	47	6.4	8.5	8.5	100.0	100.0

博茨瓦纳

Part A.1 关税及进口：概述及关税值域

概述		总计	农产品	非农产品	“入世”时间	1995
最终约束关税简单平均		18.8	36.6	15.7	约束覆盖范围：　总计	94.3
已实施 MFN 关税简单平均	2016	7.6	8.5	7.5	非农产品	93.4
贸易加权平均	2015	4.9	11.6	4.2	农产品：关税配额（%）	0
进口值（以 10 亿美元计）	2015	7.6	0.7	6.9	农产品：特别保障措施（%）	37.5

频率分布		零关税	0≤5	5≤10	10≤15	15≤25	25≤50	50≤100	>100	非从价税（%）
		税号及进口值（%）								
农产品										
最终约束关税		21.9	2.3	1.6	1.5	14.4	36.3	18.9	3.0	0
已实施 MFN 关税	2016	46.1	11.2	13.7	6.6	15.9	6.0	0.3	0.2	13.8
进口	2015	27.1	17.8	10.3	4.3	32.6	7.7	0.1	0.1	20.4
非农产品										
最终约束关税		13.0	5.2	21.3	20.1	19.8	14.0	0	0.0	0
已实施 MFN 关税	2016	63.5	2.3	5.7	8.0	13.2	7.4	0.0	0.0	0.9
进口	2015	69.0	11.8	1.9	3.4	11.2	2.7	0.0	0.0	11.3

Part A.2 按产品分组的关税及进口

产品组	最终约束关税				已实施 MFN 关税			进口	
	平均值	零关税（%）	最大值	约束（%）	平均值	零关税（%）	最大值	占比（%）	零关税（%）
动物产品	37.4	30.6	160	100	10.9	60.6	82	0.3	48.9
乳制品	20.4	0	37	100	7.8	23.8	*21*	0.7	61.3
水果、蔬菜及植物	28.0	20.7	99	100	9.2	34.9	*99*	1.1	10.5
咖啡及茶	65.4	20.8	170	100	7.2	45.8	25	0.2	13.0
谷物及其制品	44.2	0.3	597	100	9.0	39.7	*103*	2.9	44.5
含油子仁、脂肪及油脂	44.9	5.7	81	98.8	7.6	20.5	20	0.6	1.1
糖及糖食	75.2	0	105	100	10.3	58.8	37	0.8	5.6
饮料及烟草	89.0	4.1	597	100	19.8	8.8	*111*	1.6	2.3
棉	52.0	0	60	100	4.4	66.7	15	0.0	2.9
其他农产品	12.0	54.4	72	100	2.2	85.5	25	0.5	56.7
鱼及鱼产品	18.5	50.0	37	1.8	6.3	62.7	30	0.2	69.0
矿产品及金属	11.7	16.1	30	96.0	4.0	71.6	30	46.3	95.6
石油	–	–	–	0	0.5	55.6	15	10.1	2.4
化工品	12.4	6.3	30	99.6	2.3	83.2	20	6.4	58.7
木材、纸及其他	11.7	12.7	30	100	6.1	61.2	45	2.7	35.2
纺织品	22.2	3.1	30	99.1	16.8	18.1	*156*	0.9	14.9
衣着	44.9	0	45	100	41.0	2.1	45	1.3	1.2
皮革、鞋及其他	20.7	0	30	96.2	13.3	35.6	43	1.9	10.0
非电气设备	9.2	39.2	30	100	1.5	90.5	30	7.2	92.0
电气设备	17.3	6.1	30	99.6	4.6	67.6	25	4.8	54.0
运输设备	18.4	17.6	50	100	6.1	65.7	30	6.6	23.3
其他工业品	12.5	26.0	30	95.2	3.8	78.4	30	3.1	87.6

Part B 出口至主要贸易伙伴及其面临的关税

主要市场	双边进口		多元化：95%贸易额所在税号税目		有贸易量 MFN 关税平均值		优惠幅度	零关税进口	
	以百万美元计		HS 章	HS 六位子目	简单平均	加权平均	加权平均	税号（%）	价值（%）
农产品									
1. 欧盟	2015	43	1	2	25.7	45.6	45.6	100.0	100.0
2. 南非	2015	42	7	12	10.7	25.8	25.8	100.0	100.0
3. 挪威	2015	24	1	2	291.6	331.8	244.7	0.0	0.0
4. 津巴布韦	2015	7	12	20	38.4	51.2	51.2	100.0	100.0
5. 纳米比亚	2015	1	14	54	10.6	19.2	19.2	100.0	100.0
非农产品									
1. 欧盟	2015	1,624	1	2	3.4	0.0	0.0	100.0	100.0
2. 印度	2015	542	1	2	7.1	9.8	0.0	6.7	0.0
3. 阿联酋	2015	506	1	1	2.5	0.0	0.0	50.0	99.5
4. 南非	2015	383	27	90	9.0	5.1	5.1	100.0	100.0
5. 新加坡	2015	312	1	1	0.0	0.0	0.0	100.0	100.0

巴西

Part A.1 关税及进口：概述及关税值域

概述		总计	农产品	非农产品	"入世"时间		1995
最终约束关税简单平均		31.4	35.4	30.8	约束覆盖范围：	总计	100
已实施 MFN 关税简单平均	2016	13.5	10.0	14.1		非农产品	100
贸易加权平均	2015	10.4	12.3	10.3	农产品：关税配额（%）		0.2
进口值（以10亿美元计）	2015	170.8	8.6	162.2	农产品：特别保障措施（%）		0

频率分布		零关税	0≤5	5≤10	10≤15	15≤25	25≤50	50≤100	>100	非从价税（%）
		税号及进口值（%）								
农产品										
最终约束关税		2.7	0.0	0.4	1.1	7.1	74.9	13.7	0	0
已实施 MFN 关税	2016	7.2	7.1	57.4	14.1	13.4	0.9	0	0	0
进口	2015	2.5	2.0	50.9	21.2	19.3	4.1	0	0	0
非农产品										
最终约束关税		0.7	0.1	0.6	2.1	23.7	72.7	0	0	0
已实施 MFN 关税	2016	4.9	14.5	13.0	27.9	25.7	13.9	0	0	0
进口	2015	25.6	9.5	12.3	24.7	20.1	7.7	0	0	0

Part A.2 按产品分组的关税及进口

产品组	最终约束关税				已实施 MFN 关税			进口	
	平均值	零关税（%）	最大值	约束（%）	平均值	零关税（%）	最大值	占比（%）	零关税（%）
动物产品	37.8	5.4	55	100	8.3	6.5	16	0.2	1.7
乳制品	48.8	0	55	100	18.3	0	28	0.2	0
水果、蔬菜及植物	34.1	1.0	55	100	9.8	5.6	35	1.1	2.0
咖啡及茶	34.1	0	35	100	13.3	0	20	0.2	0
谷物及其制品	42.9	0.8	55	100	10.7	14.7	20	1.6	1.5
含油子仁、脂肪及油脂	34.6	0.4	35	100	7.6	10.8	12	0.6	1.2
糖及糖食	34.4	0	35	100	16.5	0	20	0.1	0
饮料及烟草	37.7	0	55	100	17.2	0	20	0.5	0
棉	55.0	0	55	100	6.4	0	8	0.0	0
其他农产品	28.8	7.9	55	100	7.7	8.9	14	0.5	14.6
鱼及鱼产品	33.6	3.8	35	100	10.4	3.9	16	0.7	14.9
矿产品及金属	32.9	0.6	35	100	10.1	6.4	20	17.6	42.0
石油	35.0	0	35	100	0.1	97.2	6	9.4	99.6
化工品	21.1	0.4	35	100	8.3	0.8	18	18.7	3.6
木材、纸及其他	28.4	2.6	35	100	10.8	2.9	18	1.4	6.5
纺织品	34.8	0	35	100	23.3	0	35	2.6	0
衣着	35.0	0	35	100	35.0	0	35	1.4	0
皮革、鞋及其他	34.6	0	35	100	15.7	0.6	35	2.1	0.4
非电气设备	32.4	0.4	35	100	12.8	11.7	20	14.4	22.4
电气设备	31.9	2.6	35	100	14.1	10.5	20	11.8	11.5
运输设备	33.1	0	35	100	18.2	11.1	35	10.4	12.8
其他工业品	33.0	0.8	35	100	15.3	8.8	35	4.4	17.5

Part B 出口至主要贸易伙伴及其面临的关税

主要市场	双边进口		多元化：95%贸易额所在税号税目		有贸易量 MFN 关税平均值		优惠幅度	零关税进口	
	以百万美元计		HS 章	HS 六位子目	简单平均	加权平均	加权平均	税号（%）	价值（%）
农产品									
1. 中国	2015	19,858	5	6	15.6	5.9	0.2	4.0	0.6
2. 欧盟	2015	14,223	15	33	13.9	7.5	0.0	12.9	66.8
3. 美国	2015	3,969	17	36	8.5	14.8	0.3	70.4	61.6
4. 日本	2015	3,038	12	16	15.3	6.5	1.1	37.5	55.9
5. 俄罗斯	2015	2,495	9	18	19.0	11.7	2.2	12.6	48.3
非农产品									
1. 中国	2015	24,231	13	25	8.4	0.5	0.0	12.0	89.1
2. 美国	2015	20,392	43	337	3.6	0.9	0.4	78.7	89.2
3. 欧盟	2015	18,075	51	364	4.3	1.1	0.0	22.6	75.1
4. 阿根廷	2015	12,578	53	611	15.1	16.4	16.4	100.0	100.0
5. 日本	2015	4,469	15	23	4.1	0.3	0.2	79.8	97.6

文莱

Part A. 1　关税及进口：概述及关税值域

概述		总计	农产品	非农产品	"入世" 时间	1995
最终约束关税简单平均		25.6	32.7	24.4	约束覆盖范围：　总计	95.5
已实施 MFN 关税简单平均	2016	1.2	0.1	1.3	非农产品	95.1
贸易加权平均	2015	1.2	0.1	1.4	农产品：关税配额（%）	0
进口值（以 10 亿美元计）	2015	3.2	0.5	2.8	农产品：特别保障措施（%）	0

频率分布		零关税	0≤5	5≤10	10≤15	15≤25	25≤50	50≤100	>100	非从价税（%）
		税号及进口值（%）								
农产品										
最终约束关税		0	1.1	0	0	83.8	11.8	0.1	1.0	2.2
已实施 MFN 关税	2016	98.5	1.4	0.1	0	0	0.0	0	0	1.1
进口	2015	98.0	2.0	0.0	0	0	0	0	0	0.4
非农产品										
最终约束关税		0	0	0	0	65.4	29.7	0	0	0
已实施 MFN 关税	2016	79.6	17.4	1.4	0.3	1.2	0.1	0	0.0	0.1
进口	2015	71.9	26.2	0.1	0.2	1.6	0.0	0	0	6.7

Part A. 2　按产品分组的关税及进口

产品组	最终约束关税				已实施 MFN 关税			进口	
	平均值	零关税（%）	最大值	约束（%）	平均值	零关税（%）	最大值	占比（%）	零关税（%）
动物产品	26.9	0	50	100	0.0	100.0	0	1.7	100.0
乳制品	21.0	0	50	100	0.0	100.0	0	1.1	100.0
水果、蔬菜及植物	26.5	0	50	100	0.0	100.0	0	2.4	100.0
咖啡及茶	15.2	0	50	100	1.3	54.2	*6*	1.0	72.0
谷物及其制品	22.3	0	50	100	0.1	99.7	*50*	4.0	100.0
含油子仁、脂肪及油脂	20.0	0	20	100	0.0	100.0	0	0.5	100.0
糖及糖食	28.8	0	50	100	0.0	100.0	0	0.3	100.0
饮料及烟草	224.9	0	*>1000*	67.3	0.0	100.0	0	1.7	100.0
棉	20.0	0	20	100	0.0	100.0	0	0.0	100.0
其他农产品	20.9	0	50	100	0.0	100.0	0	1.8	100.0
鱼及鱼产品	23.2	0	30	100	0.0	100.0	0	1.3	100.0
矿产品及金属	20.3	0	40	98.2	0.3	96.2	20	19.0	99.5
石油	20.0	0	20	100	0.5	66.7	*2*	6.0	5.4
化工品	20.9	0	50	94.8	0.5	94.6	*126*	8.4	88.3
木材、纸及其他	25.9	0	40	97.2	1.6	68.0	5	3.2	58.6
纺织品	25.9	0	40	100	0.8	86.7	10	1.3	75.4
衣着	30.0	0	30	100	0.0	100.0	0	1.1	100.0
皮革、鞋及其他	23.6	0	40	100	3.2	69.1	20	1.8	38.7
非电气设备	28.2	0	40	99.8	2.6	57.6	20	13.3	68.3
电气设备	38.8	0	40	76.1	5.1	13.3	20	7.9	5.4
运输设备	24.3	0	40	67.2	2.4	87.8	20	18.0	97.8
其他工业品	23.8	0	40	86.2	2.7	54.5	20	4.2	42.9

Part B　出口至主要贸易伙伴及其面临的关税

主要市场	双边进口		多元化：95%贸易额所在税号税目		有贸易量 MFN 关税平均值		优惠幅度	零关税进口	
	以百万美元计		HS 章	HS 六位子目	简单平均	加权平均	加权平均	税号（%）	价值（%）
农产品									
1. 马来西亚	2015	0	13	29	3.2	4.9	4.9	100.0	100.0
2. 加拿大	2015	0	1	1	5.4	10.5	0.0	33.3	0.2
3. 埃及	2015	0	3	3	2.0	2.0	0.0	0.0	0.0
4. 印度	2015	0	1	1	0.0	0.0	0.0	100.0	100.0
5. 中国香港	2015	0	2	3	0.0	0.0	0.0	100.0	100.0
非农产品									
1. 日本	2015	2,341	1	1	0.1	0.0	0.0	100.0	100.0
2. 韩国	2015	967	1	2	6.8	3.0	3.0	97.1	100.0
3. 泰国	2015	708	1	1	12.8	0.0	0.0	100.0	100.0
4. 印度	2015	554	1	1	6.4	0.0	0.0	23.8	99.4
5. 新西兰	2015	367	1	1	4.1	0.0	0.0	100.0	100.0

布基纳法索

Part A.1 关税及进口：概述及关税值域

概述		总计	农产品	非农产品	“入世”时间		1995
最终约束关税简单平均		44.1	97.9	13.8	约束覆盖范围：	总计	39.6
已实施 MFN 关税简单平均	2016	12.2	15.8	11.5		非农产品	29.6
贸易加权平均	2015	9.3	14.5	8.5	农产品：关税配额（%）		0
进口值（以 10 亿美元计）	2015	3.0	0.4	2.6	农产品：特别保障措施（%）		0

频率分布		零关税	0≤5	5≤10	10≤15	15≤25	25≤50	50≤100	>100	非从价税（%）
		税号及进口值（%）								
农产品										
最终约束关税		0	0.6	1.3	0	0.1	0	97.8	0	0
已实施 MFN 关税	2016	0	27.0	19.2	0	41.7	12.0	0	0	0
进口	2015	0	18.2	32.2	0	41.7	7.9	0	0	0
非农产品										
最终约束关税		0.8	11.8	6.6	5.2	3.9	0	1.4	0	0
已实施 MFN 关税	2016	1.8	39.8	21.9	0	36.1	0.4	0	0	0
进口	2015	11.9	28.6	41.2	0	18.0	0.4	0	0	0

Part A.2 按产品分组的关税及进口

产品组	最终约束关税				已实施 MFN 关税			进口	
	平均值	零关税（%）	最大值	约束（%）	平均值	零关税（%）	最大值	占比（%）	零关税（%）
动物产品	100.0	0	100	100	24.5	0	35	0.0	0
乳制品	60.1	0	100	100	17.0	0	35	0.7	0
水果、蔬菜及植物	100.0	0	100	100	17.9	0	35	0.3	0
咖啡及茶	100.0	0	100	100	18.5	0	35	0.8	0
谷物及其制品	98.4	0	100	100	13.6	0	35	6.8	0
含油子仁、脂肪及油脂	96.5	0	100	98.8	11.1	0	35	1.2	0
糖及糖食	100.0	0	100	100	12.6	0	35	1.5	0
饮料及烟草	93.6	0	100	100	17.3	0	35	2.3	0
棉	100.0	0	100	100	5.0	0	5	0.0	0
其他农产品	100.0	0	100	100	9.6	0	20	0.2	0
鱼及鱼产品	12.9	36.0	100	11.2	15.6	0	20	0.4	0
矿产品及金属	5.9	11.5	16	5.8	11.6	1.9	20	16.6	17.6
石油	7.5	0	10	83.3	7.7	19.0	10	24.1	0.0
化工品	37.6	0	100	1.8	7.4	3.8	35	12.6	50.4
木材、纸及其他	82.0	0	100	23.0	11.3	5.1	20	1.8	8.7
纺织品	18.4	0	25	26.4	16.1	0.3	35	1.2	7.5
衣着	15.0	0	15	70.8	20.0	0	20	0.4	0
皮革、鞋及其他	17.5	0	25	27.7	12.3	1.3	20	1.3	4.4
非电气设备	5.3	3.9	25	91.2	6.8	0	20	10.1	0
电气设备	6.9	0	7	93.5	11.2	0.4	20	5.2	12.7
运输设备	12.6	0.3	25	72.3	8.1	2.5	20	10.2	0.0
其他工业品	55.9	0	100	5.6	14.2	2.1	20	2.2	0.3

Part B 出口至主要贸易伙伴及其面临的关税

主要市场	双边进口		多元化：95%贸易额所在税号税目		有贸易量 MFN 关税平均值		优惠幅度	零关税进口	
	以百万美元计		HS 章	HS 六位子目	简单平均	加权平均	加权平均	税号（%）	价值（%）
农产品									
1. 越南	2015	72	2	2	8.8	0.4	0.0	50.0	91.8
2. 欧盟	2015	50	6	13	8.0	1.4	1.4	100.0	100.0
3. 印度尼西亚	2015	49	1	1	0.0	0.0	0.0	100.0	100.0
4. 土耳其	2015	44	1	1	15.5	0.5	0.0	20.0	96.0
5. 日本	2015	41	1	1	1.0	0.0	0.0	100.0	100.0
非农产品									
1. 瑞士	2015	997	1	1	2.0	0.0	0.0	100.0	100.0
2. 印度	2015	217	1	1	9.2	10.0	0.0	0.0	0.0
3. 加拿大	2015	28	2	3	4.7	0.0	0.0	100.0	100.0
4. 中国	2015	26	1	1	4.5	0.0	0.0	33.3	100.0
5. 欧盟	2015	10	19	35	3.3	1.1	1.1	100.0	100.0

布隆迪

Part A.1 关税及进口：概述及关税值域

概述		总计	农产品	非农产品	“入世”时间		1995
最终约束关税简单平均		69.0	94.9	26.4	约束覆盖范围：	总计	22.9
已实施 MFN 关税简单平均	2016	12.8	20.1	11.6		非农产品	10.2
贸易加权平均	2015	10.6	28.3	8.0	农产品：关税配额（%）		0
进口值（以10亿美元计）	2015	0.6	0.1	0.5	农产品：特别保障措施（%）		0

频率分布		零关税	0≤5	5≤10	10≤15	15≤25	25≤50	50≤100	>100	非从价税（%）
		税号及进口值（%）								
农产品										
最终约束关税		2.9	0.5	0	0.3	0	2.1	94.1	0	0
已实施 MFN 关税	2016	15.5	0	16.1	0	64.2	0.8	2.6	0	1.2
进口	2015	20.7	0	19.3	0	37.1	4.7	18.2	0	16.6
非农产品										
最终约束关税		0.5	1.5	0.5	0.5	5.8	0	1.4	0	0
已实施 MFN 关税	2016	40.4	0	22.0	0	36.2	0.4	0.0	0	0.9
进口	2015	63.5	0	10.3	0	24.9	1.4	0	0	0.9

Part A.2 按产品分组的关税及进口

产品组	最终约束关税				已实施 MFN 关税			进口	
	平均值	零关税（%）	最大值	约束（%）	平均值	零关税（%）	最大值	占比（%）	零关税（%）
动物产品	100.0	0	100	100	23.1	7.7	25	0.6	14.1
乳制品	21.4	78.6	100	100	51.7	0	60	0.2	0
水果、蔬菜及植物	98.6	0	100	100	22.1	8.4	25	0.8	31.1
咖啡及茶	97.9	2.1	100	100	19.6	16.7	25	0.0	0.0
谷物及其制品	96.2	3.8	100	100	20.6	12.5	50	6.6	27.5
含油子仁、脂肪及油脂	99.4	0	100	98.8	11.6	20.5	25	1.6	27.7
糖及糖食	83.8	5.9	100	100	40.0	0	*100*	1.3	0
饮料及烟草	77.9	0	100	100	25.3	0	35	1.4	0
棉	100.0	0	100	100	0.0	100.0	0	0.0	100.0
其他农产品	99.7	0	100	100	10.9	38.2	25	0.1	26.5
鱼及鱼产品	19.2	66.7	100	5.4	24.7	0.3	25	0.3	0.1
矿产品及金属	7.9	0	18	2.1	10.6	35.9	35	14.1	32.0
石油	–	–	–	0	4.3	61.4	25	19.9	98.1
化工品	9.5	16.4	100	8.6	3.9	77.9	25	13.4	85.2
木材、纸及其他	19.4	0	20	9.5	14.0	25.6	25	4.1	19.4
纺织品	25.2	0	100	38.4	19.5	6.9	*75*	2.0	23.3
衣着	19.7	0	20	8.2	25.2	0	50	1.9	0
皮革、鞋及其他	74.5	0	100	19.5	12.7	21.1	25	2.4	9.9
非电气设备	6.0	0	6	2.9	3.2	75.2	25	8.6	83.5
电气设备	2.5	75.0	10	0.8	10.9	35.4	35	9.5	85.4
运输设备	74.7	0	100	12.6	6.0	62.7	25	7.9	12.2
其他工业品	46.2	1.8	100	5.0	14.8	31.4	40	2.9	70.0

Part B 出口至主要贸易伙伴及其面临的关税

主要市场	双边进口		多元化：95%贸易额所在税号税目		有贸易量 MFN 关税平均值		优惠幅度	零关税进口	
	以百万美元计		HS 章	HS 六位子目	简单平均	加权平均	加权平均	税号（%）	价值（%）
农产品									
1. 欧盟	2015	40	1	1	7.3	0.1	0.1	100.0	100.0
2. 巴基斯坦	2015	18	1	1	8.3	10.0	0.0	0.0	0.0
3. 美国	2015	8	1	2	0.0	0.0	0.0	100.0	100.0
4. 卢旺达	2015	4	9	22	22.6	23.9	23.9	100.0	100.0
5. 乌干达	2015	1	2	2	15.0	14.2	14.2	100.0	100.0
非农产品									
1. 阿联酋	2015	164	1	1	4.2	0.0	0.0	16.7	100.0
2. 卢旺达	2015	5	12	23	17.9	21.9	21.9	100.0	100.0
3. 中国	2015	2	2	3	2.7	0.4	0.4	100.0	100.0
4. 欧盟	2015	2	2	3	2.5	1.8	1.8	100.0	100.0
5. 乌干达	2015	2	3	7	7.5	5.6	5.6	100.0	100.0

佛得角

Part A.1 关税及进口：概述及关税值域

概述		总计	农产品	非农产品	"入世"时间		2008
最终约束关税简单平均		16.0	19.3	15.4	约束覆盖范围：	总计	100.0
已实施 MFN 关税简单平均	2015	10.0	12.2	9.7		非农产品	100.0
贸易加权平均	2015	11.6	15.6	9.8	农产品：关税配额（%）		0
进口值（以10亿美元计）	2015	0.6	0.2	0.4	农产品：特别保障措施（%）		0

频率分布		零关税	0≤5	5≤10	10≤15	15≤25	25≤50	50≤100	>100	非从价税（%）
		税号及进口值（%）								
农产品										
最终约束关税		0	18.1	17.6	2.3	46.2	13.4	2.4	0	0
已实施 MFN 关税	2015	30.7	21.0	8.9	0	24.3	15.1	0	0	0
进口	2015	10.3	41.0	5.4	0	16.3	27.0	0	0	0
非农产品										
最终约束关税		5.5	35.0	14.8	2.4	27.3	14.2	1.0	0	0
已实施 MFN 关税	2015	47.2	14.1	9.7	0.0	14.1	14.9	0	0	0
进口	2015	27.3	34.3	14.2	0.0	10.4	13.8	0	0	0

Part A.2 按产品分组的关税及进口

产品组	最终约束关税				已实施 MFN 关税			进口	
	平均值	零关税（%）	最大值	约束（%）	平均值	零关税（%）	最大值	占比（%）	零关税（%）
动物产品	23.9	0	35	100	17.7	9.3	50	4.1	0.8
乳制品	18.1	0	25	100	8.0	0	20	5.1	0
水果、蔬菜及植物	19.3	0	35	100	9.2	40.0	30	4.4	34.0
咖啡及茶	30.6	0	55	100	25.2	0	50	0.6	0
谷物及其制品	17.3	0	45	100	13.6	9.1	40	9.0	11.2
含油子仁、脂肪及油脂	11.4	0	20	100	2.2	56.2	5	2.7	12.7
糖及糖食	15.0	0	35	100	9.4	0	30	1.4	0
饮料及烟草	36.3	0	55	100	30.9	15.2	50	4.2	0.6
棉	5.0	0	5	100	0.0	100.0	0	0.0	100.0
其他农产品	15.0	0	50	100	9.8	48.8	50	0.5	83.6
鱼及鱼产品	25.4	0	45	100	22.8	4.0	40	0.6	0.1
矿产品及金属	13.7	1.8	55	100	5.5	65.8	50	13.8	39.4
石油	10.1	0	25	100	3.8	44.9	20	11.7	4.1
化工品	8.6	1.0	55	100	3.4	75.8	50	8.3	44.6
木材、纸及其他	16.0	6.2	55	99.6	10.8	25.4	50	5.5	19.1
纺织品	19.9	0	55	100	15.3	5.1	50	1.9	8.2
衣着	36.7	0	45	100	34.1	0	40	0.8	0
皮革、鞋及其他	21.3	5.0	50	100	17.9	20.8	50	1.2	6.4
非电气设备	7.0	12.5	35	100	2.3	78.2	30	7.5	48.5
电气设备	12.7	30.6	35	100	9.1	27.8	30	8.3	19.7
运输设备	15.5	6.7	55	100	10.5	56.7	50	6.0	26.0
其他工业品	19.9	12.4	55	100	13.2	38.3	50	2.3	36.0

Part B 出口至主要贸易伙伴及其面临的关税

主要市场	双边进口		多元化：95%贸易额所在税号税目		有贸易量 MFN 关税平均值		优惠幅度	零关税进口	
	以百万美元计		HS 章	HS 六位子目	简单平均	加权平均	加权平均	税号（%）	价值（%）
农产品									
1. 美国	2015	1	4	6	0.0	0.0	0.0	100.0	100.0
2. 欧盟	2015	1	7	13	8.2	5.8	3.1	74.2	83.6
3. 尼日利亚	2014	0	2	2	9.3	8.0	8.0	100.0	100.0
4. 圭亚那	2015	0	1	1	40.0	40.0	0.0	0.0	0.0
5. 日本	2015	0	1	1	0.0	0.0	0.0	100.0	100.0
非农产品									
1. 欧盟	2015	70	8	15	4.6	16.8	16.8	100.0	100.0
2. 土耳其	2015	3	2	4	32.0	4.1	0.0	60.0	94.9
3. 印度尼西亚	2015	3	1	1	7.5	0.2	0.0	25.0	97.3
4. 印度	2015	3	4	4	5.6	4.9	0.0	11.1	8.0
5. 摩洛哥	2015	2	1	2	21.3	11.2	11.1	75.0	100.0

柬埔寨

Part A. 1 关税及进口：概述及关税值域

概述		总计	农产品	非农产品	"入世"时间		2004
最终约束关税简单平均		19.5	27.9	18.0	约束覆盖范围：	总计	100
已实施 MFN 关税简单平均	2016	11.2	14.9	10.6		非农产品	100
贸易加权平均	2015	9.3	12.1	9.1	农产品：关税配额（%）		0
进口值（以10亿美元计）	2015	10.6	1.0	9.6	农产品：特别保障措施（%）		0

频率分布		零关税	0≤5	5≤10	10≤15	15≤25	25≤50	50≤100	>100	非从价税（%）
		税号及进口值（%）								
农产品										
最终约束关税		0	3.8	7.3	17.1	15.8	55.1	0.8	0	0
已实施 MFN 关税	2016	14.3	0	37.6	22.8	0	25.3	0	0	0
进口	2015	19.5	0	42.9	20.5	0	17.2	0	0	0
非农产品										
最终约束关税		1.0	0	28.5	29.2	17.1	24.3	0	0	0
已实施 MFN 关税	2016	16.0	0.0	44.0	32.5	0	7.5	0	0	0.0
进口	2015	18.3	0.0	52.8	22.7	0	6.2	0	0	0.0

Part A. 2 按产品分组的关税及进口

产品组	最终约束关税				已实施 MFN 关税			进口	
	平均值	零关税（%）	最大值	约束（%）	平均值	零关税（%）	最大值	占比（%）	零关税（%）
动物产品	30.7	0	40	100	26.7	8.8	35	0.2	41.1
乳制品	35.7	0	40	100	20.9	0	35	0.2	0
水果、蔬菜及植物	26.2	0	40	100	11.9	9.5	35	0.2	0.1
咖啡及茶	36.6	0	40	100	26.7	0	35	0.1	0
谷物及其制品	27.6	0	40	100	12.4	26.4	35	1.6	5.4
含油子仁、脂肪及油脂	22.1	0	40	100	8.1	15.7	35	0.5	68.7
糖及糖食	27.9	0	40	100	7.0	0	7	0.2	0
饮料及烟草	42.9	0	60	100	23.7	0	35	3.7	0
棉	7.0	0	7	100	0.0	100.0	0	0.0	100.0
其他农产品	24.6	0	40	100	11.1	25.4	35	2.7	49.9
鱼及鱼产品	27.0	0	40	100	22.5	0.9	35	0.1	27.8
矿产品及金属	20.4	0	40	100	7.4	30.3	35	15.2	58.7
石油	25.0	0	40	100	9.9	2.1	35	0.2	0
化工品	9.6	0	40	100	7.3	15.4	35	6.5	44.0
木材、纸及其他	25.1	0	35	100	9.8	4.0	35	3.0	0.9
纺织品	9.9	0	40	100	5.4	25.6	15	36.1	6.6
衣着	17.5	0	20	100	14.2	0	15	0.8	0
皮革、鞋及其他	28.7	0	40	100	12.6	1.3	35	3.6	0.2
非电气设备	15.6	1.8	35	100	13.2	9.3	35	6.3	13.1
电气设备	27.2	10.9	35	100	17.2	10.6	35	4.8	3.9
运输设备	24.3	0	43	100	15.8	8.8	35	11.0	8.3
其他工业品	25.2	1.6	35	100	14.7	15.6	35	3.2	13.6

Part B 出口至主要贸易伙伴及其面临的关税

主要市场	双边进口		多元化：95%贸易额所在税号税目		有贸易量 MFN 关税平均值		优惠幅度	零关税进口	
	以百万美元计		HS 章	HS 六位子目	简单平均	加权平均	加权平均	税号（%）	价值（%）
农产品									
1. 越南	2015	414	4	5	13.6	4.9	4.6	87.1	96.1
2. 泰国	2015	225	3	3	36.6	38.3	38.3	100.0	100.0
3. 欧盟	2015	202	3	5	10.2	19.8	19.8	100.0	100.0
4. 中国	2015	112	5	6	19.8	43.0	12.8	89.1	36.8
5. 马来西亚	2015	49	2	2	13.2	34.4	17.1	76.2	14.9
非农产品									
1. 欧盟	2015	4,309	9	82	6.3	11.9	11.9	99.9	100.0
2. 美国	2015	2,959	15	98	9.8	16.3	0.2	37.4	7.0
3. 日本	2015	961	15	104	10.7	16.0	16.0	97.6	97.7
4. 加拿大	2015	805	10	77	10.2	17.0	17.0	100.0	100.0
5. 中国	2015	555	17	87	13.2	11.1	11.0	99.1	98.9

喀麦隆

Part A.1 关税及进口：概述及关税值域

概述	总计	农产品	非农产品	"入世"时间	1995
最终约束关税简单平均	79.9	80.0	68.8	约束覆盖范围： 总计	14.4
已实施 MFN 关税简单平均				非农产品	0.2
贸易加权平均				农产品：关税配额（%）	0
进口值（以10亿美元计）				农产品：特别保障措施（%）	0

频率分布	零关税	0≤5	5≤10	10≤15	15≤25	25≤50	50≤100	>100	非从价税（%）
	税号及进口值（%）								
农产品									
最终约束关税	0	0	0	0	0	0	99.9	0	0
已实施 MFN 关税									
进口									
非农产品									
最终约束关税	0	0	0	0	0	0.1	0.1	0	0
已实施 MFN 关税									
进口									

Part A.2 按产品分组的关税及进口

产品组	最终约束关税				已实施 MFN 关税			进口	
	平均值	零关税（%）	最大值	约束（%）	平均值	零关税（%）	最大值	占比（%）	零关税（%）
动物产品	80.0	0	80	100					
乳制品	80.0	0	80	100					
水果、蔬菜及植物	80.0	0	80	100					
咖啡及茶	80.0	0	80	100					
谷物及其制品	80.0	0	80	100					
含油子仁、脂肪及油脂	80.0	0	80	98.8					
糖及糖食	80.0	0	80	100					
饮料及烟草	80.0	0	80	100					
棉	80.0	0	80	100					
其他农产品	80.0	0	80	100					
鱼及鱼产品	80.0	0	80	0.9					
矿产品及金属	–	–	–	0					
石油	–	–	–	0					
化工品	80.0	0	80	0.4					
木材、纸及其他	–	–	–	0					
纺织品	50.0	0	50	0.5					
衣着	–	–	–	0					
皮革、鞋及其他	–	–	–	0					
非电气设备	–	–	–	0					
电气设备	–	–	–	0					
运输设备	–	–	–	0					
其他工业品	–	–	–	0					

Part B 出口至主要贸易伙伴及其面临的关税

主要市场	双边进口		多元化：95%贸易额所在税号税目		有贸易量 MFN 关税平均值		优惠幅度	零关税进口	
	以百万美元计		HS 章	HS 六位子目	简单平均	加权平均	加权平均	税号（%）	价值（%）
农产品									
1. 欧盟	2015	807	3	5	9.2	6.8	6.8	100.0	100.0
2. 中国	2015	79	2	2	11.3	18.6	17.7	2.8	45.3
3. 马来西亚	2015	52	1	1	2.5	0.0	0.0	66.7	99.6
4. 新加坡	2015	36	1	1	0.0	0.0	0.0	100.0	100.0
5. 孟加拉国	2015	33	1	1	2.5	0.0	0.0	50.0	100.0
非农产品									
1. 欧盟	2015	1,172	5	14	3.6	0.6	0.6	100.0	100.0
2. 中国	2015	703	2	5	5.6	0.1	0.0	45.2	99.1
3. 印度	2015	532	2	2	9.9	0.5	0.0	8.0	91.6
4. 阿联酋	2015	376	1	1	4.6	0.1	0.0	8.4	97.7
5. 越南	2015	144	1	3	2.3	0.0	0.0	83.3	100.0

加拿大

Part A.1 关税及进口：概述及关税值域

概述		总计	农产品	非农产品	“入世”时间		1995
最终约束关税简单平均		6.5	15.4	5.2	约束覆盖范围：	总计	99.7
已实施 MFN 关税简单平均	2016	4.1	15.6	2.2		非农产品	99.7
贸易加权平均	2015	3.1	12.4	2.3	农产品：关税配额（%）		9.7
进口值（以10亿美元计）	2015	408.3	34.1	374.2	农产品：特别保障措施（%）		6.0

频率分布		零关税	0≤5	5≤10	10≤15	15≤25	25≤50	50≤100	>100	非从价税（%）
		税号及进口值（%）								
农产品										
最终约束关税		46.1	16.1	20.8	7.9	1.5	2.1	0.9	4.7	19.5
已实施 MFN 关税	2016	59.6	9.0	16.2	6.0	1.1	2.0	0.9	5.1	12.2
进口	2015	53.3	12.8	18.0	10.5	0.3	2.1	0.0	0.8	12.8
非农产品										
最终约束关税		38.1	7.5	39.3	7.9	6.8	0	0	0	0.3
已实施 MFN 关税	2016	78.5	3.2	10.7	1.3	6.3	0	0	0	0
进口	2015	67.8	1.4	26.6	0.7	3.4	0	0	0	0

Part A.2 按产品分组的关税及进口

产品组	最终约束关税				已实施 MFN 关税			进口	
	平均值	零关税（%）	最大值	约束（%）	平均值	零关税（%）	最大值	占比（%）	零关税（%）
动物产品	27.0	46.1	*368*	100	23.5	66.0	*368*	0.8	58.9
乳制品	218.5	0	*314*	100	248.9	0	*314*	0.1	0
水果、蔬菜及植物	3.7	56.0	19	100	3.3	60.0	19	2.4	81.2
咖啡及茶	7.4	55.0	*265*	100	10.4	76.4	*265*	0.7	67.2
谷物及其制品	17.6	15.3	*277*	100	20.5	36.4	*277*	1.6	18.2
含油子仁、脂肪及油脂	5.4	47.0	*218*	100	3.8	62.0	*218*	0.4	71.4
糖及糖食	4.3	7.8	13	100	3.5	34.3	13	0.2	41.9
饮料及烟草	6.5	26.3	*256*	100	3.8	47.9	*256*	1.3	31.8
棉	0.8	90.0	8	100	0.0	100.0	0	0.0	100.0
其他农产品	3.3	65.9	*206*	100	2.9	79.9	*206*	0.7	60.2
鱼及鱼产品	1.0	80.0	11	100	0.9	81.0	11	0.7	78.6
矿产品及金属	2.7	50.6	16	99.5	1.0	85.0	16	12.7	84.6
石油	6.8	0	8	80.0	0.9	82.8	5	6.1	99.3
化工品	4.4	28.2	16	100	0.8	87.6	16	11.7	74.3
木材、纸及其他	1.5	78.4	16	100	0.9	87.6	18	4.7	81.0
纺织品	10.6	9.2	18	100	2.3	83.4	18	1.7	45.7
衣着	17.2	0.9	18	100	16.5	5.4	18	2.2	2.7
皮革、鞋及其他	7.2	24.0	20	100	3.8	67.0	20	2.3	26.3
非电气设备	3.2	50.3	14	100	0.4	93.9	9	15.5	96.7
电气设备	3.7	45.6	11	100	1.1	83.8	9	9.7	89.1
运输设备	5.5	27.8	16	93.3	5.7	41.5	25	18.8	16.2
其他工业品	3.9	44.7	18	99.7	2.5	61.2	16	5.7	76.0

Part B 出口至主要贸易伙伴及其面临的关税

主要市场	双边进口		多元化：95%贸易额所在税号税目		有贸易量 MFN 关税平均值		优惠幅度	零关税进口	
	以百万美元计		HS 章	HS 六位子目	简单平均	加权平均	加权平均	税号（%）	价值（%）
农产品									
1. 美国	2015	22,315	26	186	6.2	3.9	3.8	92.7	99.4
2. 中国	2015	4,669	9	15	14.9	12.0	0.0	5.3	0.6
3. 日本	2015	3,342	15	31	15.8	8.1	0.0	32.8	65.7
4. 欧盟	2015	2,456	20	58	13.2	3.5	0.0	17.2	78.4
5. 墨西哥	2015	1,756	18	41	16.8	10.9	10.4	94.4	99.0
非农产品									
1. 美国	2015	256,914	54	738	3.5	1.3	1.3	100.0	100.0
2. 欧盟	2015	25,564	54	547	4.6	1.0	0.0	21.6	79.8
3. 中国	2015	21,544	36	173	8.6	1.8	0.0	10.4	69.6
4. 墨西哥	2015	7,969	49	547	4.6	4.2	4.2	100.0	100.0
5. 日本	2015	5,774	35	178	2.1	0.9	0.0	64.5	79.1

中非共和国

Part A.1 关税及进口：概述及关税值域

概述		总计	农产品	非农产品	"入世"时间		1995
最终约束关税简单平均		36.1	30.0	37.7	约束覆盖范围：	总计	62.0
已实施 MFN 关税简单平均	2016	18.0	21.7	17.4		非农产品	56.2
贸易加权平均	2015	18.4	16.5	18.7	农产品：关税配额（%）		0
进口值（以10亿美元计）	2015	0.5	0.1	0.4	农产品：特别保障措施（%）		0

频率分布		零关税	0≤5	5≤10	10≤15	15≤25	25≤50	50≤100	>100	非从价税（%）
		税号及进口值（%）								
农产品										
最终约束关税		0	0	0	0	0	99.8	0	0	0
已实施 MFN 关税	2016	0.1	12.7	21.7	0.1	7.6	57.8	0	0	0.4
进口	2015	6.9	30.5	8.0	6.7	0.9	46.9	0	0	0
非农产品										
最终约束关税		0	0	0	0	1.7	54.3	0.2	0	0
已实施 MFN 关税	2016	0.7	3.7	50.5	0.0	13.7	31.3	0	0	0.4
进口	2015	2.0	10.5	35.5	0	8.6	43.4	0	0	0

Part A.2 按产品分组的关税及进口

产品组	最终约束关税				已实施 MFN 关税			进口	
	平均值	零关税（%）	最大值	约束（%）	平均值	零关税（%）	最大值	占比（%）	零关税（%）
动物产品	30.0	0	30	100	19.0	0	30	0.6	0
乳制品	30.0	0	30	100	19.3	0	30	0.4	0
水果、蔬菜及植物	30.0	0	30	100	27.1	0	30	0.8	0
咖啡及茶	30.0	0	30	100	29.9	0	30	0.2	0
谷物及其制品	30.0	0	30	100	18.8	0.5	30	8.3	11.7
含油子仁、脂肪及油脂	30.0	0	30	98.6	19.4	0	30	1.4	0
糖及糖食	30.0	0	30	100	20.6	0	30	0.9	0
饮料及烟草	30.0	0	30	100	27.3	0	30	1.5	0
棉	30.0	0	30	100	11.0	0	30	0	0
其他农产品	30.0	0	30	100	16.5	0	30	0.1	0
鱼及鱼产品	30.0	0	30	1.6	25.3	0	30	1.6	0
矿产品及金属	41.9	0	50	60.8	16.9	0	30	3.8	0
石油	30.0	0	30	100	10.0	0	10	0.4	0
化工品	31.2	0	50	82.5	11.4	0	30	11.3	0
木材、纸及其他	50.0	0	50	11.0	19.4	4.3	30	3.0	11.1
纺织品	40.8	0	50	1.0	19.5	0.2	30	2.8	0
衣着	–	–	–	0	30.0	0	30	0.1	0
皮革、鞋及其他	49.1	0	50	27.0	20.3	1.3	30	0.7	0.7
非电气设备	32.2	0	50	88.7	12.3	0.4	30	19.7	0.1
电气设备	37.2	0	50	92.7	16.9	0	30	10.6	0
运输设备	38.7	0	70	87.5	15.4	9.2	30	6.9	19.9
其他工业品	49.8	0	50	86.0	22.1	0.8	30	25.2	0

Part B 出口至主要贸易伙伴及其面临的关税

主要市场	双边进口		多元化：95%贸易额所在税号税目		有贸易量 MFN 关税平均值		优惠幅度	零关税进口	
	以百万美元计		HS 章	HS 六位子目	简单平均	加权平均	加权平均	税号（%）	价值（%）
农产品									
1. 印度尼西亚	2015	6	1	1	2.5	0.1	0.0	50.0	98.7
2. 也门	2015	3	1	1	25.0	25.0	0.0	0.0	0.0
3. 中国	2015	1	2	2	13.3	18.3	17.9	83.3	58.3
4. 美国	2015	0	1	1	0.0	0.0	0.0	100.0	100.0
5. 中国香港	2015	0	1	1	0.0	0.0	0.0	100.0	100.0
非农产品									
1. 中国	2015	25	1	3	6.9	0.0	0.0	93.0	100.0
2. 欧盟	2015	13	2	7	2.1	0.0	0.0	100.0	100.0
3. 摩洛哥	2015	6	1	2	10.0	10.0	0.0	0.0	0.0
4. 土耳其	2015	3	1	2	0.9	0.0	0.0	100.0	100.0
5. 泰国	2015	3	1	1	7.0	0.0	0.0	80.0	100.0

乍得

Part A.1 关税及进口：概述及关税值域

概述		总计	农产品	非农产品	"入世"时间		1996
最终约束关税简单平均		79.9	80.0	76.6	约束覆盖范围：	总计	14.6
已实施 MFN 关税简单平均	2016	17.9	21.9	17.3		非农产品	0.4
贸易加权平均					农产品：关税配额（%）		0
进口值（以10亿美元计）					农产品：特别保障措施（%）		0

频率分布		零关税	0≤5	5≤10	10≤15	15≤25	25≤50	50≤100	>100	非从价税（%）
		税号及进口值（%）								
农产品										
最终约束关税		0	0	0	0	0	0	99.9	0	0
已实施 MFN 关税	2016	0	11.2	22.3	0	8.2	58.0	0	0	0.5
进口										
非农产品										
最终约束关税		0	0	0	0	0	0	0.4	0	0
已实施 MFN 关税	2016	0.7	3.8	51.0	0.1	13.2	30.9	0	0	0.7
进口										

Part A.2 按产品分组的关税及进口

产品组	最终约束关税				已实施 MFN 关税			进口	
	平均值	零关税（%）	最大值	约束（%）	平均值	零关税（%）	最大值	占比（%）	零关税（%）
动物产品	80.0	0	80	100	20.0	0	30		
乳制品	80.0	0	80	100	20.0	0	30		
水果、蔬菜及植物	80.0	0	80	100	26.8	0	30		
咖啡及茶	80.0	0	80	100	29.9	0	30		
谷物及其制品	80.0	0	80	100	19.6	0	30		
含油子仁、脂肪及油脂	80.0	0	80	98.8	20.2	0	30		
糖及糖食	80.0	0	80	100	20.0	0	30		
饮料及烟草	80.0	0	80	100	27.2	0	30		
棉	80.0	0	80	100	10.0	0	10		
其他农产品	80.0	0	80	100	16.0	0	30		
鱼及鱼产品	80.0	0	80	0.9	24.4	0	30		
矿产品及金属	–	–	–	0	17.1	0	30		
石油	–	–	–	0	10.0	0	10		
化工品	80.0	0	80	0.4	11.5	0	30		
木材、纸及其他	–	–	–	0	19.4	4.5	30		
纺织品	–	–	–	0	19.7	0.2	30		
衣着	–	–	–	0	30.0	0	30		
皮革、鞋及其他	–	–	–	0	20.5	0.6	30		
非电气设备	–	–	–	0	12.3	0.4	30		
电气设备	–	–	–	0	16.8	0	30		
运输设备	75.0	0	75	9.2	15.5	9.2	30		
其他工业品	–	–	–	0	22.0	0.8	30		

Part B 出口至主要贸易伙伴及其面临的关税

主要市场	双边进口		多元化：95%贸易额所在税号税目		有贸易量 MFN 关税平均值		优惠幅度	零关税进口	
	以百万美元计		HS 章	HS 六位子目	简单平均	加权平均	加权平均	税号（%）	价值（%）
农产品									
1. 孟加拉国	2015	26	1	1	0.0	0.0	0.0	100.0	100.0
2. 欧盟	2015	25	2	2	9.3	0.0	0.0	100.0	100.0
3. 土耳其	2015	22	1	1	3.3	9.8	0.0	66.7	1.6
4. 越南	2015	11	1	1	1.7	0.0	0.0	66.7	100.0
5. 美国	2015	11	1	1	1.6	0.0	0.0	100.0	100.0
非农产品									
1. 美国	2015	1,656	2	4	0.9	0.0	0.0	100.0	100.0
2. 印度	2015	310	1	1	6.3	0.0	0.0	25.0	100.0
3. 日本	2015	249	1	1	0.0	0.0	0.0	100.0	100.0
4. 欧盟	2015	96	1	1	3.0	0.1	0.1	100.0	100.0
5. 中国	2015	87	1	1	11.9	0.0	0.0	100.0	100.0

智利

Part A. 1 关税及进口：概述及关税值域

概述		总计	农产品	非农产品	"入世"时间		1995
最终约束关税简单平均		25.1	26.1	25.0	约束覆盖范围：	总计	100
已实施 MFN 关税简单平均	2016	6.0	6.0	6.0		非农产品	100
贸易加权平均	2015	5.9	6.0	5.9	农产品：关税配额（%）		0.2
进口值（以10亿美元计）	2015	63.0	5.5	57.5	农产品：特别保障措施（%）		0

频率分布		零关税	0≤5	5≤10	10≤15	15≤25	25≤50	50≤100	>100	非从价税（%）
		税号及进口值（%）								
农产品										
最终约束关税		0	0	0	0	89.9	9.5	0.6	0	0
已实施 MFN 关税	2016	0	0	100.0	0	0	0	0	0	0
进口	2015	0	0	100.0	0	0	0	0	0	0
非农产品										
最终约束关税		0.0	0.0	0	0.0	100.0	0	0	0	0
已实施 MFN 关税	2016	0.3	0	99.7	0	0	0	0	0	0
进口	2015	1.9	0	98.1	0	0	0	0	0	0

Part A. 2 按产品分组的关税及进口

产品组	最终约束关税				已实施 MFN 关税			进口	
	平均值	零关税（%）	最大值	约束（%）	平均值	零关税（%）	最大值	占比（%）	零关税（%）
动物产品	25.0	0	25	100	6.0	0	6	1.8	0
乳制品	29.2	0	32	100	6.0	0	6	0.3	0
水果、蔬菜及植物	25.0	0	25	100	6.0	0	6	0.8	0
咖啡及茶	25.0	0	25	100	6.0	0	6	0.5	0
谷物及其制品	25.2	0	32	100	6.0	0	6	2.0	0
含油子仁、脂肪及油脂	29.2	0	32	100	6.0	0	6	1.2	0
糖及糖食	43.3	0	98	100	6.0	0	6	0.5	0
饮料及烟草	25.0	0	25	100	6.0	0	6	0.7	0
棉	25.0	0	25	100	6.0	0	6	0.0	0
其他农产品	25.0	0	25	100	6.0	0	6	1.0	0
鱼及鱼产品	25.0	0	25	100	6.0	0	6	0.7	0
矿产品及金属	25.0	0.1	25	100	6.0	0	6	12.4	0
石油	25.0	0	25	100	6.0	0	6	10.9	0
化工品	25.0	0	25	100	6.0	0	6	12.0	0
木材、纸及其他	25.0	0	25	100	6.0	0.5	6	2.7	1.0
纺织品	25.0	0	25	100	6.0	0	6	2.7	0
衣着	25.0	0	25	100	6.0	0	6	4.1	0
皮革、鞋及其他	25.0	0	25	100	6.0	0	6	4.1	0
非电气设备	25.0	0	25	100	6.0	0.2	6	13.4	0
电气设备	25.0	0	25	100	6.0	0.2	6	10.7	0.0
运输设备	24.9	0	25	100	5.4	9.2	6	13.3	12.9
其他工业品	25.0	0	25	100	6.0	0.3	6	4.2	0.0

Part B 出口至主要贸易伙伴及其面临的关税

主要市场	双边进口		多元化：95%贸易额所在税号税目		有贸易量 MFN 关税平均值		优惠幅度	零关税进口	
	以百万美元计		HS 章	HS 六位子目	简单平均	加权平均	加权平均	税号（%）	价值（%）
农产品									
1. 美国	2015	2,859	15	49	5.5	2.0	1.7	97.3	94.2
2. 欧盟	2015	2,644	15	66	14.1	8.5	7.9	85.4	95.5
3. 中国	2015	1,562	6	17	16.4	12.2	11.8	97.4	98.8
4. 日本	2015	553	13	34	10.9	12.6	9.4	61.4	37.6
5. 墨西哥	2015	505	14	45	20.1	44.5	43.1	95.3	92.8
非农产品									
1. 中国	2015	16,877	5	9	9.7	0.2	0.1	97.9	99.5
2. 美国	2015	5,880	22	62	3.4	1.2	1.0	99.8	93.2
3. 欧盟	2015	5,834	15	36	4.5	1.4	1.4	99.9	99.7
4. 日本	2015	5,440	7	17	2.9	0.9	0.7	73.8	81.8
5. 韩国	2015	3,950	8	18	7.3	1.7	1.7	100.0	100.0

中国

Part A.1 关税及进口：概述及关税值域

概述		总计	农产品	非农产品	"入世"时间	2001
最终约束关税简单平均		10.0	15.7	9.1	约束覆盖范围：总计	100
已实施 MFN 关税简单平均	2016	9.9	15.5	9.0	非农产品	100
贸易加权平均	2015	4.4	9.7	4.0	农产品：关税配额（%）	4.5
进口值（以 10 亿美元计）	2015	1,529.1	108.2	1,420.9	农产品：特别保障措施（%）	0

频率分布		零关税	0≤5	5≤10	10≤15	15≤25	25≤50	50≤100	>100	非从价税（%）
		税号及进口值（%）								
农产品										
最终约束关税		6.0	7.0	25.9	25.6	26.2	7.0	2.3	0	0
已实施 MFN 关税	2016	7.2	6.9	26.4	24.5	25.6	6.6	2.7	0	0.3
进口	2015	1.5	49.2	20.6	16.3	6.5	4.3	1.6	0	0.8
非农产品										
最终约束关税		6.6	18.5	47.1	14.5	12.0	1.4	0	0	0
已实施 MFN 关税	2016	6.9	18.8	47.0	14.9	11.1	1.2	0	0	0.3
进口	2015	51.1	17.9	23.8	2.5	4.3	0.1	0	0	0.4

Part A.2 按产品分组的关税及进口

产品组	最终约束关税				已实施 MFN 关税			进口	
	平均值	零关税（%）	最大值	约束（%）	平均值	零关税（%）	最大值	占比（%）	零关税（%）
动物产品	14.9	10.4	25	100	14.2	13.4	25	0.5	6.4
乳制品	12.2	0	20	100	12.3	0	20	0.2	0
水果、蔬菜及植物	14.8	4.9	30	100	14.8	4.9	30	0.7	1.4
咖啡及茶	14.9	0	32	100	14.9	0	32	0.1	0
谷物及其制品	23.7	3.3	65	100	23.0	8.8	65	1.0	0.0
含油子仁、脂肪及油脂	11.1	7.1	30	100	10.9	9.1	30	3.1	0.0
糖及糖食	27.4	0	50	100	28.7	0	50	0.1	0
饮料及烟草	23.2	2.1	65	100	23.5	2.1	65	0.4	9.4
棉	22.0	0	40	100	18.0	10.0	40	0.2	0
其他农产品	12.1	9.3	38	100	11.8	8.5	38	0.8	3.0
鱼及鱼产品	11.0	6.1	23	100	10.7	4.6	23	0.6	0.4
矿产品及金属	8.0	5.6	50	100	7.8	5.9	50	22.4	57.0
石油	5.0	20.0	9	100	5.3	16.7	9	9.7	90.4
化工品	6.7	0.5	47	100	6.7	0.4	47	10.9	0.6
木材、纸及其他	5.0	22.3	20	100	4.5	35.7	20	3.0	84.6
纺织品	9.8	0.2	38	100	9.6	0	38	1.3	0
衣着	16.1	0	25	100	16.0	0	25	0.3	0
皮革、鞋及其他	13.7	0.6	25	100	13.5	0.6	25	1.5	1.2
非电气设备	8.4	7.9	35	100	8.2	9.2	35	8.9	39.8
电气设备	8.9	25.8	35	100	8.9	24.7	35	21.4	86.0
运输设备	11.4	0.8	45	100	11.4	0.8	45	6.4	0.0
其他工业品	12.2	15.2	35	100	12.1	10.3	35	6.5	20.0

Part B 出口至主要贸易伙伴及其面临的关税

主要市场	双边进口		多元化：95%贸易额所在税号税目		有贸易量 MFN 关税平均值		优惠幅度	零关税进口	
	以百万美元计		HS 章	HS 六位子目	简单平均	加权平均	加权平均	税号（%）	价值（%）
农产品									
1. 日本	2015	6,591	27	139	14.6	9.8	2.6	38.6	30.8
2. 欧盟	2015	5,511	29	157	11.9	7.3	0.0	16.2	50.2
3. 中国香港	2015	4,623	25	115	0.0	0.0	0.0	100.0	100.0
4. 美国	2015	4,299	25	126	4.0	2.8	0.0	28.4	46.9
5. 韩国	2015	2,468	25	122	53.4	90.3	0.1	4.0	7.0
非农产品									
1. 美国	2015	468,188	65	1,191	4.0	3.0	0.0	39.0	56.5
2. 欧盟	2015	375,599	71	1,629	4.5	3.2	0.0	22.5	46.5
3. 中国香港	2015	252,919	55	561	0.0	0.0	0.0	100.0	100.0
4. 日本	2015	152,319	65	1,176	3.8	2.2	0.5	68.3	79.3
5. 韩国	2015	81,887	68	1,471	6.5	4.5	0.5	17.1	45.2

哥伦比亚

Part A.1 关税及进口：概述及关税值域

概述		总计	农产品	非农产品	"入世"时间		1995
最终约束关税简单平均		42.1	91.5	34.6	约束覆盖范围：	总计	100
已实施 MFN 关税简单平均	2016	6.6	13.7	5.5		非农产品	100
贸易加权平均	2015	6.3	17.2	5.0	农产品：关税配额（%）		27.9
进口值（以10亿美元计）	2015	51.8	5.3	46.5	农产品：特别保障措施（%）		28.5

频率分布		零关税	0≤5	5≤10	10≤15	15≤25	25≤50	50≤100	>100	非从价税（%）
		税号及进口值（%）								
农产品										
最终约束关税		0	0	0	0.2	0.2	0.6	74.2	24.9	0
已实施 MFN 关税	2016	5.8	13.6	28.6	43.0	6.0	0.0	3.0	0	0
进口	2015	0.2	4.4	19.8	56.5	13.0	0.9	5.2	0	0
非农产品										
最终约束关税		2.4	0	0	0	0	97.5	0.1	0.1	0
已实施 MFN 关税	2016	58.1	9.9	11.1	14.7	3.2	3.0	0	0	6.3
进口	2015	55.6	14.2	13.9	8.7	0	5.3	0	0	2.4

Part A.2 按产品分组的关税及进口

产品组	最终约束关税				已实施 MFN 关税			进口	
	平均值	零关税（%）	最大值	约束（%）	平均值	零关税（%）	最大值	占比（%）	零关税（%）
动物产品	97.4	0	209	100	20.8	0	80	0.5	0
乳制品	136.7	0	159	100	43.5	0	98	0.2	0
水果、蔬菜及植物	72.7	0	178	100	12.7	2.1	60	1.1	0
咖啡及茶	70.0	0	70	100	12.8	0	15	0.2	0
谷物及其制品	107.8	0	195	100	14.7	0	80	4.2	0
含油子仁、脂肪及油脂	131.6	0	227	100	5.9	45.8	15	2.4	0.8
糖及糖食	106.8	0	130	100	13.7	0	20	0.2	0
饮料及烟草	92.1	0	137	100	14.1	0	15	0.7	0
棉	75.8	0	99	100	5.0	0	5	0.1	0
其他农产品	76.9	0	151	100	9.4	0.7	70	0.7	0.4
鱼及鱼产品	37.5	0	104	100	14.2	4.5	15	0.7	6.9
矿产品及金属	35.0	0.1	35	100	2.4	72.6	15	10.4	61.9
石油	35.0	0	35	100	2.7	45.4	5	9.8	74.5
化工品	34.9	0.1	70	100	2.1	75.2	15	17.7	59.2
木材、纸及其他	35.0	0	35	100	5.5	53.2	15	2.8	33.3
纺织品	35.6	0	40	100	7.4	47.8	*40*	3.3	15.6
衣着	40.0	0	40	100	23.2	0	*40*	1.2	0
皮革、鞋及其他	34.9	0	35	100	7.8	50.1	*35*	2.7	19.3
非电气设备	33.0	5.7	35	100	1.7	80.1	15	13.1	71.8
电气设备	27.5	21.5	35	100	3.5	63.5	15	10.5	61.7
运输设备	35.4	0	40	100	7.6	53.8	35	12.5	48.2
其他工业品	33.2	5.2	40	100	6.6	41.0	15	5.0	34.9

Part B 出口至主要贸易伙伴及其面临的关税

主要市场	双边进口		多元化：95%贸易额所在税号税目		有贸易量 MFN 关税平均值		优惠幅度	零关税进口	
	以百万美元计		HS 章	HS 六位子目	简单平均	加权平均	加权平均	税号（%）	价值（%）
农产品									
1. 美国	2015	2,435	12	27	5.7	2.9	2.0	94.4	97.9
2. 欧盟	2015	2,303	8	20	14.1	11.0	9.9	93.5	98.0
3. 日本	2015	411	3	5	15.7	0.9	0.5	43.6	95.4
4. 加拿大	2015	341	9	17	3.9	2.2	2.2	98.6	99.5
5. 秘鲁	2015	184	12	26	3.7	1.5	1.5	100.0	100.0
非农产品									
1. 美国	2015	10,927	26	64	5.0	0.7	0.7	99.7	100.0
2. 欧盟	2015	4,814	12	17	4.5	0.5	0.5	100.0	100.0
3. 中国	2015	3,522	3	3	10.8	0.1	0.0	12.9	98.4
4. 厄瓜多尔	2015	1,621	49	578	11.4	11.7	11.7	100.0	100.0
5. 巴西	2015	1,164	28	60	15.1	6.6	6.3	89.3	96.7

科摩罗

Part A. 1　关税及进口：概述及关税值域

概述		总计	农产品	非农产品	未“入世”	
最终约束关税简单平均 已实施 MFN 关税简单平均 贸易加权平均 进口值（以 10 亿美元计）	2015	15.3	12.3	15.8	约束覆盖范围： 农产品：关税配额（%） 农产品：特别保障措施（%）	总计 非农产品

频率分布		零关税	0≤5	5≤10	10≤15	15≤25	25≤50	50≤100	>100	非从价税（%）
		税号及进口值（%）								
农产品 最终约束关税 已实施 MFN 关税 进口	2015	22.5	21.2	0	0	56.3	0	0	0	0
非农产品 最终约束关税 已实施 MFN 关税 进口	2015	10.7	13.8	0	0	75.4	0	0	0	0.1

Part A. 2　按产品分组的关税及进口

产品组	最终约束关税				已实施 MFN 关税			进口	
	平均值	零关税（%）	最大值	约束（%）	平均值	零关税（%）	最大值	占比（%）	零关税（%）
动物产品					5.8	55.4	20		
乳制品					0.0	100.0	0		
水果、蔬菜及植物					10.6	0	20		
咖啡及茶					20.0	0	20		
谷物及其制品					16.3	15.8	20		
含油子仁、脂肪及油脂					6.1	66.7	20		
糖及糖食					15.0	25.0	20		
饮料及烟草					18.5	4.3	20		
棉					20.0	0	20		
其他农产品					18.1	9.3	20		
鱼及鱼产品					3.0	84.3	20		
矿产品及金属					16.8	6.2	20		
石油					7.6	32.0	20		
化工品					18.6	5.2	20		
木材、纸及其他					3.6	36.6	20		
纺织品					18.5	0.2	20		
衣着					20.0	0	20		
皮革、鞋及其他					12.5	0	20		
非电气设备					18.5	3.3	20		
电气设备					19.7	0.8	20		
运输设备					11.1	6.5	20		
其他工业品					9.5	37.3	20		

Part B　出口至主要贸易伙伴及其面临的关税

主要市场	双边进口		多元化：95%贸易额所在税号税目		有贸易量 MFN 关税平均值		优惠幅度	零关税进口	
	以百万美元计		HS 章	HS 六位子目	简单平均	加权平均	加权平均	税号（%）	价值（%）
农产品									
1. 印度	2015	15	1	1	20.0	20.0	0.0	0.0	0.0
2. 欧盟	2015	12	2	3	14.4	3.8	3.8	100.0	100.0
3. 阿联酋	2015	4	1	1	5.0	5.0	0.0	0.0	0.0
4. 新加坡	2015	2	1	1	0.0	0.0	0.0	100.0	100.0
5. 毛里求斯	2015	2	1	1	0.0	0.0	0.0	100.0	100.0
非农产品									
1. 阿联酋	2015	8	2	2	4.6	0.0	0.0	8.0	99.2
2. 土耳其	2015	1	1	1	3.2	0.0	0.0	66.7	99.9
3. 沙特阿拉伯	2015	1	1	1	0.0	0.0	0.0	100.0	100.0
4. 韩国	2015	0	1	1	6.5	0.0	0.0	100.0	100.0
5. 欧盟	2015	0	10	18	5.6	2.2	2.2	100.0	100.0

刚果（布）

Part A. 1 关税及进口：概述及关税值域

概述		总计	农产品	非农产品	“入世”时间		1997
最终约束关税简单平均		27.4	30.0	15.2	约束覆盖范围：	总计	17.2
已实施 MFN 关税简单平均	2015	11.9	15.1	11.4		非农产品	3.5
贸易加权平均	2014	11.8	20.1	10.3	农产品：关税配额（%）		0
进口值（以10亿美元计）	2014	3.3	0.5	2.8	农产品：特别保障措施（%）		0

频率分布		零关税	0≤5	5≤10	10≤15	15≤25	25≤50	50≤100	>100	非从价税（%）
		税号及进口值（%）								
农产品										
最终约束关税		0	0	0	0	0	99.9	0	0	0
已实施 MFN 关税	2015	3.0	26.3	19.9	0	39.7	11.1	0	0	0
进口	2014	0.1	25.6	11.6	0	28.5	34.2	0	0	0
非农产品										
最终约束关税		0	0.7	1.6	0	0	1.1	0	0	0
已实施 MFN 关税	2015	3.2	39.9	20.4	0	35.9	0.4	0	0	0.1
进口	2014	3.8	47.8	19.6	0	28.1	0.7	0	0	0.0

Part A. 2 按产品分组的关税及进口

产品组	最终约束关税				已实施 MFN 关税			进口	
	平均值	零关税（%）	最大值	约束（%）	平均值	零关税（%）	最大值	占比（%）	零关税（%）
动物产品	30.0	0	30	100	19.5	19.8	35	4.8	0.4
乳制品	30.0	0	30	100	16.6	0	35	1.0	0
水果、蔬菜及植物	30.0	0	30	100	17.7	0	35	0.7	0
咖啡及茶	30.0	0	30	100	17.7	0	35	0.1	0
谷物及其制品	30.0	0	30	100	14.5	0	35	6.1	0
含油子仁、脂肪及油脂	30.0	0	30	98.8	12.2	0	35	0.9	0
糖及糖食	30.0	0	30	100	12.2	0	35	0.0	0
饮料及烟草	30.0	0	30	100	16.7	0	20	1.7	0
棉	30.0	0	30	100	5.5	0	10	0.0	0
其他农产品	30.0	0	30	100	9.3	0	35	0.3	0
鱼及鱼产品	30.0	0	30	0.9	12.6	29.0	20	2.5	7.9
矿产品及金属	30.0	0	30	0.1	11.6	1.9	20	22.8	0.2
石油	–	–	–	0	6.2	16.7	10	2.4	0
化工品	15.0	0	30	1.3	7.4	3.9	35	9.1	29.7
木材、纸及其他	10.0	0	10	2.0	11.4	5.1	20	2.1	4.0
纺织品	30.0	0	30	1.4	16.1	0.3	35	1.2	2.2
衣着	30.0	0	30	2.7	20.0	0	20	0.6	0
皮革、鞋及其他	–	–	–	0	12.3	0.5	20	1.4	0.2
非电气设备	10.0	0	10	4.2	6.9	0	20	17.4	0
电气设备	10.0	0	10	1.2	11.1	0.6	20	7.3	1.1
运输设备	10.0	0	10	21.8	7.9	1.7	20	13.1	0.2
其他工业品	15.7	0	30	18.6	13.9	2.1	20	4.2	0.8

Part B 出口至主要贸易伙伴及其面临的关税

主要市场	双边进口		多元化：95%贸易额所在税号税目		有贸易量 MFN 关税平均值		优惠幅度	零关税进口	
	以百万美元计		HS 章	HS 六位子目	简单平均	加权平均	加权平均	税号（%）	价值（%）
农产品									
1. 欧盟	2015	15	3	3	9.5	0.2	0.1	31.6	98.1
2. 摩洛哥	2015	7	1	1	2.5	2.5	0.0	0.0	0.0
3. 印度	2015	2	1	1	15.0	15.0	0.0	0.0	0.0
4. 美国	2015	2	3	4	0.3	0.3	0.3	100.0	100.0
5. 中非共和国	2015	2	1	4	30.0	30.0	30.0	100.0	100.0
非农产品									
1. 中国	2015	2,624	3	3	3.0	0.0	0.0	100.0	100.0
2. 欧盟	2015	1,907	5	7	2.6	0.1	0.1	89.8	100.0
3. 阿联酋	2015	780	2	3	4.4	4.6	0.0	11.5	7.0
4. 美国	2015	302	2	3	1.0	0.0	0.0	100.0	100.0
5. 印度	2015	199	5	9	6.0	2.8	0.0	5.0	46.9

库克群岛

Part A.1　关税及进口：概述及关税值域

概述		总计	农产品	非农产品	未“入世”	
最终约束关税简单平均					约束覆盖范围：	总计
已实施 MFN 关税简单平均	2016	3.4	20.3	0.6		非农产品
贸易加权平均					农产品：关税配额（%）	
进口值（以10亿美元计）					农产品：特别保障措施（%）	

频率分布		零关税	0≤5	5≤10	10≤15	15≤25	25≤50	50≤100	>100	非从价税（%）
		税号及进口值（%）								
农产品										
最终约束关税										
已实施 MFN 关税	2016	93.7	0	0	0	1.4	0.1	1.5	3.2	4.1
进口										
非农产品										
最终约束关税										
已实施 MFN 关税	2016	99.2	0.0	0.0	0	0.2	0.0	0.1	0.2	0.6
进口										

Part A.2　按产品分组的关税及进口

产品组	最终约束关税				已实施 MFN 关税			进口	
	平均值	零关税（%）	最大值	约束（%）	平均值	零关税（%）	最大值	占比（%）	零关税（%）
动物产品					0.0	100.0	0		
乳制品					0.0	100.0	0		
水果、蔬菜及植物					4.1	91.5	75		
咖啡及茶					0.0	100.0	0		
谷物及其制品					0.0	100.0	0		
含油子仁、脂肪及油脂					0.0	100.0	0		
糖及糖食					0.0	100.0	0		
饮料及烟草					297.0	39.7	*>1000*		
棉					0.0	100.0	0		
其他农产品					0.0	100.0	0		
鱼及鱼产品					0.0	100.0	0		
矿产品及金属					0.4	99.4	100		
石油					167.7	73.3	*>1000*		
化工品					0.0	99.5	0		
木材、纸及其他					0.0	99.9	0		
纺织品					0.0	99.7	0		
衣着					0.0	100.0	0		
皮革、鞋及其他					0.0	99.8	0		
非电气设备					0.0	100.0	0		
电气设备					0.0	99.6	0		
运输设备					11.3	84.2	200		
其他工业品					0.0	99.1	0		

Part B　出口至主要贸易伙伴及其面临的关税

主要市场	双边进口		多元化：95%贸易额所在税号税目		有贸易量 MFN 关税平均值		优惠幅度	零关税进口	
	以百万美元计		HS 章	HS 六位子目	简单平均	加权平均	加权平均	税号（%）	价值（%）
农产品									
1. 日本	2015	0	2	2	24.5	23.6	12.5	50.0	41.9
2. 中国	2015	0	1	1	20.0	20.0	0.0	0.0	0.0
3. 新西兰	2015	0	2	4	3.8	2.5	2.5	100.0	100.0
4. 加拿大	2015	0	2	2	0.0	0.0	0.0	100.0	100.0
5. 挪威	2015	0	1	1	58.3	58.3	58.3	100.0	100.0
非农产品									
1. 日本	2015	11	1	2	3.2	3.5	0.0	25.0	0.2
2. 泰国	2015	2	2	2	6.4	0.0	0.0	27.3	99.4
3. 欧盟	2015	2	2	2	2.9	0.2	0.1	85.5	99.7
4. 中国	2015	2	1	1	8.4	10.0	0.0	30.0	0.3
5. 毛里求斯	2015	1	1	1	0.0	0.0	0.0	100.0	100.0

哥斯达黎加

Part A. 1 关税及进口：概述及关税值域

概述		总计	农产品	非农产品	"入世"时间		1995
最终约束关税简单平均		43.1	43.2	43.1	约束覆盖范围：	总计	100
已实施 MFN 关税简单平均	2016	5.6	11.6	4.6		非农产品	100
贸易加权平均	2015	4.9	12.0	4.0	农产品：关税配额（%）		11.1
进口值（以10亿美元计）	2015	15.6	1.8	13.8	农产品：特别保障措施（%）		9.7

频率分布		零关税	0≤5	5≤10	10≤15	15≤25	25≤50	50≤100	>100	非从价税（%）
		税号及进口值（%）								
农产品										
最终约束关税		0	6.1	2.0	1.2	4.2	82.5	3.0	1.0	0
已实施 MFN 关税	2016	30.2	10.6	9.8	40.9	0.1	5.8	2.1	0.5	0
进口	2015	33.6	6.8	6.2	41.9	1.0	9.6	0.9	0.1	0
非农产品										
最终约束关税		2.3	0.4	0.3	0.1	3.5	92.4	1.0	0	0
已实施 MFN 关税	2016	54.8	10.6	14.9	19.6	0	0.0	0	0	0
进口	2015	65.3	7.8	8.8	18.1	0	0.0	0	0	0

Part A. 2 按产品分组的关税及进口

产品组	最终约束关税				已实施 MFN 关税			进口	
	平均值	零关税（%）	最大值	约束（%）	平均值	零关税（%）	最大值	占比（%）	零关税（%）
动物产品	56.0	0	233	100	20.8	14.0	150	0.7	6.6
乳制品	84.8	0	95	100	50.8	6.3	65	0.3	4.4
水果、蔬菜及植物	41.8	0	45	100	11.5	20.2	45	1.9	23.0
咖啡及茶	46.0	0	50	100	12.2	6.3	14	0.4	0.3
谷物及其制品	40.3	0	95	100	8.3	44.4	65	4.5	47.8
含油子仁、脂肪及油脂	28.7	0	45	100	5.5	36.0	14	1.3	64.0
糖及糖食	45.0	0	45	100	18.9	23.1	45	0.3	12.0
饮料及烟草	45.4	0	60	100	12.8	6.6	40	1.0	2.8
棉	45.0	0	45	100	0.0	100.0	0	0.1	100.0
其他农产品	37.7	0	45	100	3.1	60.3	14	1.1	25.8
鱼及鱼产品	46.0	0	60	100	10.7	11.2	45	1.0	18.0
矿产品及金属	43.0	0.1	60	100	3.0	66.9	14	12.6	60.6
石油	43.5	0	45	100	6.5	34.5	14	7.9	92.3
化工品	43.6	0.1	55	100	1.8	79.9	14	18.3	56.6
木材、纸及其他	42.3	0	55	100	5.9	44.6	14	6.1	45.5
纺织品	45.1	0	70	100	7.6	13.4	14	2.3	23.7
衣着	45.0	0	45	100	13.9	0.6	14	1.8	0.3
皮革、鞋及其他	45.1	0	70	100	7.3	22.6	14	2.5	13.8
非电气设备	41.2	5.7	50	100	1.1	90.1	14	8.7	83.9
电气设备	35.6	19.4	45	100	2.1	79.8	14	11.9	78.0
运输设备	51.5	0	100	100	4.0	61.6	14	10.2	83.0
其他工业品	41.4	5.9	45	100	6.1	44.4	14	5.3	68.8

Part B 出口至主要贸易伙伴及其面临的关税

主要市场	双边进口		多元化：95%贸易额所在税号税目		有贸易量 MFN 关税平均值		优惠幅度	零关税进口	
	以百万美元计		HS 章	HS 六位子目	简单平均	加权平均	加权平均	税号（%）	价值（%）
农产品									
1. 欧盟	2015	1,734	7	16	14.7	12.4	12.0	95.9	99.3
2. 美国	2015	1,485	10	30	5.4	5.0	0.0	21.7	35.1
3. 尼加拉瓜	2015	220	17	55	13.4	12.6	12.6	100.0	100.0
4. 危地马拉	2015	219	14	37	10.7	13.4	13.4	98.6	100.0
5. 加拿大	2015	217	7	14	2.2	0.1	0.1	100.0	100.0
非农产品									
1. 美国	2015	2,750	24	85	3.7	0.9	0.0	42.0	82.4
2. 欧盟	2015	750	16	37	4.0	0.7	0.7	100.0	100.0
3. 中国	2015	748	5	16	6.3	1.5	1.5	98.8	100.0
4. 墨西哥	2015	408	20	61	4.9	1.9	1.9	100.0	100.0
5. 中国香港	2015	380	4	13	0.0	0.0	0.0	100.0	100.0

科特迪瓦

Part A.1 关税及进口：概述及关税值域

概述		总计	农产品	非农产品	"入世"时间		1995
最终约束关税简单平均		11.2	14.9	8.5	约束覆盖范围：	总计	34.0
已实施 MFN 关税简单平均	2016	12.2	15.8	11.6		非农产品	23.1
贸易加权平均	2015	8.3	12.9	7.5	农产品：关税配额（%）		0
进口值（以10亿美元计）	2015	9.2	1.4	7.8	农产品：特别保障措施（%）		0

频率分布		零关税	0≤5	5≤10	10≤15	15≤25	25≤50	50≤100	>100	非从价税（%）
		税号及进口值（%）								
农产品										
最终约束关税		0.1	3.6	1.9	93.2	0.1	0	0.9	0	0
已实施 MFN 关税	2016	0	27.0	18.9	0	42.3	11.7	0	0	0
进口	2015	0	23.4	44.0	0	23.2	9.4	0	0	0
非农产品										
最终约束关税		0.8	10.9	5.7	2.9	2.7	0	0	0	0
已实施 MFN 关税	2016	1.8	39.8	21.8	0	36.2	0.4	0	0	0
进口	2015	25.9	30.6	25.4	0	17.9	0.2	0	0	0

Part A.2 按产品分组的关税及进口

产品组	最终约束关税				已实施 MFN 关税			进口	
	平均值	零关税（%）	最大值	约束（%）	平均值	零关税（%）	最大值	占比（%）	零关税（%）
动物产品	13.3	0	15	100	24.5	0	35	1.0	0
乳制品	8.9	0	15	100	17.0	0	35	0.9	0
水果、蔬菜及植物	15.0	0	15	100	17.7	0	35	1.0	0
咖啡及茶	15.0	0	15	100	18.5	0	35	0.2	0
谷物及其制品	14.5	1.1	15	100	13.6	0	35	8.6	0
含油子仁、脂肪及油脂	14.3	0	15	98.8	11.3	0	35	1.3	0
糖及糖食	15.0	0	15	100	13.5	0	35	0.1	0
饮料及烟草	22.0	0	64	100	17.3	0	35	2.1	0
棉	15.0	0	15	100	5.0	0	5	0.0	0
其他农产品	14.9	0	15	100	9.6	0	20	0.3	0
鱼及鱼产品	5.2	50.0	15	10.7	15.6	0	20	4.5	0
矿产品及金属	5.5	13.0	16	5.1	11.6	1.9	20	14.8	14.9
石油	7.8	0	10	83.3	7.7	19.0	10	21.5	76.5
化工品	15.4	0	20	1.4	7.4	3.8	35	13.1	21.8
木材、纸及其他	5.0	0	5	4.0	11.3	5.1	20	2.3	11.8
纺织品	19.7	0	20	15.4	16.1	0.3	35	2.0	1.4
衣着	15.0	0	15	44.3	20.0	0	20	0.4	0
皮革、鞋及其他	7.0	0	10	23.3	12.4	1.3	20	1.4	1.8
非电气设备	5.2	4.2	15	78.7	6.8	0	20	9.9	0
电气设备	7.0	0	15	79.4	11.2	0.4	20	4.6	0.4
运输设备	11.8	1.2	25	68.1	8.1	2.5	20	7.6	0.0
其他工业品	8.3	0	25	5.3	14.2	2.1	20	2.4	0.3

Part B 出口至主要贸易伙伴及其面临的关税

主要市场	双边进口		多元化：95%贸易额所在税号税目		有贸易量 MFN 关税平均值		优惠幅度	零关税进口	
	以百万美元计		HS 章	HS 六位子目	简单平均	加权平均	加权平均	税号（%）	价值（%）
农产品									
1. 欧盟	2015	3,631	5	11	11.3	4.2	4.2	100.0	100.0
2. 美国	2015	945	2	5	2.6	0.0	0.0	100.0	100.0
3. 越南	2015	449	2	2	9.4	4.6	0.0	37.5	14.1
4. 印度	2015	445	1	1	24.6	0.6	0.0	16.7	98.1
5. 土耳其	2015	269	2	4	18.7	2.0	0.8	20.0	77.8
非农产品									
1. 欧盟	2015	1,068	8	18	4.0	3.4	3.4	100.0	100.0
2. 瑞士	2015	472	1	1	1.8	0.0	0.0	100.0	100.0
3. 布基纳法索	2015	137	19	41	14.5	13.6	13.6	100.0	100.0
4. 马来西亚	2015	130	1	2	2.1	0.0	0.0	83.3	100.0
5. 印度	2015	128	4	6	7.1	4.4	0.0	8.6	45.2

古巴

Part A. 1 关税及进口：概述及关税值域

概述		总计	农产品	非农产品	"入世"时间	1995
最终约束关税简单平均		21.6	37.4	9.2	约束覆盖范围： 总计	32.4
已实施 MFN 关税简单平均	2016	10.2	10.5	10.1	非农产品	21.2
贸易加权平均	2014	6.4	11.5	5.3	农产品：关税配额（%）	0
进口值（以 10 亿美元计）	2014	13.0	2.2	10.8	农产品：特别保障措施（%）	0

频率分布		零关税	0≤5	5≤10	10≤15	15≤25	25≤50	50≤100	>100	非从价税（%）
		税号及进口值（%）								
农产品										
最终约束关税		3.6	2.5	0.5	0	0.1	93.4	0	0	0
已实施 MFN 关税	2016	8.6	33.2	30.9	11.6	5.7	10.0	0	0	0
进口	2014	11.6	25.8	33.7	17.8	5.9	5.3	0	0	0
非农产品										
最终约束关税		1.7	4.0	9.0	4.7	1.0	0.7	0.1	0	0
已实施 MFN 关税	2016	6.0	24.2	36.9	28.0	2.4	2.5	0	0	0
进口	2014	33.6	36.0	18.2	8.8	1.5	1.9	0	0	0

Part A. 2 按产品分组的关税及进口

产品组	最终约束关税				已实施 MFN 关税			进口	
	平均值	零关税（%）	最大值	约束（%）	平均值	零关税（%）	最大值	占比（%）	零关税（%）
动物产品	39.1	2.3	40	100	8.9	2.7	30	2.2	0.0
乳制品	40.0	0	40	100	18.8	0	30	2.2	0
水果、蔬菜及植物	39.2	0.6	40	100	9.1	5.0	30	0.9	4.6
咖啡及茶	40.0	0	40	100	20.5	0	30	0.4	0
谷物及其制品	36.5	0	40	100	10.4	6.6	30	6.9	27.2
含油子仁、脂肪及油脂	36.3	0	40	100	8.0	3.6	30	3.4	0.1
糖及糖食	40.0	0	40	100	20.9	0	30	0.1	0
饮料及烟草	39.7	0	40	100	23.4	0	30	0.4	0
棉	16.0	60.0	40	100	1.6	60.0	5	0.0	43.7
其他农产品	33.3	14.7	40	100	6.7	28.3	30	0.6	7.6
鱼及鱼产品	4.4	4.5	40	9.8	5.7	41.1	30	0.3	44.0
矿产品及金属	3.8	35.4	36	10.6	7.7	8.1	30	7.7	19.5
石油	3.0	0	3	83.3	2.5	16.7	3	42.5	57.7
化工品	6.3	14.2	40	15.0	9.4	3.0	30	9.0	9.3
木材、纸及其他	4.3	35.3	29	13.5	8.7	14.2	30	1.6	6.0
纺织品	18.4	17.0	36	9.1	14.0	2.1	30	1.3	1.0
衣着	38.9	0	62	4.6	15.3	0	30	0.5	0
皮革、鞋及其他	8.2	0	12	6.3	11.6	2.1	30	2.2	0.5
非电气设备	8.8	0.3	14	63.4	9.7	0.8	30	7.7	1.4
电气设备	10.8	0	15	65.6	10.4	0	30	4.4	0
运输设备	7.5	0	15	21.8	9.1	6.7	30	2.8	20.1
其他工业品	14.5	0	28	18.0	12.4	3.4	30	2.8	1.5

Part B 出口至主要贸易伙伴及其面监的关税

主要市场	双边进口		多元化：95%贸易额所在税号税目		有贸易量 MFN 关税平均值		优惠幅度	零关税进口	
	以百万美元计		HS 章	HS 六位子目	简单平均	加权平均	加权平均	税号（%）	价值（%）
农产品									
1. 中国	2015	218	1	1	26.3	49.5	0.0	0.0	0.0
2. 欧盟	2015	212	6	9	12.3	32.5	0.0	8.5	28.4
3. 俄罗斯	2015	48	3	3	25.9	39.7	0.0	20.0	0.2
4. 中国香港	2015	39	1	1	0.0	0.0	0.0	100.0	100.0
5. 瑞士	2015	31	3	3	4.5	8.2	0.8	83.3	15.7
非农产品									
1. 加拿大	2015	215	2	2	4.4	0.0	0.0	55.3	99.2
2. 欧盟	2015	159	13	17	3.2	2.6	0.0	32.9	74.9
3. 中国	2015	112	4	4	3.2	0.9	0.0	52.9	89.5
4. 巴西	2015	47	1	1	8.6	5.9	5.9	50.0	100.0
5. 洪都拉斯	2015	23	1	1	4.4	0.0	0.0	62.5	100.0

刚果（金）

Part A.1 关税及进口：概述及关税值域

概述		总计	农产品	非农产品	"入世"时间	1997
最终约束关税简单平均		96.1	97.8	95.8	约束覆盖范围：总计	100
已实施 MFN 关税简单平均	2015	10.9	10.9	10.9	非农产品	100
贸易加权平均					农产品：关税配额（%）	0
进口值（以 10 亿美元计）					农产品：特别保障措施（%）	0

频率分布		零关税	0≤5	5≤10	10≤15	15≤25	25≤50	50≤100	>100	非从价税（%）
		税号及进口值（%）								
农产品										
最终约束关税		0	0	0	0.3	2.4	0	97.3	0	0
已实施 MFN 关税	2015	1.5	20.5	57.5	0	20.5	0	0	0	0
进口										
非农产品										
最终约束关税		0	0.8	0	0.3	3.5	0.5	94.8	0	0
已实施 MFN 关税	2015	0.2	39.1	31.6	0	29.0	0	0	0	0
进口										

Part A.2 按产品分组的关税及进口

产品组	最终约束关税				已实施 MFN 关税			进口	
	平均值	零关税（%）	最大值	约束（%）	平均值	零关税（%）	最大值	占比（%）	零关税（%）
动物产品	100.0	0	100	100	10.9	0	20		
乳制品	81.0	0	100	100	10.7	0	20		
水果、蔬菜及植物	100.0	0	100	100	10.9	0	20		
咖啡及茶	100.0	0	100	100	16.0	0	20		
谷物及其制品	86.7	0	100	100	9.6	12.6	20		
含油子仁、脂肪及油脂	100.0	0	100	100	10.8	0	20		
糖及糖食	100.0	0	100	100	12.2	0	20		
饮料及烟草	99.1	0	100	100	18.4	0	20		
棉	100.0	0	100	100	5.0	0	5		
其他农产品	100.0	0	100	100	8.2	0	20		
鱼及鱼产品	94.3	0	100	100	12.0	0	20		
矿产品及金属	99.4	0	100	100	10.8	0.2	20		
石油	100.0	0	100	100	7.1	3.8	10		
化工品	97.3	0	100	100	7.7	0	20		
木材、纸及其他	90.8	0	100	100	15.1	0.3	20		
纺织品	99.9	0	100	100	12.8	0	20		
衣着	99.9	0	100	100	20.0	0	20		
皮革、鞋及其他	100.0	0	100	100	13.7	0	20		
非电气设备	86.0	0	100	100	6.9	0	20		
电气设备	90.9	0	100	100	10.5	0	20		
运输设备	88.1	0	100	100	8.8	0	20		
其他工业品	96.9	0	100	100	12.4	1.1	20		

Part B 出口至主要贸易伙伴及其面临的关税

主要市场	双边进口		多元化：95%贸易额所在税号税目		有贸易量 MFN 关税平均值		优惠幅度	零关税进口	
	以百万美元计		HS 章	HS 六位子目	简单平均	加权平均	加权平均	税号（%）	价值（%）
农产品									
1. 欧盟	2015	36	6	6	10.3	1.4	1.4	100.0	100.0
2. 印度	2015	9	2	2	22.5	20.2	0.0	0.0	0.0
3. 美国	2015	8	3	3	0.0	0.0	0.0	100.0	100.0
4. 卢旺达	2015	7	4	6	25.1	4.5	0.0	5.6	80.1
5. 安哥拉	2015	4	2	3	22.6	49.0	0.0	0.0	0.0
非农产品									
1. 中国	2015	2,627	4	6	1.8	0.0	0.0	81.1	99.9
2. 赞比亚	2015	953	3	4	11.8	1.2	1.2	98.1	100.0
3. 沙特阿拉伯	2015	603	1	1	4.7	5.0	0.0	5.9	0.0
4. 欧盟	2015	472	4	9	3.2	0.1	0.1	100.0	100.0
5. 韩国	2015	302	1	1	4.0	3.0	3.0	100.0	100.0

吉布提

Part A.1 关税及进口：概述及关税值域

概述	总计	农产品	非农产品	“入世”时间		1995
最终约束关税简单平均	41.3	50.4	39.9	约束覆盖范围：	总计	100
已实施 MFN 关税简单平均					非农产品	100
贸易加权平均				农产品：关税配额（%）		0
进口值（以10亿美元计）				农产品：特别保障措施（%）		0

频率分布	零关税	0≤5	5≤10	10≤15	15≤25	25≤50	50≤100	>100	非从价税（%）
	税号及进口值（%）								
农产品									
最终约束关税	0	0.3	0	0	0	94.0	1.0	4.7	0
已实施 MFN 关税									
进口									
非农产品									
最终约束关税	0.0	0	0.4	0	0	99.5	0.0	0.0	0
已实施 MFN 关税									
进口									

Part A.2 按产品分组的关税及进口

产品组	最终约束关税				已实施 MFN 关税			进口	
	平均值	零关税（%）	最大值	约束（%）	平均值	零关税（%）	最大值	占比（%）	零关税（%）
动物产品	40.0	0	40	100					
乳制品	45.2	0	70	100					
水果、蔬菜及植物	40.0	0	40	100					
咖啡及茶	40.0	0	40	100					
谷物及其制品	39.5	0	40	100					
含油子仁、脂肪及油脂	41.4	0	250	100					
糖及糖食	40.0	0	40	100					
饮料及烟草	182.6	0	450	100					
棉	40.0	0	40	100					
其他农产品	40.0	0	40	100					
鱼及鱼产品	40.0	0	40	100					
矿产品及金属	40.1	0	150	100					
石油	68.0	27.8	230	100					
化工品	40.1	0	200	100					
木材、纸及其他	40.0	0	40	100					
纺织品	40.0	0	40	100					
衣着	40.0	0	40	100					
皮革、鞋及其他	40.0	0	40	100					
非电气设备	39.6	0	40	100					
电气设备	39.3	0	40	100					
运输设备	39.1	0	40	100					
其他工业品	40.0	0	40	100					

Part B 出口至主要贸易伙伴及其面监的关税

主要市场	双边进口		多元化：95%贸易额所在税号税目		有贸易量 MFN 关税平均值		优惠幅度	零关税进口	
	以百万美元计		HS 章	HS 六位子目	简单平均	加权平均	加权平均	税号（%）	价值（%）
农产品									
1. 沙特阿拉伯	2015	17	1	3	0.0	0.0	0.0	100.0	100.0
2. 欧盟	2015	12	5	5	3.9	0.6	0.6	100.0	100.0
3. 埃及	2015	5	1	1	0.0	0.0	0.0	100.0	100.0
4. 也门	2015	3	4	5	6.4	4.2	0.0	14.3	49.9
5. 南非	2015	2	2	2	5.0	8.5	0.0	50.0	15.4
非农产品									
1. 阿联酋	2015	26	2	2	4.0	0.1	0.0	20.0	97.9
2. 沙特阿拉伯	2015	14	2	2	3.3	0.4	0.0	33.3	91.7
3. 也门	2015	4	1	1	8.3	5.0	0.0	0.0	0.0
4. 欧盟	2015	3	10	20	3.9	2.3	2.2	99.5	99.8
5. 埃及	2015	2	1	1	17.1	29.8	29.8	100.0	100.0

多米尼加

Part A. 1　关税及进口：概述及关税值域

概述		总计	农产品	非农产品	“入世”时间	1995
最终约束关税简单平均		58.7	112.5	50.0	约束覆盖范围：　总计	94.3
已实施 MFN 关税简单平均	2016	10.0	21.4	8.2	非农产品	93.4
贸易加权平均					农产品：关税配额（%）	0
进口值（以 10 亿美元计）					农产品：特别保障措施（%）	0

频率分布		零关税	0≤5	5≤10	10≤15	15≤25	25≤50	50≤100	>100	非从价税（%）
		税号及进口值（%）								
农产品										
最终约束关税		0	0	0	0	0	0.7	73.3	25.8	0
已实施 MFN 关税	2016	24.4	23.2	1.5	3.9	14.7	27.4	2.0	2.9	0
进口										
非农产品										
最终约束关税		0	0	0	0	0	93.3	0.1	0	0
已实施 MFN 关税	2016	23.9	47.6	4.1	4.2	16.6	3.4	0.1	0.1	0
进口										

Part A. 2　按产品分组的关税及进口

产品组	最终约束关税				已实施 MFN 关税			进口	
	平均值	零关税（%）	最大值	约束（%）	平均值	零关税（%）	最大值	占比（%）	零关税（%）
动物产品	116.5	0	150	100	18.9	8.7	40		
乳制品	100.0	0	100	100	5.7	37.5	20		
水果、蔬菜及植物	111.3	0	150	100	27.3	14.9	150		
咖啡及茶	118.8	0	150	100	28.1	12.5	135		
谷物及其制品	111.7	0	150	100	15.1	15.9	135		
含油子仁、脂肪及油脂	120.8	0	150	98.6	19.0	47.1	40		
糖及糖食	112.5	0	150	100	19.5	0	40		
饮料及烟草	125.5	0	150	100	61.9	6.5	150		
棉	100.0	0	100	100	0.0	100.0	0		
其他农产品	103.7	0	150	100	7.3	48.9	40		
鱼及鱼产品	100.0	0	100	1.6	28.8	17.5	40		
矿产品及金属	50.0	0	50	97.4	6.4	21.0	35		
石油	50.0	0	50	100	2.3	84.9	20		
化工品	50.0	0	100	92.8	6.6	19.5	165		
木材、纸及其他	50.0	0	50	85.4	9.2	22.7	40		
纺织品	50.0	0	50	99.5	6.0	26.1	30		
衣着	50.0	0	50	100	19.6	0	20		
皮革、鞋及其他	50.0	0	50	83.0	8.4	25.8	20		
非电气设备	50.0	0	50	99.6	2.9	64.6	60		
电气设备	50.0	0	50	100	9.2	5.7	30		
运输设备	50.0	0	50	100	8.8	17.9	40		
其他工业品	50.0	0	50	97.4	12.2	10.7	45		

Part B　出口至主要贸易伙伴及其面监的关税

主要市场	双边进口		多元化：95%贸易额所在税号税目		有贸易量 MFN 关税平均值		优惠幅度	零关税进口	
	以百万美元计		HS 章	HS 六位子目	简单平均	加权平均	加权平均	税号（%）	价值（%）
农产品									
1. 巴哈马	2015	2	4	9	17.8	8.8	0.0	38.9	62.1
2. 安提瓜和巴布达	2015	1	6	18	30.8	36.9	36.9	100.0	100.0
3. 欧盟	2015	1	10	21	13.4	5.7	5.7	100.0	100.0
4. 伯利兹	2015	1	1	1	100.0	100.0	100.0	100.0	100.0
5. 美国	2015	1	2	2	6.2	0.4	0.4	100.0	100.0
非农产品									
1. 巴哈马	2015	45	1	1	20.3	0.3	0.0	45.5	98.6
2. 沙特阿拉伯	2015	8	7	13	4.5	4.3	0.0	9.5	14.5
3. 牙买加	2015	6	3	5	11.6	36.9	36.9	100.0	100.0
4. 圭亚那	2015	3	3	4	14.4	12.5	12.5	100.0	100.0
5. 欧盟	2015	3	7	12	3.8	2.0	2.0	99.0	100.0

多米尼加共和国

Part A. 1 关税及进口：概述及关税值域

概述		总计	农产品	非农产品	“入世”时间		1995
最终约束关税简单平均		34.0	39.3	33.2	约束覆盖范围：	总计	100
已实施 MFN 关税简单平均	2016	7.3	12.7	6.4		非农产品	100
贸易加权平均	2015	7.6	11.6	6.9	农产品：关税配额（%）		3.3
进口值（以10亿美元计）	2015	17.3	2.5	14.8	农产品：特别保障措施（%）		0

频率分布		零关税	0≤5	5≤10	10≤15	15≤25	25≤50	50≤100	>100	非从价税（%）
		税号及进口值（%）								
农产品										
最终约束关税		0	0.1	0.9	0.1	2.3	93.8	2.8	0	0
已实施 MFN 关税	2016	32.6	0.7	9.1	5.1	49.3	3.2	0	0	0
进口	2015	37.4	0.7	4.1	13.8	41.7	2.3	0	0	0
非农产品										
最终约束关税		2.8	0	8.6	0.7	9.1	78.8	0	0	0
已实施 MFN 关税	2016	59.0	4.7	5.0	6.0	25.2	0	0	0	0
进口	2015	58.2	3.1	3.2	9.3	26.1	0	0	0	0

Part A. 2 按产品分组的关税及进口

产品组	最终约束关税				已实施 MFN 关税			进口	
	平均值	零关税（%）	最大值	约束（%）	平均值	零关税（%）	最大值	占比（%）	零关税（%）
动物产品	39.4	0	99	100	19.5	11.7	40	1.0	1.9
乳制品	42.4	0	56	100	18.6	4.8	20	1.0	0.4
水果、蔬菜及植物	40.5	0	99	100	17.3	11.8	25	1.2	9.2
咖啡及茶	40.0	0	40	100	18.1	2.1	20	0.5	0
谷物及其制品	41.2	0	99	100	10.1	34.2	20	4.3	64.9
含油子仁、脂肪及油脂	37.6	0	40	100	5.2	71.1	40	1.9	92.8
糖及糖食	46.3	0	85	100	13.1	17.6	20	0.6	0.6
饮料及烟草	39.1	0	40	100	18.1	0	20	3.2	0
棉	35.0	0	35	100	0.0	100.0	0	0.0	100.0
其他农产品	36.4	0	40	100	3.4	77.1	20	0.9	90.9
鱼及鱼产品	39.9	0	40	100	18.0	9.3	20	0.9	56.6
矿产品及金属	35.6	0.1	40	100	5.8	57.8	20	14.9	48.2
石油	40.0	0	40	100	9.3	29.2	14	12.2	95.8
化工品	21.7	0.1	40	100	2.8	78.8	20	14.9	63.2
木材、纸及其他	36.9	0	40	100	6.3	62.3	20	5.1	52.6
纺织品	38.8	0	40	100	4.0	74.6	20	6.2	74.5
衣着	40.0	0	40	100	19.9	0	20	1.4	0
皮革、鞋及其他	38.2	0	40	100	8.7	44.0	20	2.8	41.5
非电气设备	33.3	6.1	40	100	1.7	85.6	20	8.5	78.2
电气设备	27.3	21.9	35	100	5.7	62.2	20	7.8	48.8
运输设备	39.9	0	40	100	7.2	30.8	20	7.5	2.8
其他工业品	34.8	8.5	40	100	11.3	32.0	20	3.1	54.5

Part B 出口至主要贸易伙伴及其面监的关税

主要市场	双边进口		多元化：95%贸易额所在税号税目		有贸易量 MFN 关税平均值		优惠幅度	零关税进口	
	以百万美元计		HS 章	HS 六位子目	简单平均	加权平均	加权平均	税号（%）	价值（%）
农产品									
1. 美国	2015	1,033	12	35	6.4	9.7	4.2	93.5	90.8
2. 欧盟	2015	625	6	13	14.2	11.6	11.6	100.0	100.0
3. 海地	2014	93	15	37	9.6	9.2	0.0	18.3	3.7
4. 加拿大	2015	50	8	19	2.6	1.0	0.0	62.0	82.7
5. 瑞士	2015	22	5	12	15.4	8.4	0.4	56.1	19.7
非农产品									
1. 美国	2015	3,432	31	116	4.9	6.4	6.4	100.0	100.0
2. 加拿大	2015	749	10	20	5.9	0.7	0.0	51.5	95.1
3. 海地	2014	590	39	166	5.4	5.6	0.0	31.7	21.9
4. 印度	2015	464	1	2	7.5	9.9	0.0	10.6	0.2
5. 欧盟	2015	265	34	87	4.5	2.6	2.6	100.0	100.0

厄瓜多尔

Part A.1 关税及进口：概述及关税值域

概述		总计	农产品	非农产品	“入世”时间		1996
最终约束关税简单平均		21.7	25.9	21.1	约束覆盖范围：	总计	100
已实施 MFN 关税简单平均	2016	12.3	18.3	11.4		非农产品	100
贸易加权平均	2015	9.4	14.9	8.9	农产品：关税配额（%）		2.3
进口值（以10亿美元计）	2015	21.2	1.9	19.3	农产品：特别保障措施（%）		0.5

频率分布		零关税	0≤5	5≤10	10≤15	15≤25	25≤50	50≤100	>100	非从价税（%）
		税号及进口值（%）								
农产品										
最终约束关税		0	2.3	1.0	9.4	50.7	34.1	2.5	0	0
已实施 MFN 关税	2016	22.7	3.2	5.6	10.0	35.7	20.6	2.2	0	1.4
进口	2015	10.3	5.2	18.7	27.1	30.3	8.4	0.1	0	1.1
非农产品										
最终约束关税		0	1.8	16.7	12.7	44.0	24.8	0	0	0
已实施 MFN 关税	2016	36.5	13.9	5.5	11.5	15.8	16.8	0	0	6.7
进口	2015	44.7	19.8	7.1	9.0	10.1	8.8	0.4	0.0	3.3

Part A.2 按产品分组的关税及进口

产品组	最终约束关税				已实施 MFN 关税			进口	
	平均值	零关税（%）	最大值	约束（%）	平均值	零关税（%）	最大值	占比（%）	零关税（%）
动物产品	29.3	0	86	100	28.2	9.0	85	0.2	56.1
乳制品	40.7	0	72	100	32.8	0	54	0.0	0
水果、蔬菜及植物	24.0	0	30	100	20.3	13.9	30	1.0	9.1
咖啡及茶	26.9	0	30	100	24.5	0	30	0.3	0
谷物及其制品	28.7	0	68	100	20.2	19.1	68	3.0	9.5
含油子仁、脂肪及油脂	29.0	0	39	100	13.1	28.5	31	2.5	1.6
糖及糖食	34.1	0	45	100	12.7	32.4	30	0.3	14.2
饮料及烟草	26.2	0	30	100	21.3	0	30	0.2	0
棉	18.0	0	20	100	4.0	40.0	10	0.1	2.9
其他农产品	19.2	0	45	100	5.8	59.6	45	1.2	27.8
鱼及鱼产品	28.8	0	36	100	25.4	11.5	30	0.3	45.2
矿产品及金属	20.3	0	30	100	7.5	54.5	30	20.2	79.1
石油	13.6	0	25	100	4.0	59.3	10	9.9	95.4
化工品	11.2	0	20	100	3.3	74.4	20	17.4	47.0
木材、纸及其他	23.1	0	30	100	14.2	16.0	30	2.6	44.7
纺织品	27.8	0	30	100	18.2	9.9	30	2.6	17.0
衣着	30.0	0	30	100	25.4	0	*30*	1.3	0
皮革、鞋及其他	24.3	0	30	100	13.6	23.8	30	2.3	12.0
非电气设备	19.9	0	30	100	6.7	29.6	30	12.0	18.8
电气设备	22.6	0	30	100	10.6	27.9	30	10.3	6.7
运输设备	23.5	0	40	100	12.1	25.7	40	7.8	9.9
其他工业品	24.0	0	30	100	15.8	22.0	30	4.4	31.7

Part B 出口至主要贸易伙伴及其面监的关税

主要市场	双边进口		多元化：95%贸易额所在税号税目		有贸易量 MFN 关税平均值		优惠幅度	零关税进口	
	以百万美元计		HS 章	HS 六位子目	简单平均	加权平均	加权平均	税号（%）	价值（%）
农产品									
1. 欧盟	2015	1,613	9	20	14.5	14.2	14.2	84.5	99.8
2. 美国	2015	1,218	12	26	5.0	2.2	0.7	76.3	84.2
3. 俄罗斯	2015	1,101	2	2	6.4	4.3	1.0	12.5	0.1
4. 中国	2015	247	2	2	17.3	9.8	0.0	0.0	0.0
5. 阿根廷	2015	201	4	7	13.6	11.1	11.1	100.0	100.0
非农产品									
1. 美国	2015	5,799	6	17	4.7	0.4	0.1	72.4	97.9
2. 欧盟	2015	1,237	11	17	5.3	15.8	14.3	99.7	49.4
3. 智利	2015	1,048	5	5	6.0	6.0	6.0	99.2	99.2
4. 中国	2015	991	6	8	8.1	1.2	0.0	20.3	74.4
5. 秘鲁	2015	916	22	45	3.8	1.0	1.0	100.0	100.0

埃及

Part A.1 关税及进口：概述及关税值域

概述		总计	农产品	非农产品	"入世" 时间		1995
最终约束关税简单平均		36.8	98.4	27.5	约束覆盖范围：	总计	99.3
已实施 MFN 关税简单平均	2016	17.9	61.0	10.7		非农产品	99.2
贸易加权平均	2015	10.6	8.4	11.1	农产品：关税配额（%）		0
进口值（以 10 亿美元计）	2015	74.4	14.2	60.1	农产品：特别保障措施（%）		0

频率分布		零关税	0≤5	5≤10	10≤15	15≤25	25≤50	50≤100	>100	非从价税（%）
		税号及进口值（%）								
农产品										
最终约束关税		0	10.6	18.3	2.1	17.3	24.0	25.1	2.4	1.6
已实施 MFN 关税	2016	15.9	44.1	10.8	0.3	13.8	13.0	0.1	2.1	1.3
进口	2015	63.8	21.8	3.5	0.7	3.7	5.8	0.5	0.2	2.9
非农产品										
最终约束关税		2.2	11.9	9.8	4.3	23.1	34.9	12.8	0.1	0
已实施 MFN 关税	2016	11.1	50.3	18.8	0	3.6	16.0	0	0.1	0
进口	2015	23.0	47.3	12.0	0	2.5	14.8	0	0.3	0

Part A.2 按产品分组的关税及进口

产品组	最终约束关税				已实施 MFN 关税			进口	
	平均值	零关税（%）	最大值	约束（%）	平均值	零关税（%）	最大值	占比（%）	零关税（%）
动物产品	44.2	0	80	100	15.0	21.6	30	3.0	74.0
乳制品	23.3	0	60	100	6.1	26.0	20	1.0	78.4
水果、蔬菜及植物	37.8	0	80	100	12.5	4.9	40	1.8	31.7
咖啡及茶	36.9	0	60	100	10.5	20.8	30	0.7	15.9
谷物及其制品	42.3	0	>1000	100	12.9	21.9	>1000	6.6	92.0
含油子仁、脂肪及油脂	19.9	0	60	100	3.8	26.5	30	3.2	62.9
糖及糖食	37.5	0	60	100	14.6	0	40	0.7	0
饮料及烟草	958.9	0	>1000	100	803.0	0	>1000	0.7	0
棉	5.0	0	5	100	4.0	20.0	5	0.2	96.3
其他农产品	19.3	0	60	100	2.4	22.6	40	1.2	22.5
鱼及鱼产品	24.8	0	60	100	9.6	36.6	40	1.0	58.5
矿产品及金属	31.1	0.1	60	99.7	8.5	8.3	40	16.7	27.0
石油	20.0	0	20	100	3.2	16.7	5	12.0	19.8
化工品	18.9	0.1	80	100	6.1	10.1	>1000	12.7	34.9
木材、纸及其他	36.5	0	60	100	13.1	6.2	40	4.8	33.5
纺织品	27.7	0	60	100	11.5	3.9	40	4.2	9.4
衣着	40.0	0	40	100	38.4	0	40	1.6	0
皮革、鞋及其他	41.7	0	60	91.2	14.6	1.3	40	1.6	0.5
非电气设备	18.1	6.0	80	99.2	5.4	21.6	40	8.2	14.4
电气设备	26.9	19.6	60	98.0	9.0	22.3	40	6.9	48.2
运输设备	35.4	0	160	94.2	13.7	5.7	135	9.2	0.1
其他工业品	31.2	4.8	70	100	14.2	10.0	40	2.0	8.6

Part B 出口至主要贸易伙伴及其面监的关税

主要市场	双边进口		多元化：95%贸易额所在税号税目		有贸易量 MFN 关税平均值		优惠幅度	零关税进口	
	以百万美元计		HS 章	HS 六位子目	简单平均	加权平均	加权平均	税号（%）	价值（%）
农产品									
1. 欧盟	2015	982	19	67	14.3	9.6	8.6	93.4	92.6
2. 沙特阿拉伯	2015	803	17	62	5.9	4.7	4.7	100.0	100.0
3. 俄罗斯	2015	344	3	11	10.1	8.3	2.1	1.9	0.0
4. 阿联酋	2015	310	15	52	7.8	7.1	7.1	100.0	100.0
5. 科威特	2015	255	19	72	4.8	3.6	3.6	100.0	100.0
非农产品									
1. 欧盟	2015	6,768	43	204	4.4	2.9	2.9	100.0	100.0
2. 沙特阿拉伯	2015	1,459	39	190	4.8	4.5	4.5	100.0	100.0
3. 美国	2015	1,255	24	77	6.1	16.0	0.2	60.2	24.7
4. 土耳其	2015	1,165	34	119	5.7	6.4	6.4	99.6	100.0
5. 印度	2015	1,144	36	134	8.5	2.2	0.0	4.7	68.5

萨尔瓦多

Part A. 1　关税及进口：概述及关税值域

概述		总计	农产品	非农产品	"入世"时间	1995
最终约束关税简单平均		36.7	42.8	35.8	约束覆盖范围：　总计	100
已实施 MFN 关税简单平均	2015	6.0	11.7	5.0	非农产品	100
贸易加权平均	2015	7.1	16.1	5.2	农产品：关税配额（%）	12.1
进口值（以10亿美元计）	2015	10.4	1.8	8.5	农产品：特别保障措施（%）	11.3

频率分布		零关税	0≤5	5≤10	10≤15	15≤25	25≤50	50≤100	>100	非从价税（%）
		税号及进口值（%）								
农产品										
最终约束关税		0	0	0	0	12.9	73.7	11.9	1.4	0
已实施 MFN 关税	2015	28.5	10.3	10.7	39.0	1.6	9.7	0	0.2	0
进口	2015	23.2	8.4	5.6	38.8	4.3	18.8	0	1.0	0
非农产品										
最终约束关税		2.8	0	0	0	14.6	82.0	0.6	0	0
已实施 MFN 关税	2015	53.9	12.1	14.4	19.0	0.1	0.5	0	0	0
进口	2015	46.8	21.8	13.0	17.2	0.8	0.4	0	0	0

Part A. 2　按产品分组的关税及进口

产品组	最终约束关税				已实施 MFN 关税			进口	
	平均值	零关税（%）	最大值	约束（%）	平均值	零关税（%）	最大值	占比（%）	零关税（%）
动物产品	51.7	0	164	100	21.6	7.7	164	1.7	3.4
乳制品	38.9	0	45	100	27.0	6.3	40	1.7	3.7
水果、蔬菜及植物	37.3	0	50	100	11.5	20.2	30	2.1	8.7
咖啡及茶	51.3	0	70	100	13.4	2.1	15	0.6	0.6
谷物及其制品	38.3	0	78	100	9.4	37.6	40	6.1	38.8
含油子仁、脂肪及油脂	51.2	0	88	100	5.4	42.3	15	2.3	25.2
糖及糖食	66.3	0	70	100	26.1	15.7	40	0.2	20.9
饮料及烟草	53.5	0	74	100	17.6	7.5	40	1.4	1.6
棉	40.0	0	40	100	0.0	100.0	0	0.6	100.0
其他农产品	34.5	0	40	100	3.4	58.3	15	0.9	20.4
鱼及鱼产品	44.7	0	70	100	11.5	11.3	15	0.4	52.2
矿产品及金属	35.8	0.1	50	100	3.3	65.1	15	9.8	61.9
石油	40.0	0	40	100	6.9	34.1	15	11.7	55.6
化工品	37.3	0.1	50	100	1.9	79.8	15	16.5	46.5
木材、纸及其他	35.2	0	70	100	6.2	44.8	15	4.8	46.6
纺织品	38.4	0	70	100	8.2	13.0	20	11.0	15.3
衣着	40.0	0	40	100	14.9	0.6	15	4.5	2.6
皮革、鞋及其他	39.6	0	80	100	7.7	22.9	15	2.0	12.2
非电气设备	30.0	7.6	50	100	1.2	89.9	15	7.2	81.5
电气设备	27.2	23.2	50	100	2.3	79.2	15	6.9	79.4
运输设备	34.6	0	50	100	3.8	45.5	30	4.1	5.2
其他工业品	35.4	6.5	40	100	7.3	44.3	30	3.5	64.8

Part B　出口至主要贸易伙伴及其面临的关税

主要市场	双边进口		多元化：95%贸易额所在税号税目		有贸易量 MFN 关税平均值		优惠幅度	零关税进口	
	以百万美元计		HS 章	HS 六位子目	简单平均	加权平均	加权平均	税号（%）	价值（%）
农产品									
1. 美国	2015	252	12	29	4.7	17.0	1.4	94.6	70.4
2. 危地马拉	2015	238	13	37	11.5	13.5	13.5	100.0	100.0
3. 洪都拉斯	2015	128	12	27	12.6	14.9	14.9	98.4	100.0
4. 欧盟	2015	85	4	7	9.0	12.2	2.4	82.3	86.3
5. 尼加拉瓜	2015	68	13	23	14.3	14.8	14.8	100.0	100.0
非农产品									
1. 美国	2015	2, 168	12	63	7.5	18.2	18.2	100.0	100.0
2. 危地马拉	2015	665	50	351	6.3	8.5	8.5	100.0	100.0
3. 尼加拉瓜	2015	240	36	137	7.8	9.4	9.4	100.0	100.0
4. 洪都拉斯	2015	239	31	144	8.4	9.7	9.7	100.0	100.0
5. 哥斯达黎加	2015	207	37	152	7.2	9.9	9.9	100.0	100.0

埃塞俄比亚

Part A. 1 关税及进口：概述及关税值域

概述		总计	农产品	非农产品	未“入世”	
最终约束关税简单平均					约束覆盖范围：	总计
已实施 MFN 关税简单平均	2015	17.4	22.1	16.6		非农产品
贸易加权平均	2015	11.1	13.6	10.8	农产品：关税配额（%）	
进口值（以10亿美元计）	2015	16.3	1.7	14.6	农产品：特别保障措施（%）	

频率分布		零关税	0≤5	5≤10	10≤15	15≤25	25≤50	50≤100	>100	非从价税（%）
		税号及进口值（%）								
农产品										
最终约束关税										
已实施 MFN 关税	2015	1.3	19.0	9.7	0	10.6	59.2	0	0	0.2
进口	2015	0.3	47.6	6.3	0	4.3	16.4	0	0	25.0
非农产品										
最终约束关税										
已实施 MFN 关税	2015	5.0	25.5	20.5	0	22.4	26.5	0	0	0.1
进口	2015	23.3	32.2	18.5	0	12.3	13.7	0	0	0.0

Part A. 2 按产品分组的关税及进口

产品组	最终约束关税				已实施 MFN 关税			进口	
	平均值	零关税（%）	最大值	约束（%）	平均值	零关税（%）	最大值	占比（%）	零关税（%）
动物产品					22.1	3.0	30	0.0	10.8
乳制品					27.5	0	30	0.1	0
水果、蔬菜及植物					28.0	0	30	0.4	0
咖啡及茶					28.8	0	35	0.0	0
谷物及其制品					19.4	0.3	35	5.0	0.5
含油子仁、脂肪及油脂					16.2	0	30	3.1	0
糖及糖食					8.5	0	35	1.2	0
饮料及烟草					32.1	0	35	0.3	0
棉					10.0	0	10	0.0	0
其他农产品					15.2	4.4	30	0.1	0.0
鱼及鱼产品					21.3	0	30	0.0	0
矿产品及金属					13.5	4.2	35	18.1	17.8
石油					6.4	27.8	10	8.4	97.8
化工品					10.9	0.8	35	10.1	7.7
木材、纸及其他					12.0	20.2	35	2.1	11.7
纺织品					28.0	0.6	35	2.3	20.1
衣着					35.0	0	35	2.1	0
皮革、鞋及其他					18.6	14.2	35	2.0	3.7
非电气设备					8.0	6.7	30	14.8	33.6
电气设备					17.4	4.9	30	15.4	2.5
运输设备					11.4	36.0	35	11.5	21.0
其他工业品					21.7	2.7	35	3.0	5.6

Part B 出口至主要贸易伙伴及其面监的关税

主要市场	双边进口		多元化：95%贸易额所在税号税目		有贸易量 MFN 关税平均值		优惠幅度	零关税进口	
	以百万美元计		HS 章	HS 六位子目	简单平均	加权平均	加权平均	税号（%）	价值（%）
农产品									
1. 欧盟	2015	556	4	7	8.4	3.3	3.3	100.0	100.0
2. 中国	2015	299	1	2	10.2	10.0	10.0	100.0	100.0
3. 沙特阿拉伯	2015	198	4	7	3.3	1.0	0.0	34.4	80.5
4. 美国	2015	155	3	5	2.8	0.2	0.2	98.1	100.0
5. 日本	2015	86	3	4	38.6	0.6	0.6	100.0	100.0
非农产品									
1. 瑞士	2015	420	1	1	3.0	0.0	0.0	100.0	100.0
2. 欧盟	2015	195	10	28	4.5	3.7	3.7	100.0	100.0
3. 中国	2015	81	5	12	12.2	9.0	9.0	97.0	99.5
4. 美国	2015	47	7	33	8.4	13.0	13.0	87.5	99.5
5. 阿联酋	2015	35	1	1	4.8	0.1	0.0	4.4	97.3

欧盟

Part A.1 关税及进口：概述及关税值域

概述		总计	农产品	非农产品	"入世"时间		1995
最终约束关税简单平均		5.0	11.9	3.9	约束覆盖范围：	总计	100
已实施 MFN 关税简单平均	2016	5.2	11.1	4.2		非农产品	100
贸易加权平均	2015	3.0	7.8	2.6	农产品：关税配额（%）		13.2
进口值（以10亿美元计）	2015	1,721.6	122.0	1,599.6	农产品：特别保障措施（%）		23.0

频率分布		零关税	0≤5	5≤10	10≤15	15≤25	25≤50	50≤100	>100	非从价税（%）
		税号及进口值（%）								
农产品										
最终约束关税		31.4	10.7	17.4	14.1	11.7	9.2	2.7	0.7	31.7
已实施 MFN 关税	2016	31.7	10.7	18.2	13.5	11.7	8.0	2.4	0.6	32.1
进口	2015	44.5	12.5	15.9	9.0	8.5	5.0	1.5	0.0	20.3
非农产品										
最终约束关税		28.9	36.4	26.9	6.7	1.0	0.0	0	0	0.6
已实施 MFN 关税	2016	26.4	37.6	27.1	7.3	1.5	0.1	0	0	0.6
进口	2015	55.8	24.9	11.9	6.3	1.1	0.0	0	0	0.6

Part A.2 按产品分组的关税及进口

产品组	最终约束关税				已实施 MFN 关税			进口	
	平均值	零关税（%）	最大值	约束（%）	平均值	零关税（%）	最大值	占比（%）	零关税（%）
动物产品	16.2	24.3	*104*	100	15.7	28.4	*104*	0.4	17.9
乳制品	37.4	0	*105*	100	35.4	0	*96*	0.0	0
水果、蔬菜及植物	11.3	21.7	*157*	100	10.5	19.4	*157*	2.0	14.7
咖啡及茶	6.1	27.1	*23*	100	6.1	27.1	*23*	1.1	73.3
谷物及其制品	15.9	6.5	*63*	100	12.8	13.0	*63*	0.6	35.6
含油子仁、脂肪及油脂	5.8	47.0	*170*	100	5.6	48.1	*170*	1.7	73.4
糖及糖食	24.6	0	*127*	100	23.6	11.8	*127*	0.1	23.3
饮料及烟草	19.0	19.6	*152*	100	19.6	19.2	*152*	0.7	21.6
棉	0.0	100.0	0	100	0.0	100.0	0	0.0	100.0
其他农产品	4.8	64.7	*366*	100	3.6	65.5	*117*	0.5	69.4
鱼及鱼产品	11.4	11.8	26	100	12.0	8.2	26	1.4	25.3
矿产品及金属	1.9	50.0	12	100	2.0	50.2	12	15.2	67.6
石油	3.1	20.0	5	100	2.5	33.7	5	14.6	98.3
化工品	4.5	21.9	7	100	4.5	22.3	13	11.5	51.8
木材、纸及其他	0.9	82.9	10	100	0.9	81.0	11	2.8	85.7
纺织品	6.6	3.1	12	100	6.5	2.1	12	2.5	16.1
衣着	11.5	0	12	100	11.5	0	12	5.0	0
皮革、鞋及其他	4.2	25.7	17	100	4.1	26.3	17	2.8	12.9
非电气设备	1.7	27.6	10	100	1.9	21.3	10	11.6	50.9
电气设备	2.4	32.8	14	100	2.8	20.8	14	12.9	60.1
运输设备	4.1	16.5	22	100	4.3	12.8	22	5.6	9.6
其他工业品	2.4	27.1	14	100	2.6	20.9	14	7.0	50.8

Part B 出口至主要贸易伙伴及其面临的关税

主要市场	双边进口		多元化：95%贸易额所在税号税目		有贸易量 MFN 关税平均值		优惠幅度	零关税进口	
	以百万美元计		HS 章	HS 六位子目	简单平均	加权平均	加权平均	税号（%）	价值（%）
农产品									
1. 美国	2015	22,666	27	159	6.7	2.2	0.0	23.3	45.6
2. 中国	2015	12,981	28	94	15.2	9.2	0.0	8.3	5.6
3. 瑞士	2015	8,326	27	320	37.4	21.9	4.4	32.3	41.8
4. 日本	2015	7,452	30	141	21.2	14.4	0.0	23.9	33.6
5. 沙特阿拉伯	2015	6,183	22	96	4.9	23.4	0.0	24.4	28.0
非农产品									
1. 美国	2015	372,005	67	1,426	3.9	1.6	0.0	40.1	58.3
2. 中国	2015	195,775	60	1,292	9.2	7.5	0.0	8.4	19.6
3. 瑞士	2015	154,244	65	1,350	1.9	0.9	0.9	99.0	99.9
4. 土耳其	2015	74,911	67	1,556	4.6	4.2	4.2	99.4	100.0
5. 日本	2015	63,247	64	1,077	3.9	1.4	0.0	48.2	78.0

斐济

Part A. 1 关税及进口：概述及关税值域

概述		总计	农产品	非农产品	“入世”时间		1996
最终约束关税简单平均		40.7	42.4	40.0	约束覆盖范围：	总计	51.1
已实施 MFN 关税简单平均	2015	11.7	19.2	10.5		非农产品	43.0
贸易加权平均	2015	15.6	19.7	14.9	农产品：关税配额（%）		0
进口值（以 10 亿美元计）	2015	2.1	0.3	1.8	农产品：特别保障措施（%）		0

频率分布		零关税	0≤5	5≤10	10≤15	15≤25	25≤50	50≤100	>100	非从价税（%）
		税号及进口值（%）								
农产品										
最终约束关税		0	0.1	0	0	0.2	97.3	1.2	1.0	2.2
已实施 MFN 关税	2015	5.2	56.7	0.1	15.8	0.1	19.6	0.6	1.9	3.2
进口	2015	29.5	14.6	0.4	23.9	0.0	26.2	2.7	2.7	7.5
非农产品										
最终约束关税		0	0	0.0	0	0	43.0	0.0	0	0.0
已实施 MFN 关税	2015	4.6	66.8	0.0	13.3	0.2	14.9	0.1	0.1	1.6
进口	2015	5.1	44.0	1.6	28.4	4.0	14.7	2.1	0.1	23.1

Part A. 2 按产品分组的关税及进口

产品组	最终约束关税				已实施 MFN 关税			进口	
	平均值	零关税（%）	最大值	约束（%）	平均值	零关税（%）	最大值	占比（%）	零关税（%）
动物产品	40.0	0	40	100	17.4	5.4	32	1.3	0
乳制品	40.3	0	46	100	26.3	3.2	32	1.5	14.2
水果、蔬菜及植物	40.0	0	40	100	8.3	1.9	*33*	2.4	41.7
咖啡及茶	40.0	0	40	100	13.9	0	32	0.5	0
谷物及其制品	40.4	0	*70*	100	14.6	4.5	*70*	4.5	58.6
含油子仁、脂肪及油脂	40.0	0	40	98.8	7.0	16.3	32	1.2	10.0
糖及糖食	40.0	0	40	100	32.0	0	32	0.3	0
饮料及烟草	75.7	0	*492*	100	137.1	0	*492*	1.3	0
棉	40.0	0	40	100	5.0	0	5	0.0	0
其他农产品	40.0	0	40	100	4.9	7.4	15	0.6	5.9
鱼及鱼产品	40.0	0	40	0.9	16.1	0	32	5.0	0
矿产品及金属	40.0	0	40	44.2	7.6	3.5	*37*	9.3	5.5
石油	–	–	–	0	6.4	0	*19*	21.9	0
化工品	40.0	0	40	6.1	7.6	4.2	*44*	8.1	15.0
木材、纸及其他	–	–	–	0	14.1	3.6	*50*	3.9	4.1
纺织品	40.0	0	40	79.1	8.4	0.8	*38*	4.0	1.3
衣着	40.0	0	40	100	31.1	0	32	1.3	0
皮革、鞋及其他	–	–	–	0	15.0	0	*41*	1.7	0
非电气设备	40.0	0	40	99.2	5.9	8.7	32	9.8	11.3
电气设备	40.0	0	40	99.6	8.8	2.2	32	6.9	1.2
运输设备	–	–	–	0	23.5	3.9	*>1000*	11.3	1.1
其他工业品	40.0	0	40	5.3	11.0	18.3	*250*	3.2	35.9

Part B 出口至主要贸易伙伴及其面监的关税

主要市场	双边进口		多元化：95%贸易额所在税号税目		有贸易量 MFN 关税平均值		优惠幅度	零关税进口	
	以百万美元计		HS 章	HS 六位子目	简单平均	加权平均	加权平均	税号（%）	价值（%）
农产品									
1. 美国	2015	106	6	7	5.7	3.2	0.2	81.8	94.7
2. 欧盟	2015	88	3	3	17.1	65.6	65.6	100.0	100.0
3. 新西兰	2015	21	12	30	2.2	2.1	2.1	100.0	100.0
4. 澳大利亚	2015	18	8	15	2.2	2.9	2.9	100.0	100.0
5. 汤加	2015	11	14	29	12.1	7.0	0.0	20.0	54.3
非农产品									
1. 澳大利亚	2015	122	15	62	3.7	2.7	2.7	99.7	100.0
2. 美国	2015	90	4	8	5.4	0.2	0.0	72.2	27.3
3. 日本	2015	44	2	5	3.0	2.2	0.0	33.3	38.1
4. 新西兰	2015	20	31	141	4.4	5.4	5.4	100.0	100.0
5. 中国	2015	18	2	2	7.9	0.2	0.0	21.8	98.0

加蓬

Part A.1 关税及进口：概述及关税值域

概述		总计	农产品	非农产品	"入世"时间	1995
最终约束关税简单平均		21.2	59.7	15.4	约束覆盖范围：　总计	100
已实施 MFN 关税简单平均	2016	17.7	21.5	17.1	非农产品	100
贸易加权平均					农产品：关税配额（%）	0
进口值（以10亿美元计）					农产品：特别保障措施（%）	0

频率分布		零关税	0≤5	5≤10	10≤15	15≤25	25≤50	50≤100	>100	非从价税（%）
		税号及进口值（%）								
农产品										
最终约束关税		0	0	0	0.7	0	0	99.3	0	0
已实施 MFN 关税	2016	2.1	10.3	22.2	0	8.2	57.2	0	0	0
进口										
非农产品										
最终约束关税		0	0	0	99.0	0.0	0	0.9	0	0
已实施 MFN 关税	2016	2.8	2.2	51.0	0	12.9	31.1	0	0	0
进口										

Part A.2 按产品分组的关税及进口

产品组	最终约束关税				已实施 MFN 关税			进口	
	平均值	零关税（%）	最大值	约束（%）	平均值	零关税（%）	最大值	占比（%）	零关税（%）
动物产品	60.0	0	60	100	19.7	0	30		
乳制品	60.0	0	60	100	18.8	25.0	30		
水果、蔬菜及植物	60.0	0	60	100	26.8	0	30		
咖啡及茶	60.0	0	60	100	29.9	0	30		
谷物及其制品	60.0	0	60	100	18.7	5.6	30		
含油子仁、脂肪及油脂	59.4	0	60	100	18.9	5.5	30		
糖及糖食	60.0	0	60	100	20.0	0	30		
饮料及烟草	60.0	0	60	100	27.1	1.1	30		
棉	60.0	0	60	100	10.0	0	10		
其他农产品	58.6	0	60	100	15.9	0	30		
鱼及鱼产品	15.7	0	60	100	22.6	8.9	30		
矿产品及金属	15.4	0	60	100	17.0	0.1	30		
石油	15.0	0	15	100	10.0	0	10		
化工品	15.2	0	60	100	11.3	4.8	30		
木材、纸及其他	15.5	0	60	100	19.3	5.5	30		
纺织品	15.0	0	15	100	19.7	0.3	30		
衣着	15.0	0	15	100	30.0	0	30		
皮革、鞋及其他	15.0	0	15	100	20.2	3.1	30		
非电气设备	15.0	0	15	100	12.3	0.4	30		
电气设备	15.0	0	15	100	16.8	0	30		
运输设备	15.0	0	15	100	15.4	9.2	30		
其他工业品	17.7	0	60	100	21.7	9.7	30		

Part B 出口至主要贸易伙伴及其面监的关税

主要市场	双边进口		多元化：95%贸易额所在税号税目		有贸易量 MFN 关税平均值		优惠幅度	零关税进口	
	以百万美元计		HS 章	HS 六位子目	简单平均	加权平均	加权平均	税号（%）	价值（%）
农产品									
1. 摩洛哥	2015	2	1	1	13.8	2.5	0.0	0.0	0.0
2. 中国香港	2015	0	2	2	0.0	0.0	0.0	100.0	100.0
3. 欧盟	2015	0	3	3	4.3	4.0	0.0	26.9	19.4
4. 刚果（布）	2014	0	1	1	10.0	19.7	19.7	100.0	100.0
5. 加拿大	2015	0	3	3	0.9	0.0	0.0	85.7	100.0
非农产品									
1. 欧盟	2015	1,728	4	6	2.8	0.5	0.0	33.7	93.1
2. 中国	2015	1,100	3	4	4.1	0.0	0.0	49.3	99.9
3. 澳大利亚	2015	446	1	1	3.9	0.0	0.0	22.2	100.0
4. 韩国	2015	385	1	1	4.4	2.9	0.0	15.0	4.0
5. 美国	2015	272	2	3	1.9	0.0	0.0	95.8	100.0

冈比亚

Part A.1　关税及进口：概述及关税值域

概述	总计	农产品	非农产品	"入世"时间	1996
最终约束关税简单平均	103.5	105.2	59.7	约束覆盖范围：　总计	14.8
已实施 MFN 关税简单平均				非农产品	0.7
贸易加权平均				农产品：关税配额（%）	0
进口值（以10亿美元计）				农产品：特别保障措施（%）	0

频率分布	零关税	0≤5	5≤10	10≤15	15≤25	25≤50	50≤100	>100	非从价税（%）
	税号及进口值（%）								
农产品									
最终约束关税	0	0	0	0	2.4	3.3	1.1	93.1	0
已实施 MFN 关税									
进口									
非农产品									
最终约束关税	0	0	0	0	0	0.4	0.2	0.1	0
已实施 MFN 关税									
进口									

Part A.2　按产品分组的关税及进口

产品组	最终约束关税				已实施 MFN 关税			进口	
	平均值	零关税（%）	最大值	约束（%）	平均值	零关税（%）	最大值	占比（%）	零关税（%）
动物产品	110.0	0	110	100					
乳制品	110.0	0	110	100					
水果、蔬菜及植物	110.0	0	110	100					
咖啡及茶	110.0	0	110	100					
谷物及其制品	110.0	0	110	100					
含油子仁、脂肪及油脂	110.0	0	110	98.8					
糖及糖食	110.0	0	110	100					
饮料及烟草	110.0	0	110	100					
棉	35.0	0	35	100					
其他农产品	86.5	0	110	100					
鱼及鱼产品	110.0	0	110	0.9					
矿产品及金属	42.3	0	50	1.4					
石油	–	–	–	0					
化工品	60.0	0	110	0.4					
木材、纸及其他	–	–	–	0					
纺织品	–	–	–	0					
衣着	–	–	–	0					
皮革、鞋及其他	–	–	–	0					
非电气设备	–	–	–	0					
电气设备	–	–	–	0					
运输设备	70.9	0	80	9.2					
其他工业品	–	–	–	0					

Part B　出口至主要贸易伙伴及其面监的关税

主要市场	双边进口		多元化：95%贸易额所在税号税目		有贸易量 MFN 关税平均值		优惠幅度	零关税进口	
	以百万美元计		HS 章	HS 六位子目	简单平均	加权平均	加权平均	税号（%）	价值（%）
农产品									
1. 印度	2015	28	1	1	0.0	0.0	0.0	100.0	100.0
2. 欧盟	2015	13	4	6	8.9	4.3	4.3	100.0	100.0
3. 越南	2015	12	1	1	10.0	5.0	0.0	0.0	0.0
4. 塞内加尔	2015	0	4	4	16.0	23.0	23.0	100.0	100.0
5. 毛里塔尼亚	2014	0	2	2	8.7	1.9	0.0	33.3	85.6
非农产品									
1. 中国	2015	56	1	1	1.7	0.0	0.0	71.7	99.9
2. 欧盟	2015	6	5	12	6.7	8.2	8.2	100.0	100.0
3. 印度	2015	4	3	3	6.7	5.5	0.0	16.7	13.8
4. 阿联酋	2015	2	2	3	2.0	0.2	0.0	60.0	96.0
5. 越南	2015	2	2	2	2.5	0.0	0.0	75.0	99.9

格鲁吉亚

Part A.1 关税及进口：概述及关税值域

概述		总计	农产品	非农产品	"入世"时间	2000
最终约束关税简单平均		7.4	13.0	6.5	约束覆盖范围： 总计	100
已实施 MFN 关税简单平均	2016	1.5	6.4	0.7	非农产品	100
贸易加权平均	2015	1.7	7.0	0.8	农产品：关税配额（%）	0
进口值（以 10 亿美元计）	2015	7.7	1.1	6.6	农产品：特别保障措施（%）	0

频率分布		零关税	0≤5	5≤10	10≤15	15≤25	25≤50	50≤100	>100	非从价税（%）
		税号及进口值（%）								
农产品										
最终约束关税		8.0	1.5	7.1	69.7	11.1	2.3	0	0.3	2.6
已实施 MFN 关税	2016	49.8	2.3	0.8	46.2	0.3	0.3	0.1	0.1	2.2
进口	2015	36.0	9.0	1.1	53.8	0.2	0.0	0.0	0.0	4.5
非农产品										
最终约束关税		24.4	19.8	22.6	32.9	0.3	0	0	0	0.0
已实施 MFN 关税	2016	93.0	1.5	0	5.2	0	0	0	0	0.2
进口	2015	84.8	2.8	0	5.3	0	0	0	0	7.1

Part A.2 按产品分组的关税及进口

产品组	最终约束关税				已实施 MFN 关税			进口	
	平均值	零关税（%）	最大值	约束（%）	平均值	零关税（%）	最大值	占比（%）	零关税（%）
动物产品	11.8	1.1	12	100	8.4	27.0	12	1.6	9.3
乳制品	12.1	0	25	100	5.4	40.8	12	0.6	63.2
水果、蔬菜及植物	13.4	0	30	100	9.0	25.2	12	1.6	12.3
咖啡及茶	12.3	0	20	100	4.6	54.2	12	1.1	23.1
谷物及其制品	14.4	1.3	*28*	100	6.7	45.1	*28*	3.6	59.6
含油子仁、脂肪及油脂	3.6	67.1	12	100	0.1	99.4	12	1.3	58.2
糖及糖食	11.6	0	12	100	10.6	11.8	12	0.9	48.5
饮料及烟草	34.3	0	*350*	100	18.6	5.1	*349*	2.6	3.6
棉	9.0	0	12	100	0.0	100.0	0	0.0	100.0
其他农产品	10.5	1.6	15	100	0.3	97.8	12	0.6	94.8
鱼及鱼产品	0.6	95.2	12	100	0.0	100.0	0	0.5	100.0
矿产品及金属	7.0	31.9	20	100	2.2	81.5	12	19.6	87.0
石油	12.0	0	12	100	0.0	100.0	0	9.2	100.0
化工品	6.3	7.9	12	100	0.7	90.1	12	17.3	78.3
木材、纸及其他	3.8	66.3	12	100	1.7	86.2	12	4.3	93.0
纺织品	8.2	0.2	12	100	0.0	99.3	5	2.2	93.5
衣着	12.6	0	15	100	0.0	100.0	0	2.0	100.0
皮革、鞋及其他	10.4	10.7	12	100	0.0	100.0	0	2.2	100.0
非电气设备	3.4	35.1	12	100	0.2	98.7	12	9.5	98.2
电气设备	2.9	41.9	12	100	0.1	98.6	5	7.1	99.2
运输设备	10.0	15.6	12	100	0.0	92.4	0	8.2	25.3
其他工业品	7.4	26.4	12	100	0.1	99.5	12	4.0	98.7

Part B 出口至主要贸易伙伴及其面临的关税

主要市场	双边进口		多元化：95%贸易额所在税号税目		有贸易量 MFN 关税平均值		优惠幅度	零关税进口	
	以百万美元计		HS 章	HS 六位子目	简单平均	加权平均	加权平均	税号（%）	价值（%）
农产品									
1. 欧盟	2015	207	7	14	12.3	4.0	4.0	100.0	100.0
2. 俄罗斯	2015	166	4	11	11.8	14.1	14.1	100.0	100.0
3. 乌克兰	2015	42	4	9	10.0	7.6	7.6	100.0	100.0
4. 哈萨克斯坦	2015	33	5	10	12.8	17.2	17.2	100.0	100.0
5. 孟加拉国	2015	29	1	1	0.0	0.0	0.0	100.0	100.0
非农产品									
1. 欧盟	2015	565	16	26	3.7	2.0	2.0	100.0	100.0
2. 土耳其	2015	217	21	39	5.3	9.6	8.9	98.8	85.9
3. 美国	2015	199	5	7	4.2	1.9	1.7	83.9	97.1
4. 加拿大	2015	77	2	3	3.3	0.3	0.0	70.2	98.0
5. 阿塞拜疆	2015	54	9	17	9.6	7.8	7.8	100.0	100.0

加纳

Part A. 1 关税及进口：概述及关税值域

概述		总计	农产品	非农产品	"入世"时间		1995
最终约束关税简单平均	2016	92.5	96.6	40.7	约束覆盖范围：	总计	15.4
已实施 MFN 关税简单平均		12.2	15.9	11.5		非农产品	1.3
贸易加权平均					农产品：关税配额（%）		0
进口值（以10亿美元计）					农产品：特别保障措施（%）		0

频率分布		零关税	0≤5	5≤10	10≤15	15≤25	25≤50	50≤100	>100	非从价税（%）
		税号及进口值（%）								
农产品										
最终约束关税		0	0	0	0	0	4.2	95.7	0	0
已实施 MFN 关税	2016	0	26.6	18.8	0	42.5	12.0	0	0	0.1
进口										
非农产品										
最终约束关税		0	0	0	0	0	1.2	0.1	0	0
已实施 MFN 关税	2016	2.0	39.7	21.8	0.0	36.1	0.4	0	0	0.1
进口										

Part A. 2 按产品分组的关税及进口

产品组	最终约束关税				已实施 MFN 关税			进口	
	平均值	零关税（%）	最大值	约束（%）	平均值	零关税（%）	最大值	占比（%）	零关税（%）
动物产品	96.9	0	99	100	24.6	0	35		
乳制品	73.7	0	99	100	17.0	0	35		
水果、蔬菜及植物	99.0	0	99	100	17.9	0	35		
咖啡及茶	90.8	0	99	100	18.5	0	35		
谷物及其制品	92.5	0	99	100	14.4	0	35		
含油子仁、脂肪及油脂	96.8	0	99	98.8	11.1	0	35		
糖及糖食	99.0	0	99	100	12.6	0	35		
饮料及烟草	99.0	0	99	100	17.3	0	35		
棉	99.0	0	99	100	5.0	0	5		
其他农产品	98.6	0	99	100	9.6	0	20		
鱼及鱼产品	99.0	0	99	0.9	15.6	0	20		
矿产品及金属	32.1	0	40	2.1	11.6	2.2	20		
石油	–	–	–	0	7.7	19.0	10		
化工品	99.0	0	99	0.4	7.4	3.6	35		
木材、纸及其他	40.7	0	50	5.6	11.3	5.1	20		
纺织品	45.0	0	45	0.7	16.1	0.3	35		
衣着	–	–	–	0	20.0	0	20		
皮革、鞋及其他	–	–	–	0	12.3	1.3	20		
非电气设备	30.0	0	30	1.7	6.7	1.3	20		
电气设备	–	–	–	0	11.2	0.4	20		
运输设备	32.1	0	35	5.9	7.5	3.1	20		
其他工业品	50.0	0	50	0.3	14.2	2.1	20		

Part B 出口至主要贸易伙伴及其面临的关税

主要市场	双边进口		多元化：95%贸易额所在税号税目		有贸易量 MFN 关税平均值		优惠幅度	零关税进口	
	以百万美元计		HS 章	HS 六位子目	简单平均	加权平均	加权平均	税号（%）	价值（%）
农产品									
1. 欧盟	2015	1,631	4	10	12.8	3.6	3.6	100.0	100.0
2. 马来西亚	2015	270	2	2	1.7	0.1	0.0	83.3	99.3
3. 美国	2015	239	3	5	2.9	0.3	0.3	98.9	100.0
4. 土耳其	2015	154	1	4	19.3	4.7	1.8	16.7	47.3
5. 越南	2015	116	1	1	8.9	5.0	0.0	11.1	0.2
非农产品									
1. 印度	2015	2,869	1	1	7.6	9.8	0.0	3.3	0.5
2. 瑞士	2015	1,296	1	1	2.2	0.0	0.0	78.4	100.0
3. 欧盟	2015	1,250	11	23	3.9	4.0	4.0	100.0	100.0
4. 中国	2015	1,236	4	5	4.3	0.1	0.0	44.3	99.5
5. 阿联酋	2015	530	1	1	4.5	0.1	0.0	10.6	98.8

格林纳达

Part A.1　关税及进口：概述及关税值域

概述		总计	农产品	非农产品	"入世"时间		1996
最终约束关税简单平均	2016	55.6	100.3	50.0	约束覆盖范围：	总计	100
已实施 MFN 关税简单平均		11.0	18.5	9.7		非农产品	100
贸易加权平均					农产品：关税配额（%）		0
进口值（以10亿美元计）					农产品：特别保障措施（%）		0

频率分布		零关税	0≤5	5≤10	10≤15	15≤25	25≤50	50≤100	>100	非从价税（%）
		税号及进口值（%）								
农产品										
最终约束关税		1.9	0	0	0	1.1	2.5	90.0	4.6	0
已实施 MFN 关税	2016	11.9	34.1	1.7	3.8	13.4	35.2	0	0	0.5
进口										
非农产品										
最终约束关税		0	0	0	0	0	99.9	0.1	0	0
已实施 MFN 关税	2016	4.0	66.0	3.2	4.0	17.2	5.6	0	0	0.2
进口										

Part A.2　按产品分组的关税及进口

产品组	最终约束关税				已实施 MFN 关税			进口	
	平均值	零关税（%）	最大值	约束（%）	平均值	零关税（%）	最大值	占比（%）	零关税（%）
动物产品	98.1	0	100	100	23.7	11.1	40		
乳制品	100.0	0	100	100	5.8	33.3	20		
水果、蔬菜及植物	105.5	0	200	100	24.0	5.3	40		
咖啡及茶	116.7	0	200	100	16.8	0	40		
谷物及其制品	92.7	0.6	100	100	14.1	18.5	40		
含油子仁、脂肪及油脂	97.3	2.7	200	100	16.7	20.3	40		
糖及糖食	100.0	0	100	100	20.9	0	40		
饮料及烟草	92.1	0	100	100	27.1	0	40		
棉	100.0	0	100	100	5.0	0	5		
其他农产品	100.9	8.0	200	100	9.3	17.8	40		
鱼及鱼产品	50.8	0	100	100	30.9	10.8	40		
矿产品及金属	50.0	0	50	100	7.5	4.8	35		
石油	50.0	0	50	100	8.0	14.4	25		
化工品	50.0	0	100	100	6.5	3.8	40		
木材、纸及其他	50.0	0	50	100	9.5	5.5	20		
纺织品	50.0	0	50	100	7.2	0.5	30		
衣着	50.0	0	50	100	19.8	0	20		
皮革、鞋及其他	50.0	0	50	100	9.8	2.2	25		
非电气设备	50.0	0	50	100	5.8	5.9	35		
电气设备	50.0	0	50	100	10.5	1.2	35		
运输设备	50.0	0	50	100	9.7	9.0	30		
其他工业品	50.0	0	50	100	13.2	3.8	35		

Part B　出口至主要贸易伙伴及其面临的关税

主要市场	双边进口		多元化：95%贸易额所在税号税目		有贸易量 MFN 关税平均值		优惠幅度	零关税进口	
	以百万美元计		HS 章	HS 六位子目	简单平均	加权平均	加权平均	税号（%）	价值（%）
农产品									
1. 欧盟	2015	5	4	8	15.1	0.9	0.9	100.0	100.0
2. 美国	2015	3	3	6	5.8	1.6	1.5	93.8	99.9
3. 圣卢西亚	2014	3	2	2	25.6	24.0	24.0	100.0	100.0
4. 安提瓜和巴布达	2015	2	2	2	24.5	10.1	10.1	100.0	100.0
5. 加拿大	2015	2	1	2	2.5	0.1	0.1	100.0	100.0
非农产品									
1. 美国	2015	5	2	2	1.5	0.0	0.0	100.0	100.0
2. 马来西亚	2015	3	1	1	2.5	0.0	0.0	50.0	99.9
3. 埃及	2015	2	2	2	25.9	28.8	0.0	0.0	0.0
4. 尼日利亚	2014	1	1	1	15.0	5.5	0.0	0.0	0.0
5. 圣卢西亚	2014	1	16	22	18.8	14.9	14.9	100.0	100.0

危地马拉

Part A.1 关税及进口：概述及关税值域

概述		总计	农产品	非农产品	"入世"时间		1995
最终约束关税简单平均		41.3	51.4	39.7	约束覆盖范围：	总计	100
已实施 MFN 关税简单平均	2015	5.6	9.6	4.9		非农产品	100
贸易加权平均	2015	5.0	10.2	4.1	农产品：关税配额（%）		13.9
进口值（以10亿美元计）	2015	17.6	2.6	15.0	农产品：特别保障措施（%）		14.9

频率分布		零关税	0≤5	5≤10	10≤15	15≤25	25≤50	50≤100	>100	非从价税（%）
		税号及进口值（%）								
农产品										
最终约束关税		0	0	1.4	0.8	2.1	82.8	4.2	8.7	0
已实施 MFN 关税	2015	28.4	10.3	11.2	46.2	2.6	1.3	0	0	0
进口	2015	27.2	10.6	6.1	49.2	5.1	1.7	0	0	0
非农产品										
最终约束关税		2.3	0	1.7	2.5	8.9	84.4	0.2	0	0
已实施 MFN 关税	2015	55.1	10.6	14.9	19.4	0.0	0	0	0	0
进口	2015	57.2	17.5	11.8	13.5	0.0	0	0	0	0

Part A.2 按产品分组的关税及进口

产品组	最终约束关税				已实施 MFN 关税			进口	
	平均值	零关税（%）	最大值	约束（%）	平均值	零关税（%）	最大值	占比（%）	零关税（%）
动物产品	72.3	0	257	100	12.0	7.7	15	1.4	6.7
乳制品	90.6	0	103	100	13.4	6.3	15	1.0	6.5
水果、蔬菜及植物	44.0	0	138	100	11.5	19.9	30	1.3	12.7
咖啡及茶	40.0	0	40	100	13.4	2.1	15	0.4	1.9
谷物及其制品	44.9	0	135	100	8.9	35.8	24	5.9	38.3
含油子仁、脂肪及油脂	63.3	0	241	100	5.5	41.7	15	2.1	34.6
糖及糖食	70.0	0	160	100	11.7	25.5	20	0.3	21.6
饮料及烟草	48.4	0	90	100	17.7	7.1	40	1.1	1.2
棉	40.0	0	40	100	0.0	100.0	0	0.3	100.0
其他农产品	39.6	0	45	100	3.4	58.2	15	0.9	37.0
鱼及鱼产品	40.8	0	45	100	11.5	11.3	15	0.4	9.5
矿产品及金属	40.9	0.1	50	100	3.3	66.9	15	12.5	61.5
石油	45.0	0	45	100	7.0	34.1	15	11.5	53.7
化工品	38.4	0.1	50	100	1.9	79.6	15	17.9	50.7
木材、纸及其他	36.7	0	55	100	6.3	44.7	15	5.0	49.3
纺织品	44.6	0	50	100	8.2	13.2	15	6.6	12.4
衣着	45.0	0	45	100	14.9	0.6	15	1.7	7.8
皮革、鞋及其他	43.8	0	50	100	7.7	22.9	15	2.4	10.3
非电气设备	34.2	5.5	45	100	1.2	89.9	15	8.9	85.6
电气设备	31.7	19.4	50	100	2.3	79.2	15	7.9	79.5
运输设备	40.5	0	75	100	2.8	74.8	20	7.5	87.5
其他工业品	41.7	5.6	45	100	6.6	44.3	15	3.3	54.8

Part B 出口至主要贸易伙伴及其面临的关税

主要市场	双边进口		多元化：95%贸易额所在税号税目		有贸易量 MFN 关税平均值		优惠幅度	零关税进口	
	以百万美元计		HS 章	HS 六位子目	简单平均	加权平均	加权平均	税号（%）	价值（%）
农产品									
1. 美国	2015	1,951	10	35	8.2	9.3	4.9	98.0	92.9
2. 欧盟	2015	650	12	25	12.2	8.4	5.4	97.8	95.5
3. 萨尔瓦多	2015	371	20	75	13.6	19.8	19.8	99.7	99.7
4. 加拿大	2015	350	7	15	7.2	0.1	0.0	70.2	99.4
5. 洪都拉斯	2015	249	13	47	11.9	14.1	14.1	100.0	100.0
非农产品									
1. 美国	2015	2,158	23	85	7.1	14.4	14.4	100.0	100.0
2. 萨尔瓦多	2015	626	42	257	7.3	8.3	8.3	100.0	100.0
3. 洪都拉斯	2015	421	41	209	7.7	9.7	9.7	100.0	100.0
4. 哥斯达黎加	2015	312	41	267	6.4	8.1	8.1	100.0	100.0
5. 尼加拉瓜	2015	306	36	175	7.2	8.5	8.5	100.0	100.0

几内亚

Part A.1 关税及进口：概述及关税值域

概述	总计	农产品	非农产品	“入世”时间		1995
最终约束关税简单平均	20.8	39.6	10.1	约束覆盖范围：	总计	39.2
已实施 MFN 关税简单平均					非农产品	29.1
贸易加权平均				农产品：关税配额（%）		0
进口值（以10亿美元计）				农产品：特别保障措施（%）		0

频率分布	零关税	0≤5	5≤10	10≤15	15≤25	25≤50	50≤100	>100	非从价税（%）
	税号及进口值（%）								
农产品									
最终约束关税	0	0.6	1.3	0	0.1	96.9	0.9	0	0
已实施 MFN 关税									
进口									
非农产品									
最终约束关税	0.8	11.9	6.4	5.1	4.5	0.4	0	0	0
已实施 MFN 关税									
进口									

Part A.2 按产品分组的关税及进口

产品组	最终约束关税				已实施 MFN 关税			进口	
	平均值	零关税（%）	最大值	约束（%）	平均值	零关税（%）	最大值	占比（%）	零关税（%）
动物产品	40.0	0	40	100					
乳制品	25.9	0	40	100					
水果、蔬菜及植物	40.0	0	40	100					
咖啡及茶	40.0	0	40	100					
谷物及其制品	39.4	0	40	100					
含油子仁、脂肪及油脂	38.7	0	40	98.8					
糖及糖食	40.0	0	40	100					
饮料及烟草	43.7	0	75	100					
棉	40.0	0	40	100					
其他农产品	40.0	0	40	100					
鱼及鱼产品	8.1	36.0	40	11.2					
矿产品及金属	5.9	11.5	16	5.8					
石油	7.5	0	10	83.3					
化工品	19.9	0	40	1.6					
木材、纸及其他	19.4	0	40	15.5					
纺织品	18.6	0	30	26.9					
衣着	15.0	0	15	70.8					
皮革、鞋及其他	17.4	0	25	27.7					
非电气设备	5.3	4.0	25	91.2					
电气设备	6.9	0	7	93.5					
运输设备	13.8	1.1	25	73.1					
其他工业品	14.0	0	30	3.4					

Part B 出口至主要贸易伙伴及其面监的关税

主要市场	双边进口		多元化：95%贸易额所在税号税目		有贸易量 MFN 关税平均值		优惠幅度	零关税进口	
	以百万美元计		HS 章	HS 六位子目	简单平均	加权平均	加权平均	税号（%）	价值（%）
农产品									
1. 欧盟	2015	53	3	3	9.6	0.1	0.1	100.0	100.0
2. 越南	2015	52	1	1	5.0	5.0	0.0	0.0	0.0
3. 印度	2015	25	2	2	11.3	2.0	0.0	50.0	92.7
4. 摩洛哥	2015	14	2	2	13.8	9.3	9.1	75.0	91.2
5. 土耳其	2015	3	1	1	26.7	10.0	0.0	0.0	0.0
非农产品									
1. 欧盟	2015	594	3	4	3.6	0.0	0.0	100.0	100.0
2. 印度	2015	345	3	4	5.9	6.4	0.0	13.3	23.2
3. 阿联酋	2015	186	1	1	2.8	0.0	0.0	44.4	99.9
4. 乌克兰	2015	114	1	1	0.0	0.0	0.0	100.0	100.0
5. 美国	2015	75	1	1	3.0	0.0	0.0	100.0	100.0

几内亚比绍

Part A.1 关税及进口：概述及关税值域

概述	总计	农产品	非农产品	“入世”时间	1995
最终约束关税简单平均	48.5	40.1	50.0	约束覆盖范围： 总计	97.8
已实施 MFN 关税简单平均				非农产品	97.4
贸易加权平均				农产品：关税配额（%）	0
进口值（以 10 亿美元计）				农产品：特别保障措施（%）	0

频率分布	零关税	0≤5	5≤10	10≤15	15≤25	25≤50	50≤100	>100	非从价税（%）
	税号及进口值（%）								
农产品									
最终约束关税	0	0	0	0	0	100.0	0	0	0
已实施 MFN 关税									
进口									
非农产品									
最终约束关税	0	0	0	0	0	97.4	0	0	0
已实施 MFN 关税									
进口									

Part A.2 按产品分组的关税及进口

产品组	最终约束关税				已实施 MFN 关税			进口	
	平均值	零关税（%）	最大值	约束（%）	平均值	零关税（%）	最大值	占比（%）	零关税（%）
动物产品	40.0	0	40	100					
乳制品	40.0	0	40	100					
水果、蔬菜及植物	40.0	0	40	100					
咖啡及茶	40.0	0	40	100					
谷物及其制品	40.0	0	40	100					
含油子仁、脂肪及油脂	40.1	0	50	100					
糖及糖食	40.0	0	40	100					
饮料及烟草	40.0	0	40	100					
棉	40.0	0	40	100					
其他农产品	40.3	0	50	100					
鱼及鱼产品	49.9	0	50	100					
矿产品及金属	50.0	0	50	96.1					
石油	−	−	−	0					
化工品	50.0	0	50	99.9					
木材、纸及其他	50.0	0	50	100					
纺织品	50.0	0	50	99.8					
衣着	50.0	0	50	100					
皮革、鞋及其他	50.0	0	50	100					
非电气设备	50.0	0	50	99.4					
电气设备	50.0	0	50	100					
运输设备	50.0	0	50	42.9					
其他工业品	50.0	0	50	99.5					

Part B 出口至主要贸易伙伴及其面临的关税

主要市场	双边进口		多元化：95%贸易额所在税号税目		有贸易量 MFN 关税平均值		优惠幅度	零关税进口	
	以百万美元计		HS 章	HS 六位子目	简单平均	加权平均	加权平均	税号（%）	价值（%）
农产品									
1. 印度	2015	198	1	1	15.0	0.0	0.0	33.3	99.9
2. 越南	2015	32	1	1	5.0	5.0	0.0	0.0	0.0
3. 土耳其	2015	2	1	1	20.0	10.2	0.0	0.0	0.0
4. 新加坡	2015	1	1	1	0.0	0.0	0.0	100.0	100.0
5. 欧盟	2015	1	2	3	2.7	0.1	0.1	100.0	100.0
非农产品									
1. 中国	2015	18	1	1	0.5	0.0	0.0	100.0	100.0
2. 多哥	2015	14	1	2	12.5	10.0	10.0	100.0	100.0
3. 阿联酋	2015	4	1	1	0.0	0.0	0.0	100.0	100.0
4. 科特迪瓦	2015	3	1	5	10.0	10.0	10.0	100.0	100.0
5. 安哥拉	2015	3	1	1	30.0	30.0	0.0	0.0	0.0

圭亚那

Part A.1 关税及进口：概述及关税值域

概述		总计	农产品	非农产品	"入世"时间		1995
最终约束关税简单平均		56.6	99.6	50.1	约束覆盖范围：	总计	100
已实施 MFN 关税简单平均	2016	10.9	21.8	9.3		非农产品	100
贸易加权平均	2015	8.0	18.8	6.6	农产品：关税配额（%）		0
进口值（以10亿美元计）	2015	2.2	0.3	1.9	农产品：特别保障措施（%）		0

频率分布		零关税	0≤5	5≤10	10≤15	15≤25	25≤50	50≤100	>100	非从价税（%）
		税号及进口值（%）								
农产品										
最终约束关税		0	0	0	0	0	0.7	99.3	0	0
已实施 MFN 关税	2016	10.5	34.6	1.6	4.0	14.2	31.1	4.1	0	0
进口	2015	33.5	11.7	0.2	2.3	34.6	10.9	6.9	0	0
非农产品										
最终约束关税		0	0	0	0	0	99.8	0.2	0	0
已实施 MFN 关税	2016	9.4	61.9	3.4	4.1	17.2	3.6	0.5	0	0.0
进口	2015	45.2	18.9	3.9	6.0	23.4	2.7	0.0	0	0

Part A.2 按产品分组的关税及进口

产品组	最终约束关税				已实施 MFN 关税			进口	
	平均值	零关税（%）	最大值	约束（%）	平均值	零关税（%）	最大值	占比（%）	零关税（%）
动物产品	100.0	0	100	100	30.1	9.5	100	0.3	2.3
乳制品	100.0	0	100	100	13.2	15.0	40	1.6	67.5
水果、蔬菜及植物	100.0	0	100	100	23.1	4.8	40	1.1	12.0
咖啡及茶	100.0	0	100	100	16.8	0	40	0.3	0
谷物及其制品	100.0	0	100	100	15.1	13.9	100	4.2	49.6
含油子仁、脂肪及油脂	99.3	0	100	100	19.5	18.3	40	1.3	26.4
糖及糖食	100.0	0	100	100	20.9	0	40	0.4	0
饮料及烟草	100.0	0	100	100	58.9	0	100	1.9	0
棉	100.0	0	100	100	5.0	0	5	0.0	0
其他农产品	98.5	0	100	100	8.7	20.1	40	0.6	42.9
鱼及鱼产品	50.8	0	100	100	30.5	11.2	40	0.1	0.2
矿产品及金属	50.1	0	70	100	7.9	7.0	60	9.6	19.9
石油	50.0	0	50	100	5.4	37.2	25	13.6	2.9
化工品	50.0	0	100	100	6.6	3.3	40	7.1	12.3
木材、纸及其他	50.0	0	50	100	9.7	5.1	20	2.6	11.8
纺织品	50.0	0	50	100	7.3	0.6	30	1.1	3.1
衣着	50.0	0	50	100	19.8	0	20	0.4	0
皮革、鞋及其他	50.0	0	50	100	9.4	2.7	30	1.0	10.8
非电气设备	50.0	0	50	100	3.9	45.3	30	41.0	86.2
电气设备	50.0	0	50	100	9.7	3.6	45	3.7	1.2
运输设备	50.0	0	50	100	9.0	15.7	45	6.3	14.2
其他工业品	50.0	0	50	100	15.7	4.9	70	1.8	2.8

Part B 出口至主要贸易伙伴及其面监的关税

主要市场	双边进口		多元化：95%贸易额所在税号税目		有贸易量 MFN 关税平均值		优惠幅度	零关税进口	
	以百万美元计		HS 章	HS 六位子目	简单平均	加权平均	加权平均	税号（%）	价值（%）
农产品									
1. 欧盟	2015	149	4	7	12.6	42.3	42.3	100.0	100.0
2. 牙买加	2015	27	4	6	23.4	21.9	21.9	100.0	100.0
3. 美国	2015	23	5	7	5.1	30.3	0.9	91.9	51.2
4. 尼加拉瓜	2015	13	1	1	18.3	45.0	0.0	0.0	0.0
5. 巴拿马	2015	10	2	2	67.0	73.5	0.0	0.0	0.0
非农产品									
1. 美国	2015	403	3	5	3.7	0.4	0.4	100.0	100.0
2. 加拿大	2015	205	1	1	4.2	0.0	0.0	81.0	99.9
3. 欧盟	2015	102	4	6	2.7	0.6	0.6	100.0	100.0
4. 乌克兰	2015	55	1	1	0.0	0.0	0.0	100.0	100.0
5. 中国	2015	49	2	2	11.8	0.1	0.0	23.9	99.3

海地

Part A. 1 关税及进口：概述及关税值域

概述		总计	农产品	非农产品	"入世"时间		1996
最终约束关税简单平均		18.7	21.3	18.2	约束覆盖范围：	总计	88.1
已实施 MFN 关税简单平均	2016	8.8	16.8	7.4		非农产品	86.1
贸易加权平均	2014	7.3	7.3	7.4	农产品：关税配额（%）		0
进口值（以10亿美元计）	2014	4.1	1.1	2.9	农产品：特别保障措施（%）		0

频率分布		零关税	0≤5	5≤10	10≤15	15≤25	25≤50	50≤100	>100	非从价税（%）
		税号及进口值（%）								
农产品										
最终约束关税		16.5	2.8	12.1	3.0	27.6	36.9	0.3	0	9.2
已实施 MFN 关税	2016	24.7	21.1	1.7	7.4	16.4	28.7	0	0	0
进口	2014	13.3	58.2	5.8	6.5	16.0	0.3	0	0	0
非农产品										
最终约束关税		3.2	3.8	18.6	7.5	44.0	6.4	0	0	9.0
已实施 MFN 关税	2016	41.1	31.2	2.7	4.2	16.7	4.0	0	0	0
进口	2014	32.8	37.3	11.6	5.9	6.1	0	6.4	0	0

Part A. 2 按产品分组的关税及进口

产品组	最终约束关税				已实施 MFN 关税			进口	
	平均值	零关税（%）	最大值	约束（%）	平均值	零关税（%）	最大值	占比（%）	零关税（%）
动物产品	16.8	17.3	40	100	23.7	8.8	40	2.9	0.2
乳制品	12.4	7.1	20	100	7.4	0	20	2.2	0
水果、蔬菜及植物	27.6	10.0	50	100	23.5	13.6	40	1.4	31.9
咖啡及茶	24.2	0	40	100	18.2	0	40	0.0	0
谷物及其制品	30.0	10.4	50	100	13.7	22.9	40	13.2	2.4
含油子仁、脂肪及油脂	14.9	19.3	*28*	100	9.4	44.4	40	3.6	76.2
糖及糖食	40.0	0	40	100	8.7	35.3	40	3.0	0
饮料及烟草	25.6	2.0	*42*	100	25.5	2.8	40	1.3	0.2
棉	20.0	0	35	100	0.0	100.0	0	0.0	0
其他农产品	10.0	40.4	70	100	7.4	55.6	40	0.2	66.1
鱼及鱼产品	22.8	1.4	40	32.1	31.0	11.0	40	0.9	6.2
矿产品及金属	14.6	2.0	*40*	85.5	5.7	38.5	40	12.6	15.9
石油	21.5	0	30	100	6.2	34.2	40	17.5	70.7
化工品	22.3	1.4	30	99.9	2.6	78.9	40	7.1	29.7
木材、纸及其他	11.9	0.2	28	65.9	8.3	24.2	25	4.2	17.1
纺织品	20.6	0	*50*	86.1	5.8	29.2	30	5.0	43.8
衣着	31.4	0	*50*	51.6	19.8	0	20	4.9	0.4
皮革、鞋及其他	21.7	0.7	25	86.2	7.3	44.7	20	1.7	10.2
非电气设备	14.4	21.1	22	99.2	2.9	58.0	25	4.8	11.2
电气设备	16.2	0	*27*	99.2	8.3	13.2	20	5.4	38.0
运输设备	13.7	2.5	30	100	4.6	46.6	20	5.8	20.3
其他工业品	17.4	0	30	90.7	9.9	25.6	40	2.2	10.4

Part B 出口至主要贸易伙伴及其面监的关税

主要市场	双边进口		多元化：95%贸易额所在税号税目		有贸易量 MFN 关税平均值		优惠幅度	零关税进口	
	以百万美元计		HS 章	HS 六位子目	简单平均	加权平均	加权平均	税号（%）	价值（%）
农产品									
1. 美国	2015	28	7	9	2.3	2.1	2.1	100.0	100.0
2. 欧盟	2015	21	4	4	11.7	0.3	0.3	100.0	100.0
3. 瑞士	2015	3	1	1	7.2	0.1	0.1	100.0	100.0
4. 阿尔及利亚	2015	2	1	1	5.0	5.0	0.0	0.0	0.0
5. 加拿大	2015	1	10	15	7.0	1.4	1.4	100.0	100.0
非农产品									
1. 美国	2015	932	3	20	7.7	18.7	18.7	93.1	100.0
2. 多米尼加共和国	2015	51	5	7	10.3	18.4	0.0	43.2	7.7
3. 加拿大	2015	29	5	21	8.1	12.5	12.5	100.0	100.0
4. 墨西哥	2015	22	2	4	14.1	24.7	0.0	23.7	0.2
5. 欧盟	2015	15	12	18	5.1	10.6	10.6	100.0	100.0

洪都拉斯

Part A.1 关税及进口：概述及关税值域

概述		总计	农产品	非农产品	"入世"时间		1995
最终约束关税简单平均		31.9	32.3	31.8	约束覆盖范围：	总计	100
已实施 MFN 关税简单平均	2015	5.7	10.3	5.0		非农产品	100
贸易加权平均	2015	5.2	12.7	4.8	农产品：关税配额（%）		0
进口值（以10亿美元计）	2015	8.4	1.5	6.8	农产品：特别保障措施（%）		0

频率分布		零关税	0≤5	5≤10	10≤15	15≤25	25≤50	50≤100	>100	非从价税（%）
		税号及进口值（%）								
农产品										
最终约束关税		0	0.0	2.9	2.9	14.8	78.6	0.6	0.2	0
已实施 MFN 关税	2015	27.0	11.5	11.1	45.5	1.2	3.4	0.1	0.2	0
进口	2015	21.4	9.3	6.8	54.4	2.5	4.7	0.3	0.5	0
非农产品										
最终约束关税		2.3	0.7	2.9	5.0	3.0	85.9	0.2	0	0
已实施 MFN 关税	2015	54.2	11.6	14.8	19.5	0	0	0	0	0.0
进口	2015	53.1	16.9	11.1	18.9	0	0	0	0	0.0

Part A.2 按产品分组的关税及进口

产品组	最终约束关税				已实施 MFN 关税			进口	
	平均值	零关税（%）	最大值	约束（%）	平均值	零关税（%）	最大值	占比（%）	零关税（%）
动物产品	31.2	0	164	100	14.8	7.7	164	1.4	4.6
乳制品	24.4	0	35	100	25.1	7.1	35	0.6	7.9
水果、蔬菜及植物	32.6	0	45	100	11.6	19.2	30	1.6	14.8
咖啡及茶	33.5	0	35	100	13.4	2.1	15	0.3	1.4
谷物及其制品	32.3	0	55	100	10.1	35.4	45	8.4	27.0
含油子仁、脂肪及油脂	31.4	0	50	100	5.9	33.1	15	2.1	35.5
糖及糖食	35.0	0	40	100	13.3	24.7	40	0.4	11.1
饮料及烟草	34.6	0	60	100	14.4	6.4	55	1.8	5.2
棉	11.0	0	15	100	0.0	100.0	0	0.0	100.0
其他农产品	33.8	0	35	100	3.5	57.4	15	1.6	24.4
鱼及鱼产品	34.7	0	35	100	11.5	11.2	15	0.4	24.3
矿产品及金属	33.3	0.1	35	100	3.2	66.8	15	10.9	55.0
石油	18.3	0	35	100	7.1	32.7	15	15.3	50.3
化工品	31.8	0.1	35	100	1.8	80.7	15	16.3	62.5
木材、纸及其他	33.4	0	50	100	6.3	44.5	15	4.9	35.0
纺织品	34.1	0	35	100	8.2	12.9	15	2.0	9.1
衣着	34.9	0	35	100	14.9	0.5	15	1.9	7.9
皮革、鞋及其他	34.3	0	55	100	7.7	22.9	15	2.2	9.5
非电气设备	29.2	5.8	35	100	1.2	89.4	15	6.8	75.6
电气设备	21.6	20.6	35	100	2.3	78.9	15	12.4	83.1
运输设备	29.1	0	35	100	4.6	38.5	15	6.2	8.9
其他工业品	31.6	4.9	35	100	6.6	44.4	15	2.4	48.5

Part B 出口至主要贸易伙伴及其面监的关税

主要市场	双边进口		多元化：95%贸易额所在税号税目		有贸易量 MFN 关税平均值		优惠幅度	零关税进口	
	以百万美元计		HS 章	HS 六位子目	简单平均	加权平均	加权平均	税号（%）	价值（%）
农产品									
1. 欧盟	2015	918	6	7	13.8	2.3	1.7	98.3	99.1
2. 美国	2015	753	8	22	5.1	4.5	2.3	95.9	95.8
3. 萨尔瓦多	2015	145	16	45	14.7	17.9	17.9	99.4	100.0
4. 加拿大	2015	100	5	10	1.8	0.2	0.2	99.2	100.0
5. 危地马拉	2015	98	14	30	11.9	15.2	15.2	100.0	100.0
非农产品									
1. 美国	2015	3,814	11	44	5.9	15.0	15.0	100.0	100.0
2. 萨尔瓦多	2015	444	33	107	6.6	10.8	10.8	99.9	100.0
3. 墨西哥	2015	293	16	43	8.5	14.4	14.4	99.8	100.0
4. 危地马拉	2015	268	36	114	6.6	5.9	5.9	100.0	100.0
5. 欧盟	2015	205	16	34	5.8	10.3	10.3	100.0	100.0

中国香港

Part A.1 关税及进口：概述及关税值域

概述		总计	农产品	非农产品	"入世"时间	1995
最终约束关税简单平均		0.0	0.0	0.0	约束覆盖范围： 总计	47.7
已实施 MFN 关税简单平均	2016	0.0	0.0	0.0	非农产品	39.8
贸易加权平均	2015	0.0	0.0	0.0	农产品：关税配额（%）	0
进口值（以 10 亿美元计）	2015	557.6	23.5	534.1	农产品：特别保障措施（%）	0

频率分布		零关税	0≤5	5≤10	10≤15	15≤25	25≤50	50≤100	>100	非从价税（%）
		税号及进口值（%）								
农产品										
最终约束关税		100.0	0	0	0	0	0	0	0	0
已实施 MFN 关税	2016	100.0	0	0	0	0	0	0	0	0
进口	2015	100.0	0	0	0	0	0	0	0	0
非农产品										
最终约束关税		39.8	0	0	0	0	0	0	0	0
已实施 MFN 关税	2016	100.0	0	0	0	0	0	0	0	0
进口	2015	100.0	0	0	0	0	0	0	0	0

Part A.2 按产品分组的关税及进口

产品组	最终约束关税				已实施 MFN 关税			进口	
	平均值	零关税（%）	最大值	约束（%）	平均值	零关税（%）	最大值	占比（%）	零关税（%）
动物产品	0.0	100.0	0	100	0.0	100.0	0	1.2	100.0
乳制品	0.0	100.0	0	100	0.0	100.0	0	0.3	100.0
水果、蔬菜及植物	0.0	100.0	0	100	0.0	100.0	0	1.0	100.0
咖啡及茶	0.0	100.0	0	100	0.0	100.0	0	0.1	100.0
谷物及其制品	0.0	100.0	0	100	0.0	100.0	0	0.5	100.0
含油子仁、脂肪及油脂	0.0	100.0	0	100	0.0	100.0	0	0.0	100.0
糖及糖食	0.0	100.0	0	100	0.0	100.0	0	0.1	100.0
饮料及烟草	0.0	100.0	0	100	0.0	100.0	0	0.7	100.0
棉	0.0	100.0	0	100	0.0	100.0	0	0.0	100.0
其他农产品	0.0	100.0	0	100	0.0	100.0	0	0.3	100.0
鱼及鱼产品	0.0	100.0	0	100	0.0	100.0	0	0.6	100.0
矿产品及金属	0.0	100.0	0	67.5	0.0	100.0	0	15.6	100.0
石油	–	–	–	0	0.0	100.0	0	1.6	100.0
化工品	0.0	100.0	0	9.5	0.0	100.0	0	4.0	100.0
木材、纸及其他	0.0	100.0	0	96.1	0.0	100.0	0	0.9	100.0
纺织品	0.0	100.0	0	10.0	0.0	100.0	0	2.0	100.0
衣着	0.0	100.0	0	2.3	0.0	100.0	0	2.5	100.0
皮革、鞋及其他	0.0	100.0	0	40.9	0.0	100.0	0	2.2	100.0
非电气设备	0.0	100.0	0	34.2	0.0	100.0	0	11.1	100.0
电气设备	0.0	100.0	0	49.0	0.0	100.0	0	46.6	100.0
运输设备	0.0	100.0	0	15.8	0.0	100.0	0	1.3	100.0
其他工业品	0.0	100.0	0	60.3	0.0	100.0	0	7.3	100.0

Part B 出口至主要贸易伙伴及其面临的关税

主要市场	双边进口		多元化：95%贸易额所在税号税目		有贸易量 MFN 关税平均值		优惠幅度	零关税进口	
	以百万美元计		HS 章	HS 六位子目	简单平均	加权平均	加权平均	税号（%）	价值（%）
农产品									
1. 中国	2015	283	7	12	16.4	20.9	13.7	49.0	70.4
2. 美国	2015	113	17	42	3.0	1.9	0.0	34.7	46.8
3. 中国澳门	2015	111	14	50	0.0	0.0	0.0	100.0	100.0
4. 欧盟	2015	96	23	88	9.5	7.4	0.0	18.6	15.9
5. 新加坡	2015	74	17	44	0.4	1.7	0.0	99.4	98.1
非农产品									
1. 欧盟	2015	14,778	52	689	4.4	1.7	0.0	20.6	63.2
2. 中国	2015	12,462	34	154	9.7	2.6	1.9	56.0	91.0
3. 印度	2015	5,959	31	164	9.6	8.4	0.0	4.7	14.8
4. 阿联酋	2015	3,408	1	7	4.6	3.7	0.0	8.6	26.6
5. 美国	2015	3,387	61	764	4.5	2.8	0.0	35.4	54.2

冰岛

Part A.1 关税及进口：概述及关税值域

概述		总计	农产品	非农产品	"入世"时间		1995
最终约束关税简单平均		24.0	113.6	9.5	约束覆盖范围：	总计	95.0
已实施 MFN 关税简单平均	2016	4.7	24.4	1.4		非农产品	94.3
贸易加权平均	2015	2.7	19.1	1.2	农产品：关税配额（%）		35.2
进口值（以10亿美元计）	2015	5.3	0.4	4.9	农产品：特别保障措施（%）		41.5

频率分布		零关税	0≤5	5≤10	10≤15	15≤25	25≤50	50≤100	>100	非从价税（%）
		税号及进口值（%）								
农产品										
最终约束关税		25.6	2.1	6.9	1.4	7.9	12.8	3.2	40.2	24.5
已实施 MFN 关税	2016	63.0	2.2	1.0	0.7	4.8	6.4	11.0	7.7	21.3
进口	2015	58.9	1.4	2.5	2.1	10.7	4.4	14.1	2.8	18.3
非农产品										
最终约束关税		46.4	6.2	8.3	6.1	16.9	9.7	0.7	0.0	0.0
已实施 MFN 关税	2016	82.9	3.7	13.2	0.1	0.0	0	0	0	0
进口	2015	86.5	3.9	9.5	0.1	0.0	0	0	0	0

Part A.2 按产品分组的关税及进口

产品组	最终约束关税				已实施 MFN 关税			进口	
	平均值	零关税（%）	最大值	约束（%）	平均值	零关税（%）	最大值	占比（%）	零关税（%）
动物产品	342.7	0	*461*	100	76.0	30.6	*461*	0.3	2.6
乳制品	438.1	0	*574*	100	86.6	0	*227*	0.1	0
水果、蔬菜及植物	82.8	21.6	*470*	100	20.1	64.9	*470*	1.9	69.5
咖啡及茶	18.5	35.9	*115*	100	6.4	63.7	*39*	0.8	60.2
谷物及其制品	92.7	22.2	*407*	100	20.7	55.8	*163*	2.5	51.8
含油子仁、脂肪及油脂	99.2	18.6	196	100	7.2	86.3	55	0.5	61.8
糖及糖食	88.1	19.0	175	100	4.8	84.6	55	0.3	51.5
饮料及烟草	14.3	23.3	*58*	100	7.6	61.6	*48*	1.3	83.3
棉	2.2	80.0	11	100	0.0	100.0	0	0.0	100.0
其他农产品	33.1	54.8	*180*	100	4.2	82.9	55	0.8	45.3
鱼及鱼产品	3.2	81.8	175	95.7	1.8	82.0	10	3.7	98.5
矿产品及金属	7.8	56.8	65	96.7	1.2	86.6	15	8.4	80.9
石油	5.0	83.3	50	80.0	0.1	97.0	5	11.7	99.7
化工品	4.1	79.2	65	99.1	1.0	86.0	20	19.4	84.8
木材、纸及其他	10.8	46.8	35	94.9	2.5	70.6	15	4.2	45.8
纺织品	8.3	33.4	35	87.1	1.4	86.0	10	1.3	50.3
衣着	20.5	0	21	100	0.0	100.0	0	2.2	98.9
皮革、鞋及其他	11.4	35.7	35	86.7	3.0	61.2	15	1.6	52.5
非电气设备	5.6	57.1	35	96.4	0.7	90.5	10	9.3	92.0
电气设备	15.1	33.6	40	99.2	2.1	73.1	10	11.8	91.0
运输设备	9.6	59.5	35	44.7	1.4	84.2	15	13.8	95.2
其他工业品	21.1	16.2	55	97.7	3.2	65.4	15	4.0	62.7

Part B 出口至主要贸易伙伴及其面监的关税

主要市场	双边进口		多元化：95%贸易额所在税号税目		有贸易量 MFN 关税平均值		优惠幅度	零关税进口	
	以百万美元计		HS 章	HS 六位子目	简单平均	加权平均	加权平均	税号（%）	价值（%）
农产品									
1. 欧盟	2015	49	16	30	13.8	7.9	2.1	67.3	85.1
2. 日本	2015	20	3	4	2.0	1.6	0.0	72.7	54.5
3. 美国	2015	19	5	7	1.9	0.8	0.0	50.0	26.6
4. 挪威	2015	7	7	10	25.7	231.5	0.1	53.2	17.7
5. 尼日利亚	2014	7	1	1	20.0	5.6	0.0	0.0	0.0
非农产品									
1. 欧盟	2015	2,425	18	70	5.2	8.1	7.9	91.8	92.3
2. 美国	2015	279	16	61	3.1	0.4	0.0	48.7	86.2
3. 挪威	2015	226	14	34	1.0	4.5	4.5	100.0	100.0
4. 尼日利亚	2014	146	10	19	11.8	18.1	0.0	0.0	0.0
5. 日本	2015	135	5	12	2.6	3.1	0.0	55.6	24.0

印度

Part A.1 关税及进口：概述及关税值域

概述		总计	农产品	非农产品	"入世"时间		1995
最终约束关税简单平均		48.5	113.5	34.5	约束覆盖范围：	总计	74.4
已实施 MFN 关税简单平均	2016	13.4	32.7	10.2		非农产品	70.5
贸易加权平均	2015	7.6	38.0	5.6	农产品：关税配额（%）		0.9
进口值（以10亿美元计）	2015	370.6	23.1	347.5	农产品：特别保障措施（%）		0

频率分布		零关税	0≤5	5≤10	10≤15	15≤25	25≤50	50≤100	>100	非从价税（%）
		税号及进口值（%）								
农产品										
最终约束关税		0	0	1.4	0.2	2.2	7.2	53.2	35.8	0.3
已实施 MFN 关税	2016	5.2	3.6	4.5	5.3	4.1	67.0	8.3	2.2	0.3
进口	2015	8.8	2.5	34.6	11.4	3.0	13.0	25.3	1.4	3.4
非农产品										
最终约束关税		2.6	0.5	0.0	0	15.9	51.2	0.2	0.2	5.9
已实施 MFN 关税	2016	2.5	9.5	78.7	1.6	1.7	5.6	0.4	0	5.7
进口	2015	28.1	19.9	50.9	0.3	0.3	0.1	0.1	0.0	0.8

Part A.2 按产品分组的关税及进口

产品组	最终约束关税				已实施 MFN 关税			进口	
	平均值	零关税（%）	最大值	约束（%）	平均值	零关税（%）	最大值	占比（%）	零关税（%）
动物产品	106.1	0	150	100	31.1	0	100	0.0	0
乳制品	65.0	0	150	100	33.5	0	60	0.0	0
水果、蔬菜及植物	100.0	0	150	100	29.4	0.5	100	2.0	18.5
咖啡及茶	133.1	0	150	100	56.3	0	100	0.1	0
谷物及其制品	115.3	0	150	100	31.3	15.4	150	0.1	33.3
含油子仁、脂肪及油脂	169.7	0	300	100	35.1	0.9	100	3.0	0.2
糖及糖食	124.7	0	150	100	35.9	0	60	0.2	0
饮料及烟草	120.5	0	150	100	68.6	0	150	0.2	0
棉	110.0	0	150	100	6.0	80.0	30	0.1	99.9
其他农产品	104.8	0	150	100	22.3	13.6	70	0.5	4.5
鱼及鱼产品	100.7	0	150	11.1	29.9	0.1	30	0.0	6.3
矿产品及金属	38.3	0.4	55	61.3	8.2	0.1	15	34.1	0.1
石油	–	–	–	0	4.2	16.7	5	18.9	94.4
化工品	39.6	0.1	150	89.0	7.9	0.4	10	10.9	2.0
木材、纸及其他	36.4	0	40	64.2	9.0	4.0	10	2.1	2.5
纺织品	27.1	0	*70*	69.9	11.7	0	*90*	1.4	0
衣着	37.4	0	*48*	58.4	12.3	0	*48*	0.2	0
皮革、鞋及其他	34.6	0	40	51.6	10.1	2.5	70	1.1	0.0
非电气设备	28.6	6.3	40	95.4	7.1	4.6	10	9.0	23.4
电气设备	27.8	24.6	40	93.5	7.3	16.2	10	9.2	58.6
运输设备	35.7	0	40	70.0	19.3	3.7	100	4.0	2.0
其他工业品	34.0	13.5	40	43.9	8.8	5.7	10	2.9	20.7

Part B 出口至主要贸易伙伴及其面监的关税

主要市场	双边进口		多元化：95%贸易额所在税号税目		有贸易量 MFN 关税平均值		优惠幅度	零关税进口	
								税号（%）	价值（%）
	以百万美元计		HS 章	HS 六位子目	简单平均	加权平均	加权平均		
农产品									
1. 欧盟	2015	3,203	26	115	11.8	4.4	1.7	27.0	60.2
2. 美国	2015	2,669	23	86	4.6	1.3	0.6	72.3	81.5
3. 沙特阿拉伯	2015	2,059	20	63	13.9	5.8	0.0	26.5	69.3
4. 阿联酋	2015	1,926	20	86	5.2	2.5	0.0	26.4	71.2
5. 孟加拉国	2015	1,857	10	24	16.6	7.3	0.4	20.1	53.1
非农产品									
1. 美国	2015	41,534	59	716	4.3	3.1	0.6	70.2	73.5
2. 欧盟	2015	38,797	65	1,173	4.5	4.7	2.4	65.5	63.2
3. 阿联酋	2015	15,933	52	504	4.6	2.8	0.0	7.2	43.2
4. 中国香港	2015	15,111	6	18	0.0	0.0	0.0	100.0	100.0
5. 中国	2015	12,306	48	426	9.5	4.5	1.8	6.8	48.4

印度尼西亚

Part A.1 关税及进口：概述及关税值域

概述		总计	农产品	非农产品	"入世"时间		1995
最终约束关税简单平均		37.1	47.1	35.6	约束覆盖范围：	总计	96.3
已实施 MFN 关税简单平均	2016	7.9	8.4	7.8		非农产品	95.8
贸易加权平均	2015	6.8	7.8	6.7	农产品：关税配额（%）		1.0
进口值（以10亿美元计）	2015	142.2	15.9	126.3	农产品：特别保障措施（%）		0.7

频率分布		零关税	0≤5	5≤10	10≤15	15≤25	25≤50	50≤100	>100	非从价税（%）
		税号及进口值（%）								
农产品										
最终约束关税		0	0	0.6	0	0	87.5	8.6	3.2	0
已实施 MFN 关税	2016	8.5	77.2	4.5	0.8	4.7	2.3	0.9	1.0	1.4
进口	2015	14.0	63.3	14.4	1.2	2.9	2.9	1.2	0.0	10.1
非农产品										
最终约束关税		2.8	0	0.0	3.6	0	89.3	0.0	0.0	0
已实施 MFN 关税	2016	13.4	52.1	16.3	9.0	8.5	0.7	0	0.0	0.0
进口	2015	19.3	51.9	16.2	8.8	2.2	1.6	0	0.0	0.0

Part A.2 按产品分组的关税及进口

产品组	最终约束关税				已实施 MFN 关税			进口	
	平均值	零关税（%）	最大值	约束（%）	平均值	零关税（%）	最大值	占比（%）	零关税（%）
动物产品	43.7	0	50	100	7.1	8.2	30	0.6	1.0
乳制品	74.0	0	210	100	5.5	0	10	0.6	0
水果、蔬菜及植物	45.6	0	60	100	5.6	5.8	20	1.0	4.3
咖啡及茶	45.3	0	60	100	13.2	0	20	0.3	0
谷物及其制品	44.8	0	160	100	7.4	9.6	150	3.2	46.6
含油子仁、脂肪及油脂	39.9	0	60	100	4.5	11.2	10	2.3	0.7
糖及糖食	58.3	0	95	100	7.0	0	20	1.1	0
饮料及烟草	81.3	0	150	100	44.2	0	150	0.4	1.3
棉	37.4	0	40	100	4.0	20.0	5	0.8	0
其他农产品	40.7	0	60	100	4.1	17.2	5	0.9	2.4
鱼及鱼产品	40.0	0	40	100	6.2	1.4	20	0.2	0.0
矿产品及金属	38.8	0.1	40	97.7	7.0	17.5	30	15.9	8.5
石油	40.0	0	40	100	0.2	95.1	5	15.5	42.2
化工品	37.9	0.1	60	96.0	5.4	14.4	150	13.6	7.7
木材、纸及其他	39.4	0	40	100	5.2	27.0	25	2.5	22.4
纺织品	26.4	0	40	99.7	10.4	0.9	35	4.8	0.2
衣着	35.0	0	40	100	23.8	0	25	0.3	0
皮革、鞋及其他	39.7	0	50	99.4	10.0	13.3	30	1.8	7.2
非电气设备	35.0	6.5	40	98.3	5.0	17.2	20	15.8	17.5
电气设备	30.5	23.2	40	96.5	6.1	23.0	20	10.7	32.9
运输设备	38.3	0	40	52.8	11.1	32.9	50	5.0	19.5
其他工业品	35.4	9.4	40	87.0	7.5	7.8	25	2.7	8.7

Part B 出口至主要贸易伙伴及其面监的关税

主要市场	双边进口		多元化：95%贸易额所在税号税目		有贸易量 MFN 关税平均值		优惠幅度	零关税进口	
	以百万美元计		HS 章	HS 六位子目	简单平均	加权平均	加权平均	税号（%）	价值（%）
农产品									
1. 欧盟	2015	4,468	15	36	10.2	3.3	1.8	29.7	62.2
2. 中国	2015	4,316	11	24	14.0	9.8	6.2	94.4	48.6
3. 印度	2015	4,128	8	11	35.4	59.0	0.0	3.9	4.0
4. 马来西亚	2015	2,559	10	33	12.8	13.0	12.6	93.3	92.2
5. 美国	2015	2,009	13	36	4.4	0.6	0.3	81.5	90.9
非农产品									
1. 日本	2015	19,118	50	310	3.9	1.3	1.0	94.8	95.8
2. 美国	2015	17,373	43	359	5.0	7.6	0.6	67.4	54.5
3. 中国	2015	15,570	39	263	9.8	4.2	3.8	96.1	95.4
4. 新加坡	2015	12,826	48	334	0.0	0.0	0.0	100.0	100.0
5. 欧盟	2015	11,800	54	536	4.9	5.2	2.4	63.2	59.2

以色列

Part A.1 关税及进口：概述及关税值域

概述		总计	农产品	非农产品	“入世”时间		1995
最终约束关税简单平均		22.0	78.8	10.2	约束覆盖范围：	总计	75.3
已实施 MFN 关税简单平均	2016	3.9	8.3	3.1		非农产品	71.7
贸易加权平均	2015	3.2	12.7	2.4	农产品：关税配额（%）		6.6
进口值（以10亿美元计）	2015	61.7	5.0	56.7	农产品：特别保障措施（%）		4.9

频率分布		零关税	0≤5	5≤10	10≤15	15≤25	25≤50	50≤100	>100	非从价税（%）
		税号及进口值（%）								
农产品										
最终约束关税		3.6	9.1	3.0	2.4	17.2	10.0	18.7	35.1	0.3
已实施 MFN 关税	2016	57.7	9.0	11.6	5.9	6.5	6.3	2.1	0.7	14.3
进口	2015	66.8	9.5	4.5	2.6	2.8	10.7	2.0	0.9	10.1
非农产品										
最终约束关税		11.9	25.5	12.6	9.8	5.9	4.4	1.4	0.1	6.5
已实施 MFN 关税	2016	65.2	0.7	22.6	10.0	0.3	0.2	0.1	0.0	1.8
进口	2015	72.7	0.3	17.7	9.0	0.2	0.0	0.1	0.0	0.6

Part A.2 按产品分组的关税及进口

产品组	最终约束关税				已实施 MFN 关税			进口	
	平均值	零关税（%）	最大值	约束（%）	平均值	零关税（%）	最大值	占比（%）	零关税（%）
动物产品	103.7	13.6	190	96.7	14.9	49.0	170	1.1	92.8
乳制品	170.8	0	247	95.0	29.9	60.3	212	0.1	1.4
水果、蔬菜及植物	110.0	0	560	100	11.6	35.8	*188*	1.0	18.8
咖啡及茶	9.2	0	25	100	0.1	99.0	5	0.6	98.5
谷物及其制品	62.4	0.6	255	100	3.4	83.0	*114*	2.3	55.6
含油子仁、脂肪及油脂	37.2	2.1	128	100	4.7	53.4	*86*	1.1	69.3
糖及糖食	9.7	0	35	100	0.3	92.6	4	0.4	98.8
饮料及烟草	132.6	1.1	255	97.9	9.2	57.8	*97*	0.9	88.7
棉	76.0	0	76	100	0.0	100.0	0	0.0	100.0
其他农产品	38.0	7.8	170	99.2	2.4	70.0	*50*	0.6	70.2
鱼及鱼产品	6.1	0	170	57.1	6.7	54.1	*137*	0.7	70.6
矿产品及金属	8.9	9.2	80	84.2	2.7	70.9	*17*	21.2	83.2
石油	25.0	0	45	20.0	2.7	66.7	8	10.3	100.0
化工品	8.3	8.9	70	84.8	1.4	87.0	100	13.0	81.5
木材、纸及其他	12.5	17.1	60	74.0	3.6	72.2	100	3.3	58.3
纺织品	20.7	0.9	*150*	49.9	3.4	48.8	*22*	1.9	49.9
衣着	17.5	0	35	12.3	5.9	0.9	6	2.5	0.0
皮革、鞋及其他	12.6	13.6	60	71.7	4.2	60.1	12	1.6	35.3
非电气设备	7.8	33.6	*137*	77.7	3.2	65.3	12	10.9	67.2
电气设备	6.5	46.4	*75*	81.8	3.1	68.6	12	12.6	86.5
运输设备	18.8	25.5	100	39.2	3.3	67.3	100	8.8	28.7
其他工业品	9.7	31.3	*94*	80.0	3.4	66.2	100	5.1	70.8

Part B 出口至主要贸易伙伴及其面监的关税

主要市场	双边进口		多元化：95%贸易额所在税号税目		有贸易量 MFN 关税平均值		优惠幅度	零关税进口	
	以百万美元计		HS 章	HS 六位子目	简单平均	加权平均	加权平均	税号（%）	价值（%）
农产品									
1. 欧盟	2015	1,049	21	86	13.8	9.3	7.8	75.1	72.7
2. 美国	2015	350	19	75	5.5	5.0	4.9	95.0	99.5
3. 俄罗斯	2015	302	10	29	9.3	9.2	0.0	6.7	8.1
4. 日本	2015	84	11	19	10.7	14.8	0.0	27.0	6.5
5. 白俄罗斯	2015	69	5	30	8.7	9.2	0.0	8.6	9.1
非农产品									
1. 美国	2015	23,544	40	216	3.7	0.6	0.6	100.0	100.0
2. 欧盟	2015	13,301	53	522	4.4	1.7	1.7	99.9	100.0
3. 中国香港	2015	3,430	5	14	0.0	0.0	0.0	100.0	100.0
4. 中国	2015	2,746	27	158	7.9	3.7	0.0	12.6	39.5
5. 印度	2015	2,068	21	116	8.0	8.2	0.0	7.8	10.7

牙买加

Part A.1 关税及进口：概述及关税值域

概述		总计	农产品	非农产品	“入世”时间		1995
最终约束关税简单平均		49.6	97.0	42.5	约束覆盖范围：	总计	100
已实施 MFN 关税简单平均	2016	8.5	19.2	6.7		非农产品	100
贸易加权平均	2015	10.7	17.0	9.2	农产品：关税配额（%）		0
进口值（以 10 亿美元计）	2015	4.9	0.9	4.0	农产品：特别保障措施（%）		0

频率分布		零关税	0≤5	5≤10	10≤15	15≤25	25≤50	50≤100	>100	非从价税（%）
		税号及进口值（%）								
农产品										
最终约束关税		1.7	0.3	0.8	0	0	0.7	96.6	0	0.3
已实施 MFN 关税	2016	31.0	14.7	1.5	3.8	13.0	34.5	1.5	0	0
进口	2015	30.7	9.6	0.8	1.3	37.9	19.7	0.1	0	0
非农产品										
最终约束关税		0.4	4.8	12.5	0.4	0.0	81.8	0.1	0	0
已实施 MFN 关税	2016	63.2	6.3	2.9	4.3	19.1	4.1	0	0	0
进口	2015	51.1	8.9	6.1	8.6	22.8	2.6	0	0	0

Part A.2 按产品分组的关税及进口

产品组	最终约束关税				已实施 MFN 关税			进口	
	平均值	零关税（%）	最大值	约束（%）	平均值	零关税（%）	最大值	占比（%）	零关税（%）
动物产品	100.0	0	100	100	27.5	9.7	100	1.9	30.5
乳制品	100.0	0	100	100	27.3	11.9	75	0.9	3.9
水果、蔬菜及植物	99.5	0.5	100	100	24.6	16.5	100	1.9	6.4
咖啡及茶	100.0	0	100	100	16.1	12.5	40	0.3	2.9
谷物及其制品	100.0	0	100	100	12.8	35.6	40	7.4	42.3
含油子仁、脂肪及油脂	96.6	0	100	100	16.4	49.3	40	1.7	51.7
糖及糖食	100.0	0	100	100	20.2	35.3	40	1.0	3.0
饮料及烟草	100.0	0	100	100	29.0	1.4	40	3.5	23.4
棉	100.0	0	100	100	0.0	100.0	0	0.0	100.0
其他农产品	86.8	8.0	100	100	6.7	69.6	40	0.5	50.1
鱼及鱼产品	50.8	0	100	100	30.9	12.7	40	2.1	21.4
矿产品及金属	46.6	0.0	50	100	4.0	70.1	40	9.6	53.7
石油	50.0	0	50	100	5.7	35.5	30	22.5	65.8
化工品	25.3	0	100	100	2.7	82.3	40	11.9	53.6
木材、纸及其他	49.0	0	50	100	7.5	49.8	20	6.5	41.8
纺织品	49.5	0	50	100	3.1	82.0	30	1.5	37.1
衣着	50.0	0	50	100	19.8	0.9	20	0.8	0.2
皮革、鞋及其他	40.7	0.6	50	100	7.3	56.6	40	1.9	16.6
非电气设备	38.4	0.4	50	100	1.9	86.4	25	8.3	73.5
电气设备	47.5	5.0	50	100	7.4	54.9	25	6.3	55.3
运输设备	47.3	0	50	100	6.8	55.7	30	6.5	7.7
其他工业品	50.0	0	50	100	11.6	28.8	50	2.9	29.8

Part B 出口至主要贸易伙伴及其面监的关税

主要市场	双边进口		多元化：95%贸易额所在税号税目		有贸易量 MFN 关税平均值		优惠幅度	零关税进口	
	以百万美元计		HS 章	HS 六位子目	简单平均	加权平均	加权平均	税号（%）	价值（%）
农产品									
1. 美国	2015	115	11	33	4.2	7.2	3.5	96.9	92.4
2. 欧盟	2015	101	10	26	12.2	35.7	35.7	100.0	100.0
3. 加拿大	2015	32	10	26	5.7	3.4	2.0	95.7	99.4
4. 日本	2015	20	2	3	4.7	0.2	0.1	69.2	99.2
5. 圭亚那	2015	8	8	12	26.4	22.5	22.5	100.0	100.0
非农产品									
1. 加拿大	2015	157	1	1	3.2	0.0	0.0	91.3	100.0
2. 美国	2015	144	6	8	2.8	0.2	0.2	99.4	100.0
3. 欧盟	2015	143	5	6	3.2	4.2	4.2	100.0	100.0
4. 俄罗斯	2015	116	1	1	0.0	0.0	0.0	100.0	100.0
5. 冰岛	2015	89	1	1	0.0	0.0	0.0	100.0	100.0

日本

Part A. 1 关税及进口：概述及关税值域

概述		总计	农产品	非农产品	“入世”时间		1995
最终约束关税简单平均		4.5	17.4	2.5	约束覆盖范围：	总计	99.7
已实施 MFN 关税简单平均	2016	4.0	13.1	2.5		非农产品	99.6
贸易加权平均	2015	2.1	11.1	1.2	农产品：关税配额（%）		6.2
进口值（以10亿美元计）	2015	637.1	53.7	583.4	农产品：特别保障措施（%）		5.4

频率分布		零关税	0≤5	5≤10	10≤15	15≤25	25≤50	50≤100	>100	非从价税（%）
		税号及进口值（%）								
农产品										
最终约束关税		34.1	18.7	16.4	7.7	10.3	6.6	2.3	3.8	15.1
已实施 MFN 关税	2016	36.5	17.9	17.0	7.1	11.2	6.2	0.8	2.3	11.6
进口	2015	42.7	12.3	15.4	9.9	7.8	10.0	0.0	0.1	7.2
非农产品										
最终约束关税		55.9	25.7	15.2	2.1	0.4	0.3	0.0	0.1	1.7
已实施 MFN 关税	2016	55.7	26.2	15.3	2.1	0.4	0.3	0.0	0.1	2.0
进口	2015	81.1	9.9	6.9	1.6	0.1	0.1	0.0	0.0	0.9

Part A. 2 按产品分组的关税及进口

产品组	最终约束关税				已实施 MFN 关税			进口	
	平均值	零关税（%）	最大值	约束（%）	平均值	零关税（%）	最大值	占比（%）	零关税（%）
动物产品	13.9	45.7	*324*	100	10.8	46.6	*324*	1.8	3.1
乳制品	95.1	0	*558*	100	65.7	9.1	*558*	0.2	21.7
水果、蔬菜及植物	8.9	19.6	*277*	100	9.4	19.4	*277*	1.4	14.8
咖啡及茶	13.7	22.2	*133*	100	14.3	22.7	*133*	0.5	62.1
谷物及其制品	57.1	8.2	*613*	100	32.3	21.6	*613*	1.4	64.6
含油子仁、脂肪及油脂	7.5	46.2	*380*	100	5.9	46.0	*380*	0.9	77.4
糖及糖食	29.3	7.3	*135*	100	20.6	9.5	*50*	0.1	47.6
饮料及烟草	16.2	19.1	*38*	100	14.6	30.9	*38*	1.2	62.0
棉	0.0	100.0	0	100	0.0	100.0	0	0.0	100.0
其他农产品	3.6	66.5	*269*	100	3.1	68.1	*269*	0.8	67.6
鱼及鱼产品	4.9	4.9	12	91.3	5.7	3.2	15	2.1	4.1
矿产品及金属	1.0	69.9	10	99.9	1.0	70.4	10	21.3	91.9
石油	13.3	54.2	*281*	80.0	0.8	64.3	8	12.8	95.5
化工品	2.3	37.4	7	100	2.2	38.7	7	10.5	61.7
木材、纸及其他	1.0	78.8	10	97.6	0.9	80.6	10	3.3	69.0
纺织品	5.5	7.6	25	100	5.4	8.1	25	2.2	7.3
衣着	9.2	0	13	100	9.0	1.8	13	4.2	2.9
皮革、鞋及其他	9.1	50.3	*385*	100	8.7	54.1	*385*	1.9	35.1
非电气设备	0.0	100.0	0	100	0.0	100.0	0	9.4	100.0
电气设备	0.2	95.5	5	100	0.1	97.8	5	13.7	99.8
运输设备	0.0	100.0	0	100	0.0	100.0	0	4.0	100.0
其他工业品	1.1	77.0	8	100	1.2	75.6	8	6.0	90.5

Part B 出口至主要贸易伙伴及其面监的关税

主要市场	双边进口		多元化：95%贸易额所在税号税目		有贸易量 MFN 关税平均值		优惠幅度	零关税进口	
	以百万美元计		HS 章	HS 六位子目	简单平均	加权平均	加权平均	税号（%）	价值（%）
农产品									
1. 中国台北	2015	855	23	76	15.3	20.3	0.0	22.3	10.3
2. 中国香港	2015	751	22	92	0.0	0.0	0.0	100.0	100.0
3. 美国	2015	549	20	56	4.7	3.0	0.0	27.9	26.7
4. 中国	2015	399	22	64	15.7	12.3	0.1	7.4	14.6
5. 韩国	2015	279	19	70	44.1	19.8	0.0	5.3	13.3
非农产品									
1. 中国	2015	142,494	55	940	9.2	5.2	0.0	8.1	35.2
2. 美国	2015	125,992	50	749	3.9	1.8	0.0	38.7	40.2
3. 欧盟	2015	56,144	57	1,047	4.4	2.9	0.0	21.3	41.7
4. 韩国	2015	45,161	53	1,016	6.4	4.3	0.0	17.6	37.4
5. 中国台北	2015	37,685	51	872	4.9	2.5	0.0	33.1	56.1

约旦

Part A. 1　关税及进口：概述及关税值域

概述		总计	农产品	非农产品	“入世”时间	2000
最终约束关税简单平均		16.2	23.8	15.1	约束覆盖范围：　总计	100
已实施 MFN 关税简单平均	2016	9.7	16.8	8.6	非农产品	100
贸易加权平均	2015	8.1	9.9	7.5	农产品：关税配额（%）	0
进口值（以10亿美元计）	2015	15.2	3.7	11.5	农产品：特别保障措施（%）	0

频率分布		零关税	0≤5	5≤10	10≤15	15≤25	25≤50	50≤100	>100	非从价税（%）
		税号及进口值（%）								
农产品										
最终约束关税		1.2	15.7	15.4	10.9	27.5	25.6	0.2	3.4	0.8
已实施 MFN 关税	2016	35.3	8.7	7.8	0.6	22.5	21.9	0.1	2.2	0.8
进口	2015	62.0	0.9	2.1	2.0	19.4	11.6	0.5	0.2	1.4
非农产品										
最终约束关税		7.0	22.5	16.5	8.2	23.9	21.8	0.0	0	0.1
已实施 MFN 关税	2016	57.2	4.5	7.4	0.9	14.4	15.6	0	0	0
进口	2015	60.8	4.2	6.8	2.3	12.7	13.3	0	0	0

Part A. 2　按产品分组的关税及进口

产品组	最终约束关税				已实施 MFN 关税			进口	
	平均值	零关税（%）	最大值	约束（%）	平均值	零关税（%）	最大值	占比（%）	零关税（%）
动物产品	13.6	0	30	100	10.7	18.9	30	4.4	77.8
乳制品	16.1	7.5	30	100	8.2	57.1	30	1.7	79.5
水果、蔬菜及植物	23.5	0	*79*	100	19.8	15.8	35	3.2	14.7
咖啡及茶	20.5	0	30	100	13.3	39.6	30	1.5	23.1
谷物及其制品	17.1	5.4	80	100	10.4	40.9	40	7.6	75.6
含油子仁、脂肪及油脂	16.4	0	30	100	9.2	63.2	30	2.5	80.0
糖及糖食	19.1	0	30	100	7.2	70.6	30	1.4	77.0
饮料及烟草	97.9	0	200	100	78.2	20.1	200	1.2	6.1
棉	9.0	0	10	100	0.0	100.0	0	0.0	100.0
其他农产品	15.6	1.6	30	100	10.0	51.8	30	0.8	70.2
鱼及鱼产品	19.7	0	30	100	10.7	46.9	30	0.7	87.5
矿产品及金属	19.3	0.1	30	100	10.5	46.9	30	19.0	57.2
石油	15.3	0	20	100	10.3	24.7	20	2.7	2.3
化工品	5.2	10.5	30	100	1.2	83.6	30	12.9	76.9
木材、纸及其他	21.2	1.2	30	100	12.8	45.8	30	4.5	63.6
纺织品	15.5	0.2	30	100	4.4	76.0	30	1.9	65.7
衣着	19.5	0	20	100	19.6	0.5	20	1.8	0.0
皮革、鞋及其他	23.5	0	30	100	8.4	46.8	30	1.3	9.8
非电气设备	10.3	17.6	30	100	5.7	73.7	30	9.3	53.5
电气设备	17.0	22.9	30	100	12.0	52.4	30	7.2	70.3
运输设备	13.1	9.6	30	100	7.9	55.3	30	11.3	76.8
其他工业品	20.7	13.4	*60*	100	18.2	26.3	30	3.0	50.6

Part B　出口至主要贸易伙伴及其面监的关税

主要市场	双边进口		多元化：95%贸易额所在税号税目		有贸易量 MFN 关税平均值		优惠幅度	零关税进口	
	以百万美元计		HS 章	HS 六位子目	简单平均	加权平均	加权平均	税号（%）	价值（%）
农产品									
1. 沙特阿拉伯	2015	255	18	42	4.3	1.9	1.9	100.0	100.0
2. 阿联酋	2015	127	14	34	7.3	17.6	17.6	100.0	100.0
3. 以色列	2015	107	3	10	11.6	11.3	9.9	72.5	96.1
4. 科威特	2015	78	16	46	3.8	2.5	2.5	100.0	100.0
5. 卡塔尔	2015	61	15	37	4.9	1.4	1.4	100.0	100.0
非农产品									
1. 美国	2015	1,428	8	34	6.4	23.6	23.6	100.0	100.0
2. 印度	2015	851	3	8	8.9	5.5	0.0	2.1	0.6
3. 沙特阿拉伯	2015	727	30	131	4.7	3.7	3.7	100.0	100.0
4. 欧盟	2015	321	28	85	4.5	4.8	4.8	100.0	100.0
5. 以色列	2015	303	13	43	5.1	1.6	1.4	77.3	97.4

哈萨克斯坦

Part A.1 关税及进口：概述及关税值域

概述		总计	农产品	非农产品	“入世”时间		2015
最终约束关税简单平均		6.4	9.7	6.0	约束覆盖范围：	总计	100
已实施 MFN 关税简单平均	2016	6.9	9.5	6.5		非农产品	100
贸易加权平均	2015	7.3	14.3	6.5	农产品：关税配额（%）		2.3
进口值（以10亿美元计）	2015	30.5	3.3	27.2	农产品：特别保障措施（%）		0

频率分布		零关税	0≤5	5≤10	10≤15	15≤25	25≤50	50≤100	>100	非从价税（%）
		税号及进口值（%）								
农产品										
最终约束关税		6.0	43.2	24.1	20.3	3.2	2.6	0.3	0.3	18.2
已实施 MFN 关税	2016	9.8	40.5	18.4	25.3	3.1	1.2	1.4	0.3	18.3
进口	2015	8.0	16.3	13.4	38.7	12.1	9.5	2.1	0.0	54.3
非农产品										
最终约束关税		16.3	45.1	28.8	9.7	0.1	0	0	0	6.2
已实施 MFN 关税	2016	16.7	41.6	24.6	15.1	1.9	0.0	0	0	6.5
进口	2015	27.9	24.5	22.8	17.7	7.0	0.0	0.0	0.0	5.7

Part A.2 按产品分组的关税及进口

产品组	最终约束关税				已实施 MFN 关税			进口	
	平均值	零关税（%）	最大值	约束（%）	平均值	零关税（%）	最大值	占比（%）	零关税（%）
动物产品	17.1	8.7	*95*	100	15.0	19.0	55	1.0	8.9
乳制品	14.4	0	15	100	14.9	0	18	0.8	0
水果、蔬菜及植物	8.1	0.2	15	100	8.2	4.8	20	2.9	6.9
咖啡及茶	5.4	4.2	*13*	100	5.4	20.8	13	1.1	31.6
谷物及其制品	9.6	1.9	*20*	100	9.4	4.0	*20*	1.9	1.4
含油子仁、脂肪及油脂	5.6	32.0	15	100	6.6	19.1	15	0.8	20.5
糖及糖食	10.2	0	*60*	100	11.1	0	*54*	0.8	0
饮料及烟草	20.5	2.1	*233*	100	21.7	4.4	*233*	1.4	2.4
棉	0.0	100.0	0	100	0.0	100.0	0	0.0	100.0
其他农产品	5.3	0.8	10	100	4.8	7.4	10	0.3	0.9
鱼及鱼产品	0.8	88.6	14	100	7.2	4.5	30	0.2	1.0
矿产品及金属	7.0	6.4	15	100	7.6	6.8	17	20.2	20.4
石油	5.0	0	5	100	4.4	12.7	5	3.1	1.3
化工品	4.7	9.1	*12*	100	5.0	8.7	13	12.9	4.7
木材、纸及其他	5.0	37.6	15	100	8.2	6.4	16	4.3	9.5
纺织品	7.4	0.2	15	100	8.0	0.6	20	1.5	0.8
衣着	8.9	0	*24*	100	9.1	0	*24*	1.9	0
皮革、鞋及其他	6.0	4.2	15	100	6.2	9.9	20	2.7	3.1
非电气设备	4.4	31.1	15	100	2.6	67.3	15	18.5	62.8
电气设备	4.8	41.1	15	100	4.5	45.1	20	9.9	55.4
运输设备	7.5	11.6	15	100	8.1	16.8	23	9.3	6.3
其他工业品	7.0	22.5	15	100	8.0	21.0	20	4.7	40.8

Part B 出口至主要贸易伙伴及其面临的关税

主要市场	双边进口		多元化：95%贸易额所在税号税目		有贸易量 MFN 关税平均值		优惠幅度	零关税进口	
	以百万美元计		HS 章	HS 六位子目	简单平均	加权平均	加权平均	税号（%）	价值（%）
农产品									
1. 俄罗斯	2015	221	23	165	19.6	14.8	14.8	100.0	100.0
2. 欧盟	2015	187	4	10	9.6	0.9	0.0	25.9	96.2
3. 吉尔吉斯斯坦	2015	172	14	39	13.5	10.4	10.4	100.0	100.0
4. 中国	2015	126	5	10	16.6	25.9	0.0	5.0	14.2
5. 蒙古	2015	28	4	6	6.2	5.3	0.0	0.0	0.0
非农产品									
1. 欧盟	2015	17,258	4	6	3.9	0.2	0.0	24.8	95.1
2. 中国	2015	5,711	7	8	5.2	1.6	0.0	20.2	63.4
3. 俄罗斯	2015	4,279	64	1,177	9.2	7.5	7.5	100.0	100.0
4. 土耳其	2015	1,093	5	6	4.5	0.8	0.0	15.8	72.6
5. 日本	2015	808	2	6	1.9	0.4	0.1	75.0	89.8

肯尼亚

Part A.1 关税及进口：概述及关税值域

概述		总计	农产品	非农产品	"入世"时间		1995
最终约束关税简单平均		95.1	100.0	57.0	约束覆盖范围：	总计	14.8
已实施 MFN 关税简单平均	2016	12.8	20.2	11.6		非农产品	2.0
贸易加权平均	2014	7.8	21.7	6.1	农产品：关税配额（%）		0
进口值（以10亿美元计）	2014	18.4	2.0	16.4	农产品：特别保障措施（%）		0

频率分布		零关税	0≤5	5≤10	10≤15	15≤25	25≤50	50≤100	>100	非从价税（%）
		税号及进口值（%）								
农产品										
最终约束关税		0	0	0	0	0	0	99.8	0	0
已实施 MFN 关税	2016	15.4	0	16.2	0	64.2	1.3	2.6	0	1.2
进口	2014	30.3	0	24.6	0	23.9	13.9	6.4	0	14.8
非农产品										
最终约束关税		0	0	0	0	0.1	0.2	1.6	0	0
已实施 MFN 关税	2016	40.4	0	21.9	0	36.3	0.4	0	0	1.0
进口	2014	70.5	0	11.6	0	16.6	0.7	0	0	1.2

Part A.2 按产品分组的关税及进口

产品组	最终约束关税				已实施 MFN 关税			进口	
	平均值	零关税（%）	最大值	约束（%）	平均值	零关税（%）	最大值	占比（%）	零关税（%）
动物产品	100.0	0	100	100	23.1	7.7	25	0.0	26.3
乳制品	100.0	0	100	100	51.7	0	60	0.2	0
水果、蔬菜及植物	100.0	0	100	100	22.1	8.4	25	0.5	13.6
咖啡及茶	100.0	0	100	100	19.6	16.7	25	0.2	10.8
谷物及其制品	100.0	0	100	100	21.8	10.3	50	4.7	2.1
含油子仁、脂肪及油脂	100.0	0	100	98.6	11.6	20.5	25	3.4	84.5
糖及糖食	100.0	0	100	100	39.4	5.9	*100*	0.7	9.2
饮料及烟草	100.0	0	100	100	25.3	0	35	0.7	0
棉	100.0	0	100	100	0.0	100.0	0	0.0	100.0
其他农产品	100.0	0	100	100	10.9	38.2	25	0.2	47.1
鱼及鱼产品	63.3	0	100	46.0	24.7	0.3	25	0.1	2.2
矿产品及金属	62.0	0	62	0.9	10.6	35.8	35	12.3	58.0
石油	–	–	–	0	4.3	61.4	25	20.6	97.4
化工品	35.2	0	100	2.2	3.9	77.9	25	12.0	80.7
木材、纸及其他	–	–	–	0	14.2	25.6	25	2.8	12.3
纺织品	–	–	–	0	19.5	6.9	50	3.3	18.2
衣着	–	–	–	0	25.2	0	50	0.6	21.5
皮革、鞋及其他	–	–	–	0	12.7	21.1	25	1.4	13.4
非电气设备	–	–	–	0	3.2	75.2	25	10.7	74.8
电气设备	–	–	–	0	10.9	35.4	35	6.6	68.1
运输设备	62.0	0	62	0.8	6.2	61.8	25	16.0	66.0
其他工业品	–	–	–	0	14.8	31.4	40	2.7	61.5

Part B 出口至主要贸易伙伴及其面临的关税

主要市场	双边进口		多元化：95%贸易额所在税号税目		有贸易量 MFN 关税平均值		优惠幅度	零关税进口	
	以百万美元计		HS 章	HS 六位子目	简单平均	加权平均	加权平均	税号（%）	价值（%）
农产品									
1. 欧盟	2015	1,251	8	20	10.3	6.8	6.8	100.0	100.0
2. 巴基斯坦	2015	342	1	1	10.2	9.9	0.0	0.0	0.0
3. 埃及	2015	265	1	1	15.6	3.2	3.2	100.0	100.0
4. 俄罗斯	2015	170	3	5	7.4	1.8	0.4	12.5	64.8
5. 美国	2015	140	7	13	2.6	0.7	0.7	98.4	100.0
非农产品									
1. 乌干达	2015	435	43	242	12.1	17.3	17.3	100.0	100.0
2. 美国	2015	402	5	30	6.8	20.8	20.8	90.4	99.9
3. 赞比亚	2015	397	7	12	13.7	23.8	23.8	100.0	100.0
4. 欧盟	2015	196	34	117	4.3	4.2	4.2	99.9	100.0
5. 坦桑尼亚	2015	190	43	269	12.6	15.4	15.4	100.0	100.0

韩国

Part A. 1 关税及进口：概述及关税值域

概述		总计	农产品	非农产品	"入世"时间		1995
最终约束关税简单平均		16.5	57.9	9.8	约束覆盖范围：	总计	94.9
已实施 MFN 关税简单平均	2016	13.9	56.9	6.8		非农产品	94.1
贸易加权平均	2015	6.9	55.4	4.0	农产品：关税配额（%）		13.8
进口值（以10亿美元计）	2015	426.4	24.3	402.2	农产品：特别保障措施（%）		6.5

频率分布		零关税	0≤5	5≤10	10≤15	15≤25	25≤50	50≤100	>100	非从价税（%）
		税号及进口值（%）								
农产品										
最终约束关税		2.2	5.7	7.8	7.8	23.4	33.2	10.6	8.4	5.2
已实施 MFN 关税	2016	5.6	17.5	22.4	1.1	13.0	28.4	2.0	9.8	3.2
进口	2015	7.6	28.9	16.5	1.1	12.4	23.8	0.5	8.8	2.9
非农产品										
最终约束关税		18.3	7.6	22.8	33.6	5.4	6.5	0.0	0.0	0.1
已实施 MFN 关税	2016	16.7	11.2	62.1	6.6	3.3	0.0	0.0	0.0	0.1
进口	2015	36.5	26.3	33.8	2.8	0.6	0.0	0	0.0	0.0

Part A. 2 按产品分组的关税及进口

产品组	最终约束关税				已实施 MFN 关税			进口	
	平均值	零关税（%）	最大值	约束（%）	平均值	零关税（%）	最大值	占比（%）	零关税（%）
动物产品	26.4	0.4	89	100	21.5	3.1	89	0.9	0.4
乳制品	69.8	0	176	100	66.0	0	176	0.2	0
水果、蔬菜及植物	65.2	0	887	100	58.6	0.2	887	0.9	0.0
咖啡及茶	74.1	0	514	100	56.4	0	514	0.2	0
谷物及其制品	161.2	0	800	100	187.1	0.2	800	1.4	6.4
含油子仁、脂肪及油脂	46.2	2.7	*630*	100	40.7	3.6	*630*	0.8	3.8
糖及糖食	32.2	0	243	100	15.7	0	243	0.3	0
饮料及烟草	42.6	0	270	100	32.2	0	270	0.3	0
棉	2.0	0	2	100	0.0	100.0	0	0.1	100.0
其他农产品	22.3	9.7	754	100	20.3	22.0	754	0.6	31.1
鱼及鱼产品	14.7	0	32	50.0	16.4	0.5	*35*	1.0	0.9
矿产品及金属	7.4	22.4	35	95.8	4.5	27.1	8	21.8	45.4
石油	8.9	0	13	80.0	4.5	3.3	8	16.4	16.6
化工品	5.8	7.7	*193*	97.4	5.7	6.5	*193*	10.2	15.0
木材、纸及其他	3.2	69.7	13	92.1	2.2	66.7	13	2.1	66.2
纺织品	16.5	0.6	30	98.5	9.0	1.5	13	1.8	2.7
衣着	28.4	0	35	100	12.5	0	13	1.9	0
皮革、鞋及其他	12.0	0.1	16	97.5	7.5	2.6	16	1.5	9.5
非电气设备	9.1	27.6	20	96.9	6.0	22.5	13	10.9	41.1
电气设备	6.9	47.6	20	76.5	6.2	21.2	13	16.4	70.7
运输设备	8.2	24.9	20	80.8	5.5	27.0	10	4.8	26.0
其他工业品	8.6	33.1	16	99.0	6.6	16.0	13	5.4	24.7

Part B 出口至主要贸易伙伴及其面临的关税

主要市场	双边进口		多元化：95%贸易额所在税号税目		有贸易量 MFN 关税平均值		优惠幅度	零关税进口	
	以百万美元计		HS 章	HS 六位子目	简单平均	加权平均	加权平均	税号（%）	价值（%）
农产品									
1. 日本	2015	1,315	20	54	17.4	10.7	0.0	21.7	47.1
2. 中国	2015	729	16	44	16.0	19.8	1.1	4.1	4.7
3. 美国	2015	590	16	44	4.7	5.1	4.0	76.1	76.9
4. 中国香港	2015	439	15	45	0.0	0.0	0.0	100.0	100.0
5. 中国台北	2015	223	20	47	17.2	19.0	0.0	17.5	19.1
非农产品									
1. 中国	2015	173,775	43	472	9.3	2.9	0.3	8.0	52.1
2. 美国	2015	67,494	55	573	4.0	1.7	1.0	88.6	68.7
3. 欧盟	2015	42,071	56	789	4.5	3.2	3.0	98.4	95.3
4. 越南	2015	27,415	51	682	8.5	4.2	1.4	74.7	75.2
5. 中国香港	2015	26,135	40	153	0.0	0.0	0.0	100.0	100.0

科威特

Part A. 1　关税及进口：概述及关税值域

概述		总计	农产品	非农产品	“入世”时间		1995
最终约束关税简单平均		97.9	100.0	97.5	约束覆盖范围：	总计	99.9
已实施 MFN 关税简单平均	2016	4.7	5.1	4.6		非农产品	99.9
贸易加权平均	2015	4.7	8.5	4.0	农产品：关税配额（%）		0
进口值（以 10 亿美元计）	2015	31.8	4.9	26.9	农产品：特别保障措施（%）		0

频率分布		零关税	0≤5	5≤10	10≤15	15≤25	25≤50	50≤100	>100	非从价税（%）
		税号及进口值（%）								
农产品										
最终约束关税		0	0	0	0	0	0	100.0	0	0
已实施 MFN 关税	2016	23.4	68.7	0	0	0	0	1.3	0	7.9
进口	2015	42.5	53.5	0	0	0	0	0.2	3.9	4.0
非农产品										
最终约束关税		2.5	0	0	0	0	0	97.4	0	0
已实施 MFN 关税	2016	8.2	91.5	0	0	0	0	0	0	0.3
进口	2015	20.6	79.4	0	0	0	0	0	0	0.0

Part A. 2　按产品分组的关税及进口

产品组	最终约束关税				已实施 MFN 关税			进口	
	平均值	零关税（%）	最大值	约束（%）	平均值	零关税（%）	最大值	占比（%）	零关税（%）
动物产品	100.0	0	100	100	2.8	36.5	5	2.5	38.1
乳制品	100.0	0	100	100	5.0	0	5	1.9	0
水果、蔬菜及植物	100.0	0	100	100	3.3	33.3	5	3.6	72.2
咖啡及茶	100.0	0	100	100	3.1	37.5	5	0.9	30.4
谷物及其制品	100.0	0	100	100	3.2	35.2	5	3.7	59.9
含油子仁、脂肪及油脂	100.0	0	100	100	4.8	3.6	5	0.7	16.0
糖及糖食	100.0	0	100	100	3.5	29.4	5	0.4	60.2
饮料及烟草	100.0	0	100	100	32.9	0.7	100	1.3	0
棉	100.0	0	100	100	5.0	0	5	0.0	0
其他农产品	100.0	0	100	100	4.4	11.0	5	0.4	44.4
鱼及鱼产品	100.0	0	100	100	3.6	28.6	5	0.6	71.5
矿产品及金属	99.9	0.1	100	100	4.9	2.3	5	16.8	12.3
石油	–	–	–	0	5.0	0	5	0.4	0
化工品	99.9	0.1	100	100	4.4	11.0	5	11.3	35.3
木材、纸及其他	100.0	0	100	100	4.7	5.2	5	3.7	3.9
纺织品	100.0	0	100	100	5.0	0.2	5	1.9	1.5
衣着	100.0	0	100	100	5.0	0	5	3.7	0
皮革、鞋及其他	100.0	0	100	100	5.0	0	5	2.0	0
非电气设备	94.2	5.8	100	100	4.5	9.7	5	12.3	24.6
电气设备	78.1	21.9	100	100	3.7	26.3	5	10.4	55.6
运输设备	100.0	0	100	100	4.0	19.3	5	16.0	6.2
其他工业品	93.9	6.1	100	100	4.6	8.6	5	5.2	17.1

Part B　出口至主要贸易伙伴及其面临的关税

主要市场	双边进口		多元化：95%贸易额所在税号税目		有贸易量 MFN 关税平均值		优惠幅度	零关税进口	
	以百万美元计		HS 章	HS 六位子目	简单平均	加权平均	加权平均	税号（%）	价值（%）
农产品									
1. 沙特阿拉伯	2015	167	10	22	4.3	3.8	3.8	100.0	100.0
2. 卡塔尔	2015	52	11	23	4.0	4.2	4.2	100.0	100.0
3. 阿联酋	2015	35	13	28	3.8	4.7	4.7	100.0	100.0
4. 巴林	2015	19	14	52	4.3	4.6	4.6	100.0	100.0
5. 约旦	2015	15	10	22	20.1	21.8	21.7	98.9	99.8
非农产品									
1. 韩国	2015	8,972	1	4	6.6	2.6	0.0	18.6	11.8
2. 中国	2015	7,497	3	7	8.7	0.7	0.0	15.3	76.6
3. 日本	2015	6,408	1	3	0.2	0.0	0.0	86.4	99.3
4. 印度	2015	4,968	2	6	8.4	1.2	0.0	3.9	78.0
5. 美国	2015	4,197	4	13	2.8	0.0	0.0	62.5	100.0

吉尔吉斯斯坦

Part A. 1　关税及进口：概述及关税值域

概述		总计	农产品	非农产品	“入世”时间	1998
最终约束关税简单平均		7.5	12.7	6.7	约束覆盖范围：　总计	99.9
已实施 MFN 关税简单平均	2016	6.9	9.2	6.5	非农产品	99.9
贸易加权平均	2015	7.7	17.9	6.0	农产品：关税配额（%）	0
进口值（以 10 亿美元计）	2015	4.0	0.6	3.4	农产品：特别保障措施（%）	0

频率分布		零关税	0≤5	5≤10	10≤15	15≤25	25≤50	50≤100	>100	非从价税（%）
		税号及进口值（%）								
农产品										
最终约束关税		1.2	9.4	54.6	11.9	22.0	0.4	0.2	0.3	2.3
已实施 MFN 关税	2016	9.4	39.5	17.3	30.2	1.9	0.6	0.9	0.3	24.0
进口	2015	3.5	28.9	22.5	24.2	4.9	6.9	9.2	0.0	59.1
非农产品										
最终约束关税		22.4	11.1	59.0	7.4	0.0	0	0	0	0.2
已实施 MFN 关税	2016	18.2	39.0	24.8	14.8	3.1	0.1	0.0	0	7.3
进口	2015	22.2	42.4	22.3	8.7	3.2	0.5	0.3	0.0	8.0

Part A. 2　按产品分组的关税及进口

产品组	最终约束关税				已实施 MFN 关税			进口	
	平均值	零关税（%）	最大值	约束（%）	平均值	零关税（%）	最大值	占比（%）	零关税（%）
动物产品	10.2	0	15	100	13.7	14.8	80	1.3	1.3
乳制品	11.5	0	15	100	14.9	0	18	0.2	0
水果、蔬菜及植物	15.6	3.8	20	100	8.2	5.6	*20*	1.2	5.6
咖啡及茶	10.6	0	15	100	6.2	20.8	*15*	1.6	8.7
谷物及其制品	11.9	0	20	100	9.6	4.2	33	4.0	1.5
含油子仁、脂肪及油脂	11.0	0	15	100	6.7	18.1	15	1.8	7.6
糖及糖食	9.7	6.3	30	100	11.0	0	*30*	1.4	0
饮料及烟草	18.6	0	*147*	100	18.0	4.4	*147*	2.6	0.1
棉	10.0	0	10	100	0.0	100.0	0	0.0	100.0
其他农产品	10.5	0	20	100	4.8	8.2	*13*	0.3	23.9
鱼及鱼产品	10.2	0	20	100	7.2	1.3	*20*	0.3	0.3
矿产品及金属	5.5	42.2	10	99.8	7.6	8.8	*83*	18.9	8.4
石油	7.6	0	10	100	4.3	13.6	5	16.3	0.1
化工品	5.4	10.5	10	100	4.8	12.5	13	11.0	43.2
木材、纸及其他	0.7	93.3	10	100	8.2	6.4	16	4.0	4.0
纺织品	8.6	0.2	12	99.8	8.3	0.7	*38*	4.6	1.8
衣着	11.9	0	12	100	9.3	0	18	3.8	0
皮革、鞋及其他	9.3	0	15	100	6.2	10.5	*15*	3.5	5.9
非电气设备	6.7	23.0	15	100	2.7	69.1	16	9.2	73.1
电气设备	6.8	19.8	15	100	4.6	45.6	17	4.3	60.5
运输设备	8.9	5.8	10	100	7.6	22.9	25	6.4	17.0
其他工业品	7.7	24.9	15	100	8.0	22.3	20	3.4	54.0

Part B　出口至主要贸易伙伴及其面监的关税

主要市场	双边进口		多元化：95%贸易额所在税号税目		有贸易量 MFN 关税平均值		优惠幅度	零关税进口	
	以百万美元计		HS 章	HS 六位子目	简单平均	加权平均	加权平均	税号（%）	价值（%）
农产品									
1. 哈萨克斯坦	2015	40	8	38	12.2	13.4	13.4	100.0	100.0
2. 土耳其	2015	33	4	6	14.6	16.2	0.0	37.5	22.4
3. 俄罗斯	2015	25	6	9	10.3	4.4	4.4	100.0	100.0
4. 欧盟	2015	20	4	8	5.9	3.6	2.8	43.2	83.6
5. 中国	2015	19	7	14	14.2	9.9	0.0	1.8	3.8
非农产品									
1. 瑞士	2015	438	1	1	2.4	0.0	0.0	65.8	100.0
2. 哈萨克斯坦	2015	142	24	103	8.5	7.2	7.2	100.0	100.0
3. 阿联酋	2015	89	1	1	4.1	0.0	0.0	18.2	100.0
4. 俄罗斯	2015	46	16	25	9.1	4.4	4.4	100.0	100.0
5. 土耳其	2015	44	3	5	3.0	0.3	0.0	77.5	96.2

老挝

Part A.1 关税及进口：概述及关税值域

概述		总计	农产品	非农产品	"入世"时间	2013
最终约束关税简单平均		19.0	19.6	18.9	约束覆盖范围：总计	100
已实施 MFN 关税简单平均	2016	8.5	11.2	8.1	非农产品	100
贸易加权平均					农产品：关税配额（%）	0
进口值（以10亿美元计）					农产品：特别保障措施（%）	0

频率分布		零关税	0≤5	5≤10	10≤15	15≤25	25≤50	50≤100	>100	非从价税（%）
		税号及进口值（%）								
农产品										
最终约束关税		7.3	10.1	37.6	4.8	10.8	25.0	4.4	0	0
已实施 MFN 关税	2016	8.8	37.5	31.7	0.4	6.4	14.7	0	0	0.6
进口										
非农产品										
最终约束关税		0.1	11.4	14.1	15.3	39.2	19.8	0.1	0	0
已实施 MFN 关税	2016	0.3	58.3	34.1	0.1	4.8	2.4	0	0	0.1
进口										

Part A.2 按产品分组的关税及进口

产品组	最终约束关税				已实施 MFN 关税			进口	
	平均值	零关税（%）	最大值	约束（%）	平均值	零关税（%）	最大值	占比（%）	零关税（%）
动物产品	16.7	0	50	100	11.0	0	30		
乳制品	5.0	0	5	100	5.0	0	5		
水果、蔬菜及植物	19.7	4.1	80	100	13.5	2.5	40		
咖啡及茶	41.7	0	60	100	24.2	0	40		
谷物及其制品	16.3	24.2	90	100	8.0	24.2	30		
含油子仁、脂肪及油脂	20.8	21.7	60	100	9.7	20.5	30		
糖及糖食	13.8	5.9	40	100	10.6	5.9	30		
饮料及烟草	18.3	0	60	100	10.6	31.3	40		
棉	9.0	40.0	15	100	3.0	40.0	5		
其他农产品	23.2	2.2	60	100	10.4	2.2	30		
鱼及鱼产品	31.0	0	50	100	12.4	0	30		
矿产品及金属	15.5	0	40	100	5.8	0	20		
石油	6.5	0	15	100	5.2	0	20		
化工品	19.7	0.5	50	100	6.6	0.2	40		
木材、纸及其他	29.4	0	50	100	13.6	0	40		
纺织品	17.6	0	40	100	8.8	0	30		
衣着	19.9	0	30	100	10.0	0	10		
皮革、鞋及其他	25.9	0	40	100	11.2	0	30		
非电气设备	12.5	0	50	100	6.1	0	40		
电气设备	13.2	0	40	100	6.8	0	20		
运输设备	19.9	0	60	100	9.9	8.7	40		
其他工业品	22.0	0	40	100	10.2	0	40		

Part B 出口至主要贸易伙伴及其面监的关税

主要市场	双边进口		多元化：95%贸易额所在税号税目		有贸易量 MFN 关税平均值		优惠幅度	零关税进口	
	以百万美元计		HS 章	HS 六位子目	简单平均	加权平均	加权平均	税号（%）	价值（%）
农产品									
1. 泰国	2015	128	11	21	35.8	46.3	46.2	96.2	98.6
2. 中国	2015	106	5	10	20.4	45.0	15.5	85.7	40.6
3. 欧盟	2015	63	8	12	11.5	16.5	16.5	100.0	100.0
4. 越南	2015	63	6	7	16.9	18.7	15.3	83.3	32.9
5. 日本	2015	19	3	4	29.8	15.6	15.6	100.0	100.0
非农产品									
1. 泰国	2015	1,337	6	9	11.8	2.8	2.8	100.0	100.0
2. 中国	2015	1,184	5	9	11.6	1.1	0.3	98.4	94.0
3. 越南	2015	524	7	9	9.0	0.6	0.6	90.1	99.7
4. 欧盟	2015	198	7	42	6.7	11.5	11.5	100.0	100.0
5. 印度	2015	180	4	7	8.3	6.0	6.0	87.5	99.9

黎巴嫩

Part A.1 关税及进口：概述及关税值域

概述		总计	农产品	非农产品	未“入世”	
最终约束关税简单平均					约束覆盖范围：	总计
已实施 MFN 关税简单平均	2016	5.7	15.1	4.1		非农产品
贸易加权平均	2014	5.0	8.6	4.3	农产品：关税配额（%）	
进口值（以10亿美元计）	2014	20.4	3.5	16.9	农产品：特别保障措施（%）	

频率分布		零关税	0≤5	5≤10	10≤15	15≤25	25≤50	50≤100	>100	非从价税（%）
		税号及进口值（%）								
农产品										
最终约束关税										
已实施 MFN 关税	2016	22.4	49.5	0.7	3.2	6.0	7.4	10.3	0.5	10.2
进口	2014	44.1	36.0	0.6	2.5	6.9	5.2	4.6	0.1	4.8
非农产品										
最终约束关税										
已实施 MFN 关税	2016	42.0	47.6	3.6	2.4	3.5	0.8	0.1	0	5.8
进口	2014	31.4	56.9	3.1	3.3	4.4	0.9	0.0	0	16.2

Part A.2 按产品分组的关税及进口

产品组	最终约束关税				已实施 MFN 关税			进口	
	平均值	零关税（%）	最大值	约束（%）	平均值	零关税（%）	最大值	占比（%）	零关税（%）
动物产品					7.8	8.6	*70*	3.0	85.6
乳制品					19.8	16.7	*92*	2.0	22.5
水果、蔬菜及植物					33.3	9.3	*286*	2.1	13.7
咖啡及茶					6.7	29.2	20	1.1	16.1
谷物及其制品					7.9	22.2	*70*	3.9	53.4
含油子仁、脂肪及油脂					5.4	50.4	*78*	1.9	73.4
糖及糖食					6.3	20.6	25	0.8	56.1
饮料及烟草					21.4	6.3	70	1.7	3.5
棉					0.0	100.0	0	0.0	100.0
其他农产品					4.4	39.2	70	0.5	8.1
鱼及鱼产品					5.0	1.3	20	0.8	14.3
矿产品及金属					4.2	39.3	75	16.8	53.7
石油					3.9	10.0	5	21.5	34.7
化工品					2.6	60.4	20	12.7	22.7
木材、纸及其他					7.7	42.8	30	3.8	50.4
纺织品					2.4	83.5	*35*	1.9	65.1
衣着					7.0	0	*62*	2.7	4.1
皮革、鞋及其他					7.6	18.6	*36*	1.6	1.3
非电气设备					3.3	47.4	30	6.4	31.5
电气设备					3.7	34.0	30	4.4	24.6
运输设备					4.1	21.0	15	7.4	1.6
其他工业品					5.2	5.2	40	3.1	2.6

Part B 出口至主要贸易伙伴及其面临的关税

主要市场	双边进口		多元化：95%贸易额所在税号税目		有贸易量 MFN 关税平均值		优惠幅度	零关税进口	
	以百万美元计		HS 章	HS 六位子目	简单平均	加权平均	加权平均	税号（%）	价值（%）
农产品									
1. 科威特	2015	133	14	47	3.7	0.8	0.8	100.0	100.0
2. 沙特阿拉伯	2015	117	13	47	3.3	3.6	3.6	100.0	100.0
3. 欧盟	2015	97	20	101	13.9	8.6	7.4	77.4	90.1
4. 埃及	2015	67	11	20	66.3	24.3	24.3	100.0	100.0
5. 阿联酋	2015	63	18	77	5.1	2.6	2.6	100.0	100.0
非农产品									
1. 欧盟	2015	336	43	183	4.5	3.0	3.0	100.0	100.0
2. 阿联酋	2015	334	29	111	4.8	4.1	4.1	100.0	100.0
3. 沙特阿拉伯	2015	286	28	150	4.8	4.7	4.7	100.0	100.0
4. 瑞士	2015	226	1	6	2.1	0.0	0.0	100.0	100.0
5. 科威特	2015	83	33	162	4.8	4.5	4.5	100.0	100.0

莱索托

Part A.1 关税及进口：概述及关税值域

概述		总计	农产品	非农产品	“入世”时间	1995
最终约束关税简单平均		79.9	199.1	60.1	约束覆盖范围： 总计	100
已实施 MFN 关税简单平均	2016	7.6	8.6	7.5	非农产品	100
贸易加权平均	2014	11.6	13.4	11.1	农产品：关税配额（%）	0
进口值（以10亿美元计）	2014	1.4	0.3	1.1	农产品：特别保障措施（%）	0

频率分布		零关税	0≤5	5≤10	10≤15	15≤25	25≤50	50≤100	>100	非从价税（%）
		税号及进口值（%）								
农产品										
最终约束关税		0	0	0	0	0	0	0.7	99.3	0
已实施 MFN 关税	2016	46.1	11.1	13.8	6.4	16.1	6.0	0.3	0.2	13.8
进口	2014	24.9	15.5	15.7	4.9	20.8	17.5	0.4	0.3	28.7
非农产品										
最终约束关税		0	0	0	0	0	0	99.9	0.1	0
已实施 MFN 关税	2016	63.5	2.3	5.7	8.0	13.2	7.4	0.0	0	0.9
进口	2014	40.7	6.8	7.1	8.3	27.9	9.2	0	0.0	6.6

Part A.2 按产品分组的关税及进口

产品组	最终约束关税				已实施 MFN 关税			进口	
	平均值	零关税（%）	最大值	约束（%）	平均值	零关税（%）	最大值	占比（%）	零关税（%）
动物产品	200.0	0	200	100	10.9	60.6	82	3.9	27.0
乳制品	200.0	0	200	100	7.8	23.8	*21*	1.4	60.7
水果、蔬菜及植物	200.0	0	200	100	9.2	34.9	*107*	2.0	21.3
咖啡及茶	200.0	0	200	100	7.4	45.8	25	0.4	27.2
谷物及其制品	200.0	0	200	100	9.0	39.7	*103*	6.6	26.2
含油子仁、脂肪及油脂	198.3	0	200	100	7.6	20.5	20	1.4	6.1
糖及糖食	200.0	0	200	100	10.3	58.8	37	0.9	6.2
饮料及烟草	200.0	0	200	100	19.9	8.8	*111*	2.4	5.6
棉	200.0	0	200	100	4.4	66.7	15	1.2	1.7
其他农产品	196.1	0	200	100	2.2	85.5	25	1.3	69.3
鱼及鱼产品	61.3	0	200	100	6.3	62.7	30	0.8	47.3
矿产品及金属	60.0	0	60	100	4.0	71.6	30	9.1	59.4
石油	60.0	0	60	100	0.6	55.6	15	11.1	57.5
化工品	60.1	0	200	100	2.3	83.2	20	11.3	35.7
木材、纸及其他	60.0	0	60	100	6.1	61.2	45	4.7	26.4
纺织品	60.0	0	60	100	16.7	18.1	*60*	9.2	3.0
衣着	60.0	0	60	100	41.0	2.1	45	4.9	0.2
皮革、鞋及其他	60.0	0	60	100	13.3	35.6	43	2.6	14.5
非电气设备	60.0	0	60	100	1.5	90.5	30	7.8	91.1
电气设备	60.0	0	60	100	4.6	67.6	25	3.1	54.7
运输设备	60.0	0	60	100	6.1	65.7	30	10.0	19.8
其他工业品	60.0	0	60	100	3.8	78.4	30	3.8	79.1

Part B 出口至主要贸易伙伴及其面临的关税

主要市场	双边进口		多元化：95%贸易额所在税号税目		有贸易量 MFN 关税平均值		优惠幅度	零关税进口	
	以百万美元计		HS 章	HS 六位子目	简单平均	加权平均	加权平均	税号（%）	价值（%）
农产品									
1. 南非	2015	47	6	13	10.8	1.6	1.6	100.0	100.0
2. 中国	2015	7	1	1	38.0	38.0	0.0	0.0	0.0
3. 斯威士兰	2015	6	1	1	13.3	14.9	14.9	100.0	100.0
4. 欧盟	2015	2	3	5	7.5	3.9	3.9	100.0	100.0
5. 印度	2015	1	1	1	5.0	5.0	0.0	0.0	0.0
非农产品									
1. 美国	2015	330	3	14	15.8	22.4	22.4	98.1	100.0
2. 欧盟	2015	281	1	1	4.8	0.0	0.0	100.0	100.0
3. 南非	2015	224	25	121	12.4	30.1	30.1	100.0	100.0
4. 阿联酋	2015	20	1	1	4.8	0.1	0.0	3.3	98.4
5. 加拿大	2015	5	3	10	9.7	16.4	16.4	100.0	100.0

利比里亚

Part A.1 关税及进口：概述及关税值域

概述		总计	农产品	非农产品	"入世"时间	2016
最终约束关税简单平均		26.7	23.8	27.2	约束覆盖范围：总计	100
已实施 MFN 关税简单平均					非农产品	100
贸易加权平均					农产品：关税配额（%）	0
进口值（以10亿美元计）					农产品：特别保障措施（%）	0

频率分布	零关税	0≤5	5≤10	10≤15	15≤25	25≤50	50≤100	>100	非从价税（%）
	税号及进口值（%）								
农产品									
最终约束关税	0	0	4.0	23.6	53.0	19.4	0	0	0
已实施 MFN 关税									
进口									
非农产品									
最终约束关税	0.1	7.5	3.0	1.1	42.0	46.4	0	0	0
已实施 MFN 关税									
进口									

Part A.2 按产品分组的关税及进口

产品组	最终约束关税				已实施 MFN 关税			进口	
	平均值	零关税（%）	最大值	约束（%）	平均值	零关税（%）	最大值	占比（%）	零关税（%）
动物产品	33.2	0	45	100					
乳制品	23.2	0	45	100					
水果、蔬菜及植物	24.2	0	45	100					
咖啡及茶	27.8	0	50	100					
谷物及其制品	21.3	0	50	100					
含油子仁、脂肪及油脂	20.2	0	45	100					
糖及糖食	21.6	0	45	100					
饮料及烟草	26.5	0	50	100					
棉	15.0	0	15	100					
其他农产品	18.4	0	28	100					
鱼及鱼产品	35.5	0	40	100					
矿产品及金属	26.6	0	40	100					
石油	24.0	0	30	100					
化工品	27.1	0.1	50	100					
木材、纸及其他	32.1	0.4	50	100					
纺织品	28.1	0	50	100					
衣着	30.0	0	30	100					
皮革、鞋及其他	30.3	0	40	100					
非电气设备	20.5	0	40	100					
电气设备	21.5	0.4	40	100					
运输设备	22.9	0	40	100					
其他工业品	30.2	0	50	100					

Part B 出口至主要贸易伙伴及其面监的关税

主要市场	双边进口		多元化：95%贸易额所在税号税目		有贸易量 MFN 关税平均值		优惠幅度	零关税进口	
	以百万美元计		HS 章	HS 六位子目	简单平均	加权平均	加权平均	税号（%）	价值（%）
农产品									
1. 欧盟	2015	39	1	1	14.4	0.0	0.0	100.0	100.0
2. 也门	2015	6	1	1	0.0	0.0	0.0	100.0	100.0
3. 美国	2015	1	2	3	2.1	0.4	0.4	100.0	100.0
4. 尼日利亚	2014	1	1	1	8.8	5.0	5.0	100.0	100.0
5. 安哥拉	2015	0	2	2	28.0	5.0	0.0	0.0	0.0
非农产品									
1. 中国	2015	172	2	3	1.3	0.1	0.0	95.1	98.9
2. 欧盟	2015	168	4	5	2.2	0.0	0.0	100.0	100.0
3. 阿联酋	2015	110	1	1	3.8	0.0	0.0	23.1	99.6
4. 孟加拉国	2015	51	11	34	17.5	15.6	0.0	0.0	0.0
5. 美国	2015	48	3	3	4.1	0.0	0.0	95.6	100.0

中国澳门

Part A.1 关税及进口：概述及关税值域

概述		总计	农产品	非农产品	"入世"时间		1995
最终约束关税简单平均		0.0	0.0	0.0	约束覆盖范围：	总计	27.5
已实施 MFN 关税简单平均	2016	0.0	0.0	0.0		非农产品	16.5
贸易加权平均	2015	0.0	0.0	0.0	农产品：关税配额（%）		0
进口值（以10亿美元计）	2015	10.3	1.6	8.7	农产品：特别保障措施（%）		0

频率分布		零关税	0≤5	5≤10	10≤15	15≤25	25≤50	50≤100	>100	非从价税（%）
		税号及进口值（%）								
农产品										
最终约束关税		99.8	0	0	0	0	0	0	0	0
已实施 MFN 关税	2016	100.0	0	0	0	0	0	0	0	0
进口	2015	100.0	0	0	0	0	0	0	0	0
非农产品										
最终约束关税		16.5	0	0	0	0	0	0	0	0
已实施 MFN 关税	2016	100.0	0	0	0	0	0	0	0	0
进口	2015	100.0	0	0	0	0	0	0	0	0

Part A.2 按产品分组的关税及进口

产品组	最终约束关税				已实施 MFN 关税			进口	
	平均值	零关税（%）	最大值	约束（%）	平均值	零关税（%）	最大值	占比（%）	零关税（%）
动物产品	0.0	100.0	0	100	0.0	100.0	0	2.1	100.0
乳制品	0.0	100.0	0	100	0.0	100.0	0	0.4	100.0
水果、蔬菜及植物	0.0	100.0	0	100	0.0	100.0	0	1.5	100.0
咖啡及茶	0.0	100.0	0	100	0.0	100.0	0	0.6	100.0
谷物及其制品	0.0	100.0	0	100	0.0	100.0	0	5.6	100.0
含油子仁、脂肪及油脂	0.0	100.0	0	98.6	0.0	100.0	0	0.2	100.0
糖及糖食	0.0	100.0	0	100	0.0	100.0	0	0.3	100.0
饮料及烟草	0.0	100.0	0	100	0.0	100.0	0	4.7	100.0
棉	0.0	100.0	0	100	0.0	100.0	0	0	0
其他农产品	0.0	100.0	0	100	0.0	100.0	0	0.1	100.0
鱼及鱼产品	0.0	100.0	0	1.6	0.0	100.0	0	1.4	100.0
矿产品及金属	0.0	100.0	0	12.6	0.0	100.0	0	17.8	100.0
石油	–	–	–	0	0.0	100.0	0	2.7	100.0
化工品	0.0	100.0	0	27.2	0.0	100.0	0	8.4	100.0
木材、纸及其他	0.0	100.0	0	17.3	0.0	100.0	0	2.2	100.0
纺织品	0.0	100.0	0	2.7	0.0	100.0	0	1.1	100.0
衣着	0.0	100.0	0	0.9	0.0	100.0	0	4.5	100.0
皮革、鞋及其他	0.0	100.0	0	56.0	0.0	100.0	0	6.3	100.0
非电气设备	0.0	100.0	0	8.8	0.0	100.0	0	5.0	100.0
电气设备	0.0	100.0	0	31.2	0.0	100.0	0	14.6	100.0
运输设备	–	–	–	0	0.0	100.0	0	4.4	100.0
其他工业品	0.0	100.0	0	26.5	0.0	100.0	0	16.2	100.0

Part B 出口至主要贸易伙伴及其面监的关税

主要市场	双边进口		多元化：95%贸易额所在税号税目		有贸易量 MFN 关税平均值		优惠幅度	零关税进口	
	以百万美元计		HS 章	HS 六位子目	简单平均	加权平均	加权平均	税号（%）	价值（%）
农产品									
1. 中国香港	2015	41	4	5	0.0	0.0	0.0	100.0	100.0
2. 中国	2015	14	3	3	14.6	23.7	1.8	73.7	12.6
3. 新加坡	2015	1	5	8	0.0	0.0	0.0	100.0	100.0
4. 美国	2015	1	5	5	0.9	0.2	0.0	44.4	89.8
5. 加拿大	2015	1	3	4	2.2	1.9	0.0	52.9	14.8
非农产品									
1. 中国	2015	171	9	14	11.6	5.1	5.0	81.9	99.0
2. 美国	2015	93	22	64	7.4	10.3	0.0	25.2	27.6
3. 欧盟	2015	87	26	108	4.3	3.0	0.0	20.3	46.1
4. 中国香港	2015	50	28	62	0.0	0.0	0.0	100.0	100.0
5. 孟加拉国	2015	48	4	17	13.8	8.4	0.0	1.6	34.4

马达加斯加

Part A.1 关税及进口：概述及关税值域

概述		总计	农产品	非农产品	"入世"时间		1995
最终约束关税简单平均		27.3	30.0	25.2	约束覆盖范围：	总计	30.0
已实施 MFN 关税简单平均	2016	11.7	14.4	11.2		非农产品	19.5
贸易加权平均	2015	7.7	8.5	7.5	农产品：关税配额（%）		0
进口值（以10亿美元计）	2015	2.6	0.4	2.2	农产品：特别保障措施（%）		0

频率分布		零关税	0≤5	5≤10	10≤15	15≤25	25≤50	50≤100	>100	非从价税（%）
		税号及进口值（%）								
农产品										
最终约束关税		0	0	0	0	0	99.8	0	0	0
已实施 MFN 关税	2016	7.4	14.5	18.9	0	59.1	0	0	0	0
进口	2015	32.2	14.9	31.4	0	21.4	0	0	0	0
非农产品										
最终约束关税		0.0	0.2	1.2	1.4	4.7	11.9	0	0	0
已实施 MFN 关税	2016	5.3	35.0	24.6	0.2	34.5	0	0	0	0
进口	2015	30.8	27.8	21.2	0.6	19.6	0	0	0	0

Part A.2 按产品分组的关税及进口

产品组	最终约束关税				已实施 MFN 关税			进口	
	平均值	零关税（%）	最大值	约束（%）	平均值	零关税（%）	最大值	占比（%）	零关税（%）
动物产品	30.0	0	30	100	18.6	7.2	20	0.1	66.5
乳制品	30.0	0	30	100	17.7	5.6	20	0.5	18.9
水果、蔬菜及植物	30.0	0	30	100	17.9	0.5	20	0.3	0.7
咖啡及茶	30.0	0	30	100	17.9	0	20	0.1	0
谷物及其制品	30.0	0	30	100	12.1	15.4	20	7.4	51.4
含油子仁、脂肪及油脂	30.0	0	30	98.6	7.8	15.7	20	3.0	10.3
糖及糖食	30.0	0	30	100	11.2	0	20	1.8	0
饮料及烟草	30.0	0	30	100	19.4	0	20	1.0	0
棉	30.0	0	30	100	5.0	0	5	0.0	0
其他农产品	30.0	0	30	100	9.3	13.2	20	0.6	88.2
鱼及鱼产品	30.0	0	30	1.6	19.7	0.8	20	0.8	3.1
矿产品及金属	15.0	0	25	6.8	10.4	3.5	20	15.1	6.0
石油	5.0	0	5	80.0	0.8	83.3	5	16.5	100.0
化工品	30.0	0	30	58.8	7.2	6.5	20	11.0	31.0
木材、纸及其他	3.0	40.0	5	2.0	12.5	3.3	20	3.9	4.9
纺织品	17.5	0	30	1.0	14.9	4.1	20	13.3	16.0
衣着	–	–	–	0	19.9	0	20	0.5	0
皮革、鞋及其他	15.0	0	15	2.5	12.7	2.1	20	1.5	0.6
非电气设备	18.5	0	30	34.9	6.6	8.6	20	8.2	11.1
电气设备	20.2	0	25	16.2	10.3	3.8	20	5.7	12.6
运输设备	23.9	0	30	38.3	9.1	5.7	20	6.3	12.3
其他工业品	17.5	0	20	0.5	12.4	12.0	20	2.3	26.7

Part B 出口至主要贸易伙伴及其面临的关税

主要市场	双边进口		多元化：95%贸易额所在税号税目		有贸易量 MFN 关税平均值		优惠幅度	零关税进口	
	以百万美元计		HS 章	HS 六位子目	简单平均	加权平均	加权平均	税号（%）	价值（%）
农产品									
1. 欧盟	2015	250	9	23	9.3	4.6	4.6	100.0	100.0
2. 印度	2015	131	8	16	28.2	27.7	7.1	39.3	37.8
3. 美国	2015	130	2	4	1.0	0.0	0.0	100.0	100.0
4. 毛里求斯	2015	29	3	5	2.0	0.1	0.1	100.0	100.0
5. 新加坡	2015	27	1	2	0.0	0.0	0.0	100.0	100.0
非农产品									
1. 欧盟	2015	775	24	87	6.4	7.7	7.7	100.0	100.0
2. 美国	2015	191	9	23	9.6	6.2	6.2	88.5	99.4
3. 中国	2015	166	9	19	13.3	3.4	3.4	99.9	100.0
4. 阿联酋	2015	126	1	1	4.8	0.2	0.0	4.5	96.7
5. 南非	2015	126	6	34	23.7	34.1	34.1	100.0	100.0

马拉维

Part A.1 关税及进口：概述及关税值域

概述		总计	农产品	非农产品	“入世”时间		1995
最终约束关税简单平均		75.1	120.9	42.0	约束覆盖范围：	总计	34.1
已实施 MFN 关税简单平均	2016	12.4	17.4	11.5		非农产品	23.1
贸易加权平均	2015	8.0	10.7	7.6	农产品：关税配额（%）		0
进口值（以10亿美元计）	2015	2.3	0.3	2.0	农产品：特别保障措施（%）		0

频率分布		零关税	0≤5	5≤10	10≤15	15≤25	25≤50	50≤100	>100	非从价税（%）
		税号及进口值（%）								
农产品										
最终约束关税		0	0	0	0	0	3.6	1.3	94.9	0
已实施 MFN 关税	2016	11.7	0.3	31.0	0	57.0	0	0	0	0
进口	2015	48.1	0.0	14.2	0	37.6	0.0	0	0.0	0
非农产品										
最终约束关税		0	0	0	0	0.0	21.7	1.3	0.1	0
已实施 MFN 关税	2016	35.6	0.9	29.0	0.2	34.3	0	0	0	0.0
进口	2015	50.5	0.8	30.4	1.0	17.2	0	0	0	0.1

Part A.2 按产品分组的关税及进口

产品组	最终约束关税				已实施 MFN 关税			进口	
	平均值	零关税（%）	最大值	约束（%）	平均值	零关税（%）	最大值	占比（%）	零关税（%）
动物产品	125.0	0	125	100	16.0	3.6	25	0.2	35.5
乳制品	108.8	0	125	100	20.7	0	25	0.5	0
水果、蔬菜及植物	122.3	0	125	100	21.9	5.8	25	0.4	0.4
咖啡及茶	95.6	0	125	100	23.8	0	25	0.1	0
谷物及其制品	115.9	0	125	100	16.9	20.3	25	6.7	83.6
含油子仁、脂肪及油脂	123.1	0	125	98.8	12.3	18.1	25	2.2	29.9
糖及糖食	125.0	0	125	100	17.9	0	25	0.4	0
饮料及烟草	125.0	0	125	100	24.0	1.0	25	3.0	2.5
棉	106.0	0	125	100	2.0	80.0	10	0.0	84.6
其他农产品	122.5	0	125	100	11.4	24.3	25	0.5	70.0
鱼及鱼产品	40.9	0	125	85.3	16.4	0.4	25	0.1	5.8
矿产品及金属	41.2	0	65	6.9	11.8	12.8	25	19.0	56.8
石油	–	–	–	0	6.2	44.6	20	10.2	2.7
化工品	40.1	0	125	60.1	3.8	78.9	25	18.8	79.0
木材、纸及其他	42.5	0	65	13.5	15.1	6.7	25	6.1	46.8
纺织品	45.0	0	45	0.2	18.5	13.3	25	6.6	5.8
衣着	–	–	–	0	25.0	0	25	0.5	0
皮革、鞋及其他	42.1	0	55	18.2	18.9	9.4	25	1.6	12.7
非电气设备	48.3	0	65	27.6	2.7	81.7	25	8.3	86.8
电气设备	37.4	0	40	9.3	9.6	39.0	25	5.0	66.0
运输设备	52.2	0	65	22.7	10.9	40.8	25	6.9	29.5
其他工业品	58.9	0	85	2.4	15.4	30.9	25	3.0	49.6

Part B 出口至主要贸易伙伴及其面临的关税

主要市场	双边进口		多元化：95%贸易额所在税号税目		有贸易量 MFN 关税平均值		优惠幅度	零关税进口	
	以百万美元计		HS 章	HS 六位子目	简单平均	加权平均	加权平均	税号（%）	价值（%）
农产品									
1. 欧盟	2015	356	3	4	15.1	13.0	13.0	100.0	100.0
2. 印度	2015	64	7	11	50.4	50.0	20.8	57.1	53.2
3. 美国	2015	54	4	4	42.2	83.0	2.5	86.4	63.7
4. 俄罗斯	2015	52	1	2	5.7	4.9	4.9	100.0	100.0
5. 南非	2015	47	9	12	11.1	16.1	11.9	98.4	82.8
非农产品									
1. 阿联酋	2015	53	1	1	4.8	0.0	0.0	4.2	99.9
2. 津巴布韦	2015	18	19	39	24.3	32.0	32.0	99.5	100.0
3. 莫桑比克	2015	14	13	34	9.5	10.2	10.2	100.0	100.0
4. 赞比亚	2015	12	20	54	14.5	17.6	17.6	100.0	100.0
5. 南非	2015	9	11	18	6.5	3.7	3.7	100.0	100.0

马来西亚

Part A.1 关税及进口：概述及关税值域

概述		总计	农产品	非农产品	"入世"时间		1995
最终约束关税简单平均		21.3	55.6	14.9	约束覆盖范围：	总计	84.3
已实施 MFN 关税简单平均	2016	5.8	8.4	5.4		非农产品	81.9
贸易加权平均	2015	4.3	11.7	3.6	农产品：关税配额（%）		5.7
进口值（以10亿美元计）	2015	173.9	15.3	158.6	农产品：特别保障措施（%）		5.5

频率分布		零关税	0≤5	5≤10	10≤15	15≤25	25≤50	50≤100	>100	非从价税（%）
		税号及进口值（%）								
农产品										
最终约束关税		12.9	31.7	16.3	12.5	8.4	3.3	3.6	11.0	21.1
已实施 MFN 关税	2016	75.0	10.5	4.5	1.7	2.3	3.4	0.4	2.0	4.8
进口	2015	64.6	11.8	5.1	5.8	1.5	6.4	0.1	3.4	7.5
非农产品										
最终约束关税		5.0	31.4	6.1	1.2	19.0	19.1	0.0	0	0.1
已实施 MFN 关税	2016	64.2	8.8	7.9	4.9	10.1	4.1	0.0	0	0.1
进口	2015	77.3	7.8	2.9	2.7	5.4	3.9	0.0	0	0.0

Part A.2 按产品分组的关税及进口

产品组	最终约束关税				已实施 MFN 关税			进口	
	平均值	零关税（%）	最大值	约束（%）	平均值	零关税（%）	最大值	占比（%）	零关税（%）
动物产品	30.9	7.9	168	100	3.1	90.1	50	0.6	84.8
乳制品	22.6	5.0	*228*	100	3.5	83.3	50	0.5	98.0
水果、蔬菜及植物	96.8	11.0	*>1000*	100	2.7	74.2	90	1.2	74.1
咖啡及茶	17.7	4.2	69	100	5.7	43.8	15	0.8	64.1
谷物及其制品	14.1	18.7	*315*	100	5.5	69.0	50	2.0	49.5
含油子仁、脂肪及油脂	31.5	4.2	*>1000*	100	1.9	65.6	20	1.8	67.4
糖及糖食	14.6	0	30	100	2.4	82.4	15	0.5	90.9
饮料及烟草	245.5	0	*>1000*	100	90.1	28.0	*972*	0.7	1.7
棉	4.0	20.0	5	100	0.0	100.0	0	0.1	100.0
其他农产品	7.3	28.5	*226*	100	0.6	92.8	25	0.5	95.9
鱼及鱼产品	7.7	50.8	40	53.9	0.7	90.9	20	0.5	96.7
矿产品及金属	17.6	0.1	30	65.2	7.1	50.7	60	16.7	64.8
石油	5.0	0	5	80.0	0.5	89.2	5	10.4	82.9
化工品	11.5	0.8	*58*	75.2	2.7	83.3	50	10.0	73.5
木材、纸及其他	19.1	4.1	35	92.9	10.0	46.1	40	1.8	59.7
纺织品	19.0	0	35	98.6	8.8	31.0	30	1.3	38.3
衣着	20.7	0	30	98.3	0.2	98.9	20	1.1	98.7
皮革、鞋及其他	21.8	0	40	87.9	10.7	53.0	40	2.3	70.0
非电气设备	9.1	8.8	40	88.0	3.3	75.5	35	11.5	76.7
电气设备	13.8	25.8	30	89.0	4.2	72.6	30	25.9	94.0
运输设备	14.2	3.9	35	61.0	11.1	41.5	50	5.4	34.5
其他工业品	10.0	19.2	35	91.1	4.5	70.8	50	4.3	90.9

Part B 出口至主要贸易伙伴及其面监的关税

主要市场	双边进口		多元化：95%贸易额所在税号税目		有贸易量 MFN 关税平均值		优惠幅度	零关税进口	
	以百万美元计		HS 章	HS 六位子目	简单平均	加权平均	加权平均	税号（%）	价值（%）
农产品									
1. 中国	2015	2,736	14	33	15.8	10.5	6.0	92.7	40.8
2. 印度	2015	2,474	2	4	30.4	82.9	0.0	4.3	1.3
3. 欧盟	2015	2,191	8	21	10.9	3.7	0.0	17.4	38.6
4. 新加坡	2015	1,995	23	127	0.2	1.5	1.5	100.0	100.0
5. 美国	2015	1,190	9	16	4.2	0.8	0.0	35.1	67.0
非农产品									
1. 中国	2015	50,542	29	190	8.8	1.8	1.6	96.0	98.1
2. 美国	2015	31,814	27	198	3.5	0.7	0.0	42.0	86.9
3. 新加坡	2015	30,889	51	499	0.0	0.0	0.0	100.0	100.0
4. 欧盟	2015	22,039	45	367	4.4	1.2	0.0	21.3	71.7
5. 日本	2015	19,584	38	224	2.1	0.5	0.4	98.2	96.6

马尔代夫

Part A.1 关税及进口：概述及关税值域

概述	总计	农产品	非农产品	"入世"时间	1995
最终约束关税简单平均	36.4	46.0	34.9	约束覆盖范围：总计	96.8
已实施 MFN 关税简单平均				非农产品	96.3
贸易加权平均				农产品：关税配额（%）	0
进口值（以 10 亿美元计）				农产品：特别保障措施（%）	0

频率分布	零关税	0≤5	5≤10	10≤15	15≤25	25≤50	50≤100	>100	非从价税（%）
	税号及进口值（%）								
农产品									
最终约束关税	0	0	0	0	0	94.0	0	5.8	0
已实施 MFN 关税									
进口									
非农产品									
最终约束关税	0	0	0	0	0	94.5	0	1.8	0
已实施 MFN 关税									
进口									

Part A.2 按产品分组的关税及进口

产品组	最终约束关税				已实施 MFN 关税			进口	
	平均值	零关税（%）	最大值	约束（%）	平均值	零关税（%）	最大值	占比（%）	零关税（%）
动物产品	66.1	0	300	100					
乳制品	30.0	0	30	100					
水果、蔬菜及植物	30.0	0	30	100					
咖啡及茶	30.0	0	30	100					
谷物及其制品	31.7	0	300	100					
含油子仁、脂肪及油脂	30.0	0	30	98.6					
糖及糖食	30.0	0	30	100					
饮料及烟草	176.5	0	300	100					
棉	30.0	0	30	100					
其他农产品	32.2	0	300	100					
鱼及鱼产品	30.0	0	30	1.6					
矿产品及金属	30.0	0	30	100					
石油	30.0	0	30	100					
化工品	30.3	0	300	100					
木材、纸及其他	30.0	0	30	100					
纺织品	30.0	0	30	99.8					
衣着	30.0	0	30	100					
皮革、鞋及其他	35.1	0	300	100					
非电气设备	34.2	0	300	99.8					
电气设备	30.0	0	30	100					
运输设备	136.1	0	300	70.0					
其他工业品	52.5	0	300	99.7					

Part B 出口至主要贸易伙伴及其面监的关税

主要市场	双边进口		多元化：95%贸易额所在税号税目		有贸易量 MFN 关税平均值		优惠幅度	零关税进口	
	以百万美元计		HS 章	HS 六位子目	简单平均	加权平均	加权平均	税号（%）	价值（%）
农产品									
1. 埃及	2015	5	1	1	0.0	0.0	0.0	100.0	100.0
2. 孟加拉国	2015	0	1	1	5.0	5.0	5.0	100.0	100.0
3. 南非	2015	0	1	1	1.1	1.1	0.0	0.0	0.0
4. 斯里兰卡	2015	0	1	2	38.8	36.5	0.1	5.9	0.1
5. 卡塔尔	2015	0	3	3	1.7	3.8	0.0	66.7	24.5
非农产品									
1. 欧盟	2015	107	3	5	5.4	18.1	0.0	29.7	3.4
2. 泰国	2015	41	1	2	13.0	0.0	0.0	26.3	99.9
3. 斯里兰卡	2015	27	6	11	11.2	7.3	4.5	39.9	50.0
4. 美国	2015	21	2	5	0.9	0.0	0.0	92.3	99.9
5. 日本	2015	10	3	10	7.2	5.7	0.7	13.2	0.6

马里

Part A.1 关税及进口：概述及关税值域

概述		总计	农产品	非农产品	"入世"时间	1995
最终约束关税简单平均		29.5	59.0	13.4	约束覆盖范围： 总计	40.4
已实施 MFN 关税简单平均	2016	12.2	15.8	11.5	非农产品	30.5
贸易加权平均					农产品：关税配额（%）	0
进口值（以10亿美元计）					农产品：特别保障措施（%）	0

频率分布		零关税	0≤5	5≤10	10≤15	15≤25	25≤50	50≤100	>100	非从价税（%）
		税号及进口值（%）								
农产品										
最终约束关税		0	0.6	1.3	0	0.1	0	97.8	0	0
已实施 MFN 关税	2016	0	27.0	19.2	0	41.7	12.0	0	0	0
进口										
非农产品										
最终约束关税		0.8	11.7	6.5	5.2	3.9	0	2.4	0	0
已实施 MFN 关税	2016	1.8	39.8	21.9	0	36.1	0.4	0	0	0
进口										

Part A.2 按产品分组的关税及进口

产品组	最终约束关税				已实施 MFN 关税			进口	
	平均值	零关税（%）	最大值	约束（%）	平均值	零关税（%）	最大值	占比（%）	零关税（%）
动物产品	60.0	0	60	100	24.5	0	35		
乳制品	37.3	0	60	100	17.0	0	35		
水果、蔬菜及植物	60.0	0	60	100	17.9	0	35		
咖啡及茶	60.0	0	60	100	18.5	0	35		
谷物及其制品	59.2	0	60	100	13.6	0	35		
含油子仁、脂肪及油脂	58.0	0	60	98.8	11.1	0	35		
糖及糖食	60.0	0	60	100	12.6	0	35		
饮料及烟草	60.1	0	75	100	17.3	0	35		
棉	60.0	0	60	100	5.0	0	5		
其他农产品	60.0	0	60	100	9.6	0	20		
鱼及鱼产品	9.7	36.0	60	11.2	15.6	0	20		
矿产品及金属	31.9	6.0	60	11.1	11.6	1.9	20		
石油	7.8	0	10	83.3	7.7	19.0	10		
化工品	28.4	0	60	1.6	7.4	3.8	35		
木材、纸及其他	5.0	0	5	4.4	11.3	5.1	20		
纺织品	18.4	0	25	26.4	16.1	0.3	35		
衣着	15.0	0	15	70.8	20.0	0	20		
皮革、鞋及其他	17.5	0	25	27.7	12.3	1.3	20		
非电气设备	5.8	4.2	60	91.8	6.8	0	20		
电气设备	6.9	0	7	93.5	11.2	0.4	20		
运输设备	12.5	0.3	25	72.3	8.1	2.5	20		
其他工业品	51.4	0	60	15.1	14.2	2.1	20		

Part B 出口至主要贸易伙伴及其面临的关税

主要市场	双边进口		多元化：95%贸易额所在税号税目		有贸易量 MFN 关税平均值		优惠幅度	零关税进口	
	以百万美元计		HS 章	HS 六位子目	简单平均	加权平均	加权平均	税号（%）	价值（%）
农产品									
1. 中国	2015	84	2	2	15.6	11.5	11.4	87.5	92.6
2. 印度	2015	75	1	1	22.5	0.9	0.0	25.0	97.0
3. 越南	2015	57	1	1	0.0	0.0	0.0	100.0	100.0
4. 泰国	2015	45	1	1	25.2	0.0	0.0	77.8	100.0
5. 印度尼西亚	2015	44	1	1	2.5	0.0	0.0	50.0	100.0
非农产品									
1. 阿联酋	2015	2,508	1	1	4.8	0.0	0.0	4.5	99.4
2. 瑞士	2015	483	1	1	1.8	0.0	0.0	100.0	100.0
3. 印度	2015	167	1	1	7.8	10.0	0.0	11.1	0.0
4. 布基纳法索	2015	41	6	6	13.7	5.8	5.8	100.0	100.0
5. 欧盟	2015	14	16	36	3.4	1.7	1.7	100.0	100.0

毛里塔尼亚

Part A.1 关税及进口：概述及关税值域

概述		总计	农产品	非农产品	“入世”时间		1995
最终约束关税简单平均		19.8	38.1	10.6	约束覆盖范围：	总计	39.3
已实施 MFN 关税简单平均	2015	12.0	11.1	12.2		非农产品	30.1
贸易加权平均	2014	8.2	6.8	8.4	农产品：关税配额（%）		0
进口值（以10亿美元计）	2014	3.6	0.4	3.2	农产品：特别保障措施（%）		0

频率分布		零关税	0≤5	5≤10	10≤15	15≤25	25≤50	50≤100	>100	非从价税（%）
		税号及进口值（%）								
农产品										
最终约束关税		0	0.4	1.4	0	30.6	56.2	11.5	0	0
已实施 MFN 关税	2015	4.5	48.0	0	11.6	36.0	0	0	0	0.9
进口	2014	40.0	21.4	0	27.2	11.3	0	0	0	3.0
非农产品										
最终约束关税		0.7	12.0	6.6	5.2	4.0	1.5	0.0	0	0
已实施 MFN 关税	2015	3.6	38.6	0	18.5	39.3	0	0	0	0.3
进口	2014	4.9	60.4	0	8.3	26.5	0	0	0	0.3

Part A.2 按产品分组的关税及进口

产品组	最终约束关税				已实施 MFN 关税			进口	
	平均值	零关税（%）	最大值	约束（%）	平均值	零关税（%）	最大值	占比（%）	零关税（%）
动物产品	41.5	0	50	100	18.3	0	20	0.4	0
乳制品	20.8	0	30	100	14.5	23.8	20	1.9	73.6
水果、蔬菜及植物	36.5	0	50	100	7.8	0	20	0.9	0
咖啡及茶	46.7	0	75	100	15.8	0	20	0.5	0
谷物及其制品	38.4	0	75	100	11.1	6.6	20	5.6	57.2
含油子仁、脂肪及油脂	28.6	0	30	100	7.3	16.5	20	1.3	13.0
糖及糖食	50.0	0	50	100	7.7	11.8	20	0.4	1.9
饮料及烟草	55.1	0	75	100	18.3	0	20	0.9	0
棉	25.0	0	25	100	5.0	0	5	0.0	0
其他农产品	37.3	0	75	100	9.4	4.8	20	0.2	19.5
鱼及鱼产品	18.0	14.3	50	22.2	19.8	0	20	0.0	0
矿产品及金属	5.8	13.0	16	5.9	12.3	0.7	20	11.8	10.6
石油	7.7	0	10	80.0	11.2	21.5	20	18.8	6.1
化工品	17.7	0	30	1.4	6.8	16.1	20	3.6	45.9
木材、纸及其他	5.0	0	5	4.3	11.5	3.8	20	1.0	15.9
纺织品	18.4	0	25	26.3	16.7	0.3	20	1.1	5.7
衣着	15.0	0	15	70.8	20.0	0	20	0.4	0
皮革、鞋及其他	22.4	0	30	45.3	14.0	0	20	2.0	0
非电气设备	5.3	3.9	25	91.2	7.4	0.4	20	12.1	0
电气设备	6.9	0	7	93.5	13.1	0	20	6.1	0
运输设备	15.5	0.2	30	86.7	9.2	0.8	20	30.2	0
其他工业品	17.4	0	30	4.7	14.8	0	20	0.8	0

Part B 出口至主要贸易伙伴及其面临的关税

主要市场	双边进口		多元化：95%贸易额所在税号税目		有贸易量 MFN 关税平均值		优惠幅度	零关税进口	
	以百万美元计		HS 章	HS 六位子目	简单平均	加权平均	加权平均	税号（%）	价值（%）
农产品									
1. 沙特阿拉伯	2015	6	1	1	5.0	5.0	0.0	0.0	0.0
2. 莫桑比克	2015	2	1	1	5.0	2.6	0.0	0.0	0.0
3. 欧盟	2015	1	2	3	12.1	6.7	6.7	100.0	100.0
4. 土耳其	2015	1	2	2	5.0	4.6	0.0	50.0	54.1
5. 安哥拉	2015	1	2	5	11.1	10.0	0.0	0.0	0.0
非农产品									
1. 中国	2015	718	1	2	6.3	0.1	0.1	96.8	100.0
2. 欧盟	2015	527	7	16	5.5	4.7	4.7	100.0	100.0
3. 瑞士	2015	252	1	1	1.6	0.0	0.0	100.0	100.0
4. 日本	2015	131	2	2	3.5	6.5	6.5	90.9	100.0
5. 尼日利亚	2014	103	4	8	11.9	11.8	0.0	0.0	0.0

毛里求斯

Part A.1 关税及进口：概述及关税值域

概述		总计	农产品	非农产品	“入世”时间		1995
最终约束关税简单平均		84.1	119.6	16.3	约束覆盖范围：	总计	20.0
已实施 MFN 关税简单平均	2016	1.0	0.9	1.0		非农产品	7.9
贸易加权平均	2015	0.9	1.0	0.9	农产品：关税配额（%）		0
进口值（以10亿美元计）	2015	4.8	0.9	3.9	农产品：特别保障措施（%）		0

频率分布		零关税	0≤5	5≤10	10≤15	15≤25	25≤50	50≤100	>100	非从价税（%）
		税号及进口值（%）								
农产品										
最终约束关税		0	0	0	0	0	2.3	1.1	96.5	0
已实施 MFN 关税	2016	93.0	0.1	3.1	3.6	0	0.3	0	0	0.3
进口	2015	93.2	0	0.8	5.9	0	0.1	0	0	0.1
非农产品										
最终约束关税		6.0	0	0	0	0	0	1.8	0.1	0
已实施 MFN 关税	2016	93.0	1.0	0.9	4.0	0.2	1.0	0.0	0	2.4
进口	2015	93.8	0.3	0.6	4.1	0.1	1.2	0.0	0	0.9

Part A.2 按产品分组的关税及进口

产品组	最终约束关税				已实施 MFN 关税			进口	
	平均值	零关税（%）	最大值	约束（%）	平均值	零关税（%）	最大值	占比（%）	零关税（%）
动物产品	120.1	0	122	100	0.1	98.2	*12*	1.9	98.6
乳制品	105.0	0	122	100	0.0	100.0	0	2.0	100.0
水果、蔬菜及植物	118.6	0	122	100	0.0	100.0	0	2.0	100.0
咖啡及茶	118.7	0	122	100	2.5	91.7	30	0.5	98.2
谷物及其制品	117.6	0	122	100	0.3	97.8	15	4.8	99.7
含油子仁、脂肪及油脂	121.4	0	122	98.6	1.3	88.0	15	1.5	85.8
糖及糖食	122.0	0	122	100	0.0	100.0	0	0.9	100.0
饮料及烟草	122.0	0	122	100	6.5	56.4	15	2.3	65.4
棉	122.0	0	122	100	0.0	100.0	0	1.1	100.0
其他农产品	122.0	0	122	100	1.2	88.7	15	0.9	83.0
鱼及鱼产品	122.0	0	122	1.6	0.0	100.0	0	6.3	100.0
矿产品及金属	62.4	4.0	65	2.7	0.8	94.5	30	14.4	92.6
石油	–	–	–	0	0.0	100.0	0	12.1	100.0
化工品	38.9	47.8	122	2.7	0.5	96.9	30	9.2	89.4
木材、纸及其他	48.8	25.0	65	1.6	3.9	82.4	30	3.4	70.4
纺织品	–	–	–	0	0.9	94.5	30	5.8	96.0
衣着	–	–	–	0	4.3	50.7	*79*	1.4	45.2
皮革、鞋及其他	–	–	–	0	0.8	96.9	30	2.1	93.5
非电气设备	18.0	72.4	65	16.3	0.2	98.9	15	7.2	97.3
电气设备	10.4	84.0	65	42.9	1.4	93.4	30	11.3	98.0
运输设备	32.5	50.0	65	3.3	0.7	96.6	30	5.9	97.4
其他工业品	0.0	100.0	0	25.5	0.9	94.0	30	3.1	90.7

Part B 出口至主要贸易伙伴及其面监的关税

主要市场	双边进口		多元化：95%贸易额所在税号税目		有贸易量 MFN 关税平均值		优惠幅度	零关税进口	
	以百万美元计		HS 章	HS 六位子目	简单平均	加权平均	加权平均	税号（%）	价值（%）
农产品									
1. 欧盟	2015	242	8	12	13.3	48.1	48.1	100.0	100.0
2. 马达加斯加	2015	24	6	8	15.0	11.2	11.2	100.0	100.0
3. 美国	2015	16	2	3	10.5	14.9	0.0	72.7	70.1
4. 津巴布韦	2015	16	4	5	18.6	8.2	8.2	100.0	100.0
5. 南非	2015	11	4	4	10.4	12.0	11.8	94.6	99.2
非农产品									
1. 欧盟	2015	758	33	134	5.1	13.6	13.6	99.9	100.0
2. 赞比亚	2015	474	10	19	13.7	22.8	22.8	100.0	100.0
3. 美国	2015	377	8	18	8.4	11.0	11.0	96.1	100.0
4. 南非	2015	169	17	60	17.3	37.3	37.2	99.9	100.0
5. 越南	2015	92	2	2	17.5	0.6	0.0	8.2	96.8

墨西哥

Part A. 1　关税及进口：概述及关税值域

概述		总计	农产品	非农产品	"入世"时间	1995
最终约束关税简单平均		36.2	45.0	34.8	约束覆盖范围：　　总计	100
已实施 MFN 关税简单平均	2016	7.0	14.6	5.7	非农产品	100
贸易加权平均	2015	4.5	20.1	3.5	农产品：关税配额（%）	7.2
进口值（以 10 亿美元计）	2015	383.5	25.0	358.6	农产品：特别保障措施（%）	34.0

频率分布		零关税	0≤5	5≤10	10≤15	15≤25	25≤50	50≤100	>100	非从价税（%）
		税号及进口值（%）								
农产品										
最终约束关税		0.4	0.2	4.0	0	11.6	75.8	2.0	6.0	7.3
已实施 MFN 关税	2016	20.7	2.5	27.3	8.5	34.2	4.9	1.8	0	4.7
进口	2015	36.8	4.4	10.3	5.6	30.4	1.5	4.9	6.1	6.9
非农产品										
最终约束关税		0.3	0	0.5	0.1	2.2	97.0	0	0.0	0.0
已实施 MFN 关税	2016	55.2	7.7	14.2	11.6	11.0	0.2	0	0	0.1
进口	2015	70.7	11.1	6.5	6.7	4.9	0.2	0	0	0.0

Part A. 2　按产品分组的关税及进口

产品组	最终约束关税				已实施 MFN 关税			进口	
	平均值	零关税（%）	最大值	约束（%）	平均值	零关税（%）	最大值	占比（%）	零关税（%）
动物产品	62.3	0	*254*	100	21.7	5.6	100	1.1	2.8
乳制品	63.0	0	*156*	100	21.6	3.1	50	0.4	8.6
水果、蔬菜及植物	37.4	0	*245*	100	15.8	5.2	100	0.6	5.5
咖啡及茶	64.6	0	*156*	100	20.8	20.8	50	0.2	9.0
谷物及其制品	46.3	0	*194*	100	9.5	25.5	45	1.7	53.6
含油子仁、脂肪及油脂	44.6	2.1	*254*	100	8.7	41.9	45	1.3	69.4
糖及糖食	119.4	0	*210*	100	31.0	0	100	0.2	0
饮料及烟草	42.5	0	68	100	25.7	2.6	67	0.3	14.4
棉	39.4	0	45	100	0.0	100.0	0	0.1	100.0
其他农产品	28.1	1.1	45	100	6.6	48.9	36	0.6	58.4
鱼及鱼产品	34.9	0	45	100	15.5	9.6	20	0.2	12.4
矿产品及金属	34.3	0.9	50	100	2.8	75.6	15	11.9	79.8
石油	38.0	0	50	100	0.1	98.1	4	5.2	97.5
化工品	35.2	0.1	*156*	100	2.3	72.0	20	12.1	51.4
木材、纸及其他	34.2	0.8	50	100	4.5	50.6	20	3.1	62.2
纺织品	35.0	0	50	100	9.8	11.3	25	2.5	23.0
衣着	35.1	0	50	100	21.2	0	25	0.9	0
皮革、鞋及其他	34.7	0	50	100	6.0	62.2	30	2.3	58.0
非电气设备	35.1	0	50	100	2.8	77.7	20	17.7	88.6
电气设备	34.4	0	50	100	3.5	69.0	20	21.8	80.9
运输设备	37.0	0	50	100	8.5	45.7	50	10.2	39.9
其他工业品	34.6	0	50	100	5.1	57.4	20	5.5	71.7

Part B　出口至主要贸易伙伴及其面监的关税

主要市场	双边进口		多元化：95%贸易额所在税号税目		有贸易量 MFN 关税平均值		优惠幅度	零关税进口	
	以百万美元计		HS 章	HS 六位子目	简单平均	加权平均	加权平均	税号（%）	价值（%）
农产品									
1. 美国	2015	22,138	21	100	6.8	5.8	5.6	99.7	99.9
2. 加拿大	2015	1,642	14	68	8.0	1.3	1.2	96.9	100.0
3. 欧盟	2015	1,243	21	70	12.3	6.4	4.5	77.0	85.9
4. 日本	2015	838	14	40	11.0	10.3	4.3	69.0	47.8
5. 危地马拉	2015	335	18	54	10.7	13.6	11.3	89.5	83.2
非农产品									
1. 美国	2015	262,204	47	554	4.0	3.6	3.6	100.0	100.0
2. 加拿大	2015	22,260	42	357	3.2	3.1	3.1	100.0	100.0
3. 欧盟	2015	18,687	52	446	4.4	2.1	2.1	100.0	100.0
4. 中国	2015	9,876	29	207	9.3	5.1	0.0	10.2	57.5
5. 巴西	2015	4,301	41	320	13.2	17.7	14.9	29.1	74.4

摩尔多瓦

Part A.1 关税及进口：概述及关税值域

概述		总计	农产品	非农产品	"入世"时间		2001
最终约束关税简单平均		6.9	13.8	5.9	约束覆盖范围：	总计	100
已实施 MFN 关税简单平均	2016	5.4	11.6	4.4		非农产品	100
贸易加权平均	2015	4.3	11.1	3.3	农产品：关税配额（%）		1.8
进口值（以10亿美元计）	2015	4.0	0.6	3.4	农产品：特别保障措施（%）		0

频率分布		零关税	0≤5	5≤10	10≤15	15≤25	25≤50	50≤100	>100	非从价税（%）
		税号及进口值（%）								
农产品										
最终约束关税		3.2	10.4	30.7	36.0	16.0	1.2	1.8	0	9.0
已实施 MFN 关税	2016	9.4	15.1	25.6	34.3	11.8	1.8	0.1	0	10.1
进口	2015	9.9	12.1	24.6	39.0	11.1	2.4	0	0	19.8
非农产品										
最终约束关税		28.3	13.7	47.4	10.5	0.1	0	0	0	0
已实施 MFN 关税	2016	41.7	20.4	29.1	8.5	0.1	0	0	0	0.2
进口	2015	59.4	11.1	24.3	5.1	0.1	0	0	0	0.0

Part A.2 按产品分组的关税及进口

产品组	最终约束关税				已实施 MFN 关税			进口	
	平均值	零关税（%）	最大值	约束（%）	平均值	零关税（%）	最大值	占比（%）	零关税（%）
动物产品	17.2	1.1	*30*	100	15.3	13.3	*30*	0.9	12.3
乳制品	14.2	0	*34*	100	14.3	1.0	*34*	0.7	0
水果、蔬菜及植物	14.3	0	20	100	12.8	5.0	20	3.2	7.0
咖啡及茶	10.6	0	15	100	10.6	0	15	1.1	0
谷物及其制品	13.2	0.6	20	100	11.0	14.1	15	3.0	25.2
含油子仁、脂肪及油脂	10.7	2.7	20	100	10.1	7.9	20	1.3	2.1
糖及糖食	56.3	0	75	100	15.0	0	15	0.3	0
饮料及烟草	13.2	0	*58*	100	13.1	0	*58*	2.6	0
棉	0.0	100.0	0	100	0.0	100.0	0	0.1	100.0
其他农产品	8.9	10.4	20	100	7.6	14.9	20	0.8	25.5
鱼及鱼产品	4.3	57.9	15	100	4.0	59.4	15	1.0	69.6
矿产品及金属	3.4	59.1	20	100	2.7	66.3	20	19.3	82.3
石油	0.0	100.0	0	100	0.0	100.0	0	10.0	100.0
化工品	4.5	25.8	10	100	3.9	28.8	7	15.4	48.2
木材、纸及其他	5.9	32.6	15	100	4.6	41.6	15	5.6	48.5
纺织品	7.9	1.5	20	100	5.3	29.5	20	5.9	35.0
衣着	12.0	0	12	100	11.9	0	12	1.8	0
皮革、鞋及其他	8.4	5.5	15	100	8.0	6.3	15	2.8	5.8
非电气设备	7.9	16.6	15	100	2.2	68.8	10	7.8	59.6
电气设备	6.0	30.6	10	100	5.6	21.9	10	8.2	34.1
运输设备	4.3	19.6	10	100	2.3	56.5	10	4.8	50.1
其他工业品	5.8	31.1	15	100	5.8	29.4	15	3.5	67.1

Part B 出口至主要贸易伙伴及其面监的关税

主要市场	双边进口		多元化：95%贸易额所在税号税目		有贸易量 MFN 关税平均值		优惠幅度	零关税进口	
	以百万美元计		HS 章	HS 六位子目	简单平均	加权平均	加权平均	税号（%）	价值（%）
农产品									
1. 欧盟	2015	446	17	51	12.4	9.5	9.4	93.2	99.7
2. 土耳其	2015	193	3	6	35.3	35.4	0.0	24.4	8.4
3. 白俄罗斯	2015	139	6	18	10.9	11.0	11.0	100.0	100.0
4. 俄罗斯	2015	85	10	26	11.8	9.9	9.9	100.0	100.0
5. 哈萨克斯坦	2015	57	5	16	13.9	33.1	33.1	100.0	100.0
非农产品									
1. 欧盟	2015	576	38	168	4.4	4.0	4.0	100.0	100.0
2. 俄罗斯	2015	92	24	101	7.6	6.0	6.0	100.0	100.0
3. 塞尔维亚	2015	33	4	7	15.9	9.7	9.7	100.0	100.0
4. 土耳其	2015	24	12	24	8.3	6.8	6.8	99.5	100.0
5. 美国	2015	23	14	53	11.3	10.3	0.8	23.3	30.9

蒙古

Part A.1 关税及进口：概述及关税值域

概述		总计	农产品	非农产品	"入世"时间	1997
最终约束关税简单平均		17.5	18.8	17.3	约束覆盖范围： 总计	100
已实施 MFN 关税简单平均	2016	5.2	6.1	5.0	非农产品	100
贸易加权平均	2015	5.1	6.1	4.9	农产品：关税配额（%）	0
进口值（以 10 亿美元计）	2015	3.8	0.5	3.3	农产品：特别保障措施（%）	0

频率分布		零关税	0≤5	5≤10	10≤15	15≤25	25≤50	50≤100	>100	非从价税（%）
		税号及进口值（%）								
农产品										
最终约束关税		0.7	0.7	0.8	24.8	71.2	1.5	0.3	0	0
已实施 MFN 关税	2016	0.8	89.3	0.1	6.7	2.4	0.4	0	0	0
进口	2015	0.1	92.4	0.3	4.1	2.8	0.4	0	0	0.0
非农产品										
最终约束关税		1.7	0.1	20.2	0.0	74.2	3.9	0	0	0
已实施 MFN 关税	2016	1.0	98.4	0.2	0.0	0.4	0	0	0	0
进口	2015	3.1	95.4	0	0	1.5	0	0	0	0

Part A.2 按产品分组的关税及进口

产品组	最终约束关税				已实施 MFN 关税			进口	
	平均值	零关税（%）	最大值	约束（%）	平均值	零关税（%）	最大值	占比（%）	零关税（%）
动物产品	15.3	4.9	20	100	7.2	4.1	20	0.5	1.1
乳制品	16.4	0	20	100	12.4	0	20	0.4	0
水果、蔬菜及植物	18.7	0	20	100	5.5	0	20	1.5	0
咖啡及茶	19.7	0	20	100	5.0	0	5	1.5	0
谷物及其制品	19.0	0	20	100	5.9	0	15	3.7	0
含油子仁、脂肪及油脂	19.5	0	20	100	5.0	0	5	0.8	0
糖及糖食	19.7	0	20	100	5.0	0	5	1.2	0
饮料及烟草	23.6	0	75	100	10.8	0	40	2.6	0
棉	19.0	0	20	100	5.0	0	5	0.0	0
其他农产品	19.6	0	20	100	5.0	0.9	5	0.4	0.5
鱼及鱼产品	20.0	0	20	100	5.0	0	5	0.1	0
矿产品及金属	19.6	0	20	100	5.1	0	20	15.5	0
石油	20.0	0	20	100	3.9	22.5	5	18.6	0.7
化工品	5.8	5.4	20	100	5.0	0	7	8.5	0
木材、纸及其他	19.4	0	30	100	5.4	0	20	3.8	0
纺织品	19.7	0.2	30	100	5.1	0	20	1.1	0
衣着	25.9	0	30	100	5.1	0	20	0.6	0
皮革、鞋及其他	20.1	0	30	100	5.1	0	20	1.9	0
非电气设备	19.5	2.5	20	100	4.9	1.7	5	13.9	8.9
电气设备	18.8	5.7	20	100	4.7	5.3	5	6.7	0.6
运输设备	20.0	0	20	100	5.0	0.4	15	9.1	1.4
其他工业品	20.2	0	30	100	4.7	5.3	5	7.6	15.1

Part B 出口至主要贸易伙伴及其面临的关税

主要市场	双边进口		多元化：95%贸易额所在税号税目		有贸易量 MFN 关税平均值		优惠幅度	零关税进口	
	以百万美元计		HS 章	HS 六位子目	简单平均	加权平均	加权平均	税号（%）	价值（%）
农产品									
1. 中国	2015	212	4	5	11.6	13.5	0.0	5.3	0.1
2. 欧盟	2015	51	2	2	7.5	0.0	0.0	67.3	100.0
3. 俄罗斯	2015	7	4	5	16.5	15.5	3.7	0.0	0.0
4. 印度	2015	3	1	3	5.0	5.0	0.0	0.0	0.0
5. 瑞士	2015	3	1	1	2.0	0.0	0.0	100.0	100.0
非农产品									
1. 中国	2015	3,584	2	5	9.6	0.5	0.0	16.7	83.9
2. 瑞士	2015	399	1	1	2.6	0.0	0.0	34.3	99.8
3. 日本	2015	50	10	10	5.5	0.9	0.3	48.9	90.8
4. 韩国	2015	45	9	12	7.6	2.5	0.0	18.8	32.6
5. 欧盟	2015	38	19	60	4.5	6.1	6.1	99.5	98.0

黑山

Part A.1 关税及进口：概述及关税值域

概述		总计	农产品	非农产品	“入世”时间		2012
最终约束关税简单平均		5.1	10.8	4.2	约束覆盖范围：	总计	100
已实施 MFN 关税简单平均	2016	3.9	9.0	3.0		非农产品	100
贸易加权平均	2015	6.6	17.7	2.9	农产品：关税配额（%）		0
进口值（以 10 亿美元计）	2015	2.0	0.5	1.5	农产品：特别保障措施（%）		0

频率分布		零关税	0≤5	5≤10	10≤15	15≤25	25≤50	50≤100	>100	非从价税（%）
		税号及进口值（%）								
农产品										
最终约束关税		23.0	16.6	24.3	12.0	15.1	9.0	0	0	0
已实施 MFN 关税	2016	29.5	26.6	12.2	10.4	13.0	7.8	0	0	4.0
进口	2015	8.2	11.4	12.5	19.3	21.2	26.6	0	0	24.6
非农产品										
最终约束关税		33.2	28.2	30.9	7.5	0.2	0	0	0	0
已实施 MFN 关税	2016	30.3	50.2	18.1	1.2	0.1	0	0	0	0.0
进口	2015	43.5	37.8	17.8	0.8	0.1	0	0	0	0.1

Part A.2 按产品分组的关税及进口

产品组	最终约束关税				已实施 MFN 关税			进口	
	平均值	零关税（%）	最大值	约束（%）	平均值	零关税（%）	最大值	占比（%）	零关税（%）
动物产品	14.4	19.1	50	100	13.4	20.3	*40*	6.1	0.8
乳制品	32.8	0	50	100	29.3	1.0	*50*	2.2	0
水果、蔬菜及植物	12.3	16.9	50	100	11.1	16.1	*31*	3.2	3.4
咖啡及茶	10.1	4.2	20	100	9.0	12.5	21	1.7	0.0
谷物及其制品	11.0	5.6	40	100	7.5	17.1	*40*	5.3	12.5
含油子仁、脂肪及油脂	5.4	30.4	45	100	2.3	62.7	*45*	0.9	83.0
糖及糖食	5.9	0	10	100	3.4	41.2	16	0.5	61.8
饮料及烟草	21.5	6.4	50	100	19.0	0	*50*	3.7	0
棉	0.0	100.0	0	100	0.0	100.0	0	0.0	100.0
其他农产品	2.6	55.2	15	100	1.6	59.3	16	1.1	9.7
鱼及鱼产品	10.0	8.1	20	100	8.3	5.1	20	0.7	0.1
矿产品及金属	2.7	55.5	20	100	2.4	50.3	20	12.5	27.1
石油	2.6	20.0	5	100	1.7	32.7	5	7.6	95.0
化工品	5.0	16.1	7	100	1.7	17.4	7	13.0	36.0
木材、纸及其他	0.3	96.3	15	100	0.4	88.0	10	6.0	61.7
纺织品	6.7	1.6	13	100	3.5	2.5	13	1.7	5.1
衣着	11.4	0	12	100	10.0	0	10	3.0	0
皮革、鞋及其他	5.6	24.4	20	100	4.7	21.9	15	2.8	2.0
非电气设备	1.8	42.1	15	100	1.9	37.5	15	7.9	61.1
电气设备	1.3	50.3	14	100	1.3	39.0	7	7.8	45.7
运输设备	2.5	25.8	17	100	1.2	55.8	8	6.6	20.3
其他工业品	3.8	35.2	15	100	3.9	28.5	15	5.7	68.0

Part B 出口至主要贸易伙伴及其面监的关税

主要市场	双边进口		多元化：95%贸易额所在税号税目		有贸易量 MFN 关税平均值		优惠幅度	零关税进口	
	以百万美元计		HS 章	HS 六位子目	简单平均	加权平均	加权平均	税号（%）	价值（%）
农产品									
1. 巴基斯坦	2015	35	2	5	7.0	2.4	0.0	0.0	0.0
2. 塞尔维亚	2015	18	10	22	21.1	26.2	26.2	100.0	100.0
3. 波黑	2015	12	6	16	24.4	22.7	22.7	100.0	100.0
4. 欧盟	2015	8	10	25	7.8	5.9	5.2	60.4	84.2
5. 俄罗斯	2015	2	1	1	22.5	16.3	0.0	0.0	0.0
非农产品									
1. 欧盟	2015	146	18	53	3.5	3.3	3.3	100.0	100.0
2. 塞尔维亚	2015	42	24	60	8.2	4.2	4.2	100.0	100.0
3. 中国	2015	23	1	2	5.4	0.0	0.0	33.3	100.0
4. 波黑	2015	20	13	19	6.7	3.5	3.5	100.0	100.0
5. 阿尔巴尼亚	2015	19	5	8	0.8	0.5	0.5	100.0	100.0

摩洛哥

Part A. 1 关税及进口：概述及关税值域

概述		总计	农产品	非农产品	“入世”时间		1995
最终约束关税简单平均		41.3	54.4	39.3	约束覆盖范围：	总计	100
已实施 MFN 关税简单平均	2016	11.5	27.6	8.9		非农产品	100
贸易加权平均	2015	9.3	14.9	8.6	农产品：关税配额（%）		13.5
进口值（以10亿美元计）	2015	37.4	4.3	33.1	农产品：特别保障措施（%）		16.2

频率分布		零关税	0≤5	5≤10	10≤15	15≤25	25≤50	50≤100	>100	非从价税（%）
		税号及进口值（%）								
农产品										
最终约束关税		0	0	0.1	0	4.0	79.7	4.1	12.1	0
已实施 MFN 关税	2016	0	34.6	13.2	0	15.7	30.0	3.6	2.9	0
进口	2015	0	52.3	6.5	0	9.7	31.1	0.1	0.3	0
非农产品										
最终约束关税		0.0	0.1	0.4	0	1.8	97.6	0	0	0
已实施 MFN 关税	2016	0.0	63.3	10.9	0	24.9	0.9	0	0	0
进口	2015	2.1	62.9	8.0	0	27.0	0.0	0	0	0

Part A. 2 按产品分组的关税及进口

产品组	最终约束关税				已实施 MFN 关税			进口	
	平均值	零关税（%）	最大值	约束（%）	平均值	零关税（%）	最大值	占比（%）	零关税（%）
动物产品	94.5	0	289	100	69.8	0	200	0.2	0
乳制品	76.7	0	87	100	50.9	0	100	0.5	0
水果、蔬菜及植物	34.0	0	40	100	26.2	0	40	0.9	0
咖啡及茶	34.0	0	34	100	14.7	0	33	0.9	0
谷物及其制品	59.4	0	195	100	21.7	0	170	4.2	0
含油子仁、脂肪及油脂	86.2	0	236	100	10.5	0	50	2.2	0
糖及糖食	134.5	0	168	100	20.2	0	50	1.0	0
饮料及烟草	34.0	0	34	100	35.9	0	49	0.6	0
棉	22.0	0	34	100	2.5	0	3	0.1	0
其他农产品	33.6	0	40	100	7.2	0	49	1.0	0
鱼及鱼产品	39.6	0	40	100	15.6	0	50	0.5	0
矿产品及金属	39.4	0.2	45	100	8.9	0.1	25	18.7	9.9
石油	40.0	0	40	100	13.0	0	25	11.6	0
化工品	39.0	0	45	100	5.4	0	25	11.6	0
木材、纸及其他	39.0	0	45	100	15.1	0	25	4.0	0
纺织品	41.8	0	45	100	8.6	0	25	7.1	0
衣着	40.2	0	45	100	24.3	0	25	1.1	0
皮革、鞋及其他	39.7	0	45	100	14.5	0	25	2.0	0
非电气设备	36.8	0	45	100	4.3	0	25	8.7	0
电气设备	37.8	0	45	100	6.2	0	25	9.6	0
运输设备	38.7	0	45	100	9.3	0	25	10.5	0
其他工业品	39.2	0	45	100	5.4	0	25	3.2	0

Part B 出口至主要贸易伙伴及其面监的关税

主要市场	双边进口		多元化：95%贸易额所在税号税目		有贸易量 MFN 关税平均值		优惠幅度	零关税进口	
	以百万美元计		HS 章	HS 六位子目	简单平均	加权平均	加权平均	税号（%）	价值（%）
农产品									
1. 欧盟	2015	1,980	18	63	13.9	14.6	10.0	98.0	78.0
2. 俄罗斯	2015	297	2	11	9.7	7.5	1.9	6.5	0.6
3. 白俄罗斯	2015	245	2	22	8.8	6.9	1.7	3.3	27.5
4. 美国	2015	195	10	21	3.5	1.8	1.6	96.2	94.0
5. 加拿大	2015	104	7	11	3.3	0.1	0.0	67.2	98.4
非农产品									
1. 欧盟	2015	11,407	49	267	4.9	7.1	7.1	100.0	100.0
2. 印度	2015	1,074	3	3	9.4	5.1	0.7	11.2	1.3
3. 美国	2015	786	22	89	7.3	4.5	4.5	99.9	100.0
4. 巴西	2015	737	9	15	19.8	1.6	0.0	13.1	89.2
5. 土耳其	2015	691	21	41	7.6	6.7	5.7	99.0	90.1

莫桑比克

Part A. 1 关税及进口：概述及关税值域

概述		总计	农产品	非农产品	"入世"时间		1995
最终约束关税简单平均		97.7	100.0	26.0	约束覆盖范围：	总计	14.7
已实施 MFN 关税简单平均	2016	10.1	13.8	9.5		非农产品	0.6
贸易加权平均	2015	6.9	10.0	6.5	农产品：关税配额（%）		0
进口值（以10亿美元计）	2015	7.9	0.9	7.0	农产品：特别保障措施（%）		0

频率分布		零关税	0≤5	5≤10	10≤15	15≤25	25≤50	50≤100	>100	非从价税（%）
		税号及进口值（%）								
农产品										
最终约束关税		0	0	0	0	0	0	99.9	0	0
已实施 MFN 关税	2016	0.8	23.2	15.9	0	60.2	0	0	0	0
进口	2015	0.7	35.1	25.4	0	38.8	0	0	0	0
非农产品										
最终约束关税		0	0.4	0	0.1	0	0	0.1	0	0
已实施 MFN 关税	2016	4.0	34.5	32.0	0	29.4	0	0	0	0
进口	2015	10.5	47.7	29.0	0	12.8	0	0	0	0

Part A. 2 按产品分组的关税及进口

产品组	最终约束关税				已实施 MFN 关税			进口	
	平均值	零关税（%）	最大值	约束（%）	平均值	零关税（%）	最大值	占比（%）	零关税（%）
动物产品	100.0	0	100	100	18.1	0.5	20	0.7	0.0
乳制品	100.0	0	100	100	16.3	4.2	20	0.5	0.0
水果、蔬菜及植物	100.0	0	100	100	17.0	0	20	0.5	0
咖啡及茶	100.0	0	100	100	17.2	0	20	0.2	0
谷物及其制品	100.0	0	100	100	12.9	1.3	20	5.3	1.2
含油子仁、脂肪及油脂	100.0	0	100	98.8	9.5	0	20	1.5	0
糖及糖食	100.0	0	100	100	9.1	0	20	0.5	0
饮料及烟草	100.0	0	100	100	17.9	0	20	1.7	0
棉	100.0	0	100	100	2.5	0	3	0.0	0
其他农产品	100.0	0	100	100	7.6	2.4	20	0.2	8.7
鱼及鱼产品	100.0	0	100	0.9	19.6	0.4	20	1.1	0.0
矿产品及金属	–	–	–	0	7.2	0.3	20	18.2	0.5
石油	–	–	–	0	5.9	0	8	9.1	0
化工品	100.0	0	100	0.4	4.9	11.0	20	10.3	45.7
木材、纸及其他	–	–	–	0	9.8	2.4	20	3.1	10.4
纺织品	–	–	–	0	14.5	6.0	20	2.3	12.1
衣着	–	–	–	0	20.0	0	20	0.5	0
皮革、鞋及其他	–	–	–	0	11.3	1.9	20	1.4	8.3
非电气设备	6.6	0	15	3.6	6.0	3.5	20	12.3	1.6
电气设备	–	–	–	0	8.9	0	20	7.7	0
运输设备	–	–	–	0	7.3	8.3	20	17.7	2.9
其他工业品	–	–	–	0	12.8	1.8	20	5.3	59.1

Part B 出口至主要贸易伙伴及其面临的关税

主要市场	双边进口		多元化：95%贸易额所在税号税目		有贸易量 MFN 关税平均值		优惠幅度	零关税进口	
	以百万美元计		HS 章	HS 六位子目	简单平均	加权平均	加权平均	税号（%）	价值（%）
农产品									
1. 欧盟	2015	284	4	5	9.5	30.2	30.2	100.0	100.0
2. 印度	2015	107	5	8	31.3	26.1	3.1	25.0	34.8
3. 南非	2015	67	9	16	9.1	13.3	13.3	100.0	100.0
4. 中国	2015	61	1	1	11.2	10.3	10.3	92.3	98.8
5. 俄罗斯	2015	45	1	2	3.2	4.9	4.9	100.0	100.0
非农产品									
1. 欧盟	2015	1,298	7	10	3.5	2.6	2.6	100.0	100.0
2. 南非	2015	748	4	8	6.4	0.9	0.9	100.0	100.0
3. 中国	2015	391	4	7	4.4	0.4	0.4	98.8	100.0
4. 印度	2015	256	3	4	7.5	1.8	1.7	81.5	97.0
5. 津巴布韦	2015	127	8	18	22.2	6.7	6.7	99.7	100.0

缅甸

Part A. 1 关税及进口：概述及关税值域

概述		总计	农产品	非农产品	"入世"时间		1995
最终约束关税简单平均		83.3	102.9	21.3	约束覆盖范围：	总计	18.8
已实施 MFN 关税简单平均	2015	5.6	8.6	5.1		非农产品	5.3
贸易加权平均					农产品：关税配额（%）		0
进口值（以10亿美元计）					农产品：特别保障措施（%）		0

频率分布		零关税	0≤5	5≤10	10≤15	15≤25	25≤50	50≤100	>100	非从价税（%）
		税号及进口值（%）								
农产品										
最终约束关税		0.8	0.7	10.8	4.4	12.5	6.7	15.7	48.3	0.7
已实施 MFN 关税	2015	10.4	43.2	2.0	40.6	0.7	3.1	0	0	0
进口										
非农产品										
最终约束关税		1.1	0	0.4	0	2.0	1.7	0.1	0.1	0
已实施 MFN 关税	2015	2.9	66.5	16.5	9.0	4.7	0.5	0	0	0
进口										

Part A. 2 按产品分组的关税及进口

产品组	最终约束关税				已实施 MFN 关税			进口	
	平均值	零关税（%）	最大值	约束（%）	平均值	零关税（%）	最大值	占比（%）	零关税（%）
动物产品	111.0	0	165	100	9.8	30.6	15		
乳制品	39.8	0	110	100	3.4	0	5		
水果、蔬菜及植物	135.2	2.9	165	100	11.6	8.5	15		
咖啡及茶	151.3	0	220	100	14.0	0	20		
谷物及其制品	94.6	0	550	100	8.1	25.3	15		
含油子仁、脂肪及油脂	23.0	0	165	100	1.7	1.2	15		
糖及糖食	63.1	0	220	100	5.1	0	20		
饮料及烟草	293.2	0	550	100	23.1	0	40		
棉	27.3	0	39	100	0.8	20.0	1		
其他农产品	42.3	0	165	100	3.1	0.4	15		
鱼及鱼产品	71.5	0	165	2.7	8.6	6.9	15		
矿产品及金属	23.8	11.7	50	8.5	3.4	5.7	30		
石油	25.0	0	25	100	1.7	0	3		
化工品	30.2	2.8	55	4.2	2.2	1.2	20		
木材、纸及其他	–	–	–	0	6.8	4.9	15		
纺织品	26.0	0	30	0.9	8.3	0.1	20		
衣着	–	–	–	0	16.9	0	20		
皮革、鞋及其他	–	–	–	0	5.3	0	20		
非电气设备	8.6	43.9	30	12.6	1.7	6.7	15		
电气设备	0.0	100.0	0	0.4	4.5	0	20		
运输设备	0.0	100.0	0	9.2	3.8	2.9	40		
其他工业品	29.6	0	30	7.2	5.9	0	30		

Part B 出口至主要贸易伙伴及其面临的关税

主要市场	双边进口		多元化：95%贸易额所在税号税目		有贸易量 MFN 关税平均值		优惠幅度	零关税进口	
	以百万美元计		HS 章	HS 六位子目	简单平均	加权平均	加权平均	税号（%）	价值（%）
农产品									
1. 印度	2015	853	8	24	24.5	28.3	17.7	17.1	5.2
2. 中国	2015	136	5	14	16.5	20.9	14.2	90.4	86.0
3. 泰国	2015	119	7	14	32.7	17.9	17.9	99.1	99.8
4. 欧盟	2015	105	3	7	9.9	13.9	13.9	100.0	100.0
5. 阿联酋	2015	54	1	5	4.3	5.0	0.0	14.3	0.1
非农产品									
1. 中国	2015	4,780	7	17	12.6	5.6	5.4	99.1	98.5
2. 泰国	2015	3,438	2	2	13.5	0.2	0.2	100.0	100.0
3. 日本	2015	814	16	96	9.0	10.3	10.2	96.7	97.8
4. 欧盟	2015	611	15	96	5.6	10.1	10.1	99.9	100.0
5. 韩国	2015	444	13	55	9.4	12.4	12.3	95.5	99.5

纳米比亚

Part A. 1 关税及进口：概述及关税值域

概述		总计	农产品	非农产品	"入世"时间		1995
最终约束关税简单平均		19.2	39.1	15.7	约束覆盖范围：	总计	94.3
已实施 MFN 关税简单平均	2016	7.6	8.5	7.5		非农产品	93.4
贸易加权平均	2015	8.1	15.3	7.2	农产品：关税配额（%）		0
进口值（以10亿美元计）	2015	7.6	0.9	6.7	农产品：特别保障措施（%）		37.5

频率分布		零关税	0≤5	5≤10	10≤15	15≤25	25≤50	50≤100	>100	非从价税（%）
		税号及进口值（%）								
农产品										
最终约束关税		22.5	2.3	1.6	1.5	9.8	36.6	22.6	3.0	0
已实施 MFN 关税	2016	46.1	11.2	13.8	6.6	15.8	6.0	0.3	0.2	13.8
进口	2015	19.4	16.8	9.2	6.6	29.0	18.0	0.5	0.4	28.7
非农产品										
最终约束关税		13.0	5.2	21.4	20.1	19.8	14.0	0	0.0	0
已实施 MFN 关税	2016	63.5	2.3	5.7	8.0	13.2	7.4	0	0.0	0.9
进口	2015	48.8	16.1	4.1	7.6	18.6	4.7	0	0.0	15.7

Part A. 2 按产品分组的关税及进口

产品组	最终约束关税				已实施 MFN 关税			进口	
	平均值	零关税（%）	最大值	约束（%）	平均值	零关税（%）	最大值	占比（%）	零关税（%）
动物产品	37.4	30.6	160	100	10.9	60.6	82	0.9	22.1
乳制品	93.3	0	96	100	7.5	23.8	*18*	0.5	26.8
水果、蔬菜及植物	28.0	20.7	99	100	9.2	34.9	*99*	1.1	12.5
咖啡及茶	65.4	20.8	170	100	7.2	45.8	25	0.3	13.0
谷物及其制品	45.1	4.7	597	100	8.9	39.7	*103*	2.7	26.4
含油子仁、脂肪及油脂	47.0	5.7	81	98.8	7.6	20.5	20	0.7	1.4
糖及糖食	75.2	0	105	100	9.3	58.8	37	1.1	3.6
饮料及烟草	89.0	4.1	597	100	19.8	8.8	*111*	3.6	2.8
棉	60.0	0	60	100	4.4	66.7	15	0.0	31.1
其他农产品	12.0	54.4	72	100	2.2	85.5	25	1.0	91.2
鱼及鱼产品	18.5	50.0	37	1.8	6.3	62.7	30	0.5	66.0
矿产品及金属	11.7	16.1	30	96.0	4.0	71.6	30	20.4	75.1
石油	–	–	–	0	0.6	55.6	15	14.2	1.0
化工品	12.4	6.3	30	99.6	2.3	83.2	20	8.9	55.6
木材、纸及其他	11.7	12.7	30	100	6.1	61.2	45	4.1	38.7
纺织品	22.2	3.1	30	99.1	16.9	18.1	*156*	1.2	10.9
衣着	44.9	0	45	100	41.0	2.1	45	2.4	0.1
皮革、鞋及其他	20.7	0	30	96.2	13.3	35.6	43	2.1	11.4
非电气设备	9.2	39.2	30	100	1.5	90.5	30	9.6	93.0
电气设备	17.3	6.1	30	99.6	4.6	67.6	25	5.3	52.6
运输设备	18.4	17.6	50	100	6.1	65.7	30	16.3	38.4
其他工业品	12.5	26.0	30	95.2	3.8	78.4	30	3.1	74.3

Part B 出口至主要贸易伙伴及其面临的关税

主要市场	双边进口		多元化：95%贸易额所在税号税目		有贸易量 MFN 关税平均值		优惠幅度	零关税进口	
	以百万美元计		HS 章	HS 六位子目	简单平均	加权平均	加权平均	税号（%）	价值（%）
农产品									
1. 南非	2015	237	9	22	13.6	8.8	8.8	100.0	100.0
2. 欧盟	2015	125	3	4	11.2	27.3	27.3	100.0	100.0
3. 挪威	2015	25	1	3	64.1	305.9	223.0	82.4	8.1
4. 安哥拉	2015	12	15	29	25.2	25.1	0.0	0.0	0.0
5. 博茨瓦纳	2015	7	4	5	14.3	9.7	9.7	100.0	100.0
非农产品									
1. 博茨瓦纳	2015	1,116	2	3	9.2	0.0	0.0	100.0	100.0
2. 欧盟	2015	846	9	20	4.1	3.7	3.7	99.8	100.0
3. 南非	2015	270	32	157	9.1	2.7	2.7	100.0	100.0
4. 中国	2015	211	6	11	6.0	2.6	0.0	41.0	46.0
5. 美国	2015	108	2	3	2.1	0.1	0.1	97.4	100.0

瑙鲁

Part A.1 关税及进口：概述及关税值域

概述		总计	农产品	非农产品	未“入世”	
最终约束关税简单平均					约束覆盖范围：	总计
已实施 MFN 关税简单平均	2016	11.9	22.2	10.2		非农产品
贸易加权平均					农产品：关税配额（%）	
进口值（以10亿美元计）					农产品：特别保障措施（%）	

频率分布		零关税	0≤5	5≤10	10≤15	15≤25	25≤50	50≤100	>100	非从价税（%）
		税号及进口值（%）								
农产品										
最终约束关税										
已实施 MFN 关税	2016	18.6	0	72.0	0.7	0	5.3	1.0	2.4	4.3
进口										
非农产品										
最终约束关税										
已实施 MFN 关税	2016	1.8	0.0	94.9	0.4	1.6	0.3	0	0	1.1
进口										

Part A.2 按产品分组的关税及进口

产品组	最终约束关税				已实施 MFN 关税			进口	
	平均值	零关税（%）	最大值	约束（%）	平均值	零关税（%）	最大值	占比（%）	零关税（%）
动物产品					10.0	0	10		
乳制品					11.9	0	30		
水果、蔬菜及植物					4.4	59.2	30		
咖啡及茶					13.3	16.7	30		
谷物及其制品					10.1	5.5	30		
含油子仁、脂肪及油脂					11.2	4.8	30		
糖及糖食					30.0	0	30		
饮料及烟草					210.1	6.3	*>1000*		
棉					10.0	0	10		
其他农产品					10.0	0	15		
鱼及鱼产品					9.9	0.9	10		
矿产品及金属					10.0	0.4	30		
石油					12.2	0	*43*		
化工品					9.6	4.4	10		
木材、纸及其他					9.8	2.4	10		
纺织品					10.0	0.4	10		
衣着					10.0	0	10		
皮革、鞋及其他					9.9	0.6	10		
非电气设备					11.3	0.6	25		
电气设备					10.0	0	10		
运输设备					17.3	1.7	45		
其他工业品					9.6	5.6	45		

Part B 出口至主要贸易伙伴及其面监的关税

主要市场	双边进口		多元化：95%贸易额所在税号税目		有贸易量 MFN 关税平均值		优惠幅度	零关税进口	
	以百万美元计		HS 章	HS 六位子目	简单平均	加权平均	加权平均	税号（%）	价值（%）
农产品									
1. 澳大利亚	2015	0	1	1	2.5	4.8	4.8	100.0	100.0
2. 欧盟	2015	0	1	1	12.2	12.8	3.9	0.0	0.0
3. 马达加斯加	2015	0	1	1	20.0	20.0	0.0	0.0	0.0
4. 俄罗斯	2015	0	1	1	8.9	8.9	0.0	0.0	0.0
5. 尼日利亚	2014	0	1	1	23.0	23.0	0.0	0.0	0.0
非农产品									
1. 澳大利亚	2015	11	1	1	4.4	0.1	0.1	100.0	100.0
2. 印度	2015	6	1	1	7.3	5.0	0.0	16.7	0.0
3. 日本	2015	5	1	1	1.7	0.1	0.0	50.0	98.5
4. 中国香港	2015	1	6	7	0.0	0.0	0.0	100.0	100.0
5. 欧盟	2015	1	6	8	1.5	0.7	0.7	97.1	100.0

尼泊尔

Part A. 1 关税及进口：概述及关税值域

概述		总计	农产品	非农产品	"入世" 时间		2004
最终约束关税简单平均		26.3	41.0	23.8	约束覆盖范围：	总计	99.4
已实施 MFN 关税简单平均	2016	12.1	14.3	11.7		非农产品	99.3
贸易加权平均	2015	12.2	12.4	12.2	农产品：关税配额（%）		0
进口值（以 10 亿美元计）	2015	6.6	1.3	5.4	农产品：特别保障措施（%）		0

频率分布		零关税	0≤5	5≤10	10≤15	15≤25	25≤50	50≤100	>100	非从价税（%）
		税号及进口值（%）								
农产品										
最终约束关税		0	0.7	3.3	0.5	5.2	82.5	6.9	0.9	0
已实施 MFN 关税	2016	1.5	9.0	63.8	13.2	2.4	8.2	0.8	1.1	2.8
进口	2015	0	19.4	60.5	7.0	3.6	8.1	0.9	0.6	4.1
非农产品										
最终约束关税		2.9	1.5	3.3	5.4	46.9	39.3	0.1	0	0
已实施 MFN 关税	2016	3.9	27.4	28.1	26.1	9.0	4.9	0.6	0	0.4
进口	2015	6.3	43.3	11.0	23.7	7.6	6.7	1.5	0	12.6

Part A. 2 按产品分组的关税及进口

产品组	最终约束关税				已实施 MFN 关税			进口	
	平均值	零关税（%）	最大值	约束（%）	平均值	零关税（%）	最大值	占比（%）	零关税（%）
动物产品	34.5	0	60	100	10.5	0	15	0.4	0
乳制品	46.0	0	50	100	16.0	0	20	0.2	0
水果、蔬菜及植物	39.8	0	60	100	11.5	0	*36*	4.2	0
咖啡及茶	40.8	0	50	100	24.2	0	30	0.2	0
谷物及其制品	46.4	0	100	100	13.3	0	30	6.2	0
含油子仁、脂肪及油脂	33.7	0	60	100	9.5	0	15	5.0	0
糖及糖食	45.9	0	60	100	14.4	0	30	0.5	0
饮料及烟草	87.1	0	200	100	58.0	0	*200*	0.8	0
棉	36.0	0	40	100	0.0	100.0	0	0.0	0
其他农产品	31.1	0	50	100	8.0	4.8	20	1.3	0
鱼及鱼产品	27.1	0	50	100	10.6	0	15	0.2	0
矿产品及金属	25.3	0.1	40	99.4	11.9	2.8	*33*	27.3	0.0
石油	15.0	0	15	16.7	22.0	0	30	9.2	0
化工品	21.5	0.4	40	100	11.4	0.5	30	10.9	1.7
木材、纸及其他	24.4	0	40	100	13.9	3.0	30	2.5	0
纺织品	26.3	0	40	99.8	12.4	0	30	4.1	0
衣着	29.9	0	30	100	19.9	0	20	1.6	0
皮革、鞋及其他	27.3	0	40	100	11.5	0.6	20	1.2	0
非电气设备	19.5	9.0	30	100	6.6	9.5	30	6.3	16.3
电气设备	20.8	21.5	40	100	10.4	22.9	30	7.0	48.4
运输设备	27.6	0	60	99.2	18.6	0.8	80	8.5	0
其他工业品	20.9	6.5	40	95.2	11.5	7.8	80	2.5	21.8

Part B 出口至主要贸易伙伴及其面监的关税

主要市场	双边进口		多元化：95%贸易额所在税号税目		有贸易量 MFN 关税平均值		优惠幅度	零关税进口	
	以百万美元计		HS 章	HS 六位子目	简单平均	加权平均	加权平均	税号（%）	价值（%）
农产品									
1. 印度	2015	200	17	39	30.3	36.3	36.3	98.7	99.6
2. 欧盟	2015	5	10	19	12.0	7.0	7.0	100.0	100.0
3. 美国	2015	4	6	11	3.1	0.6	0.6	100.0	100.0
4. 新加坡	2015	3	3	3	0.0	0.0	0.0	100.0	100.0
5. 中国	2015	2	4	4	9.8	10.3	10.3	100.0	100.0
非农产品									
1. 印度	2015	270	19	41	10.0	9.0	9.0	100.0	100.0
2. 欧盟	2015	103	29	161	5.9	7.3	7.3	99.9	100.0
3. 美国	2015	79	22	94	7.9	4.2	0.4	41.2	68.5
4. 中国	2015	21	32	68	12.9	10.0	10.0	98.4	99.6
5. 土耳其	2015	16	3	4	4.6	4.1	0.9	53.7	3.8

新西兰

Part A. 1　关税及进口：概述及关税值域

概述		总计	农产品	非农产品	"入世"时间	1995
最终约束关税简单平均		10.1	6.1	10.7	约束覆盖范围：　总计	100
已实施 MFN 关税简单平均	2016	2.0	1.4	2.2	非农产品	100
贸易加权平均	2015	2.5	2.2	2.6	农产品：关税配额（%）	0.5
进口值（以10亿美元计）	2015	36.2	4.2	32.1	农产品：特别保障措施（%）	0.5

频率分布		零关税	0≤5	5≤10	10≤15	15≤25	25≤50	50≤100	>100	非从价税（%）
		税号及进口值（%）								
农产品										
最终约束关税		53.6	2.9	12.7	17.2	11.2	2.4	0	0	0.2
已实施 MFN 关税	2016	72.4	27.6	0	0	0	0	0	0	0.1
进口	2015	50.0	50.0	0	0	0	0	0	0	0.2
非农产品										
最终约束关税		46.3	7.3	8.9	3.2	21.6	11.8	0.3	0.1	3.7
已实施 MFN 关税	2016	62.5	31.3	5.7	0	0.0	0.0	0	0	0.5
进口	2015	64.0	30.8	4.8	0	0	0.0	0	0	0.4

Part A. 2　按产品分组的关税及进口

产品组	最终约束关税				已实施 MFN 关税			进口	
	平均值	零关税（%）	最大值	约束（%）	平均值	零关税（%）	最大值	占比（%）	零关税（%）
动物产品	7.0	44.0	22	100	1.5	69.4	5	0.7	48.7
乳制品	10.1	0	19	100	1.3	73.0	5	0.4	39.5
水果、蔬菜及植物	5.8	51.9	35	100	1.1	77.3	5	1.7	79.9
咖啡及茶	8.9	41.7	22	100	2.3	54.2	5	0.9	36.1
谷物及其制品	10.7	33.7	26	100	2.4	51.9	5	3.0	25.8
含油子仁、脂肪及油脂	2.1	81.4	22	100	0.6	88.5	5	1.7	96.1
糖及糖食	3.7	64.1	15	100	1.4	72.1	5	0.6	43.5
饮料及烟草	13.0	19.8	*48*	100	3.1	38.3	5	1.5	35.1
棉	0.0	100.0	0	100	0.0	100.0	0	0.0	100.0
其他农产品	2.1	79.6	21	100	0.7	85.5	5	1.0	41.6
鱼及鱼产品	1.3	90.1	22	100	0.4	92.6	5	0.5	77.2
矿产品及金属	8.6	46.7	45	100	1.8	64.4	10	8.9	49.0
石油	1.3	92.6	27	100	0.5	90.2	5	9.8	99.4
化工品	4.4	72.7	*435*	100	0.8	84.3	10	11.3	60.3
木材、纸及其他	5.0	70.2	35	100	1.3	74.6	10	4.6	64.9
纺织品	10.8	34.8	45	100	1.9	66.7	*28*	2.5	25.9
衣着	39.9	0.2	*148*	100	9.7	1.2	10	3.0	0.0
皮革、鞋及其他	15.8	25.7	45	100	3.1	47.8	10	2.2	21.5
非电气设备	15.0	27.5	35	100	3.0	39.8	5	13.5	50.6
电气设备	12.1	39.5	45	100	2.6	46.6	10	8.0	61.2
运输设备	15.9	33.3	55	100	3.2	43.1	10	18.1	88.2
其他工业品	9.7	42.9	43	100	1.7	64.9	10	6.1	56.9

Part B　出口至主要贸易伙伴及其面监的关税

主要市场	双边进口		多元化：95%贸易额所在税号税目		有贸易量 MFN 关税平均值		优惠幅度	零关税进口	
	以百万美元计		HS 章	HS 六位子目	简单平均	加权平均	加权平均	税号（%）	价值（%）
农产品									
1. 中国	2015	4,038	12	32	15.3	13.2	11.5	86.5	32.6
2. 美国	2015	2,891	11	29	3.8	5.2	0.0	35.6	19.4
3. 欧盟	2015	2,573	14	35	14.5	22.3	0.0	16.7	15.5
4. 澳大利亚	2015	2,290	20	75	1.9	3.2	3.2	100.0	100.0
5. 日本	2015	1,284	16	53	24.3	25.2	0.0	28.1	11.2
非农产品									
1. 澳大利亚	2015	3,333	52	442	3.4	2.5	2.5	100.0	100.0
2. 中国	2015	2,546	22	63	8.3	3.0	2.9	97.0	97.8
3. 美国	2015	1,168	47	295	3.3	0.7	0.0	44.4	79.2
4. 日本	2015	1,088	17	42	2.8	1.2	0.0	60.3	71.7
5. 欧盟	2015	983	58	389	4.4	2.3	0.0	21.0	60.1

尼加拉瓜

Part A. 1 关税及进口：概述及关税值域

概述		总计	农产品	非农产品	"入世"时间		1995
最终约束关税简单平均		40.9	43.5	40.5	约束覆盖范围：	总计	100
已实施 MFN 关税简单平均	2016	5.7	10.8	4.9		非农产品	100
贸易加权平均	2015	6.0	12.3	4.7	农产品：关税配额（%）		5.5
进口值（以10亿美元计）	2015	5.9	1.0	4.9	农产品：特别保障措施（%）		6.3

频率分布		零关税	0≤5	5≤10	10≤15	15≤25	25≤50	50≤100	>100	非从价税（%）
		税号及进口值（%）								
农产品										
最终约束关税		0	0	0	0	0	89.9	9.5	0.6	0
已实施 MFN 关税	2016	25.6	12.6	13.7	42.5	0.2	3.8	1.5	0.1	0
进口	2015	21.2	11.2	5.1	53.1	0.9	5.7	2.2	0.4	0
非农产品										
最终约束关税		2.3	0	0.1	0	0	91.1	6.6	0	0
已实施 MFN 关税	2016	55.0	11.2	14.7	19.1	0	0	0	0	0
进口	2015	56.0	12.8	11.3	19.9	0	0	0	0	0

Part A. 2 按产品分组的关税及进口

产品组	最终约束关税				已实施 MFN 关税			进口	
	平均值	零关税（%）	最大值	约束（%）	平均值	零关税（%）	最大值	占比（%）	零关税（%）
动物产品	50.5	0	200	100	14.6	7.7	164	1.0	14.9
乳制品	66.3	0	70	100	26.1	6.0	60	0.5	6.5
水果、蔬菜及植物	40.4	0	60	100	11.5	20.2	30	1.2	9.7
咖啡及茶	40.0	0	40	100	13.4	2.1	15	0.3	0.1
谷物及其制品	41.8	0	60	100	10.2	35.8	60	7.9	35.1
含油子仁、脂肪及油脂	41.9	0	60	100	6.0	32.2	15	2.8	4.9
糖及糖食	55.0	0	100	100	30.0	18.6	55	0.4	1.5
饮料及烟草	45.5	0	75	100	13.1	8.0	40	2.0	1.1
棉	40.0	0	40	100	0.0	100.0	0	0.0	100.0
其他农产品	40.0	0	40	100	4.3	49.0	15	0.8	45.7
鱼及鱼产品	40.0	0	40	100	11.5	11.3	15	0.3	15.1
矿产品及金属	40.1	0.1	70	100	3.2	67.2	15	12.5	53.8
石油	40.0	0	40	100	6.9	35.0	15	11.7	93.7
化工品	40.0	0.1	40	100	1.8	81.2	15	18.9	50.6
木材、纸及其他	40.0	0	40	100	6.0	46.4	15	5.3	30.1
纺织品	41.4	0	100	100	8.2	13.0	15	2.0	15.7
衣着	60.0	0	60	100	14.8	1.5	15	0.8	0.8
皮革、鞋及其他	41.8	0	60	100	7.6	23.7	15	2.4	6.6
非电气设备	37.6	5.5	40	100	1.2	89.9	15	8.1	80.5
电气设备	31.7	20.6	40	100	2.4	78.5	15	9.3	72.2
运输设备	45.3	0	60	100	3.8	51.7	15	8.1	18.6
其他工业品	38.2	4.5	60	100	6.5	45.4	15	3.4	67.0

Part B 出口至主要贸易伙伴及其面监的关税

主要市场	双边进口		多元化：95%贸易额所在税号税目		有贸易量 MFN 关税平均值		优惠幅度	零关税进口	
	以百万美元计		HS 章	HS 六位子目	简单平均	加权平均	加权平均	税号（%）	价值（%）
农产品									
1. 美国	2015	697	10	23	8.0	6.8	3.0	87.7	86.5
2. 萨尔瓦多	2015	220	12	22	14.6	30.5	30.5	99.0	100.0
3. 欧盟	2015	216	10	13	8.6	6.0	3.1	97.0	95.9
4. 哥斯达黎加	2015	99	14	33	13.7	16.0	15.7	98.0	94.3
5. 危地马拉	2015	94	12	22	11.6	13.4	13.4	98.8	100.0
非农产品									
1. 美国	2015	2,478	7	26	6.4	13.3	13.3	100.0	100.0
2. 墨西哥	2015	458	3	4	9.5	6.7	6.7	100.0	100.0
3. 欧盟	2015	141	5	11	6.5	10.9	10.9	100.0	100.0
4. 加拿大	2015	102	5	13	8.3	6.3	0.0	43.6	64.6
5. 中国台北	2015	47	2	4	12.0	17.9	17.9	56.1	99.1

尼日尔

Part A.1 关税及进口：概述及关税值域

概述		总计	农产品	非农产品	“入世”时间	1996
最终约束关税简单平均		45.2	84.3	38.4	约束覆盖范围：总计	96.8
已实施 MFN 关税简单平均	2016	12.2	15.8	11.5	非农产品	96.3
贸易加权平均	2015	10.5	15.5	9.1	农产品：关税配额（%）	0
进口值（以10亿美元计）	2015	2.5	0.5	1.9	农产品：特别保障措施（%）	0

频率分布		零关税	0≤5	5≤10	10≤15	15≤25	25≤50	50≤100	>100	非从价税（%）
		税号及进口值（%）								
农产品										
最终约束关税		0	0.6	1.3	0	0.1	73.8	0.8	23.3	0
已实施 MFN 关税	2016	0	27.0	19.2	0	41.7	12.0	0	0	0
进口	2015	0	10.4	42.1	0	32.4	15.0	0	0	0
非农产品										
最终约束关税		0.7	11.6	6.3	5.1	3.9	68.6	0	0.0	0
已实施 MFN 关税	2016	1.8	39.8	21.9	0	36.1	0.4	0	0	0
进口	2015	4.2	56.1	16.5	0	22.3	1.0	0	0	0

Part A.2 按产品分组的关税及进口

产品组	最终约束关税				已实施 MFN 关税			进口	
	平均值	零关税（%）	最大值	约束（%）	平均值	零关税（%）	最大值	占比（%）	零关税（%）
动物产品	133.8	0	200	100	24.5	0	35	0.3	0
乳制品	31.6	0	50	100	17.0	0	35	1.5	0
水果、蔬菜及植物	76.9	0	200	100	17.9	0	35	0.7	0
咖啡及茶	50.0	0	50	100	18.5	0	35	0.5	0
谷物及其制品	82.2	0	200	100	13.6	0	35	11.0	0
含油子仁、脂肪及油脂	48.4	0	50	100	11.1	0	35	3.1	0
糖及糖食	200.0	0	200	100	12.6	0	35	1.8	0
饮料及烟草	166.5	0	200	100	17.3	0	35	2.0	0
棉	50.0	0	50	100	5.0	0	5	0.0	0
其他农产品	50.0	0	50	100	9.6	0	20	0.1	0
鱼及鱼产品	45.5	4.0	50	100	15.6	0	20	0.2	0
矿产品及金属	47.6	0.7	50	96.6	11.6	1.9	20	10.6	3.4
石油	14.6	0	50	100	7.7	19.0	10	3.2	0
化工品	49.6	0	50	96.0	7.4	3.8	35	5.6	39.2
木材、纸及其他	48.2	0	50	100	11.3	5.1	20	1.6	10.8
纺织品	40.9	0	50	90.2	16.1	0.3	35	2.8	17.6
衣着	25.3	0	50	100	20.0	0	20	0.4	0
皮革、鞋及其他	37.7	0	50	73.0	12.3	1.3	20	1.1	4.3
非电气设备	9.7	3.4	50	100	6.8	0	20	9.2	0
电气设备	10.5	0	50	100	11.2	0.4	20	6.5	0.5
运输设备	23.6	0.2	50	100	8.1	2.5	20	32.8	0.0
其他工业品	49.2	0	50	99.5	14.2	2.1	20	4.9	0.0

Part B 出口至主要贸易伙伴及其面监的关税

主要市场	双边进口		多元化：95%贸易额所在税号税目		有贸易量 MFN 关税平均值		优惠幅度	零关税进口	
	以百万美元计		HS 章	HS 六位子目	简单平均	加权平均	加权平均	税号（%）	价值（%）
农产品									
1. 中国	2015	120	1	1	10.0	10.0	10.0	100.0	100.0
2. 科特迪瓦	2015	5	1	1	15.4	34.5	34.5	100.0	100.0
3. 尼日利亚	2014	4	5	7	14.6	7.5	7.5	100.0	100.0
4. 欧盟	2015	2	1	1	3.1	3.0	3.0	100.0	100.0
5. 贝宁	2015	1	3	3	19.3	15.9	15.9	100.0	100.0
非农产品									
1. 阿联酋	2015	179	1	1	3.0	0.0	0.0	40.0	100.0
2. 欧盟	2015	128	1	1	2.7	0.0	0.0	100.0	100.0
3. 俄罗斯	2015	39	1	1	4.5	0.0	0.0	25.0	99.9
4. 瑞士	2015	29	1	1	1.6	0.0	0.0	100.0	100.0
5. 中国	2015	21	1	1	5.2	6.1	6.1	98.0	99.5

尼日利亚

Part A.1 关税及进口：概述及关税值域

概述		总计	农产品	非农产品	"入世"时间		1995
最终约束关税简单平均		120.9	150.0	49.7	约束覆盖范围：	总计	20.1
已实施 MFN 关税简单平均	2016	12.1	15.7	11.5		非农产品	6.8
贸易加权平均	2014	10.7	10.3	10.7	农产品：关税配额（%）		0
进口值（以10亿美元计）	2014	46.5	6.9	39.6	农产品：特别保障措施（%）		0

频率分布		零关税	0≤5	5≤10	10≤15	15≤25	25≤50	50≤100	>100	非从价税（%）
		税号及进口值（%）								
农产品										
最终约束关税		0	0	0	0	0	0	0	99.9	0
已实施 MFN 关税	2016	0	28.4	18.0	0	41.6	12.0	0	0	0
进口	2014	0	54.1	28.7	0	9.6	7.6	0	0	0
非农产品										
最终约束关税		0	0	0	0	0	5.3	1.4	0.1	0
已实施 MFN 关税	2016	3.0	39.4	21.1	0	35.7	0.9	0	0	0
进口	2014	5.4	49.8	24.6	0	10.9	9.3	0	0	0.1

Part A.2 按产品分组的关税及进口

产品组	最终约束关税				已实施 MFN 关税			进口	
	平均值	零关税（%）	最大值	约束（%）	平均值	零关税（%）	最大值	占比（%）	零关税（%）
动物产品	150.0	0	150	100	24.5	0	35	0.0	0
乳制品	150.0	0	150	100	16.0	0	35	1.9	0
水果、蔬菜及植物	150.0	0	150	100	17.9	0	35	0.6	0
咖啡及茶	150.0	0	150	100	18.3	0	35	0.2	0
谷物及其制品	150.0	0	150	100	13.5	0	35	7.4	0
含油子仁、脂肪及油脂	150.0	0	150	98.8	11.0	0	35	1.4	0
糖及糖食	150.0	0	150	100	12.5	0	35	2.1	0
饮料及烟草	150.0	0	150	100	17.1	0	35	1.0	0
棉	150.0	0	150	100	5.0	0	5	0.0	0
其他农产品	150.0	0	150	100	9.5	0	20	0.3	0
鱼及鱼产品	78.6	0	150	3.1	15.6	0	20	2.8	0
矿产品及金属	54.9	0	70	4.5	11.4	4.0	20	12.9	14.9
石油	–	–	–	0	6.8	19.0	10	15.3	0
化工品	74.6	0	150	1.5	7.3	3.9	35	11.6	4.0
木材、纸及其他	80.0	0	80	1.6	11.2	5.1	20	2.6	16.6
纺织品	60.0	0	60	1.4	16.0	0.3	35	1.6	2.8
衣着	–	–	–	0	20.0	0	20	0.1	0
皮革、鞋及其他	–	–	–	0	12.2	1.3	20	1.5	1.6
非电气设备	44.3	0	50	34.3	6.5	4.8	20	15.7	7.7
电气设备	40.0	0	40	0.4	11.0	0.8	20	7.5	1.8
运输设备	–	–	–	0	12.4	7.6	35	11.7	2.7
其他工业品	50.2	0	70	13.3	14.2	2.4	20	1.9	1.5

Part B 出口至主要贸易伙伴及其面监的关税

主要市场	双边进口		多元化：95%贸易额所在税号税目		有贸易量 MFN 关税平均值		优惠幅度	零关税进口	
	以百万美元计		HS 章	HS 六位子目	简单平均	加权平均	加权平均	税号（%）	价值（%）
农产品									
1. 欧盟	2015	517	4	6	10.1	0.6	0.2	32.2	93.3
2. 土耳其	2015	138	1	1	19.5	9.8	0.0	25.0	2.3
3. 越南	2015	102	2	2	6.4	5.6	0.0	33.3	0.2
4. 日本	2015	97	1	1	7.4	0.0	0.0	87.5	100.0
5. 印度	2015	85	7	9	29.5	9.6	0.4	21.1	70.2
非农产品									
1. 欧盟	2015	19,869	1	2	3.7	0.1	0.0	78.5	99.6
2. 印度	2015	9,865	1	2	9.1	0.4	0.0	2.9	91.7
3. 巴西	2015	4,633	1	2	13.3	0.0	0.0	29.4	100.0
4. 南非	2015	2,963	1	1	13.3	0.0	0.0	46.7	99.8
5. 日本	2015	2,720	1	2	1.0	0.0	0.0	84.0	100.0

挪威

Part A.1 关税及进口：概述及关税值域

概述		总计	农产品	非农产品	"入世"时间	1995
最终约束关税简单平均		20.1	133.0	3.0	约束覆盖范围： 总计	100
已实施 MFN 关税简单平均	2016	6.1	39.9	0.5	非农产品	100
贸易加权平均	2015	2.8	28.1	0.4	农产品：关税配额（%）	31.0
进口值（以 10 亿美元计）	2015	75.5	6.7	68.9	农产品：特别保障措施（%）	47.8

频率分布		零关税	0≤5	5≤10	10≤15	15≤25	25≤50	50≤100	>100	非从价税（%）
		税号及进口值（%）								
农产品										
最终约束关税		28.0	21.4	1.0	1.5	0.8	1.5	3.5	42.4	66.7
已实施 MFN 关税	2016	51.6	3.2	3.0	4.0	5.2	9.4	11.9	11.6	43.5
进口	2015	47.1	1.1	0.7	8.6	4.6	8.2	23.4	6.3	47.9
非农产品										
最终约束关税		51.7	25.5	12.5	10.3	0	0	0	0.0	2.3
已实施 MFN 关税	2016	95.3	0.0	1.2	3.5	0.0	0	0.0	0.0	0.1
进口	2015	96.2	0.0	0.4	2.9	0.0	0.5	0	0.0	0.5

Part A.2 按产品分组的关税及进口

产品组	最终约束关税				已实施 MFN 关税			进口	
	平均值	零关税（%）	最大值	约束（%）	平均值	零关税（%）	最大值	占比（%）	零关税（%）
动物产品	343.0	8.8	*556*	100	118.0	13.3	555	0.3	2.3
乳制品	322.5	0	*453*	100	120.9	0	443	0.2	0
水果、蔬菜及植物	84.7	19.2	*606*	100	18.9	63.8	249	2.1	70.7
咖啡及茶	38.9	52.1	*474*	100	4.2	79.2	*76*	0.6	63.3
谷物及其制品	229.5	10.8	*549*	100	48.1	20.9	427	2.2	7.9
含油子仁、脂肪及油脂	90.4	27.9	*363*	100	21.9	45.3	*207*	1.0	38.4
糖及糖食	78.4	23.1	*369*	100	12.9	38.7	*77*	0.3	40.8
饮料及烟草	38.5	54.7	*424*	100	19.8	84.9	*417*	1.5	89.5
棉	0.0	100.0	0	100	0.0	100.0	0	0.0	100.0
其他农产品	50.9	53.6	*822*	100	19.8	80.0	*822*	0.7	44.4
鱼及鱼产品	2.8	97.4	*344*	100	0.6	99.3	*296*	1.6	73.3
矿产品及金属	0.9	78.8	12	100	0.0	100.0	0	13.7	100.0
石油	0.0	100.0	0	100	0.0	100.0	0	3.5	100.0
化工品	2.5	58.5	7	100	0.0	100.0	0	11.1	100.0
木材、纸及其他	0.3	72.0	5	100	0.0	100.0	0	6.3	100.0
纺织品	7.1	15.9	14	100	0.4	95.5	11	1.6	86.8
衣着	11.1	0	14	100	7.8	16.5	11	2.9	4.9
皮革、鞋及其他	2.7	57.4	10	100	0.0	100.0	0	2.0	100.0
非电气设备	2.5	34.6	10	100	0.0	100.0	0	14.7	100.0
电气设备	1.5	58.2	14	100	0.0	100.0	0	8.6	100.0
运输设备	3.3	33.2	10	100	0.0	100.0	0	17.8	100.0
其他工业品	1.7	49.8	10	100	0.0	100.0	0	7.4	100.0

Part B 出口至主要贸易伙伴及其面临的关税

主要市场	双边进口		多元化：95%贸易额所在税号税目		有贸易量 MFN 关税平均值		优惠幅度	零关税进口	
	以百万美元计		HS 章	HS 六位子目	简单平均	加权平均	加权平均	税号（%）	价值（%）
农产品									
1. 欧盟	2015	488	27	101	14.3	6.0	3.9	37.3	83.4
2. 美国	2015	105	8	13	5.5	6.2	0.0	25.4	16.7
3. 加拿大	2015	18	5	6	31.3	169.5	1.6	69.9	30.8
4. 俄罗斯	2015	17	5	5	15.5	6.1	0.0	5.4	11.1
5. 澳大利亚	2015	15	4	4	1.9	7.7	0.0	70.0	43.2
非农产品									
1. 欧盟	2015	60,285	47	363	4.7	1.4	1.2	94.1	92.2
2. 美国	2015	4,430	39	218	2.8	0.5	0.0	44.0	87.4
3. 中国	2015	4,140	25	155	7.4	8.4	0.0	16.6	15.0
4. 韩国	2015	2,621	21	141	6.3	7.3	7.0	99.1	97.5
5. 日本	2015	1,761	21	87	1.4	2.8	0.0	69.9	44.2

阿曼

Part A.1 关税及进口：概述及关税值域

概述		总计	农产品	非农产品	"入世"时间		2000
最终约束关税简单平均		14.1	27.8	11.8	约束覆盖范围：	总计	100
已实施 MFN 关税简单平均	2016	5.5	11.0	4.7		非农产品	100
贸易加权平均	2015	5.8	14.4	4.4	农产品：关税配额（%）		0
进口值（以10亿美元计）	2015	24.8	3.5	21.2	农产品：特别保障措施（%）		0

频率分布		零关税	0≤5	5≤10	10≤15	15≤25	25≤50	50≤100	>100	非从价税（%）
		税号及进口值（%）								
农产品										
最终约束关税		0	9.6	6.8	72.1	0.1	1.6	2.8	6.9	0
已实施 MFN 关税	2016	23.4	68.0	0	0	0	0	6.4	0.7	2.8
进口	2015	36.3	55.5	0	0	0	0	1.1	7.1	7.2
非农产品										
最终约束关税		7.1	6.4	21.1	61.0	4.5	0	0	0	0
已实施 MFN 关税	2016	8.2	91.5	0	0	0	0	0.1	0	0.3
进口	2015	12.3	87.7	0	0	0	0	0	0	0

Part A.2 按产品分组的关税及进口

产品组	最终约束关税				已实施 MFN 关税			进口	
	平均值	零关税（%）	最大值	约束（%）	平均值	零关税（%）	最大值	占比（%）	零关税（%）
动物产品	49.7	0	200	100	18.0	36.5	100	2.2	40.4
乳制品	19.8	0	75	100	5.0	0	5	2.2	0
水果、蔬菜及植物	19.5	0	100	100	5.7	33.3	100	1.7	60.0
咖啡及茶	15.0	0	15	100	7.1	37.5	100	0.5	31.0
谷物及其制品	14.1	0	75	100	3.2	35.2	5	3.8	70.3
含油子仁、脂肪及油脂	23.7	0	200	100	8.0	3.6	100	1.1	14.5
糖及糖食	12.9	0	15	100	4.2	29.4	100	0.3	75.3
饮料及烟草	99.0	0	200	100	58.2	0.7	*200*	2.0	0.0
棉	13.0	0	15	100	5.0	0	5	0.0	0
其他农产品	14.7	0	15	100	6.2	11.0	100	0.4	13.5
鱼及鱼产品	18.7	0	20	100	3.6	28.6	5	0.3	36.8
矿产品及金属	14.4	1.9	20	100	4.9	2.3	5	23.6	7.1
石油	20.0	0	20	100	5.0	0	5	12.4	0
化工品	5.5	10.7	15	100	4.4	11.0	5	13.1	15.1
木材、纸及其他	7.6	2.2	15	100	4.7	5.2	5	3.3	4.9
纺织品	14.8	0.2	15	100	5.0	0.2	5	2.0	0.6
衣着	15.0	0	15	100	5.0	0	5	1.3	0
皮革、鞋及其他	14.3	4.7	15	100	6.9	0	100	1.7	0
非电气设备	11.2	13.0	15	100	4.5	9.7	5	15.5	12.8
电气设备	10.1	31.4	15	100	3.7	26.2	5	7.8	37.1
运输设备	11.8	4.2	15	100	4.0	19.3	5	1.6	62.0
其他工业品	12.4	11.0	15	100	4.6	8.6	5	3.3	22.1

Part B 出口至主要贸易伙伴及其面监的关税

主要市场	双边进口		多元化：95%贸易额所在税号税目		有贸易量 MFN 关税平均值		优惠幅度	零关税进口	
	以百万美元计		HS 章	HS 六位子目	简单平均	加权平均	加权平均	税号（%）	价值（%）
农产品									
1. 阿联酋	2015	314	10	27	7.3	3.4	3.4	100.0	100.0
2. 沙特阿拉伯	2015	247	7	12	7.2	5.3	5.3	100.0	100.0
3. 也门	2015	52	9	17	8.7	8.2	8.2	100.0	100.0
4. 卡塔尔	2015	35	13	41	7.4	5.0	5.0	100.0	100.0
5. 科威特	2015	27	9	22	7.0	4.5	4.5	100.0	100.0
非农产品									
1. 中国	2015	15,047	2	2	6.9	0.2	0.0	18.5	95.2
2. 韩国	2015	2,887	3	4	5.6	2.9	0.0	23.8	1.1
3. 中国台北	2015	2,254	2	2	10.2	0.0	0.0	45.8	99.9
4. 印度	2015	1,664	45	175	8.8	5.8	0.0	2.9	10.2
5. 日本	2015	1,501	1	2	0.8	0.0	0.0	78.9	99.9

巴基斯坦

Part A.1　关税及进口：概述及关税值域

概述		总计	农产品	非农产品	“入世”时间	1995
最终约束关税简单平均		60.9	96.2	55.1	约束覆盖范围： 总计	98.7
已实施 MFN 关税简单平均	2016	12.1	13.4	11.9	非农产品	99.0
贸易加权平均	2015	10.7	8.3	11.1	农产品：关税配额（%）	0
进口值（以10亿美元计）	2015	43.9	6.1	37.9	农产品：特别保障措施（%）	0

频率分布		零关税	0≤5	5≤10	10≤15	15≤25	25≤50	50≤100	>100	非从价税（%）
		税号及进口值（%）								
农产品										
最终约束关税		0	3.0	0	0.3	0.1	0.5	90.6	2.2	0.1
已实施 MFN 关税	2016	0	35.5	2.7	14.8	44.7	0.1	2.2	0.0	4.5
进口	2015	0	37.7	48.0	2.3	11.7	0.0	0.0	0.3	30.4
非农产品										
最终约束关税		0	1.8	0.0	1.9	14.0	17.8	63.5	0	0
已实施 MFN 关税	2016	0	40.8	0.0	15.6	41.0	2.5	0.2	0	0.1
进口	2015	0	59.6	16.5	5.8	13.1	2.5	2.5	0	0.0

Part A.2　按产品分组的关税及进口

产品组	最终约束关税				已实施 MFN 关税			进口	
	平均值	零关税（%）	最大值	约束（%）	平均值	零关税（%）	最大值	占比（%）	零关税（%）
动物产品	94.0	0	100	94.6	12.1	0	20	0.1	0
乳制品	100.0	0	100	100	20.0	0	20	0.5	0
水果、蔬菜及植物	100.3	0	200	100	13.2	0	*160*	2.4	0
咖啡及茶	108.3	0	150	100	11.4	0	20	1.1	0
谷物及其制品	103.3	0	150	100	13.4	0	20	0.7	0
含油子仁、脂肪及油脂	96.7	0	100	100	8.3	0	20	6.8	0
糖及糖食	114.7	0	150	100	15.0	0	20	0.1	0
饮料及烟草	99.1	0	100	65.3	43.4	0	90	0.1	0
棉	13.0	0	25	100	7.8	0	11	1.2	0
其他农产品	83.9	0	100	99.3	6.8	0	20	0.9	0
鱼及鱼产品	67.4	0	100	100	12.9	0	20	0.0	0
矿产品及金属	64.8	0	75	100	11.2	0	35	15.1	0
石油	66.2	0	75	100	11.5	0	20	20.3	0
化工品	57.4	0	100	99.9	8.0	0	20	14.7	0
木材、纸及其他	57.8	0	75	100	14.1	0	35	2.3	0
纺织品	23.0	0	75	100	15.4	0	35	5.5	0
衣着	25.0	0	50	100	19.8	0	20	0.2	0
皮革、鞋及其他	66.3	0	75	100	14.0	0	35	1.6	0
非电气设备	61.1	0	75	99.6	7.2	0	35	9.3	0
电气设备	64.3	0	75	100	13.1	0	35	8.4	0
运输设备	61.4	0	75	67.2	22.7	0	100	6.0	0
其他工业品	64.1	0	75	99.7	11.2	0	35	2.7	0

Part B　出口至主要贸易伙伴及其面临的关税

主要市场	双边进口		多元化：95%贸易额所在税号税目		有贸易量 MFN 关税平均值		优惠幅度	零关税进口	
	以百万美元计		HS 章	HS 六位子目	简单平均	加权平均	加权平均	税号（%）	价值（%）
农产品									
1. 欧盟	2015	399	18	52	13.1	6.2	3.0	83.8	64.1
2. 中国	2015	363	6	7	15.3	45.5	13.3	30.5	32.8
3. 阿联酋	2015	345	12	22	3.9	0.6	0.0	36.5	89.1
4. 沙特阿拉伯	2015	266	9	24	10.1	1.5	0.0	39.0	77.2
5. 阿曼	2015	159	8	13	4.9	0.2	0.0	36.8	97.0
非农产品									
1. 欧盟	2015	6,217	28	229	4.9	9.6	9.6	99.6	99.9
2. 美国	2015	3,519	20	121	6.8	10.1	0.2	48.3	13.1
3. 中国	2015	2,110	15	50	11.6	5.6	2.7	41.5	29.3
4. 孟加拉国	2015	723	18	85	15.9	19.1	2.9	19.0	12.5
5. 印度	2015	309	50	340	11.2	7.2	1.1	1.6	23.0

帕劳

Part A.1　关税及进口：概述及关税值域

概述		总计	农产品	非农产品	未“入世”	
最终约束关税简单平均					约束覆盖范围：	总计
已实施 MFN 关税简单平均	2016	3.6	7.4	3.0		非农产品
贸易加权平均	2015	6.1	15.4	3.1	农产品：关税配额（%）	
进口值（以10亿美元计）	2015	0.1	0.0	0.1	农产品：特别保障措施（%）	

频率分布		零关税	0≤5	5≤10	10≤15	15≤25	25≤50	50≤100	>100	非从价税（%）
		税号及进口值（%）								
农产品										
最终约束关税										
已实施 MFN 关税	2016	66.5	29.0	0	0.2	0.5	0.4	0.5	2.5	3.5
进口	2015	78.0	2.4	0	3.3	0.4	3.1	8.8	4.0	19.2
非农产品										
最终约束关税										
已实施 MFN 关税	2016	5.4	92.3	1.2	0.0	0.4	0.0	0.0	0	2.2
进口	2015	3.4	87.2	7.3	1.2	0.8	0.0	0.0	0	31.5

Part A.2　按产品分组的关税及进口

产品组	最终约束关税				已实施 MFN 关税			进口	
	平均值	零关税（%）	最大值	约束（%）	平均值	零关税（%）	最大值	占比（%）	零关税（%）
动物产品					0.9	68.8	3	4.7	99.8
乳制品					0.0	100.0	0	1.2	100.0
水果、蔬菜及植物					0.5	84.0	3	2.5	98.1
咖啡及茶					0.0	100.0	0	1.9	100.0
谷物及其制品					0.4	99.5	*67*	6.3	99.8
含油子仁、脂肪及油脂					1.7	42.2	3	0.4	83.2
糖及糖食					0.0	100.0	0	0.4	100.0
饮料及烟草					99.6	37.2	*>1000*	6.2	23.9
棉					3.0	0	3	0.0	0
其他农产品					2.1	28.7	3	0.6	25.9
鱼及鱼产品					0.2	93.8	3	1.6	98.0
矿产品及金属					3.0	0.1	3	7.2	0.4
石油					2.7	0	3	17.6	0
化工品					3.3	3.6	25	7.4	10.7
木材、纸及其他					3.0	0	3	4.7	0
纺织品					3.0	0.2	3	1.6	13.5
衣着					3.0	0	3	1.6	0
皮革、鞋及其他					3.0	0	3	1.6	0
非电气设备					3.4	0	*69*	8.4	0
电气设备					3.0	0	3	7.5	0
运输设备					5.0	0	*35*	10.7	0
其他工业品					3.0	0	*6*	5.8	0

Part B　出口至主要贸易伙伴及其面监的关税

主要市场	双边进口		多元化：95%贸易额所在税号税目		有贸易量 MFN 关税平均值		优惠幅度	零关税进口	
	以百万美元计		HS 章	HS 六位子目	简单平均	加权平均	加权平均	税号（%）	价值（%）
农产品									
1. 日本	2015	0	2	3	16.3	20.4	14.4	75.0	59.8
2. 美国	2015	0	1	1	0.0	0.0	0.0	100.0	100.0
3. 欧盟	2015	0	1	1	0.0	0.0	0.0	100.0	100.0
4. 斐济	2015	0	1	1	280.3	280.3	0.0	0.0	0.0
5. 韩国	2015	0	1	1	15.0	15.0	0.0	0.0	0.0
非农产品									
1. 日本	2015	8	1	2	2.2	3.5	0.0	50.0	0.0
2. 印度	2015	4	1	1	0.0	0.0	0.0	100.0	100.0
3. 土耳其	2015	2	1	1	0.0	0.0	0.0	100.0	100.0
4. 墨西哥	2015	1	4	10	2.6	0.3	0.0	67.6	96.5
5. 美国	2015	0	5	7	0.3	0.0	0.0	91.7	99.2

巴拿马

Part A.1 关税及进口：概述及关税值域

概述		总计	农产品	非农产品	“入世”时间		1997
最终约束关税简单平均		22.9	27.7	22.1	约束覆盖范围：	总计	100
已实施 MFN 关税简单平均	2015	6.8	12.2	6.0		非农产品	100
贸易加权平均	2015	6.3	13.2	4.9	农产品：关税配额（%）		3.6
进口值（以10亿美元计）	2015	9.6	1.6	8.1	农产品：特别保障措施（%）		0.2

频率分布		零关税	0≤5	5≤10	10≤15	15≤25	25≤50	50≤100	>100	非从价税（%）
		税号及进口值（%）								
农产品										
最终约束关税		0.4	7.3	6.5	6.2	8.3	66.7	3.7	0.6	0.2
已实施 MFN 关税	2015	25.7	4.3	25.0	38.0	1.1	3.0	2.3	0.7	0
进口	2015	25.5	5.8	35.3	14.9	2.7	10.9	4.6	0.3	0
非农产品										
最终约束关税		4.5	3.8	19.9	4.7	3.1	63.8	0.0	0	0.2
已实施 MFN 关税	2015	39.7	15.4	25.0	19.8	0	0.0	0.0	0	0.1
进口	2015	45.6	15.1	25.2	14.0	0	0	0.0	0	0.1

Part A.2 按产品分组的关税及进口

产品组	最终约束关税				已实施 MFN 关税			进口	
	平均值	零关税（%）	最大值	约束（%）	平均值	零关税（%）	最大值	占比（%）	零关税（%）
动物产品	32.0	0.5	260	100	18.9	13.1	260	1.5	27.7
乳制品	39.9	0	156	100	34.1	7.1	155	1.0	10.0
水果、蔬菜及植物	26.6	0.5	81	100	10.1	24.8	81	1.9	30.1
咖啡及茶	31.4	0	81	100	16.9	16.7	54	0.5	4.9
谷物及其制品	25.4	0	90	100	10.1	34.3	90	6.0	26.3
含油子仁、脂肪及油脂	23.8	0	30	100	8.0	29.9	20	1.7	59.0
糖及糖食	39.6	0	144	100	32.2	22.9	144	0.3	11.0
饮料及烟草	29.3	0	90	100	11.2	11.4	15	2.3	2.4
棉	10.0	0	10	100	0.0	100.0	0	0.0	100.0
其他农产品	25.7	0.9	30	100	7.9	36.0	15	1.2	31.7
鱼及鱼产品	17.3	0	60	100	13.0	3.8	15	0.8	60.4
矿产品及金属	26.9	2.4	81	100	6.9	37.2	81	14.7	42.2
石油	28.7	0	30	100	4.0	55.6	30	4.3	83.5
化工品	6.2	8.8	30	100	1.7	75.1	15	14.3	53.6
木材、纸及其他	27.7	0.4	30	100	7.8	35.7	15	5.7	22.5
纺织品	28.4	0.2	33	100	3.4	70.6	15	1.4	35.5
衣着	29.6	0	36	100	10.7	0.4	15	2.1	0.0
皮革、鞋及其他	27.0	0	30	100	8.4	26.4	15	2.0	8.8
非电气设备	24.5	5.7	30	100	4.3	19.4	15	12.2	24.3
电气设备	20.2	19.9	30	100	6.3	24.6	15	7.8	35.5
运输设备	23.1	0	30	100	8.4	32.8	15	14.0	84.9
其他工业品	25.8	4.7	30	100	9.4	10.8	15	4.4	14.2

Part B 出口至主要贸易伙伴及其面临的关税

主要市场	双边进口		多元化：95%贸易额所在税号税目		有贸易量 MFN 关税平均值		优惠幅度	零关税进口	
	以百万美元计		HS 章	HS 六位子目	简单平均	加权平均	加权平均	税号（%）	价值（%）
农产品									
1. 欧盟	2015	196	7	11	7.0	13.0	13.0	82.7	99.7
2. 美国	2015	48	9	13	4.3	25.4	1.2	93.6	59.3
3. 瑞士	2015	42	1	1	7.7	9.7	9.7	76.2	99.9
4. 以色列	2015	35	9	14	6.6	6.7	0.0	48.5	82.2
5. 危地马拉	2015	29	10	19	12.8	13.2	12.1	63.5	85.1
非农产品									
1. 厄瓜多尔	2015	1,019	38	211	15.9	7.3	0.2	31.9	69.1
2. 危地马拉	2015	565	52	421	6.6	6.9	6.1	84.2	79.6
3. 韩国	2015	366	4	5	5.9	0.3	0.0	28.2	92.2
4. 中国	2015	314	4	5	10.1	0.1	0.0	24.9	91.7
5. 欧盟	2015	302	32	70	4.0	3.4	3.4	100.0	100.0

巴布亚新几内亚

Part A.1 关税及进口：概述及关税值域

概述	总计	农产品	非农产品	"入世"时间	1996
最终约束关税简单平均	32.2	44.5	30.3	约束覆盖范围：总计	100
已实施 MFN 关税简单平均				非农产品	100
贸易加权平均				农产品：关税配额（%）	0
进口值（以10亿美元计）				农产品：特别保障措施（%）	0

频率分布	零关税	0≤5	5≤10	10≤15	15≤25	25≤50	50≤100	>100	非从价税（%）
	税号及进口值（%）								
农产品									
最终约束关税	0	0.5	0.3	19.1	5.7	37.2	36.2	1.1	6.0
已实施 MFN 关税									
进口									
非农产品									
最终约束关税	0	0.1	0	29.9	0.0	58.0	12.1	0	0.1
已实施 MFN 关税									
进口									

Part A.2 按产品分组的关税及进口

产品组	最终约束关税				已实施 MFN 关税			进口	
	平均值	零关税（%）	最大值	约束（%）	平均值	零关税（%）	最大值	占比（%）	零关税（%）
动物产品	32.0	0	*69*	100					
乳制品	20.2	0	45	100					
水果、蔬菜及植物	58.9	0	100	100					
咖啡及茶	58.3	0	100	100					
谷物及其制品	42.0	0	*218*	100					
含油子仁、脂肪及油脂	35.0	0	55	100					
糖及糖食	75.0	0	75	100					
饮料及烟草	65.4	0	*305*	100					
棉	11.0	0	11	100					
其他农产品	30.5	0	55	100					
鱼及鱼产品	54.0	0	55	100					
矿产品及金属	27.9	0	90	100					
石油	33.0	0	40	100					
化工品	19.3	0	55	100					
木材、纸及其他	57.3	0	100	100					
纺织品	27.7	0	75	100					
衣着	35.0	0	35	100					
皮革、鞋及其他	33.9	0	55	100					
非电气设备	28.6	0	55	100					
电气设备	32.3	0	55	100					
运输设备	36.5	0	75	100					
其他工业品	33.7	0	100	100					

Part B 出口至主要贸易伙伴及其面监的关税

主要市场	双边进口		多元化：95%贸易额所在税号税目		有贸易量 MFN 关税平均值		优惠幅度	零关税进口	
	以百万美元计		HS 章	HS 六位子目	简单平均	加权平均	加权平均	税号（%）	价值（%）
农产品									
1. 欧盟	2015	559	3	6	12.4	4.1	4.1	100.0	100.0
2. 马来西亚	2015	91	3	5	3.2	0.5	0.0	58.8	90.9
3. 美国	2015	79	2	3	0.1	0.0	0.0	100.0	100.0
4. 菲律宾	2015	38	1	1	5.5	10.0	0.0	0.0	0.0
5. 澳大利亚	2015	32	3	5	0.6	0.0	0.0	100.0	100.0
非农产品									
1. 日本	2015	2,683	2	4	1.8	0.0	0.0	67.7	99.4
2. 澳大利亚	2015	2,212	2	3	2.8	0.0	0.0	100.0	100.0
3. 中国	2015	1,771	3	5	2.8	0.0	0.0	60.8	99.7
4. 中国台北	2015	627	1	1	12.4	0.0	0.0	41.3	99.9
5. 韩国	2015	312	4	6	5.4	1.8	0.0	27.8	41.4

巴拉圭

Part A.1 关税及进口：概述及关税值域

概述		总计	农产品	非农产品	"入世"时间		1995
最终约束关税简单平均		33.5	33.1	33.5	约束覆盖范围：	总计	100
已实施 MFN 关税简单平均	2016	9.8	9.9	9.8		非农产品	100
贸易加权平均	2015	6.8	12.7	6.2	农产品：关税配额（%）		0
进口值（以10亿美元计）	2015	10.2	0.9	9.3	农产品：特别保障措施（%）		0

频率分布		零关税	0≤5	5≤10	10≤15	15≤25	25≤50	50≤100	>100	非从价税（%）
		税号及进口值（%）								
农产品										
最终约束关税		0	0	3.4	3.3	2.0	91.3	0	0	0
已实施 MFN 关税	2016	7.4	7.6	56.8	14.4	13.1	0.7	0	0	0
进口	2015	10.7	5.7	13.1	23.5	47.0	0.0	0	0	0
非农产品										
最终约束关税		0	0	3.3	1.5	2.4	92.8	0	0	0
已实施 MFN 关税	2016	14.9	20.7	17.1	16.9	29.9	0.4	0	0	0
进口	2015	38.5	23.0	10.3	12.9	15.3	0.0	0	0	0

Part A.2 按产品分组的关税及进口

产品组	最终约束关税				已实施 MFN 关税			进口	
	平均值	零关税（%）	最大值	约束（%）	平均值	零关税（%）	最大值	占比（%）	零关税（%）
动物产品	33.6	0	35	100	8.3	6.5	16	0.2	27.2
乳制品	34.3	0	35	100	15.0	0	16	0.2	0
水果、蔬菜及植物	32.7	0	35	100	10.0	5.6	25	0.8	3.8
咖啡及茶	34.2	0	35	100	11.7	0	20	0.4	0
谷物及其制品	34.1	0	35	100	10.5	14.8	20	2.4	25.4
含油子仁、脂肪及油脂	33.1	0	35	100	7.6	10.8	12	0.4	24.4
糖及糖食	34.7	0	35	100	19.9	0	30	0.3	0
饮料及烟草	29.4	0	35	100	16.7	2.5	20	3.6	0.1
棉	35.0	0	35	100	6.4	0	8	0.0	0
其他农产品	33.7	0	35	100	7.7	9.3	14	1.0	18.8
鱼及鱼产品	34.8	0	35	100	10.4	3.9	16	0.1	0.0
矿产品及金属	34.3	0	35	100	9.5	7.6	22	13.1	37.1
石油	35.0	0	35	100	0.1	97.2	6	12.4	100.0
化工品	33.8	0	35	100	7.6	3.4	35	15.1	17.7
木材、纸及其他	33.1	0	35	100	10.2	5.6	25	3.1	16.3
纺织品	33.2	0	35	100	16.3	1.9	26	2.6	20.7
衣着	34.9	0	35	100	20.6	0	25	1.5	0
皮革、鞋及其他	34.8	0	35	100	12.9	0.6	25	3.2	0.0
非电气设备	32.5	0	35	100	2.4	65.9	20	11.7	61.4
电气设备	32.9	0	35	100	7.0	22.7	22	12.2	7.6
运输设备	31.4	0	35	100	6.6	39.3	28	11.1	50.0
其他工业品	32.8	0	35	100	10.9	21.0	20	5.1	9.7

Part B 出口至主要贸易伙伴及其面监的关税

主要市场	双边进口		多元化：95%贸易额所在税号税目		有贸易量 MFN 关税平均值		优惠幅度	零关税进口	
	以百万美元计		HS 章	HS 六位子目	简单平均	加权平均	加权平均	税号（%）	价值（%）
农产品									
1. 欧盟	2015	1,014	7	10	14.6	1.9	0.3	76.8	96.6
2. 俄罗斯	2015	850	3	4	17.1	7.6	1.9	16.7	54.6
3. 智利	2015	689	3	4	6.0	6.0	6.0	100.0	100.0
4. 巴西	2015	536	7	15	10.2	9.9	9.9	100.0	100.0
5. 秘鲁	2015	193	4	4	4.0	0.2	0.1	76.2	98.1
非农产品									
1. 阿根廷	2015	377	11	14	19.0	3.2	3.2	99.4	100.0
2. 巴西	2015	349	27	61	20.5	19.8	19.8	99.3	100.0
3. 欧盟	2015	161	6	11	3.8	0.4	0.4	99.7	100.0
4. 玻利维亚	2015	65	16	38	15.4	8.1	8.1	99.7	100.0
5. 美国	2015	47	7	16	4.7	2.3	1.9	78.4	92.7

秘鲁

Part A. 1 关税及进口：概述及关税值域

概述		总计	农产品	非农产品	"入世"时间		1995
最终约束关税简单平均		29.5	30.9	29.3	约束覆盖范围：	总计	100
已实施 MFN 关税简单平均	2015	2.4	2.8	2.4		非农产品	100
贸易加权平均	2015	1.8	1.6	1.9	农产品：关税配额（%）		0
进口值（以10亿美元计）	2015	38.0	4.3	33.7	农产品：特别保障措施（%）		0

频率分布		零关税	0≤5	5≤10	10≤15	15≤25	25≤50	50≤100	>100	非从价税（%）
		税号及进口值（%）								
农产品										
最终约束关税		0	0	0	0	0	97.7	2.3	0	0
已实施 MFN 关税	2015	52.6	0	41.8	2.3	0	0	0	0	0
进口	2015	49.3	0	21.3	0.8	0	0	0	0	28.5
非农产品										
最终约束关税		2.2	0	0	0	0	97.8	0	0	0
已实施 MFN 关税	2015	70.0	0	18.4	11.6	0	0	0	0	0
进口	2015	73.2	0	21.7	5.1	0	0	0	0	0

Part A. 2 按产品分组的关税及进口

产品组	最终约束关税				已实施 MFN 关税			进口	
	平均值	零关税（%）	最大值	约束（%）	平均值	零关税（%）	最大值	占比（%）	零关税（%）
动物产品	30.0	0	30	100	5.0	26.6	11	0.4	30.7
乳制品	36.7	0	68	100	0.0	52.4	0	0.5	15.7
水果、蔬菜及植物	30.0	0	30	100	3.9	36.0	11	0.8	11.2
咖啡及茶	30.0	0	30	100	4.5	37.5	11	0.2	59.5
谷物及其制品	34.6	0	68	100	2.0	60.1	6	4.6	43.9
含油子仁、脂肪及油脂	30.0	0	30	100	1.1	81.3	6	2.6	97.5
糖及糖食	34.8	0	68	100	0.9	62.2	6	0.6	7.1
饮料及烟草	30.0	0	30	100	5.2	13.5	6	0.6	0.2
棉	30.0	0	30	100	2.4	60.0	6	0.3	0.0
其他农产品	30.0	0	30	100	0.5	91.6	6	0.7	77.9
鱼及鱼产品	30.0	0	30	100	0.1	98.1	6	0.7	99.9
矿产品及金属	30.0	0.1	30	100	0.8	86.4	6	12.1	89.7
石油	30.0	0	30	100	0.0	100.0	0	10.0	100.0
化工品	30.0	0.1	30	100	1.2	80.8	6	14.2	63.3
木材、纸及其他	30.0	0	30	100	2.7	55.2	6	3.4	49.4
纺织品	30.0	0	30	100	6.3	32.2	11	3.3	16.4
衣着	30.0	0	30	100	11.0	0	11	1.9	0
皮革、鞋及其他	30.0	0	30	100	2.7	67.3	11	3.1	57.2
非电气设备	28.3	5.6	30	100	0.4	95.4	11	14.5	95.4
电气设备	24.1	19.7	30	100	1.2	79.2	6	11.3	80.5
运输设备	30.0	0	30	100	0.9	84.5	6	10.0	52.6
其他工业品	28.5	5.0	30	100	2.8	53.7	6	4.1	52.7

Part B 出口至主要贸易伙伴及其面监的关税

主要市场	双边进口		多元化：95%贸易额所在税号税目		有贸易量 MFN 关税平均值		优惠幅度	零关税进口	
	以百万美元计		HS 章	HS 六位子目	简单平均	加权平均	加权平均	税号（%）	价值（%）
农产品									
1. 欧盟	2015	2,135	17	41	11.8	6.5	6.5	95.6	99.8
2. 美国	2015	1,683	16	50	4.4	6.7	6.1	96.5	98.2
3. 中国	2015	284	5	8	12.2	11.8	10.9	61.2	83.3
4. 厄瓜多尔	2015	254	16	39	18.1	18.5	18.5	100.0	100.0
5. 加拿大	2015	244	10	32	3.3	0.6	0.6	98.8	100.0
非农产品									
1. 中国	2015	7,666	5	9	11.8	0.5	0.4	37.6	97.0
2. 欧盟	2015	3,335	21	56	5.2	2.1	2.1	99.9	99.9
3. 美国	2015	3,287	35	130	6.1	3.9	3.9	99.6	100.0
4. 瑞士	2015	3,013	1	1	2.4	0.0	0.0	100.0	100.0
5. 加拿大	2015	2,306	5	10	6.1	0.3	0.3	100.0	100.0

非律宾

Part A.1 关税及进口：概述及关税值域

概述		总计	农产品	非农产品	"入世"时间		1995
最终约束关税简单平均		25.7	35.0	23.4	约束覆盖范围：	总计	67.0
已实施 MFN 关税简单平均	2016	6.3	9.8	5.7		非农产品	61.9
贸易加权平均	2015	5.3	11.3	4.3	农产品：关税配额（%）		9.0
进口值（以 10 亿美元计）	2015	74.7	10.3	64.5	农产品：特别保障措施（%）		14.3

频率分布		零关税	0≤5	5≤10	10≤15	15≤25	25≤50	50≤100	>100	非从价税（%）
		税号及进口值（%）								
农产品										
最终约束关税		0	2.9	5.4	0.7	9.5	80.4	0.6	0	0.6
已实施 MFN 关税	2016	0.5	49.2	27.6	9.5	3.4	9.4	0.4	0	0
进口	2015	7.5	36.2	31.5	9.3	0.6	14.9	0.1	0	0
非农产品										
最终约束关税		2.9	0.0	8.0	0.2	25.9	24.9	0	0	0
已实施 MFN 关税	2016	3.9	58.1	23.8	12.8	0.9	0.6	0	0	0
进口	2015	41.8	35.7	11.4	4.8	1.0	5.4	0	0	0

Part A.2 按产品分组的关税及进口

产品组	最终约束关税				已实施 MFN 关税			进口	
	平均值	零关税（%）	最大值	约束（%）	平均值	零关税（%）	最大值	占比（%）	零关税（%）
动物产品	37.5	0	50	100	20.3	0	45	1.2	0
乳制品	27.2	0	40	100	3.5	0	7	1.1	0
水果、蔬菜及植物	37.4	0	60	100	9.6	0.5	40	0.8	0
咖啡及茶	41.1	0	50	100	15.7	0	45	0.8	0
谷物及其制品	37.5	0	50	100	10.2	3.0	50	4.7	22.1
含油子仁、脂肪及油脂	36.8	0	60	100	5.4	0	15	2.3	0
糖及糖食	42.8	0	80	100	18.9	0	65	1.1	0
饮料及烟草	45.2	0	50	100	8.2	0	15	1.0	0
棉	10.0	0	10	100	2.6	0	3	0.0	0
其他农产品	24.7	0	50	100	3.6	0	35	0.7	0
鱼及鱼产品	22.9	0	50	5.2	8.7	0	15	0.5	0
矿产品及金属	24.5	0.2	50	35.3	4.6	5.7	20	11.4	13.3
石油	–	–	–	0	1.0	66.7	3	11.1	100.0
化工品	19.7	0.2	50	74.5	3.8	0.8	30	10.8	2.6
木材、纸及其他	23.9	0	50	39.0	6.6	6.0	30	2.4	1.3
纺织品	27.3	0	50	96.0	9.1	0.3	20	1.5	0.8
衣着	30.0	0	30	100	14.8	0	15	0.5	0
皮革、鞋及其他	34.0	0	50	35.2	6.6	1.3	20	1.1	3.1
非电气设备	19.1	8.2	50	74.8	2.2	5.4	15	9.3	26.6
电气设备	18.4	37.2	50	64.2	3.9	18.3	30	26.4	76.5
运输设备	19.0	0	50	39.0	8.8	0.8	30	8.7	1.6
其他工业品	24.4	15.0	50	53.9	4.8	4.8	15	2.4	13.2

Part B 出口至主要贸易伙伴及其面监的关税

主要市场	双边进口		多元化：95%贸易额所在税号税目		有贸易量 MFN 关税平均值		优惠幅度	零关税进口	
	以百万美元计		HS 章	HS 六位子目	简单平均	加权平均	加权平均	税号（%）	价值（%）
农产品									
1. 美国	2015	1,163	12	27	9.6	3.5	0.4	65.9	74.1
2. 日本	2015	1,045	8	15	11.9	18.8	16.5	54.1	84.7
3. 欧盟	2015	903	12	24	12.3	6.6	6.3	86.9	98.2
4. 中国	2015	677	6	14	17.2	10.7	10.6	95.2	99.0
5. 韩国	2015	566	9	18	39.5	28.4	6.0	64.4	28.0
非农产品									
1. 中国	2015	18,289	14	84	9.9	1.1	1.1	97.9	99.7
2. 美国	2015	8,776	37	292	4.5	3.9	0.8	73.2	76.6
3. 中国香港	2015	7,662	5	46	0.0	0.0	0.0	100.0	100.0
4. 日本	2015	7,525	43	225	2.7	0.9	0.8	95.3	97.5
5. 欧盟	2015	6,562	39	246	4.6	1.9	1.9	99.6	100.0

卡塔尔

Part A. 1 关税及进口：概述及关税值域

概述		总计	农产品	非农产品	"入世"时间		1996
最终约束关税简单平均		15.7	25.5	14.0	约束覆盖范围：	总计	100
已实施 MFN 关税简单平均	2016	4.7	5.7	4.6		非农产品	100
贸易加权平均	2015	4.6	6.7	4.4	农产品：关税配额（%）		0
进口值（以10亿美元计）	2015	32.6	3.2	29.4	农产品：特别保障措施（%）		0

频率分布		零关税	0≤5	5≤10	10≤15	15≤25	25≤50	50≤100	>100	非从价税（%）
		税号及进口值（%）								
农产品										
最终约束关税		0	0	0.7	75.5	18.5	0.1	0	5.3	0
已实施 MFN 关税	2016	23.4	68.7	0	0	0	0	0.6	0.8	6.4
进口	2015	40.8	55.5	0	0	0	0	0.2	2.5	3.7
非农产品										
最终约束关税		3.5	0.3	15.9	63.5	14.7	2.2	0	0.0	0
已实施 MFN 关税	2016	8.2	91.5	0	0	0.0	0	0	0	0.1
进口	2015	11.7	88.3	0	0	0.0	0	0	0	0.0

Part A. 2 按产品分组的关税及进口

产品组	最终约束关税				已实施 MFN 关税			进口	
	平均值	零关税（%）	最大值	约束（%）	平均值	零关税（%）	最大值	占比（%）	零关税（%）
动物产品	43.0	0	200	100	2.8	36.5	5	2.5	55.1
乳制品	15.1	0	20	100	5.0	0	5	1.0	0
水果、蔬菜及植物	14.9	0	15	100	3.3	33.3	5	1.9	67.8
咖啡及茶	19.8	0	20	100	3.1	37.5	5	0.5	27.7
谷物及其制品	15.2	0	200	100	3.2	35.2	5	2.3	46.0
含油子仁、脂肪及油脂	14.7	0	15	100	4.8	3.6	5	0.3	0.4
糖及糖食	20.0	0	20	100	3.5	29.4	5	0.2	53.6
饮料及烟草	100.5	0	200	100	44.0	0.7	*200*	0.9	0.0
棉	15.0	0	15	100	5.0	0	5	0.0	0
其他农产品	17.5	0	200	100	4.4	11.0	5	0.3	20.9
鱼及鱼产品	15.0	0	15	100	3.6	28.6	5	0.3	50.8
矿产品及金属	16.4	0.1	30	100	4.9	2.3	20	19.5	4.3
石油	15.0	0	15	100	5.0	0	5	0.4	0
化工品	7.5	5.4	30	100	4.4	11.0	5	9.5	19.0
木材、纸及其他	17.4	0	30	100	4.7	5.2	5	3.6	7.2
纺织品	15.0	0.2	20	100	5.0	0.2	5	1.4	1.8
衣着	20.0	0	20	100	5.0	0	5	2.1	0
皮革、鞋及其他	16.8	0	20	100	5.0	0	5	2.0	0
非电气设备	14.1	5.9	20	100	4.5	9.7	5	15.8	15.7
电气设备	14.5	21.5	20	100	3.7	26.3	5	10.1	41.7
运输设备	13.6	0	15	100	4.0	19.3	5	19.2	0.3
其他工业品	13.9	6.1	20	100	4.6	8.6	5	6.2	12.1

Part B 出口至主要贸易伙伴及其面监的关税

主要市场	双边进口		多元化：95%贸易额所在税号税目		有贸易量 MFN 关税平均值		优惠幅度	零关税进口	
	以百万美元计		HS 章	HS 六位子目	简单平均	加权平均	加权平均	税号（%）	价值（%）
农产品									
1. 沙特阿拉伯	2015	24	6	9	2.4	0.9	0.9	100.0	100.0
2. 阿联酋	2015	5	5	8	7.0	0.4	0.4	100.0	100.0
3. 土耳其	2015	4	2	3	20.0	3.7	0.0	30.0	68.8
4. 欧盟	2015	2	4	5	7.4	2.3	0.0	26.3	29.8
5. 巴林	2015	1	4	11	1.9	3.8	3.8	100.0	100.0
非农产品									
1. 韩国	2015	16,471	1	4	5.8	2.8	0.0	19.9	7.1
2. 日本	2015	16,302	1	4	0.8	0.0	0.0	77.3	99.6
3. 印度	2015	9,021	6	11	9.8	4.3	0.0	2.9	16.6
4. 欧盟	2015	7,845	5	8	4.2	0.5	0.0	23.5	90.9
5. 中国	2015	4,614	5	11	8.9	1.0	0.0	14.2	67.4

俄罗斯

Part A.1 关税及进口：概述及关税值域

概述		总计	农产品	非农产品	"入世"时间		2012
最终约束关税简单平均		7.6	11.0	7.1	约束覆盖范围：	总计	100
已实施 MFN 关税简单平均	2016	7.1	11.0	6.5		非农产品	100
贸易加权平均	2015	5.9	12.3	4.8	农产品：关税配额（%）		3.2
进口值（以 10 亿美元计）	2015	172.9	24.8	148.2	农产品：特别保障措施（%）		0

频率分布		零关税	0≤5	5≤10	10≤15	15≤25	25≤50	50≤100	>100	非从价税（%）
		税号及进口值（%）								
农产品										
最终约束关税		3.0	44.0	21.3	24.5	3.6	1.0	2.3	0.3	22.9
已实施 MFN 关税	2016	9.2	40.1	17.4	25.8	3.1	1.1	1.8	0.3	23.9
进口	2015	16.6	30.7	14.3	23.5	4.4	5.3	5.3	0.0	39.2
非农产品										
最终约束关税		3.4	51.6	30.2	14.1	0.8	0	0.0	0.0	7.0
已实施 MFN 关税	2016	16.5	40.5	25.3	14.3	3.1	0	0.0	0.0	7.4
进口	2015	36.0	29.5	21.0	7.5	0.9	0.1	0.0	0.5	11.6

Part A.2 按产品分组的关税及进口

产品组	最终约束关税				已实施 MFN 关税			进口	
	平均值	零关税（%）	最大值	约束（%）	平均值	零关税（%）	最大值	占比（%）	零关税（%）
动物产品	23.0	7.4	80	100	23.7	17.5	80	2.0	4.4
乳制品	15.1	0	*43*	100	15.2	0	*43*	1.0	0
水果、蔬菜及植物	8.4	0.2	15	100	8.2	4.8	15	4.2	4.6
咖啡及茶	6.3	4.2	13	100	5.9	20.8	13	1.4	42.3
谷物及其制品	10.1	1.3	*67*	100	9.7	3.5	*67*	1.2	11.4
含油子仁、脂肪及油脂	7.1	8.2	25	100	6.7	16.9	15	1.5	76.4
糖及糖食	11.1	0	*44*	100	10.4	0	*44*	0.3	0
饮料及烟草	22.5	0	*233*	100	22.8	4.4	*233*	1.8	5.3
棉	0.0	100.0	0	100	0.0	100.0	0	0.1	100.0
其他农产品	5.3	0	10	100	4.9	7.4	12	0.8	5.4
鱼及鱼产品	7.6	0	*115*	100	7.6	0.9	*106*	0.9	1.8
矿产品及金属	8.0	0.1	20	100	7.8	6.9	20	9.8	10.2
石油	5.0	0	5	100	4.4	12.9	5	1.0	35.2
化工品	5.2	0.4	10	100	5.0	8.7	13	16.7	16.5
木材、纸及其他	8.0	5.0	15	100	8.7	6.4	16	3.0	8.4
纺织品	7.7	0	18	100	8.0	0.6	18	2.4	1.4
衣着	8.6	0	*20*	100	7.5	0	*20*	3.2	0
皮革、鞋及其他	6.2	0	15	100	6.2	9.9	*15*	3.1	7.3
非电气设备	5.8	7.9	15	100	2.8	67.4	16	19.4	72.6
电气设备	6.2	23.3	15	100	4.6	44.7	17	11.9	69.9
运输设备	8.9	2.5	20	100	7.5	16.8	22	9.5	17.3
其他工业品	8.4	7.9	20	100	8.1	21.0	20	4.9	45.9

Part B 出口至主要贸易伙伴及其面监的关税

主要市场	双边进口		多元化：95%贸易额所在税号税目		有贸易量 MFN 关税平均值		优惠幅度	零关税进口	
	以百万美元计		HS 章	HS 六位子目	简单平均	加权平均	加权平均	税号（%）	价值（%）
农产品									
1. 土耳其	2015	2,130	7	16	23.4	68.2	0.0	12.9	2.5
2. 欧盟	2015	1,554	22	65	13.9	3.9	0.0	16.7	71.1
3. 哈萨克斯坦	2015	1,293	23	174	15.2	14.4	14.4	100.0	100.0
4. 埃及	2015	1,273	3	3	11.8	1.5	0.0	33.3	94.3
5. 白俄罗斯	2015	866	28	274	18.2	13.1	13.1	100.0	100.0
非农产品									
1. 欧盟	2015	117,807	22	108	4.3	0.4	0.0	23.2	90.8
2. 中国	2015	32,700	19	53	7.6	1.3	0.0	14.9	72.9
3. 日本	2015	15,580	9	24	2.1	0.4	0.0	61.4	91.3
4. 美国	2015	15,569	20	61	3.5	0.3	0.0	45.2	94.5
5. 白俄罗斯	2015	15,283	71	2,707	8.6	7.2	7.2	100.0	100.0

卢旺达

Part A.1 关税及进口：概述及关税值域

概述		总计	农产品	非农产品	“入世”时间		1996
最终约束关税简单平均		89.2	74.4	91.7	约束覆盖范围：	总计	100
已实施 MFN 关税简单平均	2016	12.7	19.9	11.5		非农产品	100
贸易加权平均	2015	16.0	33.9	12.2	农产品：关税配额（%）		0
进口值（以10亿美元计）	2015	1.9	0.3	1.5	农产品：特别保障措施（%）		0

频率分布		零关税	0≤5	5≤10	10≤15	15≤25	25≤50	50≤100	>100	非从价税（%）
		税号及进口值（%）								
农产品										
最终约束关税		3.0	0.7	0.7	0.3	1.8	2.3	91.3	0	0
已实施 MFN 关税	2016	15.4	0	16.2	0	64.2	0.9	2.6	0	1.2
进口	2015	14.1	0	10.3	0	47.6	2.2	25.8	0	25.1
非农产品										
最终约束关税		0.7	1.3	0.5	0.2	6.0	1.2	90.0	0	0
已实施 MFN 关税	2016	40.6	0	22.4	0	36.0	0.4	0.0	0	0.6
进口	2015	42.4	0	14.3	0	40.9	2.3	0	0	1.8

Part A.2 按产品分组的关税及进口

产品组	最终约束关税				已实施 MFN 关税			进口	
	平均值	零关税（%）	最大值	约束（%）	平均值	零关税（%）	最大值	占比（%）	零关税（%）
动物产品	80.0	0	80	100	23.1	7.7	25	0.1	57.0
乳制品	15.2	81.0	80	100	51.7	0	60	0.1	0
水果、蔬菜及植物	75.8	0	80	100	22.1	8.4	25	1.4	5.0
咖啡及茶	80.0	0	80	100	19.6	16.7	25	0.1	0.7
谷物及其制品	74.0	4.9	80	100	22.7	11.4	*76*	6.6	28.6
含油子仁、脂肪及油脂	79.8	0	100	100	11.6	20.5	25	4.0	9.3
糖及糖食	69.6	2.9	80	100	20.0	0	*80*	3.5	0
饮料及烟草	62.7	0	80	100	25.3	0	35	1.6	0
棉	80.0	0	80	100	0.0	100.0	0	0.0	100.0
其他农产品	77.5	0	100	100	10.9	38.2	25	0.2	39.5
鱼及鱼产品	90.3	8.9	100	100	24.7	0.3	25	1.2	0
矿产品及金属	98.2	0	100	100	10.4	36.7	35	21.7	20.4
石油	100.0	0	100	100	4.3	61.4	25	0.9	62.3
化工品	92.7	1.3	100	100	3.9	77.9	25	12.6	58.7
木材、纸及其他	94.9	0	100	100	14.0	25.6	25	4.3	10.3
纺织品	64.0	0	100	100	19.6	6.9	*100*	4.3	17.2
衣着	97.4	0	100	100	25.2	0	50	0.8	0
皮革、鞋及其他	96.0	0	100	100	12.7	21.1	25	2.0	5.1
非电气设备	97.0	0	100	100	3.1	75.2	25	11.5	77.4
电气设备	98.0	0.4	100	100	10.8	35.4	35	11.8	63.2
运输设备	96.8	0	100	100	5.9	63.2	25	6.8	29.8
其他工业品	96.7	0.1	100	100	14.7	31.4	40	4.3	65.2

Part B 出口至主要贸易伙伴及其面临的关税

主要市场	双边进口		多元化：95%贸易额所在税号税目		有贸易量 MFN 关税平均值		优惠幅度	零关税进口	
	以百万美元计		HS 章	HS 六位子目	简单平均	加权平均	加权平均	税号（%）	价值（%）
农产品									
1. 欧盟	2015	43	1	2	7.5	0.2	0.2	100.0	100.0
2. 巴基斯坦	2015	34	1	1	7.3	10.0	0.0	0.0	0.0
3. 美国	2015	26	2	3	2.5	0.0	0.0	100.0	100.0
4. 肯尼亚	2014	7	2	3	19.0	12.5	12.5	100.0	100.0
5. 乌干达	2015	5	5	7	27.0	12.5	12.5	100.0	100.0
非农产品									
1. 阿联酋	2015	72	1	1	1.3	0.0	0.0	75.0	100.0
2. 中国	2015	43	1	2	12.8	0.1	0.1	100.0	100.0
3. 马来西亚	2015	29	1	1	0.0	0.0	0.0	100.0	100.0
4. 泰国	2015	23	1	2	5.6	0.0	0.0	77.8	100.0
5. 美国	2015	19	3	5	7.1	0.4	0.3	74.1	98.9

圣基茨和尼维斯

Part A.1 关税及进口：概述及关税值域

概述		总计	农产品	非农产品	"入世"时间	1996
最终约束关税简单平均		76.5	108.8	70.9	约束覆盖范围： 总计	95.7
已实施 MFN 关税简单平均	2016	9.1	14.1	8.4	非农产品	95.0
贸易加权平均					农产品：关税配额（%）	0
进口值（以10亿美元计）					农产品：特别保障措施（%）	0

频率分布		零关税	0≤5	5≤10	10≤15	15≤25	25≤50	50≤100	>100	非从价税（%）
		税号及进口值（%）								
农产品										
最终约束关税		0	0	0.5	0	0	1.6	78.0	19.8	0
已实施 MFN 关税	2016	28.0	26.8	1.9	7.8	19.2	15.5	0.7	0	2.0
进口										
非农产品										
最终约束关税		0	0	0	0	0	0.0	94.3	0.7	0
已实施 MFN 关税	2016	25.5	47.4	2.7	4.8	18.8	0.5	0.2	0	0
进口										

Part A.2 按产品分组的关税及进口

产品组	最终约束关税				已实施 MFN 关税			进口	
	平均值	零关税（%）	最大值	约束（%）	平均值	零关税（%）	最大值	占比（%）	零关税（%）
动物产品	99.1	0	100	100	14.6	18.3	40		
乳制品	98.8	0	100	100	5.7	35.0	25		
水果、蔬菜及植物	113.1	0	250	100	14.8	21.9	40		
咖啡及茶	99.0	0	100	100	15.4	16.7	25		
谷物及其制品	104.5	0	150	100	14.3	18.7	40		
含油子仁、脂肪及油脂	127.1	0	175	98.8	15.5	40.9	40		
糖及糖食	108.8	0	130	100	20.3	0	40		
饮料及烟草	112.3	0	192	100	28.2	9.5	*94*		
棉	100.0	0	100	100	0.0	100.0	0		
其他农产品	104.5	0	182	100	7.2	50.9	40		
鱼及鱼产品	100.0	0	100	0.9	10.8	21.4	40		
矿产品及金属	70.0	0	70	100	6.5	27.9	25		
石油	86.0	0	150	100	5.1	38.4	25		
化工品	70.1	0	153	100	5.7	25.2	25		
木材、纸及其他	78.8	0	170	100	9.9	19.4	25		
纺织品	70.3	0	87	100	6.4	25.9	25		
衣着	71.7	0	93	100	24.4	0	25		
皮革、鞋及其他	70.0	0	70	100	8.8	41.8	25		
非电气设备	70.0	0	93	100	4.4	42.9	25		
电气设备	70.0	0	70	100	11.5	6.5	25		
运输设备	70.0	0	70	100	9.8	37.1	45		
其他工业品	71.1	0	160	100	14.1	17.7	70		

Part B 出口至主要贸易伙伴及其面临的关税

主要市场	双边进口		多元化：95%贸易额所在税号税目		有贸易量 MFN 关税平均值		优惠幅度	零关税进口	
	以百万美元计		HS 章	HS 六位子目	简单平均	加权平均	加权平均	税号（%）	价值（%）
农产品									
1. 美国	2015	1	2	2	0.3	0.0	0.0	100.0	100.0
2. 安提瓜和巴布达	2015	1	1	2	27.8	33.0	33.0	100.0	100.0
3. 伯利兹	2015	1	1	1	100.0	100.0	100.0	100.0	100.0
4. 圣卢西亚	2014	1	1	3	18.4	33.1	33.1	100.0	100.0
5. 欧盟	2015	0	3	4	8.1	6.7	6.7	100.0	100.0
非农产品									
1. 美国	2015	42	3	13	2.9	1.8	1.8	98.8	100.0
2. 欧盟	2015	7	7	13	2.7	1.5	1.5	100.0	100.0
3. 加拿大	2015	3	1	5	5.2	0.1	0.0	77.4	99.5
4. 巴西	2015	1	1	3	15.6	15.6	0.0	0.0	0.0
5. 墨西哥	2015	1	1	7	1.3	0.2	0.0	81.6	95.5

圣卢西亚

Part A. 1 关税及进口：概述及关税值域

概述		总计	农产品	非农产品	“入世”时间	1995
最终约束关税简单平均		62.4	114.7	54.4	约束覆盖范围： 总计	99.6
已实施 MFN 关税简单平均	2016	9.1	16.8	7.8	非农产品	99.5
贸易加权平均	2014	12.5	16.4	11.3	农产品：关税配额（%）	0
进口值（以 10 亿美元计）	2014	0.6	0.1	0.5	农产品：特别保障措施（%）	0

频率分布		零关税	0≤5	5≤10	10≤15	15≤25	25≤50	50≤100	>100	非从价税（%）
		税号及进口值（%）								
农产品										
最终约束关税		0	0	0	0	0	0.7	63.1	36.2	0
已实施 MFN 关税	2016	28.1	22.7	1.5	3.7	13.0	30.9	0	0	0
进口	2014	28.5	6.9	2.0	3.8	39.3	19.6	0	0	0
非农产品										
最终约束关税		0	0	0	0	0	92.5	3.7	3.3	0
已实施 MFN 关税	2016	43.9	26.0	3.0	4.1	17.9	5.0	0.2	0	0.0
进口	2014	26.3	7.5	23.6	8.2	27.9	6.5	0.0	0	0

Part A. 2 按产品分组的关税及进口

产品组	最终约束关税				已实施 MFN 关税			进口	
	平均值	零关税（%）	最大值	约束（%）	平均值	零关税（%）	最大值	占比（%）	零关税（%）
动物产品	123.4	0	130	100	15.7	43.0	40	4.7	78.4
乳制品	100.0	0	100	100	5.1	46.8	20	2.6	72.2
水果、蔬菜及植物	117.3	0	250	100	23.3	11.2	40	2.8	10.4
咖啡及茶	102.5	0	130	100	16.8	0	40	0.6	0
谷物及其制品	107.9	0	160	100	12.7	36.1	40	6.1	13.4
含油子仁、脂肪及油脂	128.4	0	175	100	17.8	31.2	40	0.9	0.3
糖及糖食	107.5	0	130	100	20.3	11.8	40	1.0	0.0
饮料及烟草	122.1	0	182	100	28.2	2.8	45	4.0	0.1
棉	100.0	0	100	100	0.0	100.0	0	0.0	100.0
其他农产品	104.4	0	182	100	8.0	44.7	40	1.0	6.4
鱼及鱼产品	116.0	0	130	82.5	31.3	11.1	40	1.7	20.0
矿产品及金属	52.3	0	153	100	4.6	60.3	30	9.9	41.8
石油	97.6	0	120	100	7.0	31.0	25	23.1	13.0
化工品	50.9	0	157	100	5.6	22.4	40	8.7	19.3
木材、纸及其他	63.3	0	170	100	8.3	34.7	25	5.8	18.0
纺织品	52.2	0	113	100	5.5	35.2	30	1.5	5.5
衣着	53.3	0	93	100	19.8	0	20	1.6	0
皮革、鞋及其他	51.2	0	103	100	8.9	21.7	25	1.8	3.9
非电气设备	50.7	0	100	100	1.8	90.4	30	7.0	77.4
电气设备	50.0	0	50	100	7.2	65.5	30	5.9	47.9
运输设备	58.9	0	143	100	6.5	74.3	35	5.6	9.4
其他工业品	55.9	0	206	100	11.9	38.8	70	3.7	26.9

Part B 出口至主要贸易伙伴及其面监的关税

主要市场	双边进口		多元化：95%贸易额所在税号税目		有贸易量 MFN 关税平均值		优惠幅度	零关税进口	
	以百万美元计		HS 章	HS 六位子目	简单平均	加权平均	加权平均	税号（%）	价值（%）
农产品									
1. 欧盟	2015	9	4	7	7.8	15.7	15.7	100.0	100.0
2. 圭亚那	2015	2	1	1	30.0	97.2	97.2	100.0	100.0
3. 伯利兹	2015	2	1	2	100.0	100.0	100.0	100.0	100.0
4. 美国	2015	1	4	5	2.9	7.2	7.2	100.0	100.0
5. 圣文森特和格林纳丁斯	2015	1	2	5	19.7	25.3	25.3	100.0	100.0
非农产品									
1. 美国	2015	14	2	6	2.0	1.0	1.0	100.0	100.0
2. 多米尼加共和国	2015	10	1	1	0.0	0.0	0.0	100.0	100.0
3. 圭亚那	2015	8	3	4	15.8	17.6	17.6	100.0	100.0
4. 危地马拉	2015	3	1	1	10.0	10.0	0.0	0.0	0.0
5. 圣文森特和格林纳丁斯	2015	2	16	27	12.8	13.7	13.7	100.0	100.0

圣文森特和格林纳丁斯

Part A.1 关税及进口：概述及关税值域

概述		总计	农产品	非农产品	“入世”时间		1995
最终约束关税简单平均		62.9	114.8	55.1	约束覆盖范围：	总计	99.7
已实施 MFN 关税简单平均	2016	10.0	17.4	8.9		非农产品	99.7
贸易加权平均	2015	13.0	18.5	10.9	农产品：关税配额（%）		0
进口值（以10亿美元计）	2015	0.3	0.1	0.2	农产品：特别保障措施（%）		0

频率分布		零关税	0≤5	5≤10	10≤15	15≤25	25≤50	50≤100	>100	非从价税（%）
		税号及进口值（%）								
农产品										
最终约束关税		0	0	0	0	0	0.6	63.0	36.3	0
已实施 MFN 关税	2016	11.2	40.3	1.7	4.1	14.2	27.8	0.8	0	0
进口	2015	28.0	13.7	3.4	1.1	35.7	12.9	5.1	0	0
非农产品										
最终约束关税		0	0	0	0	0	91.5	4.7	3.5	0
已实施 MFN 关税	2016	8.3	63.1	3.5	4.0	17.7	3.4	0	0	0.0
进口	2015	13.0	43.0	8.2	8.4	23.0	4.5	0	0	0

Part A.2 按产品分组的关税及进口

产品组	最终约束关税				已实施 MFN 关税			进口	
	平均值	零关税（%）	最大值	约束（%）	平均值	零关税（%）	最大值	占比（%）	零关税（%）
动物产品	123.5	0	130	100	14.8	9.9	40	5.2	41.6
乳制品	100.0	0	100	100	6.2	30.0	20	2.2	33.3
水果、蔬菜及植物	117.3	0	250	100	23.1	4.8	40	1.9	5.3
咖啡及茶	102.5	0	130	100	17.4	2.1	40	0.5	0
谷物及其制品	107.8	0	160	100	15.1	14.9	100	10.6	41.5
含油子仁、脂肪及油脂	129.5	0	175	98.6	18.9	18.3	40	1.4	10.5
糖及糖食	107.5	0	130	100	19.8	0	40	1.2	0
饮料及烟草	121.6	0	182	100	29.8	0	100	4.0	0
棉	100.0	0	100	100	5.0	0	5	0.0	0
其他农产品	104.4	0	182	100	8.7	20.1	40	0.4	32.2
鱼及鱼产品	120.4	0	130	89.7	28.8	16.0	40	0.7	36.4
矿产品及金属	52.4	0	153	100	6.7	14.1	30	15.0	14.4
石油	72.8	0	120	100	5.5	17.2	35	10.2	38.0
化工品	51.0	0	157	100	6.2	11.2	30	10.3	7.6
木材、纸及其他	64.3	0	170	100	9.8	5.1	25	7.8	9.5
纺织品	52.2	0	113	100	7.3	0.2	30	1.7	0.5
衣着	53.3	0	93	100	19.8	0	20	1.9	0
皮革、鞋及其他	51.2	0	103	100	9.8	2.2	25	2.2	2.5
非电气设备	50.8	0	100	100	5.5	13.3	35	8.8	15.0
电气设备	54.7	0	163	100	9.7	3.2	35	6.4	0.0
运输设备	60.4	0	143	100	9.1	8.8	35	4.5	2.7
其他工业品	56.6	0	206	100	13.2	3.6	35	3.1	2.3

Part B 出口至主要贸易伙伴及其面监的关税

主要市场	双边进口		多元化：95%贸易额所在税号税目		有贸易量 MFN 关税平均值		优惠幅度	零关税进口	
	以百万美元计		HS 章	HS 六位子目	简单平均	加权平均	加权平均	税号（%）	价值（%）
农产品									
1. 圣卢西亚	2014	9	4	5	16.5	22.4	22.4	100.0	100.0
2. 安提瓜和巴布达	2015	6	3	4	18.2	32.2	32.2	100.0	100.0
3. 伯利兹	2015	3	1	1	41.7	100.0	100.0	100.0	100.0
4. 海地	2014	1	1	1	3.0	3.0	0.0	0.0	0.0
5. 欧盟	2015	1	3	5	7.5	3.3	3.3	100.0	100.0
非农产品									
1. 欧盟	2015	4	5	7	3.5	0.3	0.3	100.0	100.0
2. 日本	2015	2	1	2	2.8	3.5	0.0	50.0	0.4
3. 瑞士	2015	1	1	2	0.1	0.0	0.0	100.0	100.0
4. 印度尼西亚	2015	1	1	1	8.3	5.0	0.0	0.0	0.0
5. 圣卢西亚	2014	1	27	89	19.4	16.4	16.4	100.0	100.0

萨摩亚群岛

Part A.1 关税及进口：概述及关税值域

概述		总计	农产品	非农产品	"入世"时间		2012
最终约束关税简单平均		21.3	27.0	20.4	约束覆盖范围：	总计	100
已实施 MFN 关税简单平均	2016	11.4	15.2	10.8		非农产品	100
贸易加权平均	2015	9.8	10.5	9.6	农产品：关税配额（%）		0
进口值（以10亿美元计）	2015	0.3	0.1	0.2	农产品：特别保障措施（%）		0

频率分布		零关税	0≤5	5≤10	10≤15	15≤25	25≤50	50≤100	>100	非从价税（%）
		税号及进口值（%）								
农产品										
最终约束关税		0	0.6	4.0	18.1	32.1	44.2	0.7	0.3	3.4
已实施 MFN 关税	2016	5.8	4.3	38.2	0	47.9	2.7	0.8	0.3	2.9
进口	2015	45.0	2.4	23.7	0	25.7	3.1	0.1	0	3.2
非农产品										
最终约束关税		0	0.3	4.7	44.3	29.9	20.8	0.0	0	0
已实施 MFN 关税	2016	2.2	0.4	72.5	0	24.9	0.0	0	0	0.0
进口	2015	29.0	0.3	58.7	0	12.0	0.0	0	0	0.0

Part A.2 按产品分组的关税及进口

产品组	最终约束关税				已实施 MFN 关税			进口	
	平均值	零关税（%）	最大值	约束（%）	平均值	零关税（%）	最大值	占比（%）	零关税（%）
动物产品	22.8	0	100	100	12.3	24.3	300	7.5	72.8
乳制品	13.0	0	20	100	4.8	27.8	8	2.8	57.5
水果、蔬菜及植物	32.5	0	35	100	18.2	0.5	20	1.8	11.8
咖啡及茶	26.7	0	35	100	12.5	0	20	0.6	0
谷物及其制品	25.0	0	35	100	11.3	7.1	20	7.8	38.7
含油子仁、脂肪及油脂	20.2	0	35	100	12.2	0	20	0.8	0
糖及糖食	22.5	0	25	100	8.0	17.6	20	1.2	59.6
饮料及烟草	45.7	0	*305*	100	40.8	0	*305*	1.3	0
棉	15.0	0	15	100	8.0	0	8	0.0	0
其他农产品	23.5	0	35	100	11.7	0	20	0.7	0
鱼及鱼产品	27.9	0	35	100	18.7	4.9	20	2.3	74.0
矿产品及金属	21.9	0	30	100	8.8	2.7	20	12.9	0.7
石油	20.6	0	55	100	8.8	5.6	50	14.2	97.2
化工品	16.3	0	30	100	8.6	3.5	20	12.1	14.1
木材、纸及其他	19.3	0	30	100	9.7	0.2	20	7.9	0.1
纺织品	15.9	0	30	100	8.6	0.2	20	1.8	0.8
衣着	30.0	0	30	100	20.0	0	20	1.6	0
皮革、鞋及其他	24.4	0	30	100	15.8	0	20	1.2	0
非电气设备	19.2	0	35	100	8.8	0.2	20	5.5	0.5
电气设备	21.4	0	30	100	13.1	0	20	6.1	0
运输设备	23.0	0	30	100	9.2	24.0	20	6.3	71.1
其他工业品	24.5	0	30	100	14.4	0	20	3.6	0

Part B 出口至主要贸易伙伴及其面监的关税

主要市场	双边进口		多元化：95%贸易额所在税号税目		有贸易量 MFN 关税平均值		优惠幅度	零关税进口	
	以百万美元计		HS 章	HS 六位子目	简单平均	加权平均	加权平均	税号（%）	价值（%）
农产品									
1. 新西兰	2015	3	4	5	2.3	0.2	0.2	100.0	100.0
2. 美国	2015	2	1	1	0.9	0.3	0.3	100.0	100.0
3. 中国	2015	1	1	1	30.0	20.8	20.8	100.0	100.0
4. 澳大利亚	2015	1	5	8	2.6	0.6	0.6	100.0	100.0
5. 韩国	2015	0	1	1	50.0	50.0	0.0	0.0	0.0
非农产品									
1. 澳大利亚	2015	25	4	5	3.3	4.8	4.8	100.0	100.0
2. 哥伦比亚	2015	3	2	2	2.5	0.4	0.0	75.0	96.2
3. 印度	2015	2	9	24	8.9	5.3	4.0	64.3	84.4
4. 欧盟	2015	2	8	11	4.4	2.4	2.4	100.0	100.0
5. 孟加拉国	2015	2	5	9	12.0	7.3	0.0	0.0	0.0

圣多美和普林西比

Part A.1 关税及进口：概述及关税值域

概述		总计	农产品	非农产品	未“入世”	
最终约束关税简单平均					约束覆盖范围：	总计
已实施 MFN 关税简单平均	2016	10.0	10.4	10.0		非农产品
贸易加权平均	2015	9.2	8.0	10.0	农产品：关税配额（%）	
进口值（以10亿美元计）	2015	0.1	0.0	0.1	农产品：特别保障措施（%）	

频率分布		零关税	0≤5	5≤10	10≤15	15≤25	25≤50	50≤100	>100	非从价税（%）
		税号及进口值（%）								
农产品										
最终约束关税										
已实施 MFN 关税	2016	1.2	28.5	51.2	0	19.1	0	0	0	0.3
进口	2015	11.4	50.7	21.4	0	16.4	0	0	0	0
非农产品										
最终约束关税										
已实施 MFN 关税	2016	1.1	17.6	71.4	0	9.4	0	0	0	0.4
进口	2015	0.2	26.2	59.4	0	13.2	0	0	0	0.9

Part A.2 按产品分组的关税及进口

产品组	最终约束关税				已实施 MFN 关税			进口	
	平均值	零关税（%）	最大值	约束（%）	平均值	零关税（%）	最大值	占比（%）	零关税（%）
动物产品					7.0	0	10	4.7	0
乳制品					3.1	37.3	5	2.4	69.4
水果、蔬菜及植物					12.4	0	20	3.0	0
咖啡及茶					11.5	0	20	0.3	0
谷物及其制品					8.0	1.1	20	13.3	21.9
含油子仁、脂肪及油脂					8.2	0	20	3.6	0
糖及糖食					5.0	0	5	1.6	0
饮料及烟草					15.2	0	20	9.6	0
棉					10.0	0	10	0.0	0
其他农产品					12.9	0	20	1.3	0
鱼及鱼产品					10.5	0	20	0.3	0
矿产品及金属					9.2	0.2	20	16.4	0.0
石油					5.8	0	10	0.0	0
化工品					9.8	0	20	7.0	0
木材、纸及其他					8.9	18.6	20	3.9	3.3
纺织品					10.3	0	20	1.9	0
衣着					8.5	0	10	1.3	0
皮革、鞋及其他					14.7	0	20	2.2	0
非电气设备					9.4	0	20	6.0	0
电气设备					10.3	0	20	8.4	0
运输设备					12.5	0	20	8.9	0
其他工业品					10.7	0	20	3.8	0

Part B 出口至主要贸易伙伴及其面临的关税

主要市场	双边进口		多元化：95%贸易额所在税号税目		有贸易量 MFN 关税平均值		优惠幅度	零关税进口	
	以百万美元计		HS 章	HS 六位子目	简单平均	加权平均	加权平均	税号（%）	价值（%）
农产品									
1. 欧盟	2015	9	1	1	5.1	0.1	0.1	100.0	100.0
2. 瑞士	2015	0	1	1	0.0	0.0	0.0	100.0	100.0
3. 安哥拉	2015	0	1	2	50.0	50.0	0.0	0.0	0.0
4. 危地马拉	2015	0	8	11	15.0	15.0	0.0	0.0	0.0
5. 美国	2015	0	1	1	6.0	6.0	6.0	100.0	100.0
非农产品									
1. 美国	2015	1	6	15	1.7	1.5	1.5	100.0	100.0
2. 欧盟	2015	1	10	14	2.3	0.4	0.2	97.7	93.4
3. 中国香港	2015	0	3	4	0.0	0.0	0.0	100.0	100.0
4. 安哥拉	2015	0	8	16	9.7	8.5	0.0	0.0	0.0
5. 澳大利亚	2015	0	5	8	4.6	4.4	4.4	100.0	100.0

沙特阿拉伯

Part A.1 关税及进口：概述及关税值域

概述		总计	农产品	非农产品	“入世”时间		2005
最终约束关税简单平均		11.2	16.2	10.5	约束覆盖范围：	总计	100
已实施 MFN 关税简单平均	2015	5.1	6.1	5.0		非农产品	100
贸易加权平均	2015	5.5	10.8	4.6	农产品：关税配额（%）		0
进口值（以10亿美元计）	2015	163.6	22.3	141.3	农产品：特别保障措施（%）		0

频率分布		零关税	0≤5	5≤10	10≤15	15≤25	25≤50	50≤100	>100	非从价税（%）
		税号及进口值（%）								
农产品										
最终约束关税		0.1	4.8	33.4	49.7	3.7	0.2	0	1.4	9.0
已实施 MFN 关税	2015	23.1	65.8	0.7	1.2	0.2	0.1	0.4	1.0	8.4
进口	2015	42.2	46.8	3.2	2.4	0.0	0.0	0.1	5.2	5.5
非农产品										
最终约束关税		8.1	5.2	32.6	53.7	0.4	0	0	0	0.1
已实施 MFN 关税	2015	8.1	85.0	2.1	4.0	0.2	0	0	0	0.4
进口	2015	19.2	73.1	2.5	5.2	0.0	0	0	0	0.0

Part A.2 按产品分组的关税及进口

产品组	最终约束关税				已实施 MFN 关税			进口	
	平均值	零关税（%）	最大值	约束（%）	平均值	零关税（%）	最大值	占比（%）	零关税（%）
动物产品	11.9	0.2	25	100	3.5	35.6	20	2.5	34.0
乳制品	10.9	0	25	100	5.0	0	5	1.2	0
水果、蔬菜及植物	11.9	0	40	100	3.5	32.8	40	1.8	53.8
咖啡及茶	9.3	0	15	100	4.4	37.5	15	0.7	39.4
谷物及其制品	12.9	0	25	100	3.6	35.2	15	4.4	65.2
含油子仁、脂肪及油脂	11.2	0	15	100	4.8	3.6	5	1.0	35.9
糖及糖食	12.4	0	20	100	4.0	29.4	10	0.3	64.9
饮料及烟草	90.2	0.7	*601*	100	47.0	0.7	*306*	1.1	0.4
棉	13.2	0	15	100	5.0	0	5	0.0	0
其他农产品	13.0	0	15	100	4.4	11.0	5	0.6	35.2
鱼及鱼产品	10.6	0	15	100	3.6	28.6	5	0.4	35.4
矿产品及金属	13.1	2.0	20	100	5.3	2.3	15	16.2	19.6
石油	6.1	0	10	100	5.3	0	10	0.4	0
化工品	5.4	11.4	15	100	4.6	11.0	7	10.4	38.7
木材、纸及其他	9.0	1.0	20	100	6.3	5.1	20	3.4	2.8
纺织品	14.1	0.2	15	100	5.7	0.2	15	1.7	3.6
衣着	11.1	0	15	100	5.1	0	12	2.3	0
皮革、鞋及其他	12.4	4.7	15	100	6.0	0	15	2.0	0
非电气设备	10.5	16.4	15	100	4.7	9.7	15	16.4	12.0
电气设备	8.2	35.5	15	100	4.1	26.2	15	11.5	51.4
运输设备	10.8	4.2	15	100	4.6	19.3	15	17.8	3.2
其他工业品	10.9	12.7	15	100	4.7	8.4	15	4.0	16.2

Part B 出口至主要贸易伙伴及其面临的关税

主要市场	双边进口		多元化：95%贸易额所在税号税目		有贸易量 MFN 关税平均值		优惠幅度	零关税进口	
	以百万美元计		HS 章	HS 六位子目	简单平均	加权平均	加权平均	税号（%）	价值（%）
农产品									
1. 阿联酋	2015	825	12	47	5.0	4.6	4.6	100.0	100.0
2. 卡塔尔	2015	522	14	60	3.6	3.7	3.7	100.0	100.0
3. 科威特	2015	462	17	82	3.8	4.4	4.4	100.0	100.0
4. 约旦	2015	332	13	37	17.6	16.6	16.6	99.5	99.9
5. 巴林	2015	293	11	67	3.8	4.3	4.3	100.0	100.0
非农产品									
1. 中国	2015	30,014	4	12	10.0	1.3	0.0	7.9	70.1
2. 日本	2015	25,067	1	3	1.1	0.0	0.0	92.0	99.6
3. 欧盟	2015	22,326	6	18	4.2	1.0	0.0	22.3	84.3
4. 美国	2015	21,737	5	19	3.6	0.1	0.0	46.8	98.3
5. 印度	2015	20,296	11	21	8.3	1.8	0.0	2.9	68.8

塞内加尔

Part A.1 关税及进口：概述及关税值域

概述		总计	农产品	非农产品	"入世"时间		1995
最终约束关税简单平均		30.0	29.8	30.0	约束覆盖范围：	总计	100
已实施 MFN 关税简单平均	2016	12.2	15.8	11.5		非农产品	100
贸易加权平均	2015	9.2	12.6	8.2	农产品：关税配额（%）		0
进口值（以10亿美元计）	2015	5.6	1.3	4.3	农产品：特别保障措施（%）		0

频率分布		零关税	0≤5	5≤10	10≤15	15≤25	25≤50	50≤100	>100	非从价税（%）
		税号及进口值（%）								
农产品										
最终约束关税		0	0	0	1.2	0	98.8	0	0	0
已实施 MFN 关税	2016	0	27.0	19.2	0	41.7	12.0	0	0	0
进口	2015	0	33.5	40.0	0	17.0	9.5	0	0	0
非农产品										
最终约束关税		0	0	0	0.1	0	99.9	0	0	0
已实施 MFN 关税	2016	1.8	39.8	21.9	0	36.1	0.4	0	0	0
进口	2015	18.1	34.0	30.5	0	17.0	0.3	0	0	0

Part A.2 按产品分组的关税及进口

产品组	最终约束关税				已实施 MFN 关税			进口	
	平均值	零关税（%）	最大值	约束（%）	平均值	零关税（%）	最大值	占比（%）	零关税（%）
动物产品	30.0	0	30	100	24.5	0	35	0.2	0
乳制品	27.5	0	30	100	17.0	0	35	1.3	0
水果、蔬菜及植物	30.0	0	30	100	17.9	0	35	1.6	0
咖啡及茶	30.0	0	30	100	18.5	0	35	0.5	0
谷物及其制品	29.3	0	30	100	13.6	0	35	13.6	0
含油子仁、脂肪及油脂	30.0	0	30	100	11.1	0	35	2.7	0
糖及糖食	30.0	0	30	100	12.6	0	35	0.9	0
饮料及烟草	29.7	0	30	100	17.3	0	35	1.9	0
棉	30.0	0	30	100	5.0	0	5	0.0	0
其他农产品	30.0	0	30	100	9.6	0	20	0.4	0
鱼及鱼产品	30.0	0	30	100	15.6	0	20	0.4	0
矿产品及金属	30.0	0	30	100	11.6	1.9	20	12.4	15.2
石油	30.0	0	30	100	7.7	19.0	10	20.7	38.8
化工品	30.0	0	30	100	7.4	3.8	35	10.1	32.8
木材、纸及其他	30.0	0	30	100	11.3	5.1	20	3.3	8.0
纺织品	30.0	0	30	100	16.1	0.3	35	2.5	12.6
衣着	30.0	0	30	100	20.0	0	20	0.3	0
皮革、鞋及其他	30.0	0	30	100	12.3	1.3	20	1.0	2.0
非电气设备	30.0	0	30	100	6.8	0	20	10.7	0
电气设备	30.0	0	30	100	11.2	0.4	20	6.4	0.8
运输设备	30.0	0	30	100	8.1	2.5	20	7.1	0.0
其他工业品	30.0	0	30	100	14.2	2.1	20	1.9	0.9

Part B 出口至主要贸易伙伴及其面监的关税

主要市场	双边进口		多元化：95%贸易额所在税号税目		有贸易量 MFN 关税平均值		优惠幅度	零关税进口	
	以百万美元计		HS 章	HS 六位子目	简单平均	加权平均	加权平均	税号（%）	价值（%）
农产品									
1. 欧盟	2015	135	6	15	13.5	8.4	8.4	100.0	100.0
2. 中国	2015	83	2	3	12.9	12.8	9.8	90.0	69.7
3. 印度	2015	34	4	4	10.5	0.9	0.0	60.0	96.9
4. 刚果（布）	2014	18	1	1	13.0	5.4	0.0	0.0	0.0
5. 科特迪瓦	2015	15	3	5	20.8	20.0	20.0	100.0	100.0
非农产品									
1. 欧盟	2015	322	19	51	5.0	8.0	8.0	100.0	100.0
2. 印度	2015	230	4	4	7.1	5.0	0.0	8.0	1.9
3. 瑞士	2015	220	1	1	1.6	0.0	0.0	100.0	100.0
4. 阿联酋	2015	125	1	1	4.3	0.1	0.0	13.9	98.6
5. 科特迪瓦	2015	107	10	19	15.3	10.2	10.2	100.0	100.0

塞尔维亚

Part A.1 关税及进口：概述及关税值域

概述		总计	农产品	非农产品	未"入世"	
最终约束关税简单平均					约束覆盖范围：	总计
已实施 MFN 关税简单平均	2016	7.4	13.9	6.4		非农产品
贸易加权平均	2015	6.3	17.1	5.2	农产品：关税配额（%）	
进口值（以10亿美元计）	2015	16.7	1.5	15.1	农产品：特别保障措施（%）	

频率分布		零关税	0≤5	5≤10	10≤15	15≤25	25≤50	50≤100	>100	非从价税（%）
		税号及进口值（%）								
农产品										
最终约束关税										
已实施 MFN 关税	2016	3.0	34.8	11.3	7.8	24.3	18.8	0	0	0.1
进口	2015	0.3	26.9	12.5	9.1	20.0	31.3	0	0	1.2
非农产品										
最终约束关税										
已实施 MFN 关税	2016	1.1	60.5	25.3	4.4	8.3	0.4	0	0	0.0
进口	2015	2.0	68.0	17.4	6.7	5.7	0.1	0	0	0.1

Part A.2 按产品分组的关税及进口

产品组	最终约束关税				已实施 MFN 关税			进口	
	平均值	零关税（%）	最大值	约束（%）	平均值	零关税（%）	最大值	占比（%）	零关税（%）
动物产品					20.5	0	30	0.8	0
乳制品					23.8	0	30	0.3	0
水果、蔬菜及植物					14.2	0	30	1.9	0
咖啡及茶					10.4	0	30	1.2	0
谷物及其制品					20.9	0	30	1.4	0
含油子仁、脂肪及油脂					7.0	0	30	1.0	0
糖及糖食					10.9	0	25	0.2	0
饮料及烟草					23.9	0	30	1.4	0
棉					0.0	100.0	0	0.0	100.0
其他农产品					4.1	12.5	20	0.8	1.2
鱼及鱼产品					9.0	0	30	0.5	0
矿产品及金属					5.0	2.8	30	19.4	1.9
石油					2.0	8.5	10	7.0	7.8
化工品					3.3	1.1	30	16.0	2.0
木材、纸及其他					4.9	0	22	5.3	0
纺织品					9.1	1.0	30	3.7	0.9
衣着					20.4	0	22	2.0	0
皮革、鞋及其他					8.3	0	30	3.2	0
非电气设备					4.5	0	20	9.9	0
电气设备					6.6	0.2	15	7.9	0.0
运输设备					5.2	5.7	20	12.6	0.1
其他工业品					5.8	0.3	25	3.2	17.5

Part B 出口至主要贸易伙伴及其面临的关税

主要市场	双边进口		多元化：95%贸易额所在税号税目		有贸易量 MFN 关税平均值		优惠幅度	零关税进口	
	以百万美元计		HS 章	HS 六位子目	简单平均	加权平均	加权平均	税号（%）	价值（%）
农产品									
1. 欧盟	2015	1,199	26	129	15.0	12.5	8.7	91.0	93.5
2. 波黑	2015	444	21	79	13.9	17.3	17.3	100.0	100.0
3. 俄罗斯	2015	306	14	38	13.8	12.4	12.3	96.1	99.3
4. 黑山	2015	241	21	139	14.6	22.7	22.6	97.8	99.9
5. 日本	2015	191	3	3	6.9	0.3	0.1	44.8	97.6
非农产品									
1. 欧盟	2015	6,695	55	586	4.1	4.3	4.3	99.9	100.0
2. 波黑	2015	535	48	538	7.1	7.1	7.1	100.0	100.0
3. 俄罗斯	2015	466	32	177	8.7	9.2	9.2	99.6	100.0
4. 马其顿	2015	343	48	400	7.6	4.9	4.9	100.0	100.0
5. 黑山	2015	334	53	795	3.6	3.1	3.1	100.0	100.0

塞舌尔

Part A.1 关税及进口:概述及关税值域

概述		总计	农产品	非农产品	"入世"时间	2015
最终约束关税简单平均		9.9	17.1	8.7	约束覆盖范围: 总计	100
已实施 MFN 关税简单平均	2016	2.8	5.6	2.3	非农产品	100
贸易加权平均	2015	3.0	11.2	1.4	农产品:关税配额(%)	0
进口值(以10亿美元计)	2015	1.1	0.2	0.9	农产品:特别保障措施(%)	0

频率分布		零关税	0≤5	5≤10	10≤15	15≤25	25≤50	50≤100	>100	非从价税(%)
		税号及进口值(%)								
农产品										
最终约束关税		29.2	0	19.7	0	47.4	2.4	0.0	1.2	0
已实施 MFN 关税	2016	80.1	1.7	1.3	7.4	7.2	0.8	0.4	1.1	0.8
进口	2015	64.7	3.7	2.5	8.3	12.4	3.6	1.2	3.7	5.5
非农产品										
最终约束关税		49.1	0	27.4	0	23.3	0.0	0.0	0.1	0
已实施 MFN 关税	2016	88.8	2.0	1.7	0.2	7.2	0.1	0.0	0.1	0
进口	2015	92.4	1.3	0.2	1.1	5.0	0.0	0.0	0.0	0

Part A.2 按产品分组的关税及进口

产品组	最终约束关税				已实施 MFN 关税			进口	
	平均值	零关税(%)	最大值	约束(%)	平均值	零关税(%)	最大值	占比(%)	零关税(%)
动物产品	19.0	9.0	25	100	2.5	86.8	25	2.0	59.5
乳制品	0.0	100.0	0	100	0.0	100.0	0	1.6	100.0
水果、蔬菜及植物	20.8	16.5	50	100	6.5	66.2	50	2.3	48.9
咖啡及茶	21.5	4.2	25	100	12.0	52.1	25	0.5	77.1
谷物及其制品	13.4	22.9	100	100	2.4	91.8	100	2.4	83.7
含油子仁、脂肪及油脂	2.5	80.7	25	100	0.0	100.0	0	1.4	100.0
糖及糖食	17.4	5.9	25	100	0.0	100.0	0	0.3	100.0
饮料及烟草	56.3	2.0	200	100	35.4	35.1	200	4.6	35.0
棉	0.0	100.0	0	100	0.0	100.0	0	0.0	100.0
其他农产品	10.0	41.9	25	100	1.6	92.0	25	0.6	94.4
鱼及鱼产品	24.9	0.9	100	100	18.5	28.6	100	1.0	52.2
矿产品及金属	6.7	50.0	25	100	0.5	98.0	25	8.9	99.6
石油	17.6	29.4	25	100	10.0	60.0	25	26.4	100.0
化工品	1.1	84.4	25	100	0.4	97.8	25	5.5	94.9
木材、纸及其他	13.5	24.7	50	100	1.1	95.3	50	11.4	98.7
纺织品	10.2	20.6	25	100	1.5	88.0	25	1.5	57.2
衣着	24.7	0.3	25	100	17.6	6.4	25	0.7	5.7
皮革、鞋及其他	16.3	29.1	200	100	6.9	84.1	200	1.0	68.4
非电气设备	1.9	85.7	25	100	0.1	98.7	10	8.1	99.7
电气设备	6.9	56.4	25	100	0.3	98.8	25	6.1	99.6
运输设备	8.8	48.7	25	100	3.2	78.8	25	10.5	63.6
其他工业品	12.9	38.6	50	100	0.9	96.5	50	3.1	98.3

Part B 出口至主要贸易伙伴及其面监的关税

主要市场	双边进口		多元化:95%贸易额所在税号税目		有贸易量 MFN 关税平均值		优惠幅度	零关税进口	
	以百万美元计		HS 章	HS 六位子目	简单平均	加权平均	加权平均	税号(%)	价值(%)
农产品									
1. 菲律宾	2015	7	1	2	10.0	10.0	0.0	0.0	0.0
2. 澳大利亚	2015	1	2	2	0.0	0.0	0.0	100.0	100.0
3. 中国香港	2015	1	4	4	0.0	0.0	0.0	100.0	100.0
4. 纳米比亚	2015	0	1	2	2.5	2.2	0.0	0.0	0.0
5. 斯里兰卡	2015	0	1	1	110.2	0.1	0.0	50.0	100.0
非农产品									
1. 欧盟	2015	275	5	6	4.3	22.4	22.4	100.0	100.0
2. 毛里求斯	2015	53	1	4	3.1	0.0	0.0	100.0	100.0
3. 日本	2015	48	3	5	3.5	3.2	0.0	16.7	9.3
4. 以色列	2015	24	2	2	2.0	0.0	0.0	83.3	100.0
5. 土耳其	2015	9	4	6	2.7	1.2	0.0	35.3	70.3

塞拉利昂

Part A. 1 关税及进口：概述及关税值域

概述	总计	农产品	非农产品	"入世"时间		1995
最终约束关税简单平均	47.3	40.3	48.5	约束覆盖范围：	总计	100
已实施 MFN 关税简单平均					非农产品	100
贸易加权平均				农产品：关税配额（%）		0
进口值（以10亿美元计）				农产品：特别保障措施（%）		0

频率分布	零关税	0≤5	5≤10	10≤15	15≤25	25≤50	50≤100	>100	非从价税（%）
	税号及进口值（%）								
农产品									
最终约束关税	0	0	0	0	0	98.9	1.1	0	0
已实施 MFN 关税									
进口									
非农产品									
最终约束关税	0	0	0	0	0	99.8	0.2	0	0
已实施 MFN 关税									
进口									

Part A. 2 按产品分组的关税及进口

产品组	最终约束关税				已实施 MFN 关税			进口	
	平均值	零关税（%）	最大值	约束（%）	平均值	零关税（%）	最大值	占比（%）	零关税（%）
动物产品	40.0	0	40	100					
乳制品	40.0	0	40	100					
水果、蔬菜及植物	39.8	0	40	100					
咖啡及茶	39.8	0	40	100					
谷物及其制品	39.6	0	40	100					
含油子仁、脂肪及油脂	40.1	0	50	100					
糖及糖食	40.0	0	40	100					
饮料及烟草	46.9	0	80	100					
棉	30.0	0	30	100					
其他农产品	40.3	0	50	100					
鱼及鱼产品	49.9	0	50	100					
矿产品及金属	48.4	0	50	100					
石油	50.0	0	50	100					
化工品	49.2	0	50	100					
木材、纸及其他	49.4	0	50	100					
纺织品	50.0	0	50	100					
衣着	50.0	0	50	100					
皮革、鞋及其他	50.0	0	50	100					
非电气设备	43.3	0	50	100					
电气设备	47.8	0	50	100					
运输设备	49.3	0	80	100					
其他工业品	49.3	0	50	100					

Part B 出口至主要贸易伙伴及其面临的关税

主要市场	双边进口		多元化：95%贸易额所在税号税目		有贸易量 MFN 关税平均值		优惠幅度	零关税进口	
	以百万美元计		HS 章	HS 六位子目	简单平均	加权平均	加权平均	税号（%）	价值（%）
农产品									
1. 欧盟	2015	36	3	3	17.5	2.3	2.3	100.0	100.0
2. 黎巴嫩	2014	3	1	1	0.0	0.0	0.0	100.0	100.0
3. 摩洛哥	2015	1	1	1	6.3	9.7	9.6	50.0	96.2
4. 美国	2015	0	7	11	4.5	3.1	3.1	100.0	100.0
5. 加拿大	2015	0	3	5	1.5	0.0	0.0	100.0	100.0
非农产品									
1. 欧盟	2015	228	2	3	3.9	0.0	0.0	100.0	100.0
2. 中国	2015	165	1	3	5.5	0.0	0.0	97.9	100.0
3. 美国	2015	39	20	46	3.3	0.2	0.2	99.2	100.0
4. 阿联酋	2015	32	1	2	4.2	0.0	0.0	16.0	99.8
5. 印度	2015	17	6	6	6.5	6.7	0.0	18.5	8.2

新加坡

Part A.1 关税及进口：概述及关税值域

概述		总计	农产品	非农产品	"入世"时间	1995
最终约束关税简单平均		9.6	23.0	6.2	约束覆盖范围：总计	72.0
已实施 MFN 关税简单平均	2016	0.0	0.1	0.0	非农产品	67.3
贸易加权平均	2015	0.5	11.9	0.0	农产品：关税配额（%）	0
进口值（以10亿美元计）	2015	292.1	11.9	280.2	农产品：特别保障措施（%）	0

频率分布		零关税	0≤5	5≤10	10≤15	15≤25	25≤50	50≤100	>100	非从价税（%）
		税号及进口值（%）								
农产品										
最终约束关税		4.0	0	92.5	0	0.2	0.2	0.2	2.8	3.5
已实施 MFN 关税	2016	99.8	0.0	0	0	0.0	0.1	0.1	0	0.2
进口	2015	98.3	0.2	0	0	0	0.0	0	1.5	1.7
非农产品										
最终约束关税		19.5	0	47.8	0	0	0	0	0	0
已实施 MFN 关税	2016	100.0	0	0	0	0	0	0	0	0
进口	2015	100.0	0	0	0	0	0	0	0	0

Part A.2 按产品分组的关税及进口

产品组	最终约束关税				已实施 MFN 关税			进口	
	平均值	零关税（%）	最大值	约束（%）	平均值	零关税（%）	最大值	占比（%）	零关税（%）
动物产品	9.0	9.9	10	100	0.0	100.0	0	0.4	100.0
乳制品	7.1	28.6	10	100	0.0	100.0	0	0.3	100.0
水果、蔬菜及植物	9.5	4.5	10	100	0.0	100.0	0	0.6	100.0
咖啡及茶	10.0	0	10	100	0.0	100.0	0	0.3	100.0
谷物及其制品	11.0	3.0	*580*	100	0.0	100.0	0	0.7	100.0
含油子仁、脂肪及油脂	10.0	0	10	100	0.0	100.0	0	0.4	100.0
糖及糖食	10.0	0	10	100	0.0	100.0	0	0.1	100.0
饮料及烟草	212.7	0	*>1000*	100	1.6	97.0	*85*	1.1	93.9
棉	10.0	0	10	100	0.0	100.0	0	0.0	100.0
其他农产品	9.4	0.7	10	100	0.0	100.0	0	0.3	100.0
鱼及鱼产品	9.2	7.9	10	100	0.0	100.0	0	0.4	100.0
矿产品及金属	5.6	41.3	10	45.4	0.0	100.0	0	9.8	100.0
石油	–	–	–	0	0.0	100.0	0	20.8	100.0
化工品	5.0	19.4	10	97.2	0.0	100.0	0	8.0	100.0
木材、纸及其他	3.2	67.8	10	96.4	0.0	100.0	0	1.3	100.0
纺织品	9.9	0.3	10	64.2	0.0	100.0	0	0.6	100.0
衣着	10.0	0.2	10	100	0.0	100.0	0	0.8	100.0
皮革、鞋及其他	10.0	0	10	23.3	0.0	100.0	0	1.1	100.0
非电气设备	6.0	40.1	10	66.1	0.0	100.0	0	14.8	100.0
电气设备	4.1	58.5	10	62.8	0.0	100.0	0	28.5	100.0
运输设备	5.3	47.1	10	14.3	0.0	100.0	0	4.6	100.0
其他工业品	2.0	79.4	10	40.6	0.0	100.0	0	5.2	100.0

Part B 出口至主要贸易伙伴及其面临的关税

主要市场	双边进口		多元化：95%贸易额所在税号税目		有贸易量 MFN 关税平均值		优惠幅度	零关税进口	
	以百万美元计		HS 章	HS 六位子目	简单平均	加权平均	加权平均	税号（%）	价值（%）
农产品									
1. 澳大利亚	2015	716	6	14	1.8	2.9	2.9	100.0	100.0
2. 马来西亚	2015	591	19	52	12.1	40.8	26.1	92.7	78.3
3. 日本	2015	564	6	15	37.4	40.0	20.1	34.7	18.1
4. 中国	2015	457	10	19	16.1	10.3	6.0	95.2	82.9
5. 菲律宾	2015	434	11	39	9.4	4.9	4.8	99.1	99.6
非农产品									
1. 中国	2015	27,124	26	212	8.4	2.9	2.8	96.8	96.8
2. 马来西亚	2015	20,435	39	394	5.5	1.3	1.3	99.8	100.0
3. 欧盟	2015	19,285	36	264	4.3	2.0	0.0	21.0	65.0
4. 印度尼西亚	2015	17,798	73	2,754	6.9	5.0	5.0	99.7	99.9
5. 美国	2015	15,457	25	166	3.1	2.0	2.0	100.0	100.0

所罗门群岛

Part A.1 关税及进口：概述及关税值域

概述		总计	农产品	非农产品	"入世"时间		1996
最终约束关税简单平均		78.3	71.4	79.4	约束覆盖范围：	总计	100
已实施 MFN 关税简单平均	2016	9.6	12.9	9.1		非农产品	100
贸易加权平均	2015	29.6	80.8	7.5	农产品：关税配额（%）		0
进口值（以10亿美元计）	2015	0.4	0.1	0.3	农产品：特别保障措施（%）		0

频率分布		零关税	0≤5	5≤10	10≤15	15≤25	25≤50	50≤100	>100	非从价税（%）
		税号及进口值（%）								
农产品										
最终约束关税		0	3.2	8.6	2.0	0.5	1.2	79.5	5.1	3.5
已实施 MFN 关税	2016	1.3	10.2	84.9	0.2	0.8	0.2	0.4	1.8	3.4
进口	2015	39.8	5.9	38.9	1.3	0.9	0.0	10.4	2.8	15.5
非农产品										
最终约束关税		0	0.5	1.3	0.2	0.0	0.2	94.8	2.9	0.9
已实施 MFN 关税	2016	0.9	16.6	82.1	0.4	0.0	0	0	0	0.3
进口	2015	2.3	16.8	77.0	3.9	0.0	0	0	0	2.9

Part A.2 按产品分组的关税及进口

产品组	最终约束关税				已实施 MFN 关税			进口	
	平均值	零关税（%）	最大值	约束（%）	平均值	零关税（%）	最大值	占比（%）	零关税（%）
动物产品	86.3	0	110	100	8.5	0	10	3.2	0
乳制品	32.5	0	80	100	8.3	0	10	0.7	0
水果、蔬菜及植物	67.8	0	80	100	10.0	0	10	0.6	0
咖啡及茶	80.0	0	80	100	10.0	0	10	1.0	0
谷物及其制品	70.2	0	150	100	10.4	4.4	*102*	16.2	73.7
含油子仁、脂肪及油脂	78.2	0	80	100	8.7	6.0	10	0.8	0.1
糖及糖食	61.3	0	80	100	9.1	0	10	1.2	0
饮料及烟草	80.1	0	*199*	100	62.3	0	*199*	5.8	0
棉	80.0	0	80	100	10.0	0	10	0.0	0
其他农产品	65.0	0	80	100	9.4	0.7	10	0.5	0
鱼及鱼产品	83.7	0	120	100	10.0	0	10	0.8	0
矿产品及金属	76.8	0	90	100	8.5	0	10	8.1	0
石油	1.9	0	*3*	100	7.3	0	10	20.0	0
化工品	77.2	0	110	100	7.8	1.9	15	4.6	0.9
木材、纸及其他	80.0	0	80	100	9.8	0	10	5.5	0
纺织品	79.9	0	80	100	10.0	0.2	10	1.7	0.2
衣着	80.0	0	80	100	10.0	0	10	0.4	0
皮革、鞋及其他	80.0	0	80	100	10.0	0	10	1.4	0
非电气设备	80.1	0	110	100	9.3	0.4	10	12.7	1.3
电气设备	80.0	0	80	100	9.8	0.4	10	4.6	0.2
运输设备	80.0	0	80	100	8.8	11.8	15	7.8	18.3
其他工业品	86.5	0	110	100	9.7	1.1	20	2.3	0.1

Part B 出口至主要贸易伙伴及其面临的关税

主要市场	双边进口		多元化：95%贸易额所在税号税目		有贸易量 MFN 关税平均值		优惠幅度	零关税进口	
	以百万美元计		HS 章	HS 六位子目	简单平均	加权平均	加权平均	税号（%）	价值（%）
农产品									
1. 欧盟	2015	27	1	2	3.3	4.0	4.0	100.0	100.0
2. 瑞士	2015	10	1	3	36.4	36.5	36.5	100.0	100.0
3. 马来西亚	2015	10	1	1	1.7	0.0	0.0	66.7	99.8
4. 印度尼西亚	2015	3	1	1	5.0	5.0	0.0	0.0	0.0
5. 澳大利亚	2015	1	4	5	0.7	0.0	0.0	100.0	100.0
非农产品									
1. 中国	2015	460	1	1	2.0	0.0	0.0	82.6	99.9
2. 印度	2015	68	1	2	5.0	5.0	0.0	25.0	0.0
3. 欧盟	2015	49	2	2	6.2	23.4	23.4	100.0	100.0
4. 泰国	2015	14	2	4	12.7	0.0	0.0	63.6	100.0
5. 韩国	2015	11	1	2	5.3	0.4	0.0	77.8	96.3

南非

Part A.1 关税及进口：概述及关税值域

概述		总计	农产品	非农产品	“入世”时间		1995
最终约束关税简单平均		19.0	40.4	15.7	约束覆盖范围：	总计	96.1
已实施 MFN 关税简单平均	2016	7.7	8.5	7.5		非农产品	95.5
贸易加权平均	2015	6.3	11.1	5.9	农产品：关税配额（%）		37.2
进口值（以 10 亿美元计）	2015	78.9	6.0	72.9	农产品：特别保障措施（%）		37.5

频率分布		零关税	0≤5	5≤10	10≤15	15≤25	25≤50	50≤100	>100	非从价税（%）
		税号及进口值（%）								
农产品										
最终约束关税		21.4	2.3	1.8	1.7	9.5	36.4	23.6	3.2	0
已实施 MFN 关税	2016	46.1	11.4	14.1	6.4	15.4	6.2	0.3	0.2	13.8
进口	2015	32.8	18.9	19.4	2.8	15.8	7.8	0.5	1.9	27.9
非农产品										
最终约束关税		13.4	5.3	21.8	20.4	20.3	14.3	0	0.0	0
已实施 MFN 关税	2016	63.5	2.3	5.7	8.0	13.2	7.4	0	0.0	0.9
进口	2015	66.6	8.0	3.0	3.1	14.5	4.7	0	0.0	7.1

Part A.2 按产品分组的关税及进口

产品组	最终约束关税				已实施 MFN 关税			进口	
	平均值	零关税（%）	最大值	约束（%）	平均值	零关税（%）	最大值	占比（%）	零关税（%）
动物产品	41.7	24.2	160	100	10.9	60.6	82	0.9	43.2
乳制品	93.2	0	96	100	5.9	23.8	*18*	0.2	11.8
水果、蔬菜及植物	28.3	19.3	99	100	9.2	34.9	*99*	0.5	33.7
咖啡及茶	65.4	20.8	170	100	7.1	45.8	25	0.5	35.5
谷物及其制品	47.0	5.4	597	100	9.0	39.7	*101*	2.0	43.6
含油子仁、脂肪及油脂	47.5	6.5	81	98.6	7.6	20.5	20	1.2	5.6
糖及糖食	73.4	0	105	100	10.4	58.8	37	0.5	20.3
饮料及烟草	91.1	4.3	597	100	19.9	8.8	*110*	0.9	6.1
棉	60.0	0	60	100	4.4	66.7	15	0.0	5.0
其他农产品	11.9	54.8	72	100	2.2	85.5	25	0.8	80.6
鱼及鱼产品	18.5	50.0	37	3.2	6.3	62.7	30	0.5	72.1
矿产品及金属	11.7	16.1	30	96.0	4.0	71.6	30	10.2	78.0
石油	–	–	–	0	0.6	55.6	15	15.6	63.8
化工品	12.4	6.4	30	99.6	2.3	83.2	20	13.0	80.1
木材、纸及其他	11.7	12.2	30	100	6.1	61.2	45	3.0	53.2
纺织品	22.3	3.1	30	99.2	17.1	18.1	*486*	2.3	16.0
衣着	45.0	0	45	100	41.0	2.1	45	2.2	0.3
皮革、鞋及其他	20.7	0	30	96.2	13.3	35.6	43	2.8	19.1
非电气设备	9.2	39.6	30	100	1.5	90.5	30	15.0	93.2
电气设备	17.2	6.1	30	99.6	4.6	67.6	25	11.8	75.0
运输设备	18.3	17.5	50	100	6.1	65.7	30	11.2	29.2
其他工业品	12.4	26.6	30	94.8	3.8	78.4	30	4.8	89.0

Part B 出口至主要贸易伙伴及其面临的关税

主要市场	双边进口		多元化：95%贸易额所在税号税目		有贸易量 MFN 关税平均值		优惠幅度	零关税进口	
	以百万美元计		HS 章	HS 六位子目	简单平均	加权平均	加权平均	税号（%）	价值（%）
农产品									
1. 欧盟	2015	2,702	18	79	12.7	9.5	8.5	77.7	88.8
2. 纳米比亚	2015	794	23	167	9.5	16.0	16.0	100.0	100.0
3. 博茨瓦纳	2015	614	24	181	10.2	12.2	12.2	100.0	100.0
4. 中国	2015	563	7	16	15.5	19.4	0.0	6.1	1.2
5. 津巴布韦	2015	490	23	105	29.4	21.8	19.3	77.3	78.7
非农产品									
1. 中国	2015	29,588	6	14	7.7	1.1	0.0	16.7	83.9
2. 欧盟	2015	17,755	44	209	4.3	2.6	2.5	97.8	98.4
3. 美国	2015	6,901	34	131	3.1	1.2	1.2	92.5	99.7
4. 印度	2015	5,912	17	37	8.1	6.5	0.0	3.7	1.5
5. 中国香港	2015	4,879	4	11	0.0	0.0	0.0	100.0	100.0

斯里兰卡

Part A.1 关税及进口：概述及关税值域

概述		总计	农产品	非农产品	"入世"时间		1995
最终约束关税简单平均		32.1	50.1	22.3	约束覆盖范围：	总计	40.5
已实施 MFN 关税简单平均	2015	9.3	23.7	6.9		非农产品	30.6
贸易加权平均	2015	7.1	25.4	4.6	农产品：关税配额（%）		0
进口值（以10亿美元计）	2015	19.7	2.3	17.4	农产品：特别保障措施（%）		0

频率分布		零关税	0≤5	5≤10	10≤15	15≤25	25≤50	50≤100	>100	非从价税（%）
		税号及进口值（%）								
农产品										
最终约束关税		0	0.1	0	0.1	0.3	96.0	3.3	0.0	2.7
已实施 MFN 关税	2015	14.9	0.3	1.2	14.7	59.9	5.8	1.0	2.2	13.1
进口	2015	13.0	0.8	1.4	17.3	38.7	16.7	9.2	2.8	59.7
非农产品										
最终约束关税		0.2	7.5	7.1	0.1	6.6	8.3	0.7	0	0.2
已实施 MFN 关税	2015	60.8	0.2	2.6	25.0	11.4	0.1	0.0	0.0	1.7
进口	2015	72.1	0.0	4.5	14.4	5.3	3.7	0.0	0.0	9.1

Part A.2 按产品分组的关税及进口

产品组	最终约束关税				已实施 MFN 关税			进口	
	平均值	零关税（%）	最大值	约束（%）	平均值	零关税（%）	最大值	占比（%）	零关税（%）
动物产品	49.9	0	50	100	22.5	11.9	*50*	0.1	71.4
乳制品	48.6	0	60	100	32.8	0	*59*	1.3	0
水果、蔬菜及植物	50.7	0	60	100	21.1	12.8	*60*	2.6	34.3
咖啡及茶	49.8	0	*60*	100	24.2	0	25	0.2	0
谷物及其制品	50.4	0	*60*	100	20.9	8.3	*53*	3.0	8.6
含油子仁、脂肪及油脂	49.2	0	50	98.8	22.4	6.6	*46*	1.5	0.9
糖及糖食	50.0	0	50	100	15.3	5.9	25	1.3	1.7
饮料及烟草	51.1	0	175	100	79.6	0	*175*	0.8	0
棉	50.0	0	50	100	0.0	100.0	0	0.0	100.0
其他农产品	49.9	0	60	100	12.0	38.3	25	1.0	28.8
鱼及鱼产品	50.0	0	50	98.7	15.1	4.8	25	1.2	33.6
矿产品及金属	48.8	3.2	75	6.9	7.7	56.4	25	13.6	55.9
石油	20.0	0	45	83.3	9.3	34.1	*27*	12.6	45.5
化工品	11.3	0	60	5.6	3.0	84.2	*27*	9.5	77.7
木材、纸及其他	31.9	2.1	60	19.0	11.8	38.8	25	3.3	60.8
纺织品	9.5	1.1	50	95.7	3.3	81.2	*36*	13.8	95.9
衣着	17.5	0	25	100	14.7	1.5	15	1.4	11.0
皮革、鞋及其他	50.0	0	50	8.2	14.5	16.9	*28*	1.8	23.9
非电气设备	7.7	0	60	14.2	3.0	87.2	*527*	8.2	89.7
电气设备	32.0	0	*60*	13.8	7.1	52.5	25	5.8	69.1
运输设备	38.3	0	45	10.1	6.2	67.1	*97*	14.7	93.1
其他工业品	32.7	0	100	19.4	9.1	54.7	25	2.3	71.8

Part B 出口至主要贸易伙伴及其面临的关税

主要市场	双边进口		多元化：95%贸易额所在税号税目		有贸易量 MFN 关税平均值		优惠幅度	零关税进口	
	以百万美元计		HS 章	HS 六位子目	简单平均	加权平均	加权平均	税号（%）	价值（%）
农产品									
1. 欧盟	2015	343	13	48	11.4	3.6	2.0	24.8	70.6
2. 印度	2015	297	19	57	45.4	50.4	17.2	74.5	57.6
3. 俄罗斯	2015	188	1	2	7.0	4.0	1.0	13.3	73.4
4. 美国	2015	166	10	22	2.3	0.4	0.4	86.6	99.0
5. 日本	2015	104	7	11	8.8	4.3	1.3	52.2	47.3
非农产品									
1. 美国	2015	2,693	20	106	7.0	13.3	0.3	53.2	24.4
2. 欧盟	2015	2,254	32	188	5.3	8.5	2.3	60.3	29.1
3. 印度	2015	402	43	188	10.2	9.0	6.7	68.6	79.0
4. 加拿大	2015	223	21	107	6.5	13.1	0.4	52.4	22.1
5. 中国	2015	217	29	109	12.3	10.0	2.2	7.2	13.6

苏里南

Part A. 1 关税及进口：概述及关税值域

概述	总计	农产品	非农产品	"入世"时间	1995
最终约束关税简单平均	18.0	19.8	16.2	约束覆盖范围： 总计	26.8
已实施 MFN 关税简单平均				非农产品	15.8
贸易加权平均				农产品：关税配额（%）	0
进口值（以10亿美元计）				农产品：特别保障措施（%）	0

频率分布	零关税	0≤5	5≤10	10≤15	15≤25	25≤50	50≤100	>100	非从价税（%）
	税号及进口值（%）								
农产品									
最终约束关税	0.3	0	0.1	0.3	99.2	0	0	0	0
已实施 MFN 关税									
进口									
非农产品									
最终约束关税	1.4	5.0	0.3	0	6.2	2.9	0	0	0.0
已实施 MFN 关税									
进口									

Part A. 2 按产品分组的关税及进口

产品组	最终约束关税				已实施 MFN 关税			进口	
	平均值	零关税（%）	最大值	约束（%）	平均值	零关税（%）	最大值	占比（%）	零关税（%）
动物产品	20.0	0	20	100					
乳制品	20.0	0	20	100					
水果、蔬菜及植物	20.0	0	20	100					
咖啡及茶	20.0	0	20	100					
谷物及其制品	19.9	0	20	100					
含油子仁、脂肪及油脂	18.9	0.7	20	98.6					
糖及糖食	20.0	0	20	100					
饮料及烟草	20.0	0	20	100					
棉	20.0	0	20	100					
其他农产品	19.8	1.1	20	100					
鱼及鱼产品	22.3	0	25	11.1					
矿产品及金属	6.7	3.8	20	8.7					
石油	19.3	0	*23*	80.0					
化工品	6.6	65.5	30	3.4					
木材、纸及其他	22.5	0	25	1.6					
纺织品	14.2	26.6	20	13.4					
衣着	37.7	0	40	53.9					
皮革、鞋及其他	6.7	66.7	20	18.9					
非电气设备	5.8	0	23	33.0					
电气设备	17.9	0	20	20.6					
运输设备	22.3	0	38	34.2					
其他工业品	20.0	0	20	18.2					

Part B 出口至主要贸易伙伴及其面临的关税

主要市场	双边进口		多元化：95%贸易额所在税号税目		有贸易量 MFN 关税平均值		优惠幅度	零关税进口	
	以百万美元计		HS 章	HS 六位子目	简单平均	加权平均	加权平均	税号（%）	价值（%）
农产品									
1. 欧盟	2015	46	5	11	16.8	17.7	17.7	100.0	100.0
2. 牙买加	2015	21	2	5	24.6	25.0	25.0	100.0	100.0
3. 圭亚那	2015	5	8	16	26.9	24.6	24.6	100.0	100.0
4. 海地	2014	2	1	2	8.7	3.0	0.0	0.0	0.0
5. 巴拿马	2015	2	1	1	50.0	50.0	0.0	0.0	0.0
非农产品									
1. 阿联酋	2015	413	1	1	3.9	0.0	0.0	21.4	100.0
2. 瑞士	2015	356	1	1	2.5	0.0	0.0	62.1	100.0
3. 欧盟	2015	303	9	15	4.4	2.6	2.6	100.0	100.0
4. 美国	2015	153	5	10	1.7	0.0	0.0	94.6	100.0
5. 加拿大	2015	97	1	1	5.6	0.0	0.0	59.0	99.9

斯威士兰

Part A.1 关税及进口：概述及关税值域

概述		总计	农产品	非农产品	"入世"时间		1995
最终约束关税简单平均		19.0	40.4	15.7	约束覆盖范围：	总计	96.1
已实施 MFN 关税简单平均	2016	7.6	8.6	7.5		非农产品	95.5
贸易加权平均	2015	9.0	10.3	8.6	农产品：关税配额（%）		0
进口值（以10亿美元计）	2015	1.4	0.3	1.2	农产品：特别保障措施（%）		38.5

频率分布		零关税	0≤5	5≤10	10≤15	15≤25	25≤50	50≤100	>100	非从价税（%）
		税号及进口值（%）								
农产品										
最终约束关税		21.4	2.3	1.8	1.7	9.5	36.4	23.6	3.2	0
已实施 MFN 关税	2016	46.1	11.0	13.7	6.6	15.9	6.1	0.3	0.2	13.8
进口	2015	35.4	11.8	11.3	7.7	25.1	8.6	0.1	0.0	21.0
非农产品										
最终约束关税		13.4	5.3	21.8	20.4	20.3	14.3	0	0.0	0
已实施 MFN 关税	2016	63.5	2.3	5.7	8.0	13.2	7.4	0	0.0	0.9
进口	2015	42.5	15.7	6.5	7.6	22.1	5.5	0	0.0	15.2

Part A.2 按产品分组的关税及进口

产品组	最终约束关税				已实施 MFN 关税			进口	
	平均值	零关税（%）	最大值	约束（%）	平均值	零关税（%）	最大值	占比（%）	零关税（%）
动物产品	41.7	24.2	160	100	10.9	60.6	82	1.4	23.7
乳制品	93.2	0	96	100	8.6	23.8	*26*	1.6	44.8
水果、蔬菜及植物	28.3	19.3	99	100	9.2	34.9	*99*	2.6	35.6
咖啡及茶	65.4	20.8	170	100	7.4	45.8	25	0.4	33.5
谷物及其制品	47.0	5.4	597	100	9.1	39.7	*102*	6.2	49.1
含油子仁、脂肪及油脂	47.5	6.5	81	98.6	7.6	20.5	20	1.3	2.7
糖及糖食	73.4	0	105	100	10.3	58.8	37	0.8	45.6
饮料及烟草	91.1	4.3	597	100	19.8	8.8	*111*	2.4	2.3
棉	60.0	0	60	100	4.4	66.7	15	1.0	1.0
其他农产品	11.9	54.8	72	100	2.2	85.5	25	2.0	68.1
鱼及鱼产品	18.5	50.0	37	3.2	6.3	62.7	30	0.4	29.3
矿产品及金属	11.7	16.1	30	96.0	4.0	71.6	30	11.8	65.7
石油	–	–	–	0	0.6	55.6	15	11.5	1.8
化工品	12.4	6.4	30	99.6	2.3	83.2	20	17.3	63.4
木材、纸及其他	11.7	12.2	30	100	6.1	61.2	45	6.6	49.4
纺织品	22.3	3.1	30	99.2	16.9	18.1	*156*	5.7	6.1
衣着	45.0	0	45	100	41.0	2.1	45	2.6	0.5
皮革、鞋及其他	20.7	0	30	96.2	13.3	35.6	43	2.4	6.9
非电气设备	9.2	39.6	30	100	1.5	90.5	30	7.3	86.8
电气设备	17.2	6.1	30	99.6	4.6	67.6	25	4.6	52.6
运输设备	18.3	17.5	50	100	6.1	65.7	30	7.6	14.2
其他工业品	12.4	26.6	30	94.8	3.8	78.4	30	2.4	59.1

Part B 出口至主要贸易伙伴及其面监的关税

主要市场	双边进口		多元化：95%贸易额所在税号税目		有贸易量 MFN 关税平均值		优惠幅度	零关税进口	
	以百万美元计		HS 章	HS 六位子目	简单平均	加权平均	加权平均	税号（%）	价值（%）
农产品									
1. 南非	2015	285	7	14	11.2	20.1	20.1	100.0	100.0
2. 欧盟	2015	140	5	15	19.8	59.1	59.1	100.0	100.0
3. 莫桑比克	2015	16	3	6	17.6	9.9	8.3	54.3	83.3
4. 美国	2015	15	2	2	12.4	57.2	0.0	75.0	5.2
5. 毛里求斯	2015	10	1	1	0.0	0.0	0.0	100.0	100.0
非农产品									
1. 南非	2015	811	20	55	11.1	9.4	9.4	100.0	100.0
2. 尼日利亚	2014	145	6	8	10.6	7.1	0.0	4.6	0.6
3. 肯尼亚	2014	63	2	2	8.8	7.9	0.0	52.4	21.5
4. 印度	2015	41	13	46	8.1	9.4	0.0	6.4	1.0
5. 坦桑尼亚	2015	36	3	3	14.9	9.3	9.3	100.0	100.0

瑞士

Part A.1 关税及进口：概述及关税值域

概述		总计	农产品	非农产品	"入世"时间		1995
最终约束关税简单平均		7.6	45.7	1.9	约束覆盖范围：	总计	99.7
已实施 MFN 关税简单平均	2016	6.3	34.2	1.7		非农产品	99.7
贸易加权平均	2015	2.0	29.8	0.7	农产品：关税配额（%）		19.3
进口值（以10亿美元计）	2015	253.0	11.6	241.5	农产品：特别保障措施（%）		36.4

频率分布		零关税	0≤5	5≤10	10≤15	15≤25	25≤50	50≤100	>100	非从价税（%）
		税号及进口值（%）								
农产品										
最终约束关税		22.0	23.2	9.9	4.6	5.8	10.0	11.4	12.9	78.0
已实施 MFN 关税	2016	29.7	27.8	10.0	4.6	4.1	6.6	6.8	10.1	70.3
进口	2015	20.3	28.5	15.2	4.6	5.4	5.2	3.2	0.9	79.7
非农产品										
最终约束关税		17.9	72.1	7.2	1.5	0.8	0.2	0.0	0	81.8
已实施 MFN 关税	2016	21.1	70.4	6.4	1.3	0.6	0.1	0.0	0	78.9
进口	2015	56.4	39.6	3.5	0.4	0.2	0.0	0.0	0	43.6

Part A.2 按产品分组的关税及进口

产品组	最终约束关税				已实施 MFN 关税			进口	
	平均值	零关税（%）	最大值	约束（%）	平均值	零关税（%）	最大值	占比（%）	零关税（%）
动物产品	122.9	11.5	*>1000*	100	110.0	14.9	*>1000*	0.4	2.2
乳制品	140.3	0	*801*	100	133.2	0	*798*	0.2	0
水果、蔬菜及植物	25.2	22.3	*>1000*	100	17.9	26.0	*>1000*	1.1	18.0
咖啡及茶	7.2	26.4	*171*	100	4.0	36.1	*67*	0.6	58.4
谷物及其制品	43.4	6.0	*754*	100	22.1	10.8	*312*	0.7	5.3
含油子仁、脂肪及油脂	57.9	11.1	*270*	100	23.3	38.4	*269*	0.2	37.3
糖及糖食	27.7	3.1	*162*	100	9.0	32.3	*162*	0.1	27.0
饮料及烟草	35.4	8.7	*539*	100	32.8	10.6	*539*	0.9	7.9
棉	0.0	100.0	0	100	0.0	100.0	0	0.0	100.0
其他农产品	15.3	52.3	*388*	100	7.6	62.2	*388*	0.4	39.7
鱼及鱼产品	0.8	75.1	*67*	100	0.2	78.2	*28*	0.3	75.6
矿产品及金属	1.3	13.2	*22*	98.9	1.2	15.0	*22*	41.1	70.5
石油	1.7	0	*2*	20.0	0.0	100.0	0	2.2	100.0
化工品	0.9	33.6	*21*	100	0.9	34.3	*21*	17.2	70.3
木材、纸及其他	3.6	17.9	*27*	100	3.6	18.4	*27*	3.6	37.7
纺织品	5.2	1.5	*53*	100	4.5	8.3	*53*	1.2	1.8
衣着	3.9	0	*24*	100	3.9	0	*24*	2.0	0
皮革、鞋及其他	1.6	3.8	*30*	100	1.6	3.8	*30*	1.4	0.1
非电气设备	0.5	21.2	*7*	100	0.5	21.2	*7*	7.0	36.8
电气设备	0.7	19.2	*9*	100	0.7	20.1	*9*	5.2	42.3
运输设备	1.7	5.8	*13*	100	1.4	8.4	*13*	6.9	5.7
其他工业品	1.0	15.5	*17*	100	1.0	16.0	*17*	7.2	51.4

Part B 出口至主要贸易伙伴及其面监的关税

主要市场	双边进口		多元化：95%贸易额所在税号税目		有贸易量 MFN 关税平均值		优惠幅度	零关税进口	
	以百万美元计		HS 章	HS 六位子目	简单平均	加权平均	加权平均	税号（%）	价值（%）
农产品									
1. 欧盟	2015	5,038	33	443	14.4	10.7	9.2	42.5	87.4
2. 美国	2015	1,354	11	14	5.1	1.9	0.0	29.1	13.8
3. 日本	2015	798	5	5	17.6	2.9	1.5	31.4	83.8
4. 以色列	2015	687	8	23	7.4	13.8	0.2	63.4	64.0
5. 沙特阿拉伯	2015	278	7	13	9.5	58.8	0.0	8.2	21.1
非农产品									
1. 欧盟	2015	101,815	63	1,063	4.3	2.0	2.0	98.8	100.0
2. 中国	2015	40,959	24	167	8.8	1.4	0.3	15.0	83.9
3. 美国	2015	25,788	62	1,075	3.8	1.1	0.0	36.1	76.1
4. 中国香港	2015	19,640	5	16	0.0	0.0	0.0	100.0	100.0
5. 印度	2015	19,252	10	34	8.5	9.8	0.0	3.9	0.3

中国台北

Part A.1 关税及进口：概述及关税值域

概述		总计	农产品	非农产品	“入世”时间		2002
最终约束关税简单平均		6.3	16.4	4.7	约束覆盖范围：	总计	100
已实施 MFN 关税简单平均	2016	6.4	15.7	4.8		非农产品	100
贸易加权平均	2015	2.2	8.7	1.9	农产品：关税配额（%）		6.1
进口值（以10亿美元计）	2015	218.5	11.5	206.9	农产品：特别保障措施（%）		5.6

频率分布		零关税	0≤5	5≤10	10≤15	15≤25	25≤50	50≤100	>100	非从价税（%）
		税号及进口值（%）								
农产品										
最终约束关税		24.6	14.9	12.6	10.8	26.1	7.8	1.0	2.3	6.8
已实施 MFN 关税	2016	25.0	14.5	13.1	11.1	25.3	8.0	1.2	1.8	6.3
进口	2015	38.7	11.6	20.0	7.5	13.8	8.1	0.1	0.2	8.7
非农产品										
最终约束关税		30.4	39.6	20.4	7.5	1.6	0.4	0.0	0.0	0.3
已实施 MFN 关税	2016	31.1	39.1	18.8	7.4	3.2	0.5	0.0	0.0	0.3
进口	2015	71.1	20.3	4.5	1.6	2.5	0.0	0	0.0	0.1

Part A.2 按产品分组的关税及进口

产品组	最终约束关税				已实施 MFN 关税			进口	
	平均值	零关税（%）	最大值	约束（%）	平均值	零关税（%）	最大值	占比（%）	零关税（%）
动物产品	16.4	2.7	45	100	16.2	3.2	45	0.6	0.3
乳制品	15.2	0	*89*	100	15.4	0	*89*	0.2	0
水果、蔬菜及植物	19.9	9.4	*837*	100	21.3	9.6	*382*	0.7	10.0
咖啡及茶	8.4	41.7	*30*	100	8.4	41.7	*30*	0.2	39.7
谷物及其制品	26.9	4.9	*317*	100	23.7	11.0	*317*	1.3	31.7
含油子仁、脂肪及油脂	15.5	54.5	338	100	14.9	55.7	338	0.8	89.0
糖及糖食	49.5	0	143	100	15.5	5.9	28	0.1	9.6
饮料及烟草	16.2	18.0	40	100	16.1	18.0	40	0.7	44.2
棉	0.0	100.0	0	100	0.0	100.0	0	0.1	100.0
其他农产品	3.5	60.8	500	100	3.7	60.0	500	0.5	57.0
鱼及鱼产品	18.4	4.8	*158*	100	19.2	3.8	*156*	0.6	16.8
矿产品及金属	3.0	52.5	13	100	2.7	56.6	13	18.8	84.8
石油	5.0	8.3	10	100	2.1	44.9	5	11.4	96.6
化工品	2.9	25.6	20	100	2.8	26.3	20	14.1	42.3
木材、纸及其他	0.4	94.3	13	100	0.4	94.1	13	2.0	94.6
纺织品	7.5	3.1	13	100	7.4	3.1	13	1.1	2.5
衣着	11.7	0	12	100	11.7	0	12	0.8	0
皮革、鞋及其他	5.6	13.3	10	100	5.2	13.9	10	1.2	15.1
非电气设备	3.7	25.6	20	100	3.1	25.8	18	12.4	61.7
电气设备	4.3	26.1	15	100	3.9	26.8	15	21.8	85.8
运输设备	7.9	26.5	30	100	7.4	27.9	30	4.6	30.9
其他工业品	3.3	32.4	14	100	3.2	33.6	14	5.9	74.3

Part B 出口至主要贸易伙伴及其面临的关税

主要市场	双边进口		多元化：95%贸易额所在税号税目		有贸易量 MFN 关税平均值		优惠幅度	零关税进口	
	以百万美元计		HS 章	HS 六位子目	简单平均	加权平均	加权平均	税号（%）	价值（%）
农产品									
1. 中国	2015	635	23	70	16.9	16.9	0.8	5.6	5.7
2. 美国	2015	361	18	65	4.9	2.3	0.0	28.1	44.4
3. 日本	2015	309	21	66	12.7	5.0	0.0	22.3	43.8
4. 中国香港	2015	272	21	84	0.0	0.0	0.0	100.0	100.0
5. 韩国	2015	155	15	32	43.3	12.9	0.0	3.3	0.1
非农产品									
1. 中国	2015	142,569	43	404	9.0	2.1	0.8	21.5	78.6
2. 中国香港	2015	44,461	31	124	0.0	0.0	0.0	100.0	100.0
3. 美国	2015	38,669	56	802	3.9	1.9	0.0	38.9	59.8
4. 欧盟	2015	27,477	55	852	4.4	2.2	0.0	21.0	51.3
5. 新加坡	2015	24,481	35	129	0.0	0.0	0.0	100.0	100.0

塔吉克斯坦

Part A.1 关税及进口：概述及关税值域

概述		总计	农产品	非农产品	“入世”时间	2013
最终约束关税简单平均		8.0	10.9	7.6	约束覆盖范围：　总计	100
已实施 MFN 关税简单平均	2016	7.6	10.5	7.2	非农产品	100
贸易加权平均					农产品：关税配额（%）	0
进口值（以10亿美元计）					农产品：特别保障措施（%）	0

频率分布		零关税	0≤5	5≤10	10≤15	15≤25	25≤50	50≤100	>100	非从价税（%）
		税号及进口值（%）								
农产品										
最终约束关税		0.8	37.4	23.6	31.2	5.6	1.2	0	0.3	2.8
已实施 MFN 关税	2016	1.1	40.9	25.0	30.5	0.8	1.4	0.2	0.3	3.6
进口										
非农产品										
最终约束关税		13.6	25.7	44.0	9.3	6.8	0.6	0	0	0
已实施 MFN 关税	2016	4.6	62.7	16.5	16.2	0	0	0	0	0.0
进口										

Part A.2 按产品分组的关税及进口

产品组	最终约束关税				已实施 MFN 关税			进口	
	平均值	零关税（%）	最大值	约束（%）	平均值	零关税（%）	最大值	占比（%）	零关税（%）
动物产品	9.0	4.0	15	100	9.6	2.5	15		
乳制品	12.6	0	15	100	12.5	0	15		
水果、蔬菜及植物	12.9	0	23	100	11.9	0	15		
咖啡及茶	6.7	0	15	100	6.7	0	15		
谷物及其制品	10.1	1.6	20	100	9.9	0	15		
含油子仁、脂肪及油脂	7.2	0	20	100	6.7	0	15		
糖及糖食	9.6	0	15	100	6.3	0	15		
饮料及烟草	27.3	0	*233*	100	27.6	0	*233*		
棉	20.0	0	20	100	15.0	0	15		
其他农产品	6.4	0	20	100	6.1	4.0	15		
鱼及鱼产品	6.4	0	13	100	10.3	0	15		
矿产品及金属	7.3	1.9	15	100	7.8	1.1	15		
石油	4.1	0	10	100	5.0	0	5		
化工品	4.1	32.9	20	100	6.0	0.1	15		
木材、纸及其他	7.7	4.9	20	100	7.6	3.6	15		
纺织品	11.2	3.0	30	100	10.4	0	15		
衣着	19.3	0	20	100	10.2	0	15		
皮革、鞋及其他	10.0	4.2	30	100	7.6	0	15		
非电气设备	5.2	23.3	10	100	3.7	27.0	5		
电气设备	5.2	33.4	10	100	4.8	5.3	10		
运输设备	7.6	7.1	15	100	5.0	5.0	10		
其他工业品	8.1	16.0	15	100	7.8	5.7	15		

Part B 出口至主要贸易伙伴及其面临的关税

主要市场	双边进口		多元化：95%贸易额所在税号税目		有贸易量 MFN 关税平均值		优惠幅度	零关税进口	
	以百万美元计		HS 章	HS 六位子目	简单平均	加权平均	加权平均	税号（%）	价值（%）
农产品									
1. 哈萨克斯坦	2015	44	5	17	8.5	8.2	8.2	100.0	100.0
2. 土耳其	2015	35	1	1	10.3	0.1	0.0	60.0	99.4
3. 俄罗斯	2015	30	2	3	6.4	0.5	0.5	100.0	100.0
4. 中国	2015	14	2	2	18.3	19.8	18.5	14.3	48.3
5. 孟加拉国	2015	11	1	1	0.0	0.0	0.0	100.0	100.0
非农产品									
1. 土耳其	2015	169	1	2	2.6	3.7	0.0	47.4	2.1
2. 瑞士	2015	140	1	1	2.2	0.0	0.0	90.5	100.0
3. 哈萨克斯坦	2015	121	1	3	10.7	1.7	1.7	100.0	100.0
4. 阿尔及利亚	2015	50	13	47	19.9	20.4	0.0	0.4	0.3
5. 欧盟	2015	47	5	8	3.0	6.0	0.7	80.4	3.8

坦桑尼亚

Part A.1 关税及进口：概述及关税值域

概述		总计	农产品	非农产品	"入世"时间		1995
最终约束关税简单平均		120.0	120.0	120.0	约束覆盖范围：	总计	14.5
已实施 MFN 关税简单平均	2016	12.9	20.5	11.6		非农产品	0.3
贸易加权平均	2015	7.8	25.6	6.7	农产品：关税配额（%）		0
进口值（以10亿美元计）	2015	14.7	0.8	13.8	农产品：特别保障措施（%）		0

频率分布		零关税	0≤5	5≤10	10≤15	15≤25	25≤50	50≤100	>100	非从价税（%）
		税号及进口值（%）								
农产品										
最终约束关税		0	0	0	0	0	0	0	99.9	0
已实施 MFN 关税	2016	15.1	0	16.5	0	64.2	0.8	3.0	0.1	1.2
进口	2015	4.3	0	52.0	0	29.4	0.5	13.7	0.1	12.7
非农产品										
最终约束关税		0	0	0	0	0	0	0	0.3	0
已实施 MFN 关税	2016	40.5	0	21.8	0	36.4	0.4	0.0	0	0.9
进口	2015	29.3	0	56.1	0	12.8	0.4	0.5	0	1.3

Part A.2 按产品分组的关税及进口

产品组	最终约束关税				已实施 MFN 关税			进口	
	平均值	零关税（%）	最大值	约束（%）	平均值	零关税（%）	最大值	占比（%）	零关税（%）
动物产品	120.0	0	120	100	23.1	7.7	25	0.1	32.4
乳制品	120.0	0	120	100	51.7	0	60	0.1	0
水果、蔬菜及植物	120.0	0	120	100	22.1	8.4	25	0.1	16.6
咖啡及茶	120.0	0	120	100	19.6	16.7	25	0.0	3.9
谷物及其制品	120.0	0	120	100	23.9	10.3	*117*	2.1	0.0
含油子仁、脂肪及油脂	120.0	0	120	98.8	11.8	19.3	25	1.9	5.5
糖及糖食	120.0	0	120	100	40.0	0	*100*	0.8	0
饮料及烟草	120.0	0	120	100	25.3	0	35	0.5	0
棉	120.0	0	120	100	0.0	100.0	0	0.0	100.0
其他农产品	120.0	0	120	100	10.9	38.2	25	0.1	63.9
鱼及鱼产品	120.0	0	120	0.9	24.7	0.3	25	0.1	0.0
矿产品及金属	–	–	–	0	10.5	36.0	35	8.6	46.0
石油	–	–	–	0	4.3	61.4	25	50.0	8.5
化工品	120.0	0	120	0.4	3.9	78.2	25	9.4	84.8
木材、纸及其他	–	–	–	0	14.7	25.4	25	1.5	18.5
纺织品	120.0	0	120	0.3	19.5	6.9	*60*	1.5	8.8
衣着	–	–	–	0	25.2	0	50	0.5	0.0
皮革、鞋及其他	–	–	–	0	12.7	21.1	25	1.4	6.9
非电气设备	120.0	0	120	0.2	3.2	75.2	25	6.5	64.8
电气设备	–	–	–	0	10.9	35.4	35	6.3	46.1
运输设备	120.0	0	120	0.8	6.2	62.0	25	6.7	41.3
其他工业品	120.0	0	120	0.5	14.8	31.4	40	1.9	57.0

Part B 出口至主要贸易伙伴及其面监的关税

主要市场	双边进口		多元化：95%贸易额所在税号税目		有贸易量 MFN 关税平均值		优惠幅度	零关税进口	
	以百万美元计		HS 章	HS 六位子目	简单平均	加权平均	加权平均	税号（%）	价值（%）
农产品									
1. 欧盟	2015	408	8	16	8.6	5.5	5.5	100.0	100.0
2. 印度	2015	386	10	20	25.4	12.8	1.2	28.6	60.6
3. 中国	2015	150	2	2	9.8	10.0	9.2	95.7	91.6
4. 日本	2015	139	3	3	2.0	0.1	0.1	100.0	100.0
5. 越南	2015	138	3	3	12.5	3.9	0.0	40.0	22.0
非农产品									
1. 阿联酋	2015	894	1	1	4.1	0.1	0.0	19.0	98.6
2. 印度	2015	540	4	6	8.5	9.8	9.7	84.8	97.8
3. 欧盟	2015	356	13	26	3.9	3.6	3.6	100.0	100.0
4. 中国	2015	228	10	21	7.5	1.7	1.7	98.5	100.0
5. 瑞士	2015	133	1	1	2.1	0.0	0.0	100.0	100.0

泰国

Part A.1 关税及进口：概述及关税值域

概述		总计	农产品	非农产品	“入世”时间		1995
最终约束关税简单平均		28.0	39.3	25.6	约束覆盖范围：	总计	75.2
已实施 MFN 关税简单平均	2015	11.0	31.0	7.7		非农产品	71.4
贸易加权平均	2015	6.8	36.3	5.0	农产品：关税配额（%）		7.4
进口值（以10亿美元计）	2015	199.4	11.5	187.9	农产品：特别保障措施（%）		7.8

频率分布		零关税	0≤5	5≤10	10≤15	15≤25	25≤50	50≤100	>100	非从价税（%）
		税号及进口值（%）								
农产品										
最终约束关税		2.0	1.2	3.6	1.6	2.0	74.5	11.1	3.8	44.0
已实施 MFN 关税	2015	11.8	9.6	8.4	0.2	2.3	53.9	11.0	2.8	23.7
进口	2015	20.7	13.6	12.5	0.1	2.7	20.1	18.6	11.6	12.5
非农产品										
最终约束关税		2.3	2.9	1.3	2.4	13.3	48.7	0.4	0.0	14.9
已实施 MFN 关税	2015	39.2	27.5	16.3	0.1	5.7	10.8	0.4	0.0	6.6
进口	2015	53.0	18.0	21.8	0.0	2.3	4.2	0.7	0.0	1.1

Part A.2 按产品分组的关税及进口

产品组	最终约束关税				已实施 MFN 关税			进口	
	平均值	零关税（%）	最大值	约束（%）	平均值	零关税（%）	最大值	占比（%）	零关税（%）
动物产品	30.0	13.6	50	100	29.5	9.2	50	0.1	3.7
乳制品	33.0	0	216	100	38.1	0	216	0.3	0
水果、蔬菜及植物	49.0	0	*855*	100	40.3	4.4	*337*	0.9	0.4
咖啡及茶	55.5	0	90	100	45.3	0	90	0.2	0
谷物及其制品	33.0	0	73	100	23.8	12.2	73	1.4	48.6
含油子仁、脂肪及油脂	38.8	0	146	98.6	32.8	0.2	146	1.5	0.0
糖及糖食	47.8	0	94	100	42.6	0	94	0.1	0
饮料及烟草	54.9	2.1	*132*	100	44.7	2.1	*128*	0.3	0.1
棉	4.5	0	5	100	0.0	100.0	0	0.3	100.0
其他农产品	28.1	0	226	100	12.8	37.4	226	0.7	35.2
鱼及鱼产品	11.5	0	*164*	96.0	8.7	38.9	*145*	1.3	53.6
矿产品及金属	24.7	0.1	*39*	51.8	5.6	45.0	30	22.7	51.8
石油	–	–	–	0	6.8	18.8	10	11.3	86.7
化工品	29.8	0.2	*99*	61.2	3.1	65.2	30	10.8	34.4
木材、纸及其他	23.8	0	*50*	86.6	6.9	29.8	30	1.8	39.1
纺织品	28.4	0	*37*	94.2	8.6	2.9	*35*	2.0	3.1
衣着	30.0	0	30	99.5	29.6	0	60	0.4	0
皮革、鞋及其他	30.5	0	*106*	54.1	12.6	10.6	30	1.6	16.9
非电气设备	20.3	6.3	30	89.4	3.0	65.5	30	13.5	63.6
电气设备	19.7	28.6	30	72.1	7.6	37.5	30	17.4	59.9
运输设备	47.7	0	80	25.8	19.9	35.8	80	6.4	27.9
其他工业品	26.4	6.7	30	69.1	9.8	30.7	*33*	5.0	42.9

Part B 出口至主要贸易伙伴及其面临的关税

主要市场	双边进口		多元化：95%贸易额所在税号税目		有贸易量 MFN 关税平均值		优惠幅度	零关税进口	
	以百万美元计		HS 章	HS 六位子目	简单平均	加权平均	加权平均	税号（%）	价值（%）
农产品									
1. 中国	2015	4,762	13	25	16.5	17.7	10.7	94.7	84.3
2. 日本	2015	3,292	22	54	17.4	9.8	6.0	56.6	37.8
3. 欧盟	2015	2,651	24	68	12.7	20.3	0.0	12.6	10.1
4. 美国	2015	2,049	20	59	4.9	2.7	1.2	71.7	60.7
5. 印度尼西亚	2015	1,293	24	117	5.7	6.6	5.7	97.5	91.9
非农产品									
1. 中国	2015	32,406	46	299	9.7	4.3	3.2	96.5	88.7
2. 美国	2015	26,078	53	426	4.6	2.1	0.6	70.6	81.0
3. 欧盟	2015	18,189	62	614	4.8	3.1	0.0	19.5	46.2
4. 日本	2015	16,853	55	530	3.5	1.3	1.3	95.9	98.8
5. 中国香港	2015	10,373	38	168	0.0	0.0	0.0	100.0	100.0

马其顿

Part A.1 关税及进口：概述及关税值域

概述		总计	农产品	非农产品	"入世"时间		2003
最终约束关税简单平均		7.2	13.3	6.2	约束覆盖范围：	总计	100
已实施 MFN 关税简单平均	2016	6.8	12.8	5.8		非农产品	100
贸易加权平均	2015	6.5	18.1	4.9	农产品：关税配额（%）		0.1
进口值（以10亿美元计）	2015	6.4	0.8	5.6	农产品：特别保障措施（%）		0

频率分布		零关税	0≤5	5≤10	10≤15	15≤25	25≤50	50≤100	>100	非从价税（%）
		税号及进口值（%）								
农产品										
最终约束关税		33.1	16.0	9.1	9.7	11.4	19.3	1.4	0	9.6
已实施 MFN 关税	2016	37.0	13.7	8.4	10.3	10.7	18.5	1.5	0	9.0
进口	2015	18.4	13.1	7.8	6.6	30.5	17.9	5.6	0	34.7
非农产品										
最终约束关税		38.8	18.5	19.1	15.2	8.5	0.0	0	0	0.1
已实施 MFN 关税	2016	44.1	16.2	17.2	14.3	8.2	0.1	0	0	0.2
进口	2015	54.4	15.7	15.6	8.7	5.6	0.0	0	0	0.0

Part A.2 按产品分组的关税及进口

产品组	最终约束关税				已实施 MFN 关税			进口	
	平均值	零关税（%）	最大值	约束（%）	平均值	零关税（%）	最大值	占比（%）	零关税（%）
动物产品	12.9	16.4	35	100	12.0	20.6	35	2.2	1.1
乳制品	19.3	0	*43*	100	19.5	0.2	*43*	0.6	2.0
水果、蔬菜及植物	20.8	16.7	*65*	100	20.1	18.8	*65*	1.5	7.8
咖啡及茶	14.1	20.8	*33*	100	14.1	20.8	*33*	1.1	10.2
谷物及其制品	16.4	9.5	*52*	100	16.2	14.5	*52*	2.6	8.8
含油子仁、脂肪及油脂	2.4	71.9	*31*	100	2.2	72.9	*31*	1.6	74.1
糖及糖食	7.6	6.3	30	100	5.4	29.4	30	0.6	6.5
饮料及烟草	26.2	23.4	60	100	26.9	25.5	60	1.1	18.5
棉	0.0	100.0	0	100	0.0	100.0	0	0.0	100.0
其他农产品	1.9	73.2	45	100	1.7	82.1	45	0.4	52.2
鱼及鱼产品	1.3	93.6	*34*	100	2.0	88.8	*34*	0.4	97.3
矿产品及金属	5.4	48.5	23	100	5.3	50.0	23	28.8	79.9
石油	14.0	6.7	20	100	14.5	8.3	20	6.9	63.9
化工品	3.3	38.3	25	100	3.2	41.9	25	12.6	39.7
木材、纸及其他	2.8	76.4	18	100	2.9	75.6	18	3.6	64.7
纺织品	8.9	11.5	25	100	7.8	27.8	25	7.7	10.3
衣着	17.5	0	18	100	17.5	0	18	1.3	21.5
皮革、鞋及其他	10.1	25.7	25	100	10.3	22.7	25	2.0	13.7
非电气设备	5.1	47.7	16	100	3.6	61.5	16	7.3	57.4
电气设备	7.1	41.6	25	100	7.6	33.9	25	8.2	37.0
运输设备	6.9	26.3	20	100	6.5	29.1	20	4.8	12.0
其他工业品	7.0	33.4	25	100	6.9	34.7	25	4.6	80.6

Part B 出口至主要贸易伙伴及其面临的关税

主要市场	双边进口		多元化：95%贸易额所在税号税目		有贸易量 MFN 关税平均值		优惠幅度	零关税进口	
	以百万美元计		HS 章	HS 六位子目	简单平均	加权平均	加权平均	税号（%）	价值（%）
农产品									
1. 欧盟	2015	287	19	80	15.2	14.0	12.6	87.0	87.7
2. 白俄罗斯	2015	160	3	18	9.6	9.7	2.2	3.2	4.5
3. 塞尔维亚	2015	82	18	50	21.1	24.0	24.0	100.0	100.0
4. 俄罗斯	2015	55	7	19	11.1	8.0	1.8	3.2	12.3
5. 美国	2015	36	8	10	3.7	0.8	0.7	76.9	97.7
非农产品									
1. 欧盟	2015	3,040	36	160	4.4	4.1	4.1	100.0	100.0
2. 美国	2015	165	9	12	8.1	2.6	1.7	46.7	95.2
3. 中国	2015	131	7	8	14.0	0.8	0.0	6.9	92.2
4. 塞尔维亚	2015	113	39	167	9.5	6.9	6.9	100.0	100.0
5. 土耳其	2015	78	21	36	6.6	6.4	6.4	100.0	100.0

东帝汶

Part A.1　关税及进口：概述及关税值域

概述		总计	农产品	非农产品	未“入世”	
最终约束关税简单平均					约束覆盖范围：	总计
已实施 MFN 关税简单平均	2016	2.5	2.5	2.5		非农产品
贸易加权平均					农产品：关税配额（%）	
进口值（以10亿美元计）					农产品：特别保障措施（%）	

频率分布		零关税	0≤5	5≤10	10≤15	15≤25	25≤50	50≤100	>100	非从价税（%）
		税号及进口值（%）								
农产品										
最终约束关税										
已实施 MFN 关税	2016	0	100.0	0	0	0	0	0	0	0
进口										
非农产品										
最终约束关税										
已实施 MFN 关税	2016	0	100.0	0	0	0	0	0	0	0
进口										

Part A.2　按产品分组的关税及进口

产品组	最终约束关税				已实施 MFN 关税			进口	
	平均值	零关税（%）	最大值	约束（%）	平均值	零关税（%）	最大值	占比（%）	零关税（%）
动物产品					2.5	0	3		
乳制品					2.5	0	3		
水果、蔬菜及植物					2.5	0	3		
咖啡及茶					2.5	0	3		
谷物及其制品					2.5	0	3		
含油子仁、脂肪及油脂					2.5	0	3		
糖及糖食					2.5	0	3		
饮料及烟草					2.5	0	3		
棉					2.5	0	3		
其他农产品					2.5	0	3		
鱼及鱼产品					2.5	0	3		
矿产品及金属					2.5	0	3		
石油					2.5	0	3		
化工品					2.5	0	3		
木材、纸及其他					2.5	0	3		
纺织品					2.5	0	3		
衣着					2.5	0	3		
皮革、鞋及其他					2.5	0	3		
非电气设备					2.5	0	3		
电气设备					2.5	0	3		
运输设备					2.5	0	3		
其他工业品					2.5	0	3		

Part B　出口至主要贸易伙伴及其面临的关税

主要市场	双边进口		多元化：95%贸易额所在税号税目		有贸易量 MFN 关税平均值		优惠幅度	零关税进口	
	以百万美元计		HS 章	HS 六位子目	简单平均	加权平均	加权平均	税号（%）	价值（%）
农产品									
1. 欧盟	2015	6	1	1	5.1	0.0	0.0	100.0	100.0
2. 美国	2015	3	1	1	0.9	0.0	0.0	100.0	100.0
3. 加拿大	2015	2	1	1	2.0	0.0	0.0	100.0	100.0
4. 澳大利亚	2015	1	1	1	1.7	0.0	0.0	100.0	100.0
5. 新西兰	2015	1	1	1	0.0	0.0	0.0	100.0	100.0
非农产品									
1. 新加坡	2015	297	1	1	0.0	0.0	0.0	100.0	100.0
2. 泰国	2015	19	1	1	22.0	0.1	0.0	60.0	99.9
3. 日本	2015	7	1	2	0.0	0.0	0.0	100.0	100.0
4. 中国	2015	1	2	2	5.4	0.0	0.0	100.0	100.0
5. 欧盟	2015	0	7	13	1.9	1.8	1.8	100.0	100.0

多哥

Part A.1 关税及进口：概述及关税值域

概述		总计	农产品	非农产品	“入世”时间		1995
最终约束关税简单平均		80.0	80.0	80.0	约束覆盖范围：	总计	15.0
已实施 MFN 关税简单平均	2016	12.2	15.8	11.5		非农产品	0.9
贸易加权平均	2015	11.5	18.5	10.5	农产品：关税配额（%）		0
进口值（以10亿美元计）	2015	1.9	0.3	1.6	农产品：特别保障措施（%）		0

频率分布		零关税	0≤5	5≤10	10≤15	15≤25	25≤50	50≤100	>100	非从价税（%）
		税号及进口值（%）								
农产品										
最终约束关税		0	0	0	0	0	0	99.9	0	0
已实施 MFN 关税	2016	0	27.0	19.2	0	41.7	12.0	0	0	0
进口	2015	0	21.0	23.6	0	40.1	15.3	0	0	0
非农产品										
最终约束关税		0	0	0	0	0	0	0.9	0	0
已实施 MFN 关税	2016	1.8	39.8	21.9	0	36.1	0.4	0	0	0
进口	2015	9.4	33.2	28.9	0	25.9	2.7	0	0	0

Part A.2 按产品分组的关税及进口

产品组	最终约束关税				已实施 MFN 关税			进口	
	平均值	零关税（%）	最大值	约束（%）	平均值	零关税（%）	最大值	占比（%）	零关税（%）
动物产品	80.0	0	80	100	24.5	0	35	0.8	0
乳制品	80.0	0	80	100	17.0	0	35	1.4	0
水果、蔬菜及植物	80.0	0	80	100	17.9	0	35	0.7	0
咖啡及茶	80.0	0	80	100	18.5	0	35	0.1	0
谷物及其制品	80.0	0	80	100	13.6	0	35	4.5	0
含油子仁、脂肪及油脂	80.0	0	80	98.8	11.1	0	35	2.9	0
糖及糖食	80.0	0	80	100	12.6	0	35	1.3	0
饮料及烟草	80.0	0	80	100	17.3	0	35	1.5	0
棉	80.0	0	80	100	5.0	0	5	0.0	0
其他农产品	80.0	0	80	100	9.6	0	20	0.2	0
鱼及鱼产品	80.0	0	80	0.9	15.6	0	20	2.0	0
矿产品及金属	80.0	0	80	2.8	11.6	1.9	20	19.4	10.8
石油	–	–	–	0	7.7	19.0	10	12.0	0.0
化工品	80.0	0	80	0.4	7.4	3.8	35	16.3	33.5
木材、纸及其他	–	–	–	0	11.3	5.1	20	2.3	6.4
纺织品	–	–	–	0	16.1	0.3	35	7.6	0.5
衣着	–	–	–	0	20.0	0	20	0.5	0
皮革、鞋及其他	80.0	0	80	4.4	12.3	1.3	20	2.4	3.3
非电气设备	–	–	–	0	6.8	0	20	8.6	0
电气设备	80.0	0	80	0.4	11.2	0.4	20	6.3	4.7
运输设备	–	–	–	0	8.1	2.5	20	8.2	0.0
其他工业品	–	–	–	0	14.2	2.1	20	1.1	1.6

Part B 出口至主要贸易伙伴及其面监的关税

主要市场	双边进口		多元化：95%贸易额所在税号税目		有贸易量 MFN 关税平均值		优惠幅度	零关税进口	
	以百万美元计		HS 章	HS 六位子目	简单平均	加权平均	加权平均	税号（%）	价值（%）
农产品									
1. 中国	2015	191	2	2	11.3	9.8	9.8	90.0	99.1
2. 欧盟	2015	64	8	13	9.6	2.3	2.3	100.0	100.0
3. 越南	2015	36	2	2	1.7	1.8	0.0	66.7	63.3
4. 印度	2015	25	2	2	6.0	0.6	0.0	80.0	98.1
5. 贝宁	2015	22	13	29	17.7	19.4	19.4	100.0	100.0
非农产品									
1. 阿联酋	2015	321	1	1	4.4	0.0	0.0	12.5	99.9
2. 黎巴嫩	2014	269	1	1	10.0	0.0	0.0	25.0	99.9
3. 印度	2015	200	5	6	6.2	3.3	0.0	8.7	36.6
4. 贝宁	2015	189	19	63	14.6	8.3	8.3	100.0	100.0
5. 布基纳法索	2015	83	7	11	16.0	11.2	11.2	100.0	100.0

汤加

Part A.1 关税及进口：概述及关税值域

概述		总计	农产品	非农产品	“入世”时间		2007
最终约束关税简单平均		17.6	19.1	17.3	约束覆盖范围：	总计	100.0
已实施 MFN 关税简单平均	2016	11.0	9.2	11.3		非农产品	100.0
贸易加权平均	2015	5.8	5.7	5.9	农产品：关税配额（%）		0
进口值（以 10 亿美元计）	2015	0.2	0.1	0.2	农产品：特别保障措施（%）		0

频率分布		零关税	0≤5	5≤10	10≤15	15≤25	25≤50	50≤100	>100	非从价税（%）
		税号及进口值（%）								
农产品										
最终约束关税		0	0	0	17.6	82.4	0	0	0	0
已实施 MFN 关税	2016	39.7	0	3.9	50.4	6.0	0	0	0	0
进口	2015	62.1	0	2.2	32.9	2.8	0	0	0	0
非农产品										
最终约束关税		0	0	0	53.5	46.5	0	0	0	0.0
已实施 MFN 关税	2016	15.2	15.0	0.1	62.2	7.5	0	0	0	0
进口	2015	47.1	19.1	0.0	29.7	4.0	0	0	0	0

Part A.2 按产品分组的关税及进口

产品组	最终约束关税				已实施 MFN 关税			进口	
	平均值	零关税（%）	最大值	约束（%）	平均值	零关税（%）	最大值	占比（%）	零关税（%）
动物产品	17.8	0	20	100	1.3	91.6	15	10.3	94.0
乳制品	16.0	0	20	100	5.0	66.7	15	2.0	39.1
水果、蔬菜及植物	19.9	0	20	100	9.2	43.2	20	1.1	0.8
咖啡及茶	20.0	0	20	100	16.0	0	20	0.4	0
谷物及其制品	18.8	0	20	100	13.0	13.7	20	7.1	27.1
含油子仁、脂肪及油脂	18.9	0	20	100	10.4	19.3	20	0.7	6.9
糖及糖食	19.1	0	20	100	11.8	23.5	20	1.5	51.0
饮料及烟草	18.0	0	20	100	8.7	41.8	15	3.7	91.4
棉	20.0	0	20	100	15.0	0	15	0.0	0
其他农产品	19.9	0	20	100	11.2	27.5	20	0.9	69.8
鱼及鱼产品	19.8	0	20	100	1.0	94.2	20	1.1	0
矿产品及金属	19.4	0	20	99.9	13.1	12.6	20	10.7	31.7
石油	20.0	0	20	100	3.3	83.3	20	15.5	100.0
化工品	15.0	0	20	100	13.2	11.6	15	5.4	42.2
木材、纸及其他	15.8	0	20	100	12.7	17.0	20	8.2	48.9
纺织品	15.1	0	20	100	14.8	2.2	20	2.0	34.5
衣着	15.0	0	15	100	15.0	0	15	1.0	0
皮革、鞋及其他	19.6	0	20	100	13.7	18.9	20	1.1	1.6
非电气设备	18.6	0	20	100	4.1	5.9	20	6.5	9.1
电气设备	17.8	0	20	100	9.0	10.6	20	6.6	12.4
运输设备	19.0	0	20	100	7.2	22.3	20	11.8	50.4
其他工业品	18.8	0	20	100	12.1	21.2	20	2.5	35.2

Part B 出口至主要贸易伙伴及其面监的关税

主要市场	双边进口		多元化：95%贸易额所在税号税目		有贸易量 MFN 关税平均值		优惠幅度	零关税进口	
	以百万美元计		HS 章	HS 六位子目	简单平均	加权平均	加权平均	税号（%）	价值（%）
农产品									
1. 日本	2015	2	2	2	7.4	3.4	0.1	40.0	3.0
2. 新西兰	2015	1	4	10	1.4	0.3	0.3	100.0	100.0
3. 韩国	2015	1	2	2	27.4	27.5	0.0	0.0	0.0
4. 澳大利亚	2015	1	3	5	3.0	1.4	1.4	100.0	100.0
5. 美国	2015	0	3	4	2.9	1.9	1.9	100.0	100.0
非农产品									
1. 美国	2015	2	7	8	4.9	0.8	0.2	77.8	96.9
2. 日本	2015	1	1	3	1.8	3.4	0.0	50.0	2.9
3. 新西兰	2015	1	10	15	2.4	0.5	0.5	100.0	100.0
4. 澳大利亚	2015	1	8	10	3.1	1.1	1.1	100.0	100.0
5. 欧盟	2015	0	7	11	4.8	4.1	2.7	67.7	66.2

特立尼达和多巴哥

Part A.1 关税及进口：概述及关税值域

概述	总计	农产品	非农产品	“入世”时间		1995
最终约束关税简单平均	56.0	88.7	50.5	约束覆盖范围：	总计	100
已实施 MFN 关税简单平均					非农产品	100
贸易加权平均				农产品：关税配额（%）		0
进口值（以 10 亿美元计）				农产品：特别保障措施（%）		0

频率分布	零关税	0≤5	5≤10	10≤15	15≤25	25≤50	50≤100	>100	非从价税（%）
	税号及进口值（%）								
农产品									
最终约束关税	5.9	2.4	0.3	3.2	0	1.0	85.1	2.1	0
已实施 MFN 关税									
进口									
非农产品									
最终约束关税	0.8	0.6	0.9	1.6	0.5	84.3	11.3	0	0
已实施 MFN 关税									
进口									

Part A.2 按产品分组的关税及进口

产品组	最终约束关税				已实施 MFN 关税			进口	
	平均值	零关税（%）	最大值	约束（%）	平均值	零关税（%）	最大值	占比（%）	零关税（%）
动物产品	82.3	7.0	110	100					
乳制品	100.0	0	100	100					
水果、蔬菜及植物	94.3	3.3	156	100					
咖啡及茶	80.7	0	106	100					
谷物及其制品	85.3	6.0	100	100					
含油子仁、脂肪及油脂	90.6	8.8	100	100					
糖及糖食	100.0	0	100	100					
饮料及烟草	100.0	0	100	100					
棉	80.0	20.0	100	100					
其他农产品	80.8	11.3	100	100					
鱼及鱼产品	50.4	0	100	100					
矿产品及金属	45.9	2.0	70	100					
石油	35.1	0	50	100					
化工品	50.3	0	100	100					
木材、纸及其他	50.9	1.8	70	100					
纺织品	50.6	0.3	70	100					
衣着	69.9	0	70	100					
皮革、鞋及其他	51.6	4.4	70	100					
非电气设备	50.0	0	70	100					
电气设备	53.3	0	70	100					
运输设备	52.4	0	70	100					
其他工业品	48.9	0.5	70	100					

Part B 出口至主要贸易伙伴及其面监的关税

主要市场	双边进口		多元化：95%贸易额所在税号税目		有贸易量 MFN 关税平均值		优惠幅度	零关税进口	
	以百万美元计		HS 章	HS 六位子目	简单平均	加权平均	加权平均	税号（%）	价值（%）
农产品									
1. 牙买加	2015	80	9	23	21.1	21.2	21.1	98.9	99.7
2. 圭亚那	2015	53	13	33	24.2	37.4	37.4	100.0	100.0
3. 美国	2015	29	8	15	3.6	3.5	3.5	98.4	100.0
4. 圣卢西亚	2014	20	12	45	17.6	22.8	22.8	100.0	100.0
5. 欧盟	2015	17	6	13	9.5	7.1	7.1	100.0	100.0
非农产品									
1. 美国	2015	4,181	5	9	2.0	0.9	0.9	99.3	100.0
2. 欧盟	2015	1,225	5	7	3.6	2.9	2.9	99.9	100.0
3. 巴西	2015	994	3	3	7.6	2.2	0.0	21.4	70.8
4. 阿根廷	2015	967	1	1	8.8	0.1	0.1	37.5	100.0
5. 智利	2015	876	2	2	6.0	6.0	0.0	0.0	0.0

突尼斯

Part A.1　关税及进口：概述及关税值域

概述		总计	农产品	非农产品	“入世”时间		1995
最终约束关税简单平均		57.9	116.0	40.8	约束覆盖范围：	总计	58.0
已实施 MFN 关税简单平均	2016	11.6	31.0	8.3		非农产品	51.6
贸易加权平均	2015	9.1	17.3	8.0	农产品：关税配额（%）		4.7
进口值（以10亿美元计）	2015	19.8	2.3	17.5	农产品：特别保障措施（%）		4.7

频率分布		零关税	0≤5	5≤10	10≤15	15≤25	25≤50	50≤100	>100	非从价税（%）
		税号及进口值（%）								
农产品										
最终约束关税		0	0	0	0	1.7	2.9	44.0	51.4	0
已实施 MFN 关税	2016	12.0	0	0	1.9	1.6	84.5	0	0	0
进口	2015	34.9	0	0	29.2	0.4	35.4	0	0	0.1
非农产品										
最终约束关税		0	0	0	0	8.1	27.2	16.3	0.1	0
已实施 MFN 关税	2016	61.9	0	0	0.1	33.2	4.6	0	0	0
进口	2015	63.6	0	0	0.0	35.7	0.2	0	0	0.6

Part A.2　按产品分组的关税及进口

产品组	最终约束关税				已实施 MFN 关税			进口	
	平均值	零关税（%）	最大值	约束（%）	平均值	零关税（%）	最大值	占比（%）	零关税（%）
动物产品	113.1	0	180	100	36.0	0	36	0.2	0
乳制品	132.6	0	180	100	35.2	0	36	0.1	0
水果、蔬菜及植物	137.5	0	200	100	33.3	6.6	36	0.4	30.8
咖啡及茶	85.6	0	150	100	30.0	16.7	36	0.5	58.9
谷物及其制品	119.4	0	200	100	32.2	8.9	36	5.1	60.7
含油子仁、脂肪及油脂	110.1	0	200	100	30.3	7.4	36	2.7	4.9
糖及糖食	100.0	0	100	100	36.0	0	36	1.0	0
饮料及烟草	107.1	0	150	100	35.5	0	36	0.7	0
棉	62.0	0	62	100	0.0	100.0	0	0.0	100.0
其他农产品	99.7	0	200	100	21.6	38.2	36	0.7	38.3
鱼及鱼产品	71.9	0	180	8.7	33.8	3.1	36	0.3	29.9
矿产品及金属	31.5	0	43	26.0	5.9	70.6	20	15.6	72.5
石油	-	-	-	0	1.1	94.4	20	9.4	97.7
化工品	29.5	0	75	41.8	2.6	86.8	20	12.7	68.1
木材、纸及其他	37.8	0	52	49.6	11.5	42.7	20	3.4	38.2
纺织品	56.1	0	60	91.8	11.4	43.2	20	8.0	21.2
衣着	60.0	0	60	100	19.6	1.8	20	1.8	46.0
皮革、鞋及其他	39.1	0	43	51.5	13.6	31.8	20	2.3	22.0
非电气设备	27.0	0	43	54.3	3.2	84.0	20	9.4	77.7
电气设备	33.7	0	52	55.1	6.3	68.7	20	12.2	48.0
运输设备	31.0	0	52	43.9	7.9	60.7	20	10.4	69.6
其他工业品	35.2	0	43	52.5	5.3	73.4	20	3.0	74.6

Part B　出口至主要贸易伙伴及其面临的关税

主要市场	双边进口		多元化：95%贸易额所在税号税目		有贸易量 MFN 关税平均值		优惠幅度	零关税进口	
	以百万美元计		HS 章	HS 六位子目	简单平均	加权平均	加权平均	税号（%）	价值（%）
农产品									
1. 欧盟	2015	463	19	56	14.0	21.2	3.1	29.1	36.1
2. 美国	2015	217	2	3	5.0	1.2	1.1	76.2	96.3
3. 摩洛哥	2015	68	4	5	23.3	37.3	37.3	100.0	100.0
4. 埃及	2015	39	4	5	10.4	6.0	6.0	100.0	100.0
5. 加拿大	2015	25	7	8	4.3	0.4	0.0	36.4	94.6
非农产品									
1. 欧盟	2015	9,188	55	408	4.8	4.8	4.8	99.7	100.0
2. 阿尔及利亚	2015	433	37	174	19.2	14.8	11.1	81.6	82.4
3. 美国	2015	291	31	151	7.5	5.5	0.9	48.9	70.6
4. 中国	2015	181	26	144	13.0	10.9	0.0	7.4	24.9
5. 瑞士	2015	141	19	138	2.7	2.9	2.9	100.0	100.0

土耳其

Part A.1 关税及进口：概述及关税值域

概述		总计	农产品	非农产品	“入世”时间		1995
最终约束关税简单平均		28.5	61.0	17.0	约束覆盖范围：	总计	50.3
已实施 MFN 关税简单平均	2016	10.9	43.2	5.5		非农产品	42.7
贸易加权平均	2015	5.9	33.9	3.8	农产品：关税配额（%）		0
进口值（以 10 亿美元计）	2015	180.9	12.5	168.4	农产品：特别保障措施（%）		0

频率分布		零关税	0≤5	5≤10	10≤15	15≤25	25≤50	50≤100	>100	非从价税（%）
		税号及进口值（%）								
农产品										
最终约束关税		0.0	3.2	3.7	5.8	21.3	24.8	22.8	18.4	0
已实施 MFN 关税	2016	16.9	6.3	4.9	3.9	17.8	21.5	14.0	12.8	5.7
进口	2015	25.1	7.1	9.5	5.8	10.9	20.5	1.6	15.0	5.6
非农产品										
最终约束关税		4.0	3.7	4.2	10.9	10.8	8.5	0.8	0.0	0.1
已实施 MFN 关税	2016	24.6	37.2	26.7	6.0	0.7	4.1	0.7	0	0.6
进口	2015	34.9	34.7	25.3	2.7	2.1	0.3	0.0	0	0.2

Part A.2 按产品分组的关税及进口

产品组	最终约束关税				已实施 MFN 关税			进口	
	平均值	零关税（%）	最大值	约束（%）	平均值	零关税（%）	最大值	占比（%）	零关税（%）
动物产品	132.8	0	225	100	103.7	10.3	225	0.2	35.7
乳制品	169.8	0	180	100	135.9	0	180	0.1	0
水果、蔬菜及植物	38.8	0	146	100	34.1	8.9	146	0.6	4.1
咖啡及茶	80.3	0	168	100	37.6	8.3	145	0.5	31.7
谷物及其制品	68.6	0	180	100	40.5	12.2	130	1.4	1.3
含油子仁、脂肪及油脂	24.4	0	68	100	14.2	17.5	50	2.2	26.4
糖及糖食	107.3	0	135	100	93.4	1.1	135	0.1	0.0
饮料及烟草	79.6	0	167	100	37.1	19.3	75	0.5	15.9
棉	10.9	0	13	100	0.0	100.0	0	0.7	100.0
其他农产品	30.8	0.2	75	100	10.9	39.3	75	0.6	16.5
鱼及鱼产品	50.0	0	82	21.7	34.2	6.1	82	0.2	11.3
矿产品及金属	18.4	1.4	50	22.8	3.1	39.4	40	21.5	50.5
石油	1.3	0	*2*	20.0	2.4	36.0	5	5.0	91.4
化工品	16.6	4.4	100	66.1	4.6	20.7	*17*	15.4	26.0
木材、纸及其他	26.5	3.6	62	44.1	1.0	80.0	11	3.2	84.9
纺织品	24.5	0	92	23.0	6.5	2.1	12	4.4	2.7
衣着	27.3	0	40	3.4	11.5	0	12	1.5	3.5
皮革、鞋及其他	23.0	0	40	48.5	4.1	25.6	17	2.0	25.4
非电气设备	10.9	11.0	25	67.1	1.8	24.9	10	14.1	26.1
电气设备	11.0	38.3	50	67.7	2.6	25.9	14	9.6	37.9
运输设备	17.9	0	37	56.9	4.3	13.9	22	12.1	4.2
其他工业品	14.1	23.6	47	43.2	2.6	22.4	14	4.1	44.0

Part B 出口至主要贸易伙伴及其面监的关税

主要市场	双边进口		多元化：95%贸易额所在税号税目		有贸易量 MFN 关税平均值		优惠幅度	零关税进口	
	以百万美元计		HS 章	HS 六位子目	简单平均	加权平均	加权平均	税号（%）	价值（%）
农产品									
1. 欧盟	2015	5,513	26	126	14.3	9.2	8.0	85.2	76.7
2. 俄罗斯	2015	1,305	12	37	12.0	8.4	2.0	5.4	6.6
3. 美国	2015	794	18	59	4.1	2.7	1.7	63.8	74.4
4. 沙特阿拉伯	2015	555	17	65	4.7	39.0	0.0	22.5	14.9
5. 以色列	2015	315	16	41	8.2	5.6	0.0	51.3	80.7
非农产品									
1. 欧盟	2015	61,644	66	1,105	4.5	6.5	6.5	100.0	100.0
2. 美国	2015	6,705	55	459	4.9	3.1	0.8	66.7	73.5
3. 瑞士	2015	5,799	19	79	2.6	0.6	0.6	100.0	100.0
4. 阿联酋	2015	3,160	48	398	4.7	2.9	0.0	6.0	41.9
5. 埃及	2015	3,150	44	517	11.5	10.9	8.0	59.3	66.3

乌干达

Part A.1 关税及进口：概述及关税值域

概述		总计	农产品	非农产品	"入世"时间		1995
最终约束关税简单平均		73.0	77.2	51.2	约束覆盖范围：	总计	17.0
已实施 MFN 关税简单平均	2016	12.8	20.3	11.5		非农产品	3.2
贸易加权平均	2015	10.0	24.8	7.8	农产品：关税配额（%）		0
进口值（以 10 亿美元计）	2015	5.5	0.7	4.8	农产品：特别保障措施（%）		0

频率分布		零关税	0≤5	5≤10	10≤15	15≤25	25≤50	50≤100	>100	非从价税（%）
		税号及进口值（%）								
农产品										
最终约束关税		0	0	0	0	0	4.9	94.9	0	0
已实施 MFN 关税	2016	15.3	0	16.5	0	64.1	0.8	3.2	0	1.2
进口	2015	25.8	0	23.6	0	30.6	1.5	18.4	0	18.1
非农产品										
最终约束关税		0	0	0	0	0	2.8	0.4	0	0
已实施 MFN 关税	2016	40.7	0	21.9	0	36.1	0.4	0	0	0.9
进口	2015	63.4	0	12.1	0	22.7	1.7	0	0	1.5

Part A.2 按产品分组的关税及进口

产品组	最终约束关税				已实施 MFN 关税			进口	
	平均值	零关税（%）	最大值	约束（%）	平均值	零关税（%）	最大值	占比（%）	零关税（%）
动物产品	71.6	0	80	100	23.1	7.7	25	0.1	22.1
乳制品	80.0	0	80	100	51.7	0	60	0.1	0
水果、蔬菜及植物	78.2	0	80	100	22.1	8.4	25	0.3	6.0
咖啡及茶	77.9	0	80	100	19.6	16.7	25	0.4	1.5
谷物及其制品	76.7	0	80	100	23.3	10.3	*80*	4.2	2.2
含油子仁、脂肪及油脂	78.0	0	80	98.8	11.6	20.5	25	4.0	72.3
糖及糖食	78.2	0	80	100	34.1	0	*80*	1.9	0
饮料及烟草	80.0	0	80	100	25.3	0	35	1.4	0
棉	80.0	0	80	100	0.0	100.0	0	0.0	100.0
其他农产品	78.3	0	80	100	10.9	38.2	25	0.5	53.9
鱼及鱼产品	52.0	0	80	9.8	24.7	0.3	25	0.0	0
矿产品及金属	–	–	–	0	10.5	36.3	35	12.3	44.9
石油	–	–	–	0	4.3	61.4	25	17.7	94.3
化工品	51.8	0	80	3.3	3.8	78.8	25	18.3	80.6
木材、纸及其他	50.0	0	50	2.4	14.0	25.6	25	3.2	13.1
纺织品	–	–	–	0	19.5	6.9	50	3.3	17.0
衣着	–	–	–	0	25.2	0	50	0.6	0
皮革、鞋及其他	50.0	0	50	3.8	12.8	21.1	25	2.2	8.2
非电气设备	44.2	0	50	5.9	3.2	75.2	25	8.8	82.8
电气设备	51.4	0	80	8.5	10.9	35.4	35	7.5	69.9
运输设备	42.1	0	50	11.8	6.0	62.7	25	10.5	25.9
其他工业品	75.4	0	80	3.4	14.7	31.4	40	2.6	68.9

Part B 出口至主要贸易伙伴及其面临的关税

主要市场	双边进口		多元化：95%贸易额所在税号税目		有贸易量 MFN 关税平均值		优惠幅度	零关税进口	
	以百万美元计		HS 章	HS 六位子目	简单平均	加权平均	加权平均	税号（%）	价值（%）
农产品									
1. 欧盟	2015	452	8	12	13.0	1.8	1.8	100.0	100.0
2. 肯尼亚	2014	179	10	22	27.9	34.5	34.5	100.0	100.0
3. 卢旺达	2015	82	14	36	23.9	25.7	25.7	100.0	100.0
4. 中国	2015	50	2	2	8.3	9.8	9.8	100.0	100.0
5. 印度	2015	37	7	9	50.7	58.9	1.1	21.4	12.8
非农产品									
1. 卢旺达	2015	152	31	115	14.8	22.6	22.6	100.0	100.0
2. 阿联酋	2015	101	2	2	4.2	0.3	0.0	16.4	93.6
3. 欧盟	2015	92	6	11	3.2	6.6	6.6	100.0	100.0
4. 中国香港	2015	37	2	4	0.0	0.0	0.0	100.0	100.0
5. 中国	2015	36	2	5	4.7	4.3	4.3	100.0	100.0

乌克兰

Part A. 1 关税及进口：概述及关税值域

概述		总计	农产品	非农产品	"入世"时间		2008
最终约束关税简单平均		5. 8	10. 9	5. 0	约束覆盖范围：	总计	100
已实施 MFN 关税简单平均	2016	4. 5	9. 2	3. 7		非农产品	100
贸易加权平均	2015	2. 5	5. 4	2. 3	农产品：关税配额（%）		0. 3
进口值（以 10 亿美元计）	2015	37. 3	3. 2	34. 0	农产品：特别保障措施（%）		0

频率分布		零关税	0≤5	5≤10	10≤15	15≤25	25≤50	50≤100	>100	非从价税（%）
		税号及进口值（%）								
农产品										
最终约束关税		12. 7	19. 7	27. 7	14. 5	24. 4	0. 8	0. 2	0	1. 1
已实施 MFN 关税	2016	21. 1	22. 4	25. 0	13. 2	17. 3	0. 8	0. 1	0	0. 9
进口	2015	40. 0	25. 3	25. 5	4. 8	2. 3	1. 8	0. 4	0	6. 7
非农产品										
最终约束关税		33. 6	17. 4	42. 9	5. 6	0. 5	0	0	0	0. 0
已实施 MFN 关税	2016	43. 3	28. 8	22. 3	5. 4	0. 3	0	0	0	0
进口	2015	65. 4	15. 2	18. 2	1. 2	0. 0	0	0	0	0

Part A. 2 按产品分组的关税及进口

产品组	最终约束关税				已实施 MFN 关税			进口	
	平均值	零关税（%）	最大值	约束（%）	平均值	零关税（%）	最大值	占比（%）	零关税（%）
动物产品	13. 0	0	20	100	10. 6	10. 1	20	0. 5	29. 8
乳制品	10. 0	0	10	100	10. 0	0	10	0. 1	0
水果、蔬菜及植物	12. 7	10. 4	20	100	9. 9	19. 4	20	1. 8	63. 5
咖啡及茶	5. 8	35. 4	20	100	5. 7	35. 4	20	1. 3	40. 4
谷物及其制品	12. 6	3. 4	20	100	12. 4	3. 8	20	1. 4	26. 7
含油子仁、脂肪及油脂	10. 8	11. 7	30	100	8. 3	18. 4	30	1. 0	78. 4
糖及糖食	17. 5	0. 6	50	100	19. 4	0	50	0. 1	0
饮料及烟草	8. 0	25. 7	*54*	100	7. 6	25. 1	*54*	1. 8	19. 4
棉	1. 4	40. 0	5	100	1. 4	40. 0	5	0. 0	51. 5
其他农产品	7. 7	24. 7	20	100	5. 4	47. 2	20	0. 8	22. 5
鱼及鱼产品	3. 6	63. 7	20	100	2. 7	61. 4	20	0. 9	78. 3
矿产品及金属	4. 5	41. 9	20	100	3. 2	47. 7	20	29. 3	78. 5
石油	1. 5	72. 0	10	100	0. 8	86. 8	10	10. 4	97. 8
化工品	5. 1	16. 3	10	100	3. 2	38. 3	7	16. 7	52. 7
木材、纸及其他	0. 4	95. 8	10	100	0. 3	95. 5	12	3. 4	98. 7
纺织品	4. 1	32. 8	13	100	3. 8	36. 0	13	3. 4	27. 9
衣着	11. 4	1. 1	12	100	11. 3	1. 1	12	0. 9	0. 3
皮革、鞋及其他	7. 1	14. 8	25	100	5. 6	24. 8	25	2. 4	9. 6
非电气设备	4. 1	38. 4	12	100	2. 1	51. 9	10	9. 7	72. 1
电气设备	5. 4	31. 6	25	100	3. 7	40. 7	25	7. 2	47. 6
运输设备	7. 6	14. 4	20	100	5. 5	34. 5	20	4. 7	14. 4
其他工业品	6. 6	29. 1	25	100	5. 5	32. 9	25	2. 4	58. 6

Part B 出口至主要贸易伙伴及其面临的关税

主要市场	双边进口		多元化：95%贸易额所在税号税目		有贸易量 MFN 关税平均值		优惠幅度	零关税进口	
	以百万美元计		HS 章	HS 六位子目	简单平均	加权平均	加权平均	税号（%）	价值（%）
农产品									
1. 欧盟	2015	4, 467	17	43	13. 1	4. 7	2. 3	88. 5	91. 5
2. 中国	2015	1, 719	2	4	16. 5	37. 0	0. 0	2. 0	0. 0
3. 埃及	2015	1, 361	6	7	9. 1	2. 4	0. 0	32. 6	90. 9
4. 印度	2015	1, 351	2	2	31. 0	1. 4	0. 0	12. 5	96. 6
5. 土耳其	2015	918	4	9	25. 4	22. 1	0. 1	17. 7	43. 3
非农产品									
1. 欧盟	2015	8, 090	51	385	4. 3	1. 3	1. 1	90. 6	94. 7
2. 俄罗斯	2015	5, 202	48	526	7. 7	5. 8	5. 8	100. 0	100. 0
3. 土耳其	2015	2, 403	12	43	5. 0	8. 0	0. 5	66. 2	46. 3
4. 中国	2015	1, 837	10	21	9. 8	0. 3	0. 0	10. 8	93. 8
5. 埃及	2015	1, 085	5	15	9. 2	0. 4	0. 0	8. 0	90. 1

2 国家/关境关税概况

阿联酋

Part A. 1 关税及进口：概述及关税值域

概述		总计	农产品	非农产品	"入世"时间		1996
最终约束关税简单平均		14.4	25.6	12.7	约束覆盖范围：	总计	100
已实施 MFN 关税简单平均	2016	4.7	5.5	4.6		非农产品	100
贸易加权平均	2015	3.8	9.5	3.3	农产品：关税配额（%）		0
进口值（以 10 亿美元计）	2015	180.9	15.6	165.4	农产品：特别保障措施（%）		0

频率分布		零关税	0≤5	5≤10	10≤15	15≤25	25≤50	50≤100	>100	非从价税（%）
		税号及进口值（%）								
农产品										
最终约束关税		0	0	0	94.3	0	0	0	5.7	0
已实施 MFN 关税	2016	23.4	68.7	0	0	0	0	0.7	0.7	7.9
进口	2015	37.2	56.0	0	0	0	0	0.2	4.4	6.8
非农产品										
最终约束关税		3.5	0.3	22.1	74.0	0	0	0	0	0
已实施 MFN 关税	2016	8.2	91.5	0	0	0	0	0	0	0.3
进口	2015	33.9	66.1	0	0	0	0	0	0	0.0

Part A. 2 按产品分组的关税及进口

产品组	最终约束关税				已实施 MFN 关税			进口	
	平均值	零关税（%）	最大值	约束（%）	平均值	零关税（%）	最大值	占比（%）	零关税（%）
动物产品	35.3	0	200	100	2.8	36.5	5	1.2	36.6
乳制品	15.0	0	15	100	5.0	0	5	0.8	0
水果、蔬菜及植物	15.0	0	15	100	3.3	33.3	5	2.2	57.6
咖啡及茶	15.0	0	15	100	3.1	37.5	5	0.4	27.0
谷物及其制品	15.0	0	15	100	3.2	35.2	5	1.8	52.9
含油子仁、脂肪及油脂	20.1	0	200	100	4.8	3.6	5	0.6	8.9
糖及糖食	15.0	0	15	100	3.5	29.4	5	0.1	34.6
饮料及烟草	117.3	0	200	100	41.2	0.7	*200*	0.8	0.0
棉	15.0	0	15	100	5.0	0	5	0.0	0
其他农产品	15.0	0	15	100	4.4	11.0	5	0.7	54.5
鱼及鱼产品	15.0	0	15	100	3.6	28.6	5	0.3	59.8
矿产品及金属	14.8	0.1	15	100	4.9	2.3	5	33.7	50.1
石油	15.0	0	15	100	5.0	0	5	0.6	0
化工品	7.1	5.5	15	100	4.4	11.0	5	8.0	19.5
木材、纸及其他	12.1	0	15	100	4.7	5.2	5	2.1	5.2
纺织品	14.9	0.2	15	100	5.0	0.2	5	1.9	0.3
衣着	15.0	0	15	100	5.0	0	5	2.3	0
皮革、鞋及其他	15.0	0	15	100	5.0	0	5	2.0	0
非电气设备	13.4	5.8	15	100	4.5	9.7	5	11.5	18.8
电气设备	11.7	21.7	15	100	3.7	26.3	5	9.7	61.4
运输设备	13.9	0	15	100	4.0	19.3	5	15.7	22.8
其他工业品	13.5	5.6	15	100	4.6	8.6	5	3.3	15.5

Part B 出口至主要贸易伙伴及其面临的关税

主要市场	双边进口		多元化：95%贸易额所在税号税目		有贸易量 MFN 关税平均值		优惠幅度	零关税进口	
	以百万美元计		HS 章	HS 六位子目	简单平均	加权平均	加权平均	税号（%）	价值（%）
农产品									
1. 阿曼	2015	1,400	23	174	8.5	27.1	27.1	100.0	100.0
2. 沙特阿拉伯	2015	1,394	17	49	5.5	4.4	4.4	100.0	100.0
3. 卡塔尔	2015	366	22	91	4.5	5.3	5.3	100.0	100.0
4. 印度	2015	287	10	18	44.0	13.4	0.0	4.3	64.7
5. 科威特	2015	274	21	73	5.7	4.3	4.3	100.0	100.0
非农产品									
1. 日本	2015	23,482	2	5	2.0	0.0	0.0	69.3	99.7
2. 印度	2015	19,142	31	126	9.4	6.0	0.0	3.9	29.9
3. 中国	2015	11,422	6	17	10.1	1.4	0.0	10.3	50.6
4. 阿曼	2015	8,757	61	1,045	4.6	4.3	4.3	100.0	100.0
5. 欧盟	2015	8,713	47	203	4.3	1.3	0.0	22.3	76.0

美国

Part A.1 关税及进口：概述及关税值域

概述		总计	农产品	非农产品	“入世”时间		1995
最终约束关税简单平均		3.4	4.8	3.2	约束覆盖范围：	总计	99.9
已实施 MFN 关税简单平均	2016	3.5	5.2	3.2		非农产品	99.9
贸易加权平均	2015	2.4	3.8	2.3	农产品：关税配额（%）		5.9
进口值（以 10 亿美元计）	2015	2,137.8	118.5	2,019.3	农产品：特别保障措施（%）		3.0

频率分布		零关税	0≤5	5≤10	10≤15	15≤25	25≤50	50≤100	>100	非从价税（%）
		税号及进口值（%）								
农产品										
最终约束关税		30.2	44.5	12.3	4.8	3.2	1.6	0.2	0.5	41.3
已实施 MFN 关税	2016	30.8	46.0	11.8	4.7	3.2	1.6	0.3	0.8	41.5
进口	2015	38.9	40.2	14.1	3.1	2.2	1.0	0.4	0.1	39.6
非农产品										
最终约束关税		49.0	25.2	17.0	4.8	1.9	0.5	0.0	0	3.2
已实施 MFN 关税	2016	48.4	26.3	16.7	4.8	1.8	0.4	0.0	0	3.2
进口	2015	52.6	34.9	6.9	1.0	3.6	1.0	0.0	0	7.9

Part A.2 按产品分组的关税及进口

产品组	最终约束关税				已实施 MFN 关税			进口	
	平均值	零关税（%）	最大值	约束（%）	平均值	零关税（%）	最大值	占比（%）	零关税（%）
动物产品	2.3	30.8	26	100	2.2	30.8	26	0.6	21.4
乳制品	16.0	0.3	*63*	100	16.6	0.3	*63*	0.1	13.5
水果、蔬菜及植物	4.9	20.2	132	100	4.7	21.1	132	1.5	25.8
咖啡及茶	3.3	53.5	*48*	100	3.3	53.5	*48*	0.6	76.4
谷物及其制品	3.6	21.0	*38*	100	3.1	20.1	*38*	0.7	32.8
含油子仁、脂肪及油脂	4.4	23.9	164	100	7.2	25.9	164	0.4	34.7
糖及糖食	13.2	2.9	*64*	100	16.4	2.7	*64*	0.2	6.0
饮料及烟草	15.0	27.7	350	100	19.1	26.2	350	1.1	50.6
棉	4.6	38.3	*16*	100	4.6	38.3	*16*	0.0	79.9
其他农产品	1.1	58.9	*52*	100	1.0	61.0	*52*	0.4	67.8
鱼及鱼产品	1.0	82.1	35	100	0.8	84.6	35	0.9	92.0
矿产品及金属	1.7	60.6	38	100	1.7	60.9	38	11.3	69.3
石油	6.5	0	7	80.0	6.5	0	7	6.8	0
化工品	2.8	40.7	7	100	2.8	40.5	7	10.7	67.0
木材、纸及其他	0.5	90.2	14	99.6	0.5	89.8	16	4.0	91.6
纺织品	8.0	14.8	34	100	7.9	15.0	34	2.1	13.2
衣着	11.6	2.9	32	100	11.6	2.8	32	4.0	0.9
皮革、鞋及其他	3.9	39.4	*55*	100	3.8	39.1	*55*	2.8	15.0
非电气设备	1.2	66.5	10	100	1.2	65.2	10	15.0	78.5
电气设备	1.4	57.2	15	99.6	1.7	49.0	15	14.6	68.5
运输设备	3.0	55.7	25	100	3.1	55.3	25	14.8	15.7
其他工业品	2.1	54.2	32	100	2.4	44.2	32	7.5	71.7

Part B 出口至主要贸易伙伴及其面监的关税

主要市场	双边进口		多元化：95%贸易额所在税号税目		有贸易量 MFN 关税平均值		优惠幅度	零关税进口	
	以百万美元计		HS 章	HS 六位子目	简单平均	加权平均	加权平均	税号（%）	价值（%）
农产品									
1. 中国	2015	23,399	18	37	15.1	5.8	0.8	7.7	2.8
2. 加拿大	2015	20,798	27	251	21.7	12.7	5.8	92.1	97.0
3. 墨西哥	2015	18,370	27	167	17.9	23.5	23.5	100.0	100.0
4. 日本	2015	13,339	26	112	19.3	12.5	0.0	23.2	46.0
5. 欧盟	2015	12,738	28	162	14.0	4.7	0.0	14.2	43.4
非农产品									
1. 欧盟	2015	213,410	68	1,387	4.5	1.4	0.0	23.2	64.9
2. 加拿大	2015	195,699	59	1,246	2.4	2.1	2.1	100.0	100.0
3. 墨西哥	2015	164,125	64	1,271	4.5	3.1	3.1	100.0	100.0
4. 中国	2015	124,368	54	834	9.0	5.3	0.0	8.7	35.5
5. 日本	2015	52,129	59	743	3.0	0.6	0.0	54.9	84.1

乌拉圭

Part A.1 关税及进口：概述及关税值域

概述		总计	农产品	非农产品	"入世"时间		1995
最终约束关税简单平均		31.6	34.1	31.2	约束覆盖范围：	总计	100
已实施 MFN 关税简单平均	2016	10.4	9.9	10.5		非农产品	100
贸易加权平均	2015	9.6	11.7	9.2	农产品：关税配额（%）		0
进口值（以 10 亿美元计）	2015	8.6	1.3	7.3	农产品：特别保障措施（%）		0.2

频率分布		零关税	0≤5	5≤10	10≤15	15≤25	25≤50	50≤100	>100	非从价税（%）
		税号及进口值（%）								
农产品										
最终约束关税		0	0	0.7	3.1	6.5	85.2	4.4	0	0
已实施 MFN 关税	2016	8.7	7.4	56.4	13.1	13.4	1.0	0	0	0
进口	2015	14.5	0.4	45.3	11.9	24.2	3.7	0	0	0
非农产品										
最终约束关税		0	0	0.0	1.5	24.5	74.1	0	0	0
已实施 MFN 关税	2016	16.1	17.5	12.3	16.8	36.9	0.4	0	0	0
进口	2015	31.4	14.3	9.8	8.8	35.0	0.5	0	0	0

Part A.2 按产品分组的关税及进口

产品组	最终约束关税				已实施 MFN 关税			进口	
	平均值	零关税（%）	最大值	约束（%）	平均值	零关税（%）	最大值	占比（%）	零关税（%）
动物产品	35.6	0	55	100	8.3	6.2	16	1.2	2.9
乳制品	44.4	0	55	100	17.9	0	28	0.2	0
水果、蔬菜及植物	33.3	0	55	100	9.8	5.9	35	1.8	3.8
咖啡及茶	34.1	0	35	100	11.5	14.6	20	1.6	6.6
谷物及其制品	37.1	0	55	100	10.3	19.2	20	3.4	21.4
含油子仁、脂肪及油脂	34.3	0	35	100	8.0	12.7	25	1.8	19.7
糖及糖食	30.3	0	35	100	17.4	0	35	0.9	0
饮料及烟草	31.5	0	35	100	16.9	2.8	20	1.4	34.9
棉	35.0	0	35	100	6.4	0	8	0.0	0
其他农产品	31.8	0	35	100	7.6	9.4	14	2.3	14.5
鱼及鱼产品	35.0	0	35	100	10.4	3.9	16	0.5	0.2
矿产品及金属	33.3	0	35	100	9.6	10.7	20	10.5	25.3
石油	35.0	0	35	100	0.1	97.2	6	12.8	97.6
化工品	21.8	0	35	100	7.8	5.4	18	16.5	27.1
木材、纸及其他	28.7	0	35	100	10.0	9.8	18	3.7	15.9
纺织品	34.3	0	35	100	16.4	2.8	35	2.2	4.7
衣着	35.0	0	35	100	20.0	0	20	2.8	0
皮革、鞋及其他	33.8	0	35	100	15.3	2.9	35	3.6	14.4
非电气设备	33.2	0	35	100	3.3	63.2	20	9.4	42.5
电气设备	33.9	0	35	100	11.3	23.7	20	10.2	9.9
运输设备	32.9	0	35	100	9.0	39.4	23	9.8	2.3
其他工业品	33.7	0	35	100	13.1	21.1	20	3.3	21.9

Part B 出口至主要贸易伙伴及其面临的关税

主要市场	双边进口		多元化：95%贸易额所在税号税目		有贸易量 MFN 关税平均值		优惠幅度	零关税进口	
	以百万美元计		HS 章	HS 六位子目	简单平均	加权平均	加权平均	税号（%）	价值（%）
农产品									
1. 中国	2015	1,756	4	7	12.6	7.8	0.0	1.8	0.5
2. 欧盟	2015	900	11	24	12.9	19.2	0.0	14.7	49.1
3. 巴西	2015	597	9	24	11.1	16.3	16.3	100.0	100.0
4. 美国	2015	394	10	16	3.7	10.4	0.4	61.3	30.5
5. 墨西哥	2015	150	6	10	14.2	16.9	16.7	90.6	97.2
非农产品									
1. 欧盟	2015	996	16	28	4.0	1.1	0.0	22.1	78.4
2. 中国	2015	655	6	6	9.4	3.2	0.0	17.1	87.4
3. 巴西	2015	620	29	73	17.0	16.3	16.3	100.0	100.0
4. 阿根廷	2015	388	31	97	18.1	13.5	13.5	100.0	100.0
5. 墨西哥	2015	223	10	15	5.2	5.1	5.1	99.4	100.0

乌兹别克斯坦

Part A.1 关税及进口：概述及关税值域

概述		总计	农产品	非农产品	未“入世”	
最终约束关税简单平均					约束覆盖范围：	总计
已实施 MFN 关税简单平均	2015	14.9	19.0	14.2		非农产品
贸易加权平均					农产品：关税配额（%）	
进口值（以10亿美元计）					农产品：特别保障措施（%）	

频率分布		零关税	0≤5	5≤10	10≤15	15≤25	25≤50	50≤100	>100	非从价税（%）
		税号及进口值（%）								
农产品										
最终约束关税										
已实施 MFN 关税	2015	0.5	22.3	30.1	0.2	0.5	45.4	0.5	0.5	10.5
进口										
非农产品										
最终约束关税										
已实施 MFN 关税	2015	9.1	28.0	31.3	0.1	0.1	31.1	0.2	0.1	5.1
进口										

Part A.2 按产品分组的关税及进口

产品组	最终约束关税				已实施 MFN 关税			进口	
	平均值	零关税（%）	最大值	约束（%）	平均值	零关税（%）	最大值	占比（%）	零关税（%）
动物产品					15.3	0	*56*		
乳制品					15.6	0	*45*		
水果、蔬菜及植物					29.2	0	*269*		
咖啡及茶					15.3	0	30		
谷物及其制品					18.7	1.4	*41*		
含油子仁、脂肪及油脂					7.9	1.7	30		
糖及糖食					24.6	5.9	*48*		
饮料及烟草					30.9	0	*102*		
棉					10.0	0	10		
其他农产品					10.5	0	30		
鱼及鱼产品					5.0	0	10		
矿产品及金属					14.5	2.2	*41*		
石油					16.7	0	30		
化工品					9.3	0.4	30		
木材、纸及其他					14.9	18.2	30		
纺织品					24.5	0	*226*		
衣着					30.7	0	*128*		
皮革、鞋及其他					16.2	0	*55*		
非电气设备					4.8	54.7	*38*		
电气设备					12.4	12.0	*192*		
运输设备					13.1	3.4	30		
其他工业品					17.3	4.2	*74*		

Part B 出口至主要贸易伙伴及其面临的关税

主要市场	双边进口		多元化：95%贸易额所在税号税目		有贸易量 MFN 关税平均值		优惠幅度	零关税进口	
	以百万美元计		HS 章	HS 六位子目	简单平均	加权平均	加权平均	税号（%）	价值（%）
农产品									
1. 中国	2015	317	2	2	17.0	18.7	17.5	8.6	46.8
2. 哈萨克斯坦	2015	300	9	36	9.9	8.0	8.0	100.0	100.0
3. 孟加拉国	2015	248	1	1	16.7	0.0	0.0	33.3	100.0
4. 俄罗斯	2015	69	11	38	9.7	10.2	10.2	100.0	100.0
5. 土耳其	2015	43	6	7	21.8	24.0	0.0	10.7	27.3
非农产品									
1. 瑞士	2015	1,871	1	1	1.4	0.0	0.0	75.6	100.0
2. 中国	2015	950	4	7	7.0	3.2	0.0	8.1	39.3
3. 土耳其	2015	668	5	15	5.0	2.1	1.2	38.6	53.1
4. 俄罗斯	2015	494	20	66	8.6	8.8	8.8	100.0	100.0
5. 哈萨克斯坦	2015	426	29	70	10.0	4.1	4.1	100.0	100.0

瓦努阿图

Part A.1 关税及进口：概述及关税值域

概述		总计	农产品	非农产品	“入世”时间		2012
最终约束关税简单平均		39.7	43.6	39.1	约束覆盖范围：	总计	100
已实施 MFN 关税简单平均	2016	7.5	7.4	7.5		非农产品	100
贸易加权平均					农产品：关税配额（%）		0
进口值（以10亿美元计）					农产品：特别保障措施（%）		0

频率分布		零关税	0≤5	5≤10	10≤15	15≤25	25≤50	50≤100	>100	非从价税（%）
		税号及进口值（%）								
农产品										
最终约束关税		0.1	0	0	0.6	0.2	81.1	17.9	0.2	0
已实施 MFN 关税	2016	60.4	10.2	6.5	2.7	8.6	9.9	1.7	0	5.5
进口										
非农产品										
最终约束关税		3.9	0.1	0	0.2	0.8	86.6	8.4	0	0
已实施 MFN 关税	2016	30.7	25.1	17.4	22.2	2.8	1.3	0.4	0	0.7
进口										

Part A.2 按产品分组的关税及进口

产品组	最终约束关税				已实施 MFN 关税			进口	
	平均值	零关税（%）	最大值	约束（%）	平均值	零关税（%）	最大值	占比（%）	零关税（%）
动物产品	41.8	0	55	100	19.1	2.3	55		
乳制品	38.0	0	65	100	0.0	100.0	0		
水果、蔬菜及植物	49.5	0	65	100	1.8	90.8	20		
咖啡及茶	40.0	0	40	100	2.5	83.3	15		
谷物及其制品	38.7	0	65	100	3.5	71.4	30		
含油子仁、脂肪及油脂	39.5	0	40	100	1.5	81.9	10		
糖及糖食	40.0	0	40	100	16.6	0	*40*		
饮料及烟草	57.3	0	210	100	35.1	4.2	75		
棉	35.0	0	35	100	10.0	0	10		
其他农产品	39.0	0.4	65	100	3.6	61.0	20		
鱼及鱼产品	61.1	0	85	100	5.4	53.0	15		
矿产品及金属	42.4	0	75	100	7.6	24.8	25		
石油	60.0	0	65	100	4.8	16.7	*16*		
化工品	33.8	8.9	65	100	5.4	36.2	30		
木材、纸及其他	42.5	0.8	65	100	11.6	22.9	30		
纺织品	36.2	0.3	65	100	7.5	1.9	25		
衣着	40.1	0	65	100	15.2	0	30		
皮革、鞋及其他	41.8	0	75	100	7.7	28.9	30		
非电气设备	36.7	6.7	60	100	3.3	63.6	25		
电气设备	37.9	4.3	65	100	9.8	18.6	15		
运输设备	36.2	9.2	65	100	8.8	47.5	40		
其他工业品	41.0	9.4	75	100	9.5	45.4	55		

Part B 出口至主要贸易伙伴及其面监的关税

主要市场	双边进口		多元化：95%贸易额所在税号税目		有贸易量 MFN 关税平均值		优惠幅度	零关税进口	
	以百万美元计		HS 章	HS 六位子目	简单平均	加权平均	加权平均	税号（%）	价值（%）
农产品									
1. 马来西亚	2015	4	2	2	2.5	0.5	0.0	50.0	89.9
2. 美国	2015	2	1	1	1.8	0.0	0.0	100.0	100.0
3. 澳大利亚	2015	2	5	6	0.0	0.0	0.0	100.0	100.0
4. 日本	2015	1	1	1	27.5	37.5	37.5	100.0	100.0
5. 斐济	2015	1	2	2	9.3	5.7	5.7	100.0	100.0
非农产品									
1. 日本	2015	58	2	4	2.9	3.3	3.3	93.3	100.0
2. 土耳其	2015	18	1	1	1.3	0.0	0.0	75.0	100.0
3. 泰国	2015	15	1	3	12.8	0.6	0.6	82.6	100.0
4. 欧盟	2015	13	11	20	3.1	1.0	1.0	100.0	100.0
5. 中国	2015	12	2	5	4.0	10.6	10.6	100.0	100.0

委内瑞拉

Part A.1 关税及进口：概述及关税值域

概述		总计	农产品	非农产品	"入世"时间		1995
最终约束关税简单平均	2016	36.5	55.8	33.6	约束覆盖范围：	总计	100
已实施 MFN 关税简单平均		12.7	14.1	12.5		非农产品	100
贸易加权平均					农产品：关税配额（%）		22.5
进口值（以10亿美元计）					农产品：特别保障措施（%）		30.7

频率分布		零关税	0≤5	5≤10	10≤15	15≤25	25≤50	50≤100	>100	非从价税（%）
		税号及进口值（%）								
农产品										
最终约束关税		0	0	0.5	0.4	8.1	62.2	13.2	15.5	0
已实施 MFN 关税	2016	6.0	8.3	34.5	16.6	27.6	7.1	0	0	0
进口										
非农产品										
最终约束关税		0	0	0.2	0.8	6.5	92.5	0	0	0
已实施 MFN 关税	2016	4.6	22.4	12.2	29.8	28.1	3.0	0	0	0
进口										

Part A.2 按产品分组的关税及进口

产品组	最终约束关税				已实施 MFN 关税			进口	
	平均值	零关税（%）	最大值	约束（%）	平均值	零关税（%）	最大值	占比（%）	零关税（%）
动物产品	59.0	0	135	100	13.5	6.5	20		
乳制品	95.6	0	117	100	30.7	0	40		
水果、蔬菜及植物	36.0	0	40	99.5	11.3	4.6	35		
咖啡及茶	31.8	0	40	100	15.6	0	20		
谷物及其制品	86.4	0	123	100	15.1	14.7	40		
含油子仁、脂肪及油脂	89.6	0	123	100	22.5	3.6	40		
糖及糖食	95.1	0	118	100	23.6	0	40		
饮料及烟草	40.0	0	40	100	18.2	0	20		
棉	40.0	0	40	100	9.6	0	10		
其他农产品	42.8	0	122	100	7.6	8.6	20		
鱼及鱼产品	31.7	0	35	100	14.3	1.2	20		
矿产品及金属	33.4	0	35	100	9.9	5.8	20		
石油	35.0	0	35	100	5.5	46.4	15		
化工品	33.6	0	35	100	7.3	0.8	20		
木材、纸及其他	33.4	0	35	100	12.1	4.0	20		
纺织品	34.9	0	35	100	18.3	0	35		
衣着	35.0	0	35	100	25.8	0	35		
皮革、鞋及其他	34.4	0	35	100	13.5	0.6	35		
非电气设备	32.8	0	35	100	12.2	11.2	20		
电气设备	33.3	0	35	100	11.8	10.5	20		
运输设备	33.3	0	40	100	15.6	10.4	40		
其他工业品	32.8	0	35	100	12.2	8.4	20		

Part B 出口至主要贸易伙伴及其面临的关税

主要市场	双边进口		多元化：95%贸易额所在税号税目		有贸易量 MFN 关税平均值		优惠幅度	零关税进口	
	以百万美元计		HS 章	HS 六位子目	简单平均	加权平均	加权平均	税号（%）	价值（%）
农产品									
1. 欧盟	2015	40	6	6	11.8	1.0	0.0	18.7	74.5
2. 美国	2015	19	5	7	3.6	0.1	0.1	95.5	100.0
3. 危地马拉	2015	16	1	1	10.8	0.0	0.0	15.0	99.3
4. 日本	2015	11	1	1	16.3	0.2	0.0	42.9	99.2
5. 墨西哥	2015	6	2	2	17.3	1.1	0.0	13.6	92.5
非农产品									
1. 美国	2015	13,424	6	21	3.7	0.1	0.0	79.6	98.5
2. 中国	2015	6,777	1	2	4.9	0.2	0.0	33.8	78.2
3. 印度	2015	5,702	1	1	6.3	0.0	0.0	17.6	99.6
4. 古巴	2014	5,189	1	3	12.0	1.2	1.2	100.0	100.0
5. 欧盟	2015	2,251	6	12	4.8	0.9	0.0	20.7	86.2

越南

Part A.1 关税及进口：概述及关税值域

概述		总计	农产品	非农产品	“入世”时间		2007
最终约束关税简单平均		11.5	19.1	10.4	约束覆盖范围：	总计	100
已实施 MFN 关税简单平均	2016	9.6	16.3	8.5		非农产品	100
贸易加权平均	2015	5.7	8.3	5.4	农产品：关税配额（%）		1.4
进口值（以10亿美元计）	2015	163.8	15.1	148.7	农产品：特别保障措施（%）		0

频率分布		零关税	0≤5	5≤10	10≤15	15≤25	25≤50	50≤100	>100	非从价税（%）
		税号及进口值（%）								
农产品										
最终约束关税		8.7	15.9	18.9	8.8	20.8	24.4	2.3	0.3	0
已实施 MFN 关税	2016	15.6	16.6	15.7	10.5	17.9	23.0	0.3	0.3	0
进口	2015	33.7	36.0	5.7	5.1	7.0	12.5	0.0	0.0	0.0
非农产品										
最终约束关税		15.0	34.0	13.6	12.8	20.1	4.1	0.4	0.0	0.0
已实施 MFN 关税	2016	38.3	19.2	7.2	12.9	18.1	3.7	0.3	0	0
进口	2015	52.2	16.7	8.9	13.0	7.1	1.2	0.2	0	0.7

Part A.2 按产品分组的关税及进口

产品组	最终约束关税				已实施 MFN 关税			进口	
	平均值	零关税（%）	最大值	约束（%）	平均值	零关税（%）	最大值	占比（%）	零关税（%）
动物产品	15.0	7.0	40	100	13.8	8.3	40	0.5	3.0
乳制品	16.6	0	35	100	10.8	9.5	20	0.3	10.4
水果、蔬菜及植物	21.2	8.1	40	100	20.3	8.0	40	1.3	5.9
咖啡及茶	26.8	0	40	100	25.2	0	40	0.1	0
谷物及其制品	20.9	2.6	80	100	17.6	12.6	40	2.2	1.9
含油子仁、脂肪及油脂	11.6	1.4	35	100	8.4	15.1	35	2.2	52.8
糖及糖食	33.3	12.5	100	100	17.8	11.8	40	0.2	8.0
饮料及烟草	50.2	0	135	100	42.7	0	135	0.3	0
棉	14.0	20.0	20	100	6.0	40.0	10	1.0	100.0
其他农产品	7.6	24.3	20	100	6.6	43.9	20	1.2	63.7
鱼及鱼产品	17.7	1.2	35	100	15.6	8.2	35	0.7	23.5
矿产品及金属	11.2	11.7	60	100	8.2	38.7	45	14.7	49.8
石油	34.2	0	40	100	12.1	11.1	20	3.6	1.1
化工品	6.1	8.7	27	100	3.1	61.5	27	12.3	46.2
木材、纸及其他	11.5	15.4	25	100	10.4	25.2	25	2.8	43.9
纺织品	10.4	0.3	100	100	9.6	11.2	100	8.4	4.8
衣着	19.9	0	20	100	19.8	0	20	0.3	0
皮革、鞋及其他	14.1	1.9	35	100	12.8	15.2	35	2.4	10.4
非电气设备	5.7	34.6	50	100	3.3	65.1	50	12.9	68.9
电气设备	9.7	31.5	35	100	7.9	49.6	35	25.2	80.6
运输设备	22.2	21.6	*200*	100	17.9	37.1	75	4.4	28.2
其他工业品	10.3	38.2	35	100	9.8	42.1	35	3.1	60.3

Part B 出口至主要贸易伙伴及其面临的关税

主要市场	双边进口		多元化：95%贸易额所在税号税目		有贸易量 MFN 关税平均值		优惠幅度	零关税进口	
	以百万美元计		HS 章	HS 六位子目	简单平均	加权平均	加权平均	税号（%）	价值（%）
农产品									
1. 中国	2015	2,523	9	14	16.3	29.3	19.6	92.7	67.3
2. 欧盟	2015	2,512	10	25	12.0	1.5	0.6	20.9	89.5
3. 美国	2015	1,805	11	26	4.7	0.4	0.0	32.4	87.5
4. 菲律宾	2015	575	10	18	12.8	38.3	15.3	95.8	42.3
5. 日本	2015	483	21	63	14.0	5.5	4.0	53.1	81.4
非农产品									
1. 美国	2015	35,500	39	284	4.9	7.9	0.0	35.6	46.1
2. 欧盟	2015	30,182	44	332	4.9	3.9	1.6	63.8	69.8
3. 中国	2015	21,259	41	236	10.4	4.1	3.9	97.6	98.4
4. 日本	2015	14,534	51	448	4.3	3.7	3.3	92.7	90.9
5. 韩国	2015	9,262	54	353	7.6	7.5	6.7	93.5	94.5

也门

Part A.1 关税及进口：概述及关税值域

概述		总计	农产品	非农产品	"入世"时间		2014
最终约束关税简单平均		21.6	24.9	21.1	约束覆盖范围：	总计	100
已实施 MFN 关税简单平均	2016	7.5	10.4	7.0		非农产品	100
贸易加权平均	2015	6.2	4.8	7.5	农产品：关税配额（%）		0
进口值（以10亿美元计）	2015	6.3	3.0	3.3	农产品：特别保障措施（%）		0

频率分布		零关税	0≤5	5≤10	10≤15	15≤25	25≤50	50≤100	>100	非从价税（%）
		税号及进口值（%）								
农产品										
最终约束关税		0	0	4.4	7.8	51.8	24.3	4.2	0	7.4
已实施 MFN 关税	2016	1.1	43.3	30.2	0	17.9	0	0	0	0
进口	2015	37.4	34.3	24.8	0	3.5	0	0	0	0.0
非农产品										
最终约束关税		0.1	2.5	5.4	3.1	80.7	8.2	0	0	0.1
已实施 MFN 关税	2016	1.2	71.5	20.3	0.1	5.2	0	0	0	0
进口	2015	4.9	65.0	20.8	5.5	3.8	0	0	0	0

Part A.2 按产品分组的关税及进口

产品组	最终约束关税				已实施 MFN 关税			进口	
	平均值	零关税（%）	最大值	约束（%）	平均值	零关税（%）	最大值	占比（%）	零关税（%）
动物产品	22.3	0	30	100	12.0	0	25	2.6	0
乳制品	18.0	0	28	100	6.0	0	10	3.8	0
水果、蔬菜及植物	29.3	0	100	100	16.2	0	25	2.9	0
咖啡及茶	40.3	0	100	100	12.4	0	25	0.7	0
谷物及其制品	20.1	0	100	100	6.4	8.8	25	24.7	71.4
含油子仁、脂肪及油脂	20.2	0	28	100	6.5	0	25	4.8	0
糖及糖食	20.4	0	28	100	5.4	0	10	4.0	0
饮料及烟草	45.3	0	100	100	12.9	0	25	2.7	0
棉	25.0	0	33	100	9.0	0	25	0.0	0
其他农产品	19.7	0	28	100	6.0	0	10	0.9	0
鱼及鱼产品	42.4	0	43	100	24.6	0	25	0.3	0
矿产品及金属	19.1	0.2	40	100	6.4	0.9	25	10.8	21.2
石油	23.8	0	27	100	7.6	0	10	10.0	0
化工品	18.4	0	28	100	5.7	0.2	25	7.7	2.2
木材、纸及其他	21.5	0.6	28	100	6.2	2.7	10	3.2	2.7
纺织品	21.7	0	30	100	6.1	0.2	25	1.3	0.0
衣着	25.0	0	25	100	10.0	0	10	1.4	0
皮革、鞋及其他	21.5	0	28	100	7.3	1.3	10	1.2	0.2
非电气设备	19.6	0	25	100	5.0	2.5	10	2.5	1.1
电气设备	17.7	0	28	100	5.1	0.2	10	3.2	0.0
运输设备	20.8	0	25	100	6.5	2.5	25	10.3	0.1
其他工业品	19.6	0	25	100	5.4	4.9	10	0.9	2.7

Part B 出口至主要贸易伙伴及其面监的关税

主要市场	双边进口		多元化：95%贸易额所在税号税目		有贸易量 MFN 关税平均值		优惠幅度	零关税进口	
	以百万美元计		HS 章	HS 六位子目	简单平均	加权平均	加权平均	税号（%）	价值（%）
农产品									
1. 沙特阿拉伯	2015	96	11	24	9.0	3.4	3.4	100.0	100.0
2. 阿曼	2015	9	5	9	2.7	1.5	1.5	100.0	100.0
3. 埃及	2015	8	3	4	5.5	2.2	2.2	100.0	100.0
4. 马来西亚	2015	7	1	1	5.0	0.0	0.0	75.0	99.8
5. 欧盟	2015	6	4	5	11.2	2.4	2.4	100.0	100.0
非农产品									
1. 中国	2015	898	1	2	6.2	0.1	0.1	98.7	100.0
2. 韩国	2015	361	1	1	5.5	2.9	2.9	81.8	99.9
3. 日本	2015	133	1	3	2.2	0.0	0.0	90.0	100.0
4. 泰国	2015	62	2	2	9.8	0.4	0.0	50.0	92.4
5. 美国	2015	47	1	1	4.6	0.0	0.0	71.4	100.0

赞比亚

Part A. 1 关税及进口：概述及关税值域

概述		总计	农产品	非农产品	"入世"时间		1995
最终约束关税简单平均		107. 3	122. 9	44. 4	约束覆盖范围：	总计	17. 8
已实施 MFN 关税简单平均	2016	13. 9	19. 1	13. 0		非农产品	4. 2
贸易加权平均	2015	11. 8	18. 4	11. 5	农产品：关税配额（%）		0
进口值（以 10 亿美元计）	2015	8. 5	0. 4	8. 1	农产品：特别保障措施（%）		0

频率分布		零关税	0≤5	5≤10	10≤15	15≤25	25≤50	50≤100	>100	非从价税（%）
		税号及进口值（%）								
农产品										
最终约束关税		0	0	0	0	0	2. 6	0. 1	97. 2	0
已实施 MFN 关税	2016	2. 0	17. 4	0	20. 2	58. 2	0. 7	0. 4	0	5. 4
进口	2015	6. 7	27. 9	0	10. 4	53. 5	1. 6	0	0	17. 6
非农产品										
最终约束关税		0	0	0	0	0	3. 5	0. 5	0. 1	0
已实施 MFN 关税	2016	30. 9	11. 0	0	27. 7	27. 8	2. 3	0	0. 0	1. 6
进口	2015	49. 3	5. 5	0	16. 2	28. 2	0. 6	0	0. 3	3. 9

Part A. 2 按产品分组的关税及进口

产品组	最终约束关税				已实施 MFN 关税			进口	
	平均值	零关税（%）	最大值	约束（%）	平均值	零关税（%）	最大值	占比（%）	零关税（%）
动物产品	125. 0	0	125	100	19. 2	0	25	0. 1	0
乳制品	125. 0	0	125	100	22. 6	6. 3	25	0. 3	14. 5
水果、蔬菜及植物	125. 0	0	125	100	21. 9	1. 0	25	0. 5	0. 7
咖啡及茶	94. 2	0	125	100	22. 9	0	25	0. 1	0
谷物及其制品	116. 2	0	125	100	17. 0	0	25	1. 2	0
含油子仁、脂肪及油脂	125. 0	0	125	98. 8	15. 6	4. 8	77	1. 1	13. 9
糖及糖食	125. 0	0	125	100	22. 0	5. 9	25	0. 1	35. 4
饮料及烟草	125. 0	0	125	100	23. 8	0	25	0. 6	0
棉	125. 0	0	125	100	15. 0	0	15	0. 0	0
其他农产品	125. 0	0	125	100	15. 3	4. 8	25	0. 4	17. 7
鱼及鱼产品	125. 0	0	125	0. 9	24. 1	0. 4	25	1. 4	2. 5
矿产品及金属	36. 1	0	40	3. 1	11. 5	20. 1	30	23. 3	59. 4
石油	–	–	–	0	17. 4	24. 3	25	17. 6	28. 9
化工品	57. 9	0	125	1. 4	8. 4	63. 1	*>1000*	14. 9	76. 2
木材、纸及其他	40. 0	0	40	4. 8	22. 4	5. 8	40	2. 5	23. 2
纺织品	40. 0	0	40	0. 2	15. 9	6. 6	25	0. 9	11. 5
衣着	–	–	–	0	25. 0	0	25	0. 6	0
皮革、鞋及其他	43. 7	0	45	11. 9	17. 7	18. 8	25	4. 3	10. 6
非电气设备	44. 5	0	60	20. 1	4. 9	64. 5	25	14. 6	65. 2
电气设备	–	–	–	0	11. 6	33. 6	25	6. 4	56. 1
运输设备	40. 0	0	40	5. 0	6. 6	54. 6	*30*	7. 1	30. 3
其他工业品	–	–	–	0	15. 3	24. 4	25	1. 9	16. 0

Part B 出口至主要贸易伙伴及其面监的关税

主要市场	双边进口		多元化：95%贸易额所在税号税目		有贸易量 MFN 关税平均值		优惠幅度	零关税进口	
	以百万美元计		HS 章	HS 六位子目	简单平均	加权平均	加权平均	税号（%）	价值（%）
农产品									
1. 津巴布韦	2015	224	7	12	32. 0	8. 0	8. 0	99. 3	100. 0
2. 欧盟	2015	105	5	8	7. 9	24. 1	24. 1	100. 0	100. 0
3. 马拉维	2015	82	4	6	18. 8	15. 4	15. 4	100. 0	100. 0
4. 中国	2015	81	1	1	11. 9	10. 1	0. 3	70. 0	1. 1
5. 南非	2015	51	9	14	11. 1	14. 5	8. 6	97. 6	74. 5
非农产品									
1. 中国	2015	1, 706	2	3	1. 9	0. 0	0. 0	100. 0	100. 0
2. 阿联酋	2015	736	1	2	4. 4	4. 9	0. 0	11. 1	2. 0
3. 印度	2015	478	2	2	8. 5	5. 3	0. 0	2. 1	0. 0
4. 欧盟	2015	364	3	4	2. 4	0. 0	0. 0	100. 0	100. 0
5. 韩国	2015	347	2	3	3. 9	2. 7	2. 7	100. 0	100. 0

津巴布韦

Part A.1 关税及进口：概述及关税值域

概述		总计	农产品	非农产品	"入世"时间		1995
最终约束关税简单平均		86.3	140.9	9.8	约束覆盖范围：	总计	24.4
已实施 MFN 关税简单平均	2016	17.4	26.4	15.9		非农产品	11.9
贸易加权平均	2015	12.3	14.7	11.9	农产品：关税配额（%）		0
进口值（以10亿美元计）	2015	6.0	1.0	5.0	农产品：特别保障措施（%）		0

频率分布		零关税	0≤5	5≤10	10≤15	15≤25	25≤50	50≤100	>100	非从价税（%）
		税号及进口值（%）								
农产品										
最终约束关税		1.1	3.0	0.1	0	2.2	0	0	93.4	2.6
已实施 MFN 关税	2016	4.9	22.8	18.1	3.2	3.8	40.5	4.2	1.4	9.3
进口	2015	40.0	18.0	7.6	1.1	9.5	13.4	3.7	0.2	11.8
非农产品										
最终约束关税		3.3	3.5	1.8	0.8	1.9	0.4	0.0	0.1	0.2
已实施 MFN 关税	2016	10.5	40.7	14.8	8.3	7.2	10.9	6.7	0.7	7.6
进口	2015	46.9	17.7	10.4	6.5	6.2	9.6	1.8	0.3	2.3

Part A.2 按产品分组的关税及进口

产品组	最终约束关税				已实施 MFN 关税			进口	
	平均值	零关税（%）	最大值	约束（%）	平均值	零关税（%）	最大值	占比（%）	零关税（%）
动物产品	150.0	0	150	100	38.5	8.1	*150*	0.3	20.8
乳制品	150.0	0	150	100	37.1	4.8	*111*	0.3	0.0
水果、蔬菜及植物	140.9	3.4	150	100	28.9	3.6	*41*	0.6	1.7
咖啡及茶	139.6	0	150	100	32.7	0	40	0.2	0
谷物及其制品	148.6	0	150	100	22.9	8.4	*81*	9.4	69.5
含油子仁、脂肪及油脂	145.6	0	150	98.8	12.0	0	*49*	3.2	0
糖及糖食	150.0	0	150	100	15.7	5.9	*40*	0.6	7.5
饮料及烟草	150.0	0	150	100	66.4	0	*150*	1.3	0
棉	105.0	30.0	150	100	4.0	20.0	5	0.0	2.0
其他农产品	121.1	0	150	100	9.2	6.8	40	0.7	1.5
鱼及鱼产品	3.7	72.9	150	76.3	14.1	45.6	*168*	0.5	6.3
矿产品及金属	12.0	3.7	25	4.5	12.9	0.6	65	10.5	3.3
石油	–	–	–	0	22.2	12.5	45	25.5	96.0
化工品	23.1	0	150	3.3	7.5	5.0	*63*	13.9	21.7
木材、纸及其他	12.2	0	25	22.6	19.3	2.6	*109*	2.9	7.1
纺织品	26.4	0	35	5.5	21.2	0	*189*	1.5	0
衣着	–	–	–	0	65.0	0	*166*	0.3	0
皮革、鞋及其他	5.0	0	5	21.4	23.6	0.3	*125*	1.7	2.5
非电气设备	8.9	0	25	15.1	6.0	43.5	*151*	9.4	52.2
电气设备	3.3	76.7	25	12.1	13.4	16.6	60	6.3	54.3
运输设备	11.8	0	33	25.2	13.2	11.1	60	7.9	12.0
其他工业品	20.5	0	30	7.2	16.6	8.1	60	2.9	56.8

Part B 出口至主要贸易伙伴及其面临的关税

主要市场	双边进口		多元化：95%贸易额所在税号税目		有贸易量 MFN 关税平均值		优惠幅度	零关税进口	
	以百万美元计		HS 章	HS 六位子目	简单平均	加权平均	加权平均	税号（%）	价值（%）
农产品									
1. 中国	2015	612	1	2	8.6	10.1	0.2	28.0	1.0
2. 欧盟	2015	313	9	20	10.6	24.9	24.9	100.0	100.0
3. 南非	2015	74	12	25	10.8	65.2	65.1	99.2	99.9
4. 阿联酋	2015	43	2	3	29.0	120.9	0.0	60.9	6.9
5. 俄罗斯	2015	42	1	2	4.7	4.0	1.0	23.5	1.7
非农产品									
1. 南非	2015	267	20	35	9.6	2.3	2.3	100.0	100.0
2. 阿联酋	2015	163	1	4	3.1	0.0	0.0	37.5	99.3
3. 中国	2015	150	4	6	7.9	0.2	0.0	33.6	85.2
4. 欧盟	2015	124	8	13	3.9	2.5	2.5	99.8	100.0
5. 莫桑比克	2015	89	9	12	9.8	1.6	1.3	89.3	97.1

非关税措施

03

chapter

3.1 非关税措施介绍

经过多个回合的多边关税谈判，关税税率的降低减弱了关税的影响力，由此造成非关税措施（NTMs）与其在全球贸易格局中的作用越来越密切相关。有时候，非关税措施的广泛使用及其潜在的复杂性令人难以纵览其存在和实施。在简短介绍后，本章将列出众所周知并已明确界定的三种非关税措施发生率的统计信息。事实上，这三种非关税措施——反倾销、反补贴及保障措施，属于“类关税”（tariff-like）措施，因其仍需通过附加的关税税率或价格加以实施。

3.2 非关税措施的定义

对于非关税措施，并无各方正式同意的定义。被普遍接受的定义来自非关税壁垒名人小组（Group of Eminent Persons on Non－Tariff Barriers）："非关税措施是指除普通关税外，可对国际货物贸易产生潜在的经济影响，从而改变贸易量或价格，或者使两者同时发生变化的政策措施"。①

上述定义并不对任何形式政策干预的合法性、适当性、必要性或歧视性作出评判。再者，非关税措施的概念是中性的，不隐含对贸易的消极或积极影响。本质上，一国/关境针对某种具体产品实施非关税措施，相对于未施行非关税措施的另一国/关境而言，并不意味着前者的贸易制度限制性更强。这将取决于措施本身的性质、实体内容及其实施情况。有些非关税措施对贸易具有积极影响，但多数非关税措施被视为对国际贸易具有重要的限制作用和/或扭曲效应，不论其是出于保护主义意图还是为了达成重要的非贸易性目标。

非关税措施包括卫生和植物检疫措施（SPS），以及技术贸易壁垒（TBT）等领域的技术要求，这些措施旨在保护健康或安全，或者提供环境保护。非关税措施是由官方通过法律或法规制定的强制性要求，不包括任何自愿限制措施或者私有的或自荐性标准。因此，像ISO或Codex这样的国际标准不被视为非关税措施，除非它们被一国/关境作为其境内立法的组成部分。贸易程序性障碍，即现实中的挑战及流程上的障碍造成遵守规章的难度较大，不能被视为非关税措施。程序性障碍虽与施行非关税措施的过程相关，但并不能等同于非关税措施本身。

① 非关税措施：来自选定发展中国家的实证及未来研究议程，UNCTAD/DITC/TAB/2009/3，联合国，2010。

3.3 若干选定非关税措施的统计数据

3.3.1 反倾销措施

当某公司以低于其本土市场上正常支付的价格出口某产品时，即被视为“倾销”。正常价格一般是指所涉产品运往出口方市场消费时，在普通贸易过程中所确定的价格。① WTO 协定并未针对从事“倾销”的公司的行动作出规定，而是专注于各国/关境政府何时能或不能对倾销作出反应，即对反倾销行动加以约束。

摘自各个 WTO 成员通知的反倾销措施数据从综合贸易情报门户网站（Integrated Trade Intelligence Portal）提取，作为本节所示数据的基础。②因某些成员通知缺乏基于《协调制度》的详细商品归类信息，所缺失的 HS 编码信息将通过全球反倾销数据库（GAD）予以补充［该数据库是世界银行临时贸易壁垒数据库（World Bank's Temporary Trade Barriers Database）的组成部分］。③

全球反倾销数据库的信息可免费获得，按国别/关境列出反倾销调查和措施的详细信息。本书所采用的数据得到该数据库著者的诚挚授权。合并数据可从联合国贸易和发展会议贸易分析与情报系统数据（UNCTAD TRAINS database）获得。④

下列数据表既系统展示了 WTO 成员采取相关措施的情况，同时也展示了受到这些措施影响的贸易伙伴的情况。应当指出的是，反倾销措施也被应用于目前正在加入 WTO 的某些国家/关境，以及其他非 WTO 成员的出口。

表 3-1 呈现了截至 2016 年 12 月 31 日有效的措施概览（存量）。该表展示了以 HS 六位编码统计的措施所涵盖产品的情况，同时按 WTO 成员国别/关境列出了新发起的调查有多少，最终采取并生效的措施有多少，有多少措施被撤回。

表 3-2 和表 3-3 更具体地列明了哪些产品组被采取最终反倾销措施。⑤ 表 3-2 的产品分类遵循本书关税概况表中 Part A2 部分所采用的分组；而表 3-3 则更详尽地列出了以 HS 四位品目计，哪些产品最频繁的被采取反倾销措施。⑥

① 又见 https//www.wto.org/english/tratop_ e/adp_ e/adp_ e.htm。

② 参见 http//i-tip.wto.org。

③ 参见 Chad P. Bown（2015）“Global Antidumping Database”，于 http：//econ.worldbank.org/ttbd/gad/。

④ 参见 http//unctad.org/en/Pages/DITC/Trade-Analysis/Non-Tariff-Measures/NTMs-trains.aspx。

⑤ 请注意，表 3-2 所列措施的总和大于表 3-1，这是因为一些个别措施包含了可归入一个以上产品组的产品。由此，一个措施可能会在表 3-2 及表 3-3 中不止一次列出。

⑥ 选择 20 国集团旨在使本章与 WTO 贸易监督报告所选择的分组情况相一致。

表 3-1　2016 年生效的反倾销措施

列标题说明

<table>
<tr><td colspan="4">国家/关境</td><td>进出口国家/关境名称。</td></tr>
<tr><td rowspan="5">进口方采取的措施</td><td rowspan="3">2016 年 1 月 1 日至 12 月 31 日</td><td colspan="2">发起调查</td><td>2016 年进口方按国别/关境发起的调查数量。</td></tr>
<tr><td rowspan="2">最终措施</td><td>实施的</td><td>2016 年进口方按国别/关境实施的最终措施数量。</td></tr>
<tr><td>撤回/撤销的</td><td>2016 年进口方按国别/关境撤回或撤销的最终措施数量。</td></tr>
<tr><td rowspan="2">截至 2016 年 12 月 31 日</td><td rowspan="2">生效的最终措施</td><td>措施数量</td><td>截至 2016 年 12 月 31 日，按国别/关境针对进口产品生效的最终措施的数量。</td></tr>
<tr><td>产品覆盖范围（HS 六位编码数量）</td><td>截至 2016 年 12 月 31 日，被进口方采取最终措施的产品（全部或部分）涵盖 HS 六位子目的数量。</td></tr>
<tr><td rowspan="5">出口方面临的措施</td><td rowspan="3">2016 年 1 月 1 日至 12 月 31 日</td><td colspan="2">发起调查</td><td>2016 年按国别/关境对出口产品发起调查的数量。</td></tr>
<tr><td rowspan="2">最终措施</td><td>实施的</td><td>2016 年按国别/关境对出口产品实施的最终措施数量。</td></tr>
<tr><td>撤回/撤销的</td><td>2016 年按国别/关境对出口产品撤回或撤销的最终措施数量。</td></tr>
<tr><td rowspan="2">截至 2016 年 12 月 31 日</td><td rowspan="2">生效的最终措施</td><td>措施数量</td><td>截至 2016 年 12 月 31 日，按国别/关境对出口产品生效的最终措施数量。</td></tr>
<tr><td>产品覆盖范围（HS 六位编码数量）</td><td>截至 2016 年 12 月 31 日，出口方被采取最终措施的产品（全部或部分）涵盖确切 HS 六位子目的数量。</td></tr>
</table>

备注

所有提交反倾销半年报告的 WTO 成员均予单列。如相关 WTO 成员是在某一关税同盟的范围内采取行动，则所列行动的数量是指驻在该 WTO 成员的反倾销调查机构所发起行动的数量。如下所示，为避免重复计算，提交报告的其他关税同盟成员所对应的栏目为空：

- 欧盟通知的所有反倾销行动均是在欧盟范围内实施的，因此，所有欧盟成员国不再单独通知。
- 同理，南非通知的所有反倾销行动是在南部非洲关税同盟层面实施的，即也包括博茨瓦纳、莱索托、纳米比亚和斯威士兰。
- 俄罗斯在 2015 年及之后确认的所有行动，是在欧亚经济联盟层面实施的，即也包括亚美尼亚、吉尔吉斯斯坦、哈萨克斯坦和白俄罗斯（非 WTO 成员）。

国家/关境	进口方采取的措施				
	2016 年 1 月 1 日至 12 月 31 日			截至 2016 年 12 月 31 日	
	发起调查	最终措施		生效的最终措施	
		实施的	撤回/撤销的	措施数量	HS 子目
阿尔及利亚					
阿根廷	25	1	2	83	105
亚美尼亚					
澳大利亚	17	5	5	55	61
奥地利					
孟加拉国					
白俄罗斯					
比利时					
波黑					
博茨瓦纳					
巴西	11	13	6	156	99
保加利亚					
加拿大	14	3	2	61	73
智利	1	1		1	4
中国	5	11	6	95	53
哥伦比亚	1	1	1	17	21
哥斯达黎加	1		1		
捷克共和国					
丹麦					
多米尼加共和国	1			2	3
埃及	14	4	1	10	10
萨尔瓦多	1				
欧盟	14	8	2	115	157
芬兰					
法国					
格鲁吉亚					
德国					
希腊					
中国香港					
匈牙利					
印度	69	37	15	248	349
印度尼西亚	7			32	32
伊朗					
以色列	1	1		1	1
意大利					
日本	1	2		6	3
哈萨克斯坦					
肯尼亚					
韩国	4	3	8	27	27
吉尔吉斯斯坦					
老挝					
拉脱维亚					

出口方面临的措施					国家/关境
2016年1月1日至12月31日			截至2016年12月31日		
发起调查	最终措施		生效的最终措施		
	实施的	撤回/撤销的	措施数量	HS子目	
			1	13	阿尔及利亚
	2		7	22	阿根廷
					亚美尼亚
	3		4	39	澳大利亚
1			1	2	奥地利
1	1		2	2	孟加拉国
2			5	12	白俄罗斯
3		1	4	10	比利时
		1			波黑
					博茨瓦纳
13	3	3	25	97	巴西
	1		5	82	保加利亚
2	1	1	8	17	加拿大
1			6	8	智利
94	44	12	559	972	中国
			1	1	哥伦比亚
					哥斯达黎加
			1	2	捷克共和国
			2	3	丹麦
					多米尼加共和国
	1		4	4	埃及
					萨尔瓦多
7	5	2	38	74	欧盟
2		1	5	9	芬兰
1	1	3	6	11	法国
1					格鲁吉亚
1	1	2	20	43	德国
1			3	3	希腊
1			4	11	中国香港
		1			匈牙利
12	8	4	68	173	印度
9	5	1	55	153	印度尼西亚
6	1	1	5	5	伊朗
			6	10	以色列
2	2	5	14	36	意大利
12	7	6	60	133	日本
			4	19	哈萨克斯坦
			1	1	肯尼亚
32	14	3	107	233	韩国
			1	1	吉尔吉斯斯坦
			1	1	老挝
			1	1	拉脱维亚

国家/关境	进口方采取的措施				
	2016年1月1日至12月31日			截至2016年12月31日	
	发起调查	最终措施		生效的最终措施	
		实施的	撤回/撤销的	措施数量	HS子目
莱索托					
马来西亚		5	1	21	16
墨西哥	6	12	3	64	73
摩尔多瓦					
摩洛哥	4			7	13
纳米比亚					
荷兰					
新西兰			1	7	3
挪威					
阿曼					
巴基斯坦	24	2	10	21	7
巴拉圭	1				
秘鲁		1		9	64
菲律宾	1			1	1
波兰					
葡萄牙					
卡塔尔					
罗马尼亚					
俄罗斯	1	4		19	62
沙特阿拉伯					
塞尔维亚					
新加坡					
斯洛伐克					
南非			4	28	20
西班牙					
斯里兰卡					
斯威士兰					
瑞典					
瑞士					
中国台北	8			6	24
泰国	10	5		40	55
特立尼达和多巴哥		1		1	4
突尼斯					
土耳其	17	15	2	156	232
乌克兰	1	2		16	16
阿联酋					
英国					
美国	37	35	6	287	362
乌拉圭				1	1
委内瑞拉					
越南	3			4	7

出口方面临的措施					国家/关境
2016年1月1日至12月31日			截至2016年12月31日		
发起调查	最终措施		生效的最终措施		
	实施的	撤回/撤销的	措施数量	HS子目	
					莱索托
10	8	1	44	170	马来西亚
3	3		23	48	墨西哥
			3	6	摩尔多瓦
			1	1	摩洛哥
					纳米比亚
	1	1	3	33	荷兰
					新西兰
		1	1	1	挪威
	2		5	6	阿曼
2	1		7	79	巴基斯坦
			1	1	巴拉圭
2			1	3	秘鲁
1	1		11	44	菲律宾
2			2	53	波兰
1	2		3	7	葡萄牙
1					卡塔尔
	1	1	7	22	罗马尼亚
12	5	4	41	77	俄罗斯
2			6	48	沙特阿拉伯
1			1	1	塞尔维亚
2	2		13	18	新加坡
			1	13	斯洛伐克
3	2	1	16	46	南非
5	2	1	10	26	西班牙
			4	11	斯里兰卡
					斯威士兰
			5	13	瑞典
			2	8	瑞士
10	9	4	105	280	中国台北
10	2	5	65	198	泰国
			1	4	特立尼达和多巴哥
			1	1	突尼斯
7	6	1	22	72	土耳其
7	4	1	28	71	乌克兰
2	1		12	24	阿联酋
1	2		5	55	英国
5	8	8	73	106	美国
			1	1	乌拉圭
			3	19	委内瑞拉
7	10		36	118	越南

表 3-2　截至 2016 年 12 月 31 日按产品组实施的最终反倾销措施

列标题说明

产品组		与本书第二章国家/关境列表采用相同的产品组；定义见第二章的技术性说明。最终措施统计中未能确定 HS 编码的，按“其他（未列明 HS 编码）”归类。
措施总数		在产品组实施的最终措施总数。
截至 2016 年 12 月 31 日，在作为进口方的国家集团生效的最终措施	QUAD	加拿大、欧盟、日本、美国作为进口方实施的最终措施。
	G-20（QUAD 除外）	除 QUAD 以外的 20 国集团成员，包括阿根廷、澳大利亚、巴西、中国、印度、印度尼西亚、韩国、墨西哥、俄罗斯、沙特阿拉伯、南非和土耳其作为进口方实施的最终措施。
	其他	其他进口方实施的最终措施。
截至 2016 年 12 月 31 日，对作为出口方的国家集团生效的最终措施	QUAD	加拿大、欧盟、日本、美国作为出口方受到影响的最终措施。
	G-20（QUAD 除外）	除 QUAD 以外的 20 国集团成员，包括阿根廷、澳大利亚、巴西、中国、印度、印度尼西亚、韩国、墨西哥、俄罗斯、沙特阿拉伯、南非和土耳其作为出口方受到影响的最终措施。
	其他	影响其他出口方的最终措施。

产品组	措施总数	截至 2016 年 12 月 31 日，在作为进口方的国家集团生效的最终措施			截至 2016 年 12 月 31 日，对作为出口方的国家集团生效的最终措施		
		QUAD	G-20（QUAD 除外）	其他	QUAD	G-20（QUAD 除外）	其他
动物产品	2		2		2		
乳制品							
水果、蔬菜及植物	33	9	20	4	1	17	15
咖啡及茶							
谷物及其制品	9	7	1	1	1	8	
含油子仁、脂肪及油脂	11	7	4		5	5	1
糖及糖食	3	3			1	2	
饮料及烟草	2	2			1	1	
棉花	1		1		1		
其他农产品	3		2	1		3	
鱼及鱼产品	7	7				4	3
矿产品及金属	662	279	295	88	51	418	193
石油	5	5			3	2	
化工品	444	92	310	42	92	258	94
木材、纸张及其他	72	24	41	7	14	39	19
纺织品	127	15	105	7	4	77	46
衣着	1		1			1	
皮革、鞋及其他	63	3	56	4	5	33	25
非电气设备	55	13	41	1	1	41	13
电气设备	62	19	40	3		47	15
运输设备	28	9	19			21	7
其他工业品	61	11	48	2	4	41	16
其他（未列明 HS 编码）	26	9	12	5	2	20	4

表 3-3　截至 2016 年 12 月 31 日生效的最终反倾销措施——20 个最常受影响的 HS 品目

列标题说明

产品组/HS 品目描述		基于 HS 四位品目的产品组，根据针对其生效的最终措施总数排序。
措施总数		影响所列 HS 品目项下产品的最终措施总数。
截至 2016 年 12 月 31 日，在作为进口方的国家集团生效的最终措施	QUAD	加拿大、欧盟、日本、美国作为进口方实施的最终措施。
	G-20（QUAD 除外）	除 QUAD 以外的 20 国集团成员，包括阿根廷、澳大利亚、巴西、中国、印度、印度尼西亚、韩国、墨西哥、俄罗斯、沙特阿拉伯、南非和土耳其作为进口方实施的最终措施。
	其他	其他进口方实施的最终措施。
截至 2016 年 12 月 31 日，对作为出口方的国家集团生效的最终措施	QUAD	加拿大、欧盟、日本、美国作为出口方受到影响的最终措施。
	G-20（QUAD 除外）	除 QUAD 以外的 20 国集团成员，包括阿根廷、澳大利亚、巴西、中国、印度、印度尼西亚、韩国、墨西哥、俄罗斯、沙特阿拉伯、南非和土耳其作为出口方受到影响的最终措施。
	其他	影响其他出口方的最终措施。

产品组/HS 品目描述	HS 四位编码	措施总数	截至 2016 年 12 月 31 日，在作为进口方的国家集团生效的最终措施			截至 2016 年 12 月 31 日，对作为出口方的国家集团生效的最终措施		
			QUAD	G-20（QUAD 除外）	其他	QUAD	G-20（QUAD 除外）	其他
宽度在 600 毫米及以上的铁或非合金钢平板轧材，经热轧，但未经包覆、镀层或涂层	7208	84	32	34	18	5	48	31
钢铁管及空心异型材（例如，辊缝、焊、铆及类似方法接合的），铸铁无缝管及具有内部和外部圆形横截面且外径超过 406.4 毫米的管除外	7306	72	56	11	5		41	31
除不锈钢之外的合金钢平板轧材，宽度在 600 毫米及以上，热轧或冷轧（冷延）的	7225	70	43	19	8	10	47	13
宽度在 600 毫米及以上的铁或非合金钢平板轧材，热轧或冷轧（冷延）的，经包覆、镀层或涂层	7210	54	33	10	11	4	39	11
除不锈钢之外的合金钢平板轧材，宽度小于 600 毫米，热轧或冷轧（冷延）的	7226	53	43	8	2	11	34	8
宽度小于 600 毫米的铁或非合金钢平板轧材，热轧或冷轧（冷延）的，但未经包覆、镀层或涂层	7211	52	28	6	18	5	32	15
无缝钢铁管及空心异型材（铸铁的除外）	7304	48	29	18	1	7	27	14
新的充气橡胶轮胎	4011	42	2	39	1	1	22	19
宽度小于 600 毫米的铁或非合金钢平板轧材，热轧或冷轧（冷延）的，经包覆、镀层或涂层	7212	36	32	4		3	26	7
不锈钢平板轧材，宽度在 600 毫米及以上，热轧或冷轧（冷延）的	7219	35	9	16	10	5	17	13
非泡沫塑料的板、片、膜、箔及扁条，未用其他材料强化、层压、支撑或用类似方法合制，无衬背，未加工或仅表面加工或仅切成正方形或矩形（不包括自粘产品，品目 3918 的铺地制品和糊墙品）	3920	35	3	20	12	2	22	11
合成纤维长丝纱线，包括细度在 67 分特以下的合成纤维单丝（缝纫线除外和供零售用的缝纫线除外）	5402	34	1	33		2	16	16
其他除不锈钢之外的合金钢制条、杆；其他未列名除不锈钢之外的合金钢制角材、型材及异型材；合金钢或非合金钢制的空心钻钢	7228	32	20	11	1	2	21	9
钢铁管子附件（例如，接头、肘管、管套）	7307	31	20	11		1	20	10
多元羧酸及其酸酐、酰卤化物、过氧化物和过氧酸以及它们的卤化、磺化、硝化或亚硝化衍生物	2917	31	2	22	7	4	19	8
初级形状的氯乙烯或其他卤化烯烃聚合物	3904	30		29	1	9	13	8
铁或非合金钢的条、杆，除锻造、热轧、热拉拔或热挤压外，未经进一步加工，包括轧制后扭曲的（不规则盘绕的除外）	7214	29	19	7	3	1	17	11
不规则盘卷的铁及非合金钢的热轧条、杆	7213	29	11	10	8		20	9
不锈钢平板轧材，宽度小于 600 毫米，热轧或冷轧（冷延）的	7220	28	9	11	8	5	12	11
无环醇及其卤化、磺化、硝化或亚硝化衍生物	2905	25	3	20	2	6	13	6

3.3.2 反补贴措施

倾销和补贴，连同反倾销和反补贴，具有许多相似性。应对倾销和补贴的通常做法是设置一种特别的抵消性进口税（应对补贴的做法则是反补贴税）。由于这种措施针对的是特定国家/关境的产品征收，因此有违《关税及贸易总协定》（GATT，以下简称《关贸总协定》）关于约束关税和平等对待贸易伙伴的原则（最惠国待遇）。尽管《关贸总协定》设置了例外条款，但其同时规定，进口方在征税前必须进行详细调查，以证明其境内产业受到损害。

另一方面，两者也存在根本性区别，并反映在《关贸总协定》中。倾销是一种企业行为，补贴则是由政府或政府机构通过直接支付或要求企业补贴某些客户而付诸实施。反补贴税（与反倾销税相对应）只有在进口方经过类似于反倾销行动的详细调查后才能征收。[①] 摘自各 WTO 成员通知的反补贴措施数据可从综合贸易情报门户网站获得，并作为本节数据的基础。[②]

表 3-4 呈现了截至 2016 年 12 月 31 日生效的措施概览。该表展示了以 HS 六位编码确定的措施所涵盖产品的情况，同时还按国别/关境列出了发起多少新的调查，有多少最终措施已生效，以及有多少措施被撤回。

表 3-5 和表 3-6 更具体地展示了哪些产品组被采取最终反补贴措施。[③] 表 3-5 的产品分类遵循本书关税概况表中 Part A2 部分所采用的分组；而表 3-6 则采用更具体的 HS 四位品目更详细地展示了哪些产品最常受到最终反补贴措施的影响。[④]

① 又见 https：//www. wto. org/english/tratop_ e/scm_ e/scm_ e. htm。

② 参见 http：//i-tip. wto. org。

③ 请注意，表 3-5 所列措施的总和大于表 3-4，这是因为一些个别措施包括了可归入一个以上产品组的产品。由此，一个措施可能会在表 3-5 及表 3-6 中不止一次列出。

④ 选择 20 国集团旨在使本章与 WTO 贸易监督报告所选择的分组情况相一致。

表 3-4 2016 年生效的反补贴措施

列标题说明

<table>
<tr><td colspan="4">国家/关境</td><td>进出口国家/关境名称。</td></tr>
<tr><td rowspan="5">进口方采取的措施</td><td rowspan="3">2016 年 1 月 1 日至 12 月 31 日</td><td colspan="2">发起调查</td><td>2016 年进口方按国别/关境发起的调查数量。</td></tr>
<tr><td rowspan="2">最终措施</td><td>实施的</td><td>2016 年进口方按国别/关境实施的最终措施数量。</td></tr>
<tr><td>撤回/撤销的</td><td>2016 年进口方按国别/关境撤回或撤销的最终措施数量。</td></tr>
<tr><td rowspan="2">截至 2016 年 12 月 31 日</td><td rowspan="2">生效的最终措施</td><td>措施数量</td><td>截至 2016 年 12 月 31 日，按国别/关境针对进口产品生效的最终措施的数量。</td></tr>
<tr><td>产品覆盖范围（HS 六位编码数量）</td><td>截至 2016 年 12 月 31 日，被进口方采取最终措施的产品（全部或部分）涵盖 HS 六位子目的数量。</td></tr>
<tr><td rowspan="5">出口方面临的措施</td><td rowspan="3">2016 年 1 月 1 日至 12 月 31 日</td><td colspan="2">发起调查</td><td>2016 年按国别/关境对出口产品发起调查的数量。</td></tr>
<tr><td rowspan="2">最终措施</td><td>实施的</td><td>2016 年按国别/关境对出口产品实施的最终措施数量。</td></tr>
<tr><td>撤回/撤销的</td><td>2016 年按国别/关境对出口产品撤回或撤销的最终措施数量。</td></tr>
<tr><td rowspan="2">截至 2016 年 12 月 31 日</td><td rowspan="2">生效的最终措施</td><td>措施数量</td><td>截至 2016 年 12 月 31 日，按国别/关境对出口产品生效的最终措施数量。</td></tr>
<tr><td>产品覆盖范围（HS 六位编码数量）</td><td>截至 2016 年 12 月 31 日，出口方被采取最终措施的产品（全部或部分）涵盖确切 HS 六位子目的数量。</td></tr>
</table>

国家/关境	进口方采取的措施				
	2016 年 1 月 1 日至 12 月 31 日			截至 2016 年 12 月 31 日	
	发起调查	最终措施		生效的最终措施	
		实施的	撤回/撤销的	措施数量	HS 子目
阿根廷					
澳大利亚	8	1	1	8	14
巴西	1	1		1	3
加拿大	2	2		20	64
中国	1			4	17
埃及	2				
欧盟	1	3		15	42
印度	1	1		1	1
印度尼西亚					
伊朗					
意大利					
韩国					
马来西亚					
墨西哥				3	2
新西兰	1				
巴基斯坦	1				
秘鲁		1		2	81
俄罗斯					
南非					
斯里兰卡					
中国台北					
泰国					
土耳其				1	3
乌克兰		1		1	9
美国	16	16		79	253
越南					

出口方面临的措施					国家/关境
2016年1月1日至12月31日			截至2016年12月31日		
发起调查	最终措施		生效的最终措施		
	实施的	撤回/撤销的	措施数量	HS子目	
	1		1	81	阿根廷
					澳大利亚
1	2		3	63	巴西
1			2	7	加拿大
20	8		68	214	中国
					埃及
			3	6	欧盟
3	6		24	103	印度
1	1		3	22	印度尼西亚
			2	1	伊朗
	1		2	19	意大利
1	3		6	82	韩国
1	1		1		马来西亚
			1	13	墨西哥
					新西兰
					巴基斯坦
					秘鲁
	1		1	9	俄罗斯
			1	8	南非
1					斯里兰卡
	1		2	9	中国台北
			1	14	泰国
2	1		7	38	土耳其
					乌克兰
1		1	4	20	美国
2			3	5	越南

表 3-5　截至 2016 年 12 月 31 日按产品组实施的最终反补贴措施

列标题说明

<table>
<tr><td colspan="2">产品组</td><td>与本书第二章国家/关境列表一样采用相同的产品组；定义见第二章的技术性说明。最终措施通知中未能确定 HS 编码的，按“其他（未列明 HS 编码）”归类。</td></tr>
<tr><td colspan="2">措施总数</td><td>在产品组实施的最终措施总数。</td></tr>
<tr><td rowspan="3">截至 2016 年 12 月 31 日，在作为进口方的国家集团生效的最终措施</td><td>QUAD</td><td>加拿大、欧盟、日本、美国作为进口方实施的最终措施。</td></tr>
<tr><td>G-20（QUAD 除外）</td><td>除 QUAD 以外的 20 国集团成员，包括阿根廷、澳大利亚、巴西、中国、印度、印度尼西亚、韩国、墨西哥、俄罗斯、沙特阿拉伯、南非和土耳其作为进口方实施的最终措施。</td></tr>
<tr><td>其他</td><td>其他进口方实施的最终措施。</td></tr>
<tr><td rowspan="3">截至 2016 年 12 月 31 日，对作为出口方的国家集团生效的最终措施</td><td>QUAD</td><td>加拿大、欧盟、日本、美国作为出口方受到影响的最终措施。</td></tr>
<tr><td>G-20（QUAD 除外）</td><td>除 QUAD 以外的 20 国集团成员，包括阿根廷、澳大利亚、巴西、中国、印度、印度尼西亚、韩国、墨西哥、俄罗斯、沙特阿拉伯、南非和土耳其作为出口方受到影响的最终措施。</td></tr>
<tr><td>其他</td><td>影响其他出口方的最终措施。</td></tr>
</table>

产品组	措施总数	截至 2016 年 12 月 31 日，在作为进口方的国家集团生效的最终措施			截至 2016 年 12 月 31 日，对作为出口方的国家集团生效的最终措施		
		QUAD	G-20（QUAD 除外）	其他	QUAD	G-20（QUAD 除外）	其他
动物产品	1		1		1		
乳制品							
水果、蔬菜及植物	2	2					2
咖啡及茶							
谷物及其制品	3	2	1		1	2	
含油子仁、脂肪及油脂	3	2		1	2	1	
糖及糖食	2	2			1	1	
饮料及烟草							
棉花							
其他农产品	2		1	1	1	1	
鱼及鱼产品	1	1				1	
矿产品及金属	70	64	6			66	4
石油	2	2			2		
化工品	28	18	8	2	5	22	1
木材、纸及其他	10	10			1	9	
纺织品	4	3	1			4	
衣着	1	1				1	
皮革、鞋及其他	3	3				3	
非电气设备	3	3				3	
电气设备	9	8	1			9	
运输设备	3	1	1	1		3	
其他工业品	1	1				1	

表 3-6　截至 2016 年 12 月 31 日生效的最终反补贴措施——20 个最常受影响的 HS 品目

列标题说明

<table>
<tr><td colspan="2">产品组/HS 品目描述</td><td>基于 HS 四位品目的产品组，根据针对其生效的最终措施总数排序。</td></tr>
<tr><td colspan="2">措施总数</td><td>影响所列 HS 品目项下产品的最终措施总数。</td></tr>
<tr><td rowspan="3">截至 2016 年 12 月 31 日，在作为进口方的国家集团生效的最终措施</td><td>QUAD</td><td>加拿大、欧盟、日本、美国作为进口方实施的最终措施。</td></tr>
<tr><td>G-20（QUAD 除外）</td><td>除 QUAD 以外的 20 国集团成员，包括阿根廷、澳大利亚、巴西、中国、印度、印度尼西亚、韩国、墨西哥、俄罗斯、沙特阿拉伯、南非和土耳其作为进口方实施的最终措施。</td></tr>
<tr><td>其他</td><td>其他进口方实施的最终措施。</td></tr>
<tr><td rowspan="3">截至 2016 年 12 月 31 日，对作为出口方的国家集团生效的最终措施</td><td>QUAD</td><td>加拿大、欧盟、日本、美国作为出口方受到影响的最终措施。</td></tr>
<tr><td>G-20（QUAD 除外）</td><td>除 QUAD 以外的 20 国集团成员，包括阿根廷、澳大利亚、巴西、中国、印度、印度尼西亚、韩国、墨西哥、俄罗斯、沙特阿拉伯、南非和土耳其作为出口方受到影响的最终措施。</td></tr>
<tr><td>其他</td><td>影响其他出口方的最终措施。</td></tr>
</table>

产品组/HS 品目描述	HS 四位编码	措施总数	截至 2016 年 12 月 31 日，在作为进口方的国家集团生效的最终措施			截至 2016 年 12 月 31 日，对作为出口方的国家集团生效的最终措施		
			QUAD	G-20（QUAD 除外）	其他	QUAD	G-20（QUAD 除外）	其他
宽度在 600 毫米及以上的铁或非合金钢平板轧材，热轧或冷轧（冷延）的，经包覆、镀层或涂层	7210	16	14	2			15	1
钢铁管及空心异型材（例如，辊缝、焊、铆及类似方法接合的），铸铁无缝管及具有内部和外部圆形横截面且外径超过 406.4 毫米的管除外	7306	15	14	1			15	
除不锈钢之外的合金钢平板轧材，宽度在 600 毫米及以上，热轧或冷轧（冷延）的	7225	14	13	1			13	1
除不锈钢之外的合金钢平板轧材，宽度小于 600 毫米，热轧或冷轧（冷延）的	7226	12	12				11	1
宽度小于 600 毫米的铁或非合金钢平板轧材，热轧或冷轧（冷延）的，经包覆、镀层或涂层	7212	10	10				10	
宽度小于 600 毫米的铁或非合金钢平板轧材，热轧或冷轧（冷延）的，但未经包覆、镀层或涂层	7211	10	10				9	1
无缝钢铁管及空心异型材（铸铁的除外）	7304	8	8				8	
铁丝或非合金钢丝，成卷（条、杆除外）	7217	8	8				8	
宽度在 600 毫米及以上的铁或非合金钢平板轧材，经热轧，但未经包覆、镀层或涂层	7208	8	7	1			7	1
钢铁平板轧材制圆形截面管，外径超过 406.4 毫米（例如，焊、铆及用类似方法接合的管）	7305	6	6				6	
其他品目未列名的铁及非合金钢条、杆，冷成型或冷加工的，不论是否经进一步加工，或热成型和经进一步加工	7215	5	5				5	
铸模及铸芯用粘合剂；其他品目未列名的化学工业及其相关工业的化学产品及配制品（包括由天然产品混合组成的）	3824	5	3		2	3	2	
二极管、晶体管及类似的半导体器件；光敏半导体器件，包括不论是否装在组件内或组装成块的光电池；发光二极管；已装配的压电晶体；上述产品的零件	8541	4	4				4	
钢铁结构体及其部件（例如，桥梁及桥梁体段、闸门、塔楼、格构杆、屋顶、屋顶框架、门窗及其框架、门槛、百叶窗、栏杆、支柱及立柱）；上述结构体用的已加工钢铁板、杆、角材、型材、异型材、管子及类似品（品目 9406 的活动房屋除外）	7308	4	4				4	
宽度在 600 毫米及以上的铁或非合金钢平板轧材，经冷轧，但未经包覆、镀层或涂层	7209	4	4				4	
成卷或成张矩形（包括正方形）的单面或双面涂布高岭土或其他无机物质（不论是否加粘合剂）的纸及纸板，任何尺寸，但未涂布其他涂料，不论是否染面、饰面或印花（所有其他涂布纸及纸板除外）	4810	4	4				4	
氢、稀有气体及其他非金属	2804	4	1	3		2	2	
电动机及发电机（不包括发电机组）	8501	3	3				3	
其他品目未列名的铝条、杆、型材及异型材	7604	3	3				3	
钢铁制卫生器具及其零件（品目 7310 的罐、盒及类似容器，第 94 章的用于盛放医疗或洗浴用品的小型壁柜和其他家具及其附件）	7324	3	2	1			3	
不规则盘卷的铁及非合金钢的热轧条、杆	7213	3	3				3	
书写、印刷或类似用途的未经涂布的纸及纸板、未打孔的穿孔卡片及穿孔纸带纸，成卷或成张矩形（包括正方形），任何尺寸，手工制纸及纸板（品目 4801 的新闻纸及品目 4803 的纸除外）	4802	3	3			1	2	
非泡沫塑料的板、片、膜、箔及扁条，未用其他材料强化、层压、支撑或用类似方法合制，无衬背，未加工或仅表面加工或仅切成正方形或矩形（不包括自粘产品，品目 3918 的铺地制品和糊墙品）	3920	3	1	2			3	
初级形状的聚缩醛、其他聚醚及环氧树脂；初级形状的聚碳酸酯、醇酸树脂、聚烯丙基酯及其他聚酯	3907	3	3				3	
杀虫剂、杀鼠剂、杀菌剂、除草剂、抗萌剂、植物生长调节剂、消毒剂及类似产品，零售形状、零售包装或制成制剂及成品（例如，经硫磺处理的带子、杀虫灯芯、蜡烛及捕蝇纸）	3808	3	2		1		3	

3.3.3 保障措施

如果某一 WTO 成员的境内产业因某一产品进口急增而受到损害或损害威胁，该成员可对该产品的进口实施临时性限制（采取“保障措施”）。这里所指的损害必须是严重损害。证明保障措施正当性的进口“急增”，可以是进口值的实际增长（绝对增长），也可以是在市场萎缩中进口份额的增加，即便进口值没有增长（相对增长）。WTO 成员的境内产业或企业可要求其政府采取保障措施。经过适当的调查后，只要满足上述必要条件，政府可以对所有来源地（而不是来自某一特定 WTO 成员或成员集团）的产品进口实施限制。也就是说，假设有五个成员将某种产品出口到某一成员，而该成员该产品实施保障措施，那么就会使上述五个成员受到影响。将保障措施与其他措施进行比较时要特别当心。例如，反倾销中，一项反倾销措施只会使一个出口方受到影响。WTO 协定对各国/关境政府机构开展的保障调查作出规定，着重强调透明度和遵循既定的规则和惯例，以免采用武断方法。[①] 摘自各 WTO 成员通知的保障措施数据可从综合贸易情报门户网站获得，并作为本节数据的基础。[②]

表 3-7 呈现了截至 2016 年 12 月 31 日生效的措施概览。该表展示了以 HS 六位编码确定的措施所涵盖产品的情况，同时还按国别/关境列出了发起多少新的调查，有多少最终措施已生效，以及有多少措施被撤回。

表 3-8 和 3-9 更具体地展示了哪些产品组被采取最终保障措施。[③] 表 3-8 的产品分类遵循本书关税概况表中 Part A2 部分所采用的分组，而表 3-9 则采用更具体的 HS 四位品目更详细地展示了哪些产品最常受到最终保障措施的影响。[④]

① 又见 http://www.wto.org/english/thewto_e/whatis_e/tif_e/agrm8_e.htm#safeguards。

② 参见 http://i-tip.wto.org。

③ 请注意，表 3-8 所列措施的总和大于表 3-7，这是因为一些个别措施包括了可归入一个以上产品组的产品。由此，一个措施可能会在表 3-8 及表 3-9 中不止一次列出。

④ 选择 20 国集团旨在使本章与 WTO 贸易监督报告所选择的分组情况相一致。

表 3-7　2016 年生效的保障措施

列标题说明

<table>
<tr><td colspan="3">国家/关境</td><td>国家/关境名称。</td></tr>
<tr><td rowspan="2">2016 年 1 月 1 日至 12 月 31 日</td><td colspan="2">发起调查</td><td>2016 年按国别/关境发起的调查数量。</td></tr>
<tr><td colspan="2">实施的最终措施</td><td>2016 年按国别/关境实施的措施数量。</td></tr>
<tr><td rowspan="2">截至 2016 年 12 月 31 日</td><td rowspan="2">生效的最终措施</td><td>措施数量</td><td>截至 2016 年 12 月 31 日，按国别/关境对进口产品生效的最终措施的数量。</td></tr>
<tr><td>产品覆盖范围（HS 六位编码数量）</td><td>截至 2016 年 12 月 31 日，被进口方采取最终措施的产品（全部或部分）涵盖确切 HS 六位子目的数量。</td></tr>
</table>

<table>
<tr><th rowspan="3">国家/关境</th><th colspan="2">2016 年 1 月 1 日至 12 月 31 日</th><th colspan="2">截至 2016 年 12 月 31 日</th></tr>
<tr><th rowspan="2">发起调查</th><th rowspan="2">实施的最终措施</th><th colspan="2">生效的最终措施</th></tr>
<tr><th>措施数量</th><th>HS 六位子目计的产品覆盖范围</th></tr>
<tr><td>智利</td><td></td><td>1</td><td></td><td></td></tr>
<tr><td>中国</td><td>1</td><td></td><td>1</td><td>2</td></tr>
<tr><td>哥斯达黎加</td><td></td><td></td><td>1</td><td>2</td></tr>
<tr><td>厄瓜多尔</td><td></td><td></td><td>1</td><td>3</td></tr>
<tr><td>埃及</td><td></td><td></td><td>1</td><td>9</td></tr>
<tr><td>印度</td><td>1</td><td>2</td><td>5</td><td>40</td></tr>
<tr><td>印度尼西亚</td><td></td><td></td><td>6</td><td>65</td></tr>
<tr><td>约旦</td><td>1</td><td></td><td></td><td></td></tr>
<tr><td>马来西亚</td><td>2</td><td></td><td>1</td><td>3</td></tr>
<tr><td>摩洛哥</td><td></td><td></td><td>2</td><td>49</td></tr>
<tr><td>菲律宾</td><td></td><td></td><td>3</td><td>5</td></tr>
<tr><td>沙特阿拉伯</td><td>2</td><td></td><td></td><td></td></tr>
<tr><td>南非</td><td>2</td><td></td><td></td><td></td></tr>
<tr><td>泰国</td><td>1</td><td></td><td>3</td><td>12</td></tr>
<tr><td>土耳其</td><td></td><td></td><td>2</td><td>3</td></tr>
<tr><td>乌克兰</td><td></td><td>1</td><td>2</td><td>2</td></tr>
<tr><td>越南</td><td>1</td><td></td><td>1</td><td>2</td></tr>
<tr><td>赞比亚</td><td></td><td></td><td>1</td><td>27</td></tr>
</table>

表 3-8 截至 2016 年 12 月 31 日按产品组实施的最终保障措施

列标题说明

产品组		与本书第二章国家/关境列表一样采用相同的产品组；定义见第二章的技术性说明。最终措施通知中未能确定 HS 编码的，按“其他（未列明 HS 编码）”归类。
措施总数		在产品组实施的最终措施总数。
截至 2016 年 12 月 31 日，在国家集团生效的最终措施。	QUAD	加拿大、欧盟、日本、美国实施的最终措施。
	G-20（QUAD 除外）	除 QUAD 以外的 20 国集团成员，包括阿根廷、澳大利亚、巴西、中国、印度、印度尼西亚、韩国、墨西哥、俄罗斯、沙特阿拉伯、南非和土耳其实施的最终措施。
	其他	其他国家/关境实施的最终措施。

产品组	措施总数	截至 2016 年 12 月 31 日，在国家集团生效的最终措施		
		QUAD	G-20（QUAD 除外）	其他
动物产品				
乳制品				
水果、蔬菜及植物				
咖啡及茶				
谷物及其制品	1			1
含油子仁、脂肪及油脂	2		1	1
糖及糖食				
饮料及烟草				
棉花				
其他农产品				
鱼及鱼产品				
矿产品及金属	18		8	10
石油				
化工品	3		3	
木材、纸及其他	5		2	3
纺织品	2		1	1
衣着				
皮革、鞋及其他				
非电气设备				
电气设备				
运输设备	1			1
其他工业品				

表 3-9 截至 2016 年 12 月 31 日生效的最终保障措施——最常受影响的 HS 章节

列标题说明

产品描述/HS 章节		基于 HS 章节划分的产品组，根据针对其生效的最终措施总数排序。
措施总数		影响所列 HS 章节项下产品的最终措施总数。
截至 2016 年 12 月 31 日，在国家集团生效的最终措施	QUAD	加拿大、欧盟、日本、美国实施的最终措施。
	G－20（QUAD 除外）	除 QUAD 以外的 20 国集团成员，包括阿根廷、澳大利亚、巴西、中国、印度、印度尼西亚、韩国、墨西哥、俄罗斯、沙特阿拉伯、南非和土耳其实施的最终措施。
	其他	其他国家/关境实施的最终措施。

产品描述	HS 章节	措施总数	截至 2016 年 12 月 31 日，在国家集团生效的最终措施		
			QUAD	G−20（QUAD 除外）	其他
钢铁	72	14		6	8
纸及纸板；纸浆、纸或纸板制品	48	4		2	2
钢铁制品	73	2		2	
塑料及其制品	39	2		1	1
有机化学品	29	2		2	
车辆及其零件、附件，但铁道及电车道车辆除外	87	1			1
玻璃及其制品	70	1			1
陶瓷产品	69	1			1
棉花	52	1		1	
木及木制品；木炭	44	1			1
杂项化学产品	38	1		1	
动、植物油、脂及其分解产品；精制的食用油脂；动、植物蜡	15	1			1
谷物	10	1			1

04
chapter

特别专题：出口多元化

4.1 引言

一国/关境出口的多样性及其出口表现揭示了其在全球市场上具有怎样的竞争力，同时也反映了其参与全球价值链（全球加工网络为所生产的货物或服务带来增值）的能力。大多数研究在分析出口多元化措施时均侧重于贸易总值研究，本章则将商品范围作为考察出口多元化和技术能力的一项指标。在贸易规模忽略不计的情况下，这被称为贸易的扩展边际（超出一定的临界值）。

本章是建基在 Hausmann 和 Hidalgo 2011 年所作分析之上。他们试图透过一国/关境的技术能力范围，以及在世界市场上某些国家/关境优于其他国家/关境的禀赋来衡量其出口多元化的绩效。本章采用相当大的贸易统计数据集进行分析，将各国/关境地理、历史的“多样性”和产品多元化均考虑在内。产品多元化是根据作为贸易商品归类共同基础的 HS 编码加以衡量的。

种类繁多的产品在多元化市场上的持续时间，是衡量生产多元化和国际市场一体化的重要指标。因此，本章对出口多元化的时间维度进行了探析。分析显示，2008 年全球贸易的放缓对各国/关境的贸易多元化有着极为显著的影响。

为确保评估的有效性，产品多元化是基于 HS 六位编码（包括大约 5000 种产品）进行衡量的。这些统计是基于各国/关境自身的出口统计数据或者其贸易伙伴的进口统计数据进行的。众所周知，通常情况下，这些统计数据相互之间并不匹配（Markhonko 2014），但就本章而言这并不重要。因为，本章专注于长期统计数据的分析，而不仅仅是使之与特定年份的贸易水平相匹配。

进口统计数据被大量采用，是因为进口数据通常被认为较出口数据的可信度高。数据摘自 WTO “综合数据库”① 和联合国 COMTRADE 数据库②。18 个国家/关境③ 1996 年至 2014 年的 HS 六位子目项下的进口数据被用以计算 146 个国家/关境的出口数据（参见附件 2）。为确保分析的有效性，贸易量小于 10000 美元的微小贸易数据被略去不计。

下一节将通过各国/关境出口的产品类别数量对各国/关境的出口多元化进行概述。通过对跨境和跨年出口的范围进行评估，探析其总体趋势。第三节将结合出口市场的多样性和出口产品范围的持续时间进行延伸分析，并在分析的基础上，编制出口多元化指数。

---

① 参见 https：//tao. wto. org。

② 参见 https：//comtrade. un. org。

③ 包括阿根廷、澳大利亚、巴西、加拿大、中国、埃及、欧盟、印度、印度尼西亚、日本、韩国、墨西哥、尼日利亚、俄罗斯、沙特阿拉伯、南非、土耳其和美国。欧盟是指包括除克罗地亚以外的27个成员国。

4.2 全球及按国别/关境的“产品多元化”

《协调制度》采用标准化的方式列出了约5000种产品，几乎所有国家/关境的进出口商品均按此归类。所涵盖的产品包括从最简单的原材料到最精密的机器设备。《协调制度》设定了一套编码系统，用以对这些产品进行归类。对产品归类的细分称为“子目”，用一组六位数编码表示。

对一国/关境出口所涵盖的HS商品编码的范围进行分析，是评估其出口多元化的常见方法，因为HS子目的数量在多元化评估方面比较简易透明。

产品多元化这一指标并不对贸易规模进行考量。尽管将贸易总值纳入考量范围有助于将贸易强度与产品多样性对比分析，但这会导致净出口潜力的评估失真。因为，如过分突出贸易总值的作用，会低估净出口潜力的价值。

4.2.1 跨境产品多元化

相比于小的经济体，大的经济体进出口的商品范围更广，这是不足为奇的。出口产品范围最广的三个贸易伙伴是美国、欧盟和中国，三者出口的产品涵盖几乎所有《协调制度》所列的5000多个子目，而一些小的经济体出口的产品所涵盖的HS子目往往不足100个。所分析的国家/关境中，只有不到三分之一的国家/关境出口的产品超过500种。

表4-1根据各国/关境在1996年至2014年间每年出口的产品类别数量的多少，将146个研究对象国/关境分为6组。第一组包括欧盟、美国和中国，三者出口的产品涵盖了5000多个HS子目中的绝大部分。

第二组包括加拿大、印度、日本、韩国和瑞士等，其出口的产品所涵盖的产品类别介于3000至4500个之间。这一组中，瑞士尤其值得关注，因其只是一个仅有800万人口的小国。该国开放的外贸制度（体现在该国参与40个区域贸易协定上）及其在国际竞争力和创新力方面的较高排名发挥了作用。同时，该国紧挨欧盟市场也是一个因素。

第三组和第四组国家/关境的特征是其本身是较大的经济体或者紧挨着欧盟等大市场。这些国家/关境包括大多数发达国家（地区）、较大的发展中国家（地区）和一些东欧、地中海国家，如乌克兰、以色列和塞尔维亚等。最后两组包括大多数最不发达国家（LDCs）和其他一些小的岛屿经济体，其出口的产品类别分别少于500个和50个。

表 4-1　按出口产品类别数量的国别/关境分组（1996—2014 年平均值）

4500 以上
中国
欧盟
美国
3001～4500
加拿大
中国台北
印度
日本
韩国
瑞士
土耳其
2001～3000
澳大利亚
巴西
中国香港
印度尼西亚
马来西亚
墨西哥
挪威
俄罗斯
新加坡
南非
泰国
501～2000
阿根廷
白俄罗斯
波黑
智利
哥伦比亚
哥斯达黎加
埃及
伊朗
以色列
哈萨克斯坦
摩洛哥
新西兰
巴基斯坦
秘鲁
菲律宾
沙特阿拉伯
塞尔维亚
斯里兰卡
突尼斯
乌克兰
阿联酋
乌拉圭
越南
51～500
阿尔巴尼亚
阿尔及利亚
安哥拉
亚美尼亚
阿塞拜疆
巴哈马
巴林
孟加拉国
巴巴多斯
伯利兹
玻利维亚
文莱
柬埔寨
喀麦隆
刚果（布）
科特迪瓦
古巴
刚果（金）
多明尼加共和国
厄瓜多尔
萨尔瓦多
埃塞俄比亚
斐济
加蓬
格鲁吉亚
加纳
危地马拉
几内亚
圭亚那
海地
洪都拉斯
冰岛
牙买加
约旦
肯尼亚
科威特
吉尔吉斯斯坦
老挝
黎巴嫩
利比亚
中国澳门
马达加斯加
马拉维
马里
毛里塔尼亚
毛里求斯
摩尔多瓦
蒙古
莫桑比克
缅甸
尼泊尔
尼加拉瓜
尼日利亚
阿曼
巴拿马
巴布亚新几内亚
巴拉圭
卡塔尔
塞内加尔
塞拉利昂
苏里南
叙利亚
塔吉克斯坦
坦桑尼亚
马其顿
多哥
特立尼达和多巴哥
乌干达
乌兹别克斯坦
委内瑞拉
也门
赞比亚
津巴布韦
1～50
阿富汗
安提瓜和巴布达
贝宁
不丹
布基纳法索
布隆迪
佛得角
中非共和国
科摩罗
吉布提
多米尼加
赤道几内亚
格林纳达
几内亚比绍
伊拉克
利比里亚
马尔代夫
尼日尔
卢旺达
圣基茨和尼维斯
圣卢西亚
圣文森特和格林纳丁斯
萨摩亚
圣多美和普林西比
塞舌尔
所罗门群岛
冈比亚
汤加
瓦努阿图

4.2.2 随时间变迁的产品多元化

如果说出口多元化与经济发展水平相关的话，弄清出口多元化随时间变化的轨迹就显得十分重要了。图 4-1 揭示了所有 154 个研究对象国/关境在 1996 年至 2014 年间产品多元化的长期趋势，同时列出了相同时间段各年份的出口贸易总值。

总体而言，随着时间的推移，产品多元化显著增强，与贸易量的扩大相同步。

图 4-1 显示，起初产品多元化的发展趋势较为平缓。2001 年后，伴随出口贸易总值的增长，产品的多样性陡增。

产品多元化的增强趋势一直持续到 2008 年至 2009 年的金融危机爆发。随后，出口暴跌不仅影响到总体出口规模，也导致了出口多元化水平的下降。

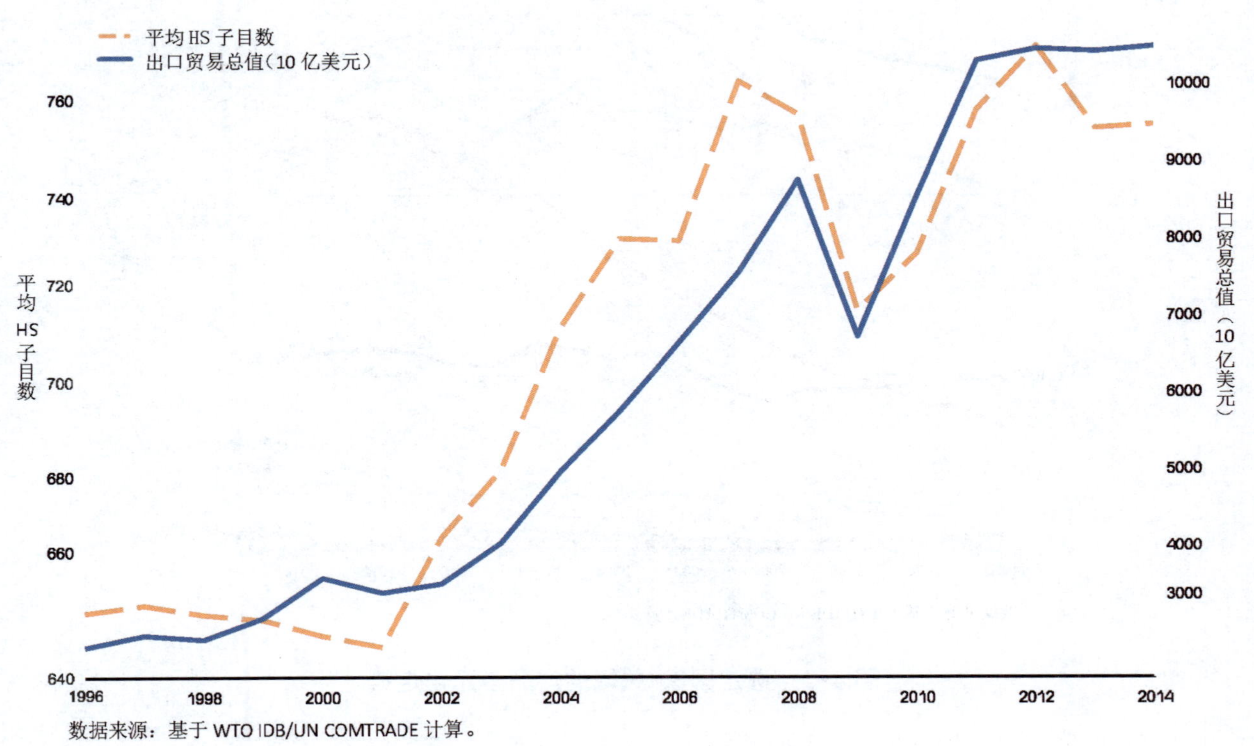

图 4-1 产品多元化及全球出口总值的长期趋势

如图 4-2 所示，发达国家（地区）出口产品的多样性变化不大，主要源于其出口结构稳定，以及其成熟的经济发展水平。早在 90 年代，美国和欧盟的出口就已经涵盖几乎所有 5000 个产品类别，并且在图表所示的时间段内一直保持基本恒定。澳大利亚、日本和瑞士等其他发达国家（地区）的出口产品范围也基本保持不变。

相反，在过去的 20 年里，新兴经济体的出口多样性持续扩展。本世纪初，中国的出口多元化急剧增强，与欧盟和美国一样，成为贸易多元化最显著的出口方。2001 年中国加入 WTO 无疑是助推其优异表现的一个重要因素。

印度和土耳其的出口多样性也快速扩展。2000 年至 2008 年间，印度和土耳其的出口产品类别增加了 32%。越南的出口产品类别在 2000 年至 2008 年间翻了一番，在 2008 年至 2014 年间又增加了 25%，而同期许多国家/关境的出口多元化有所收窄。

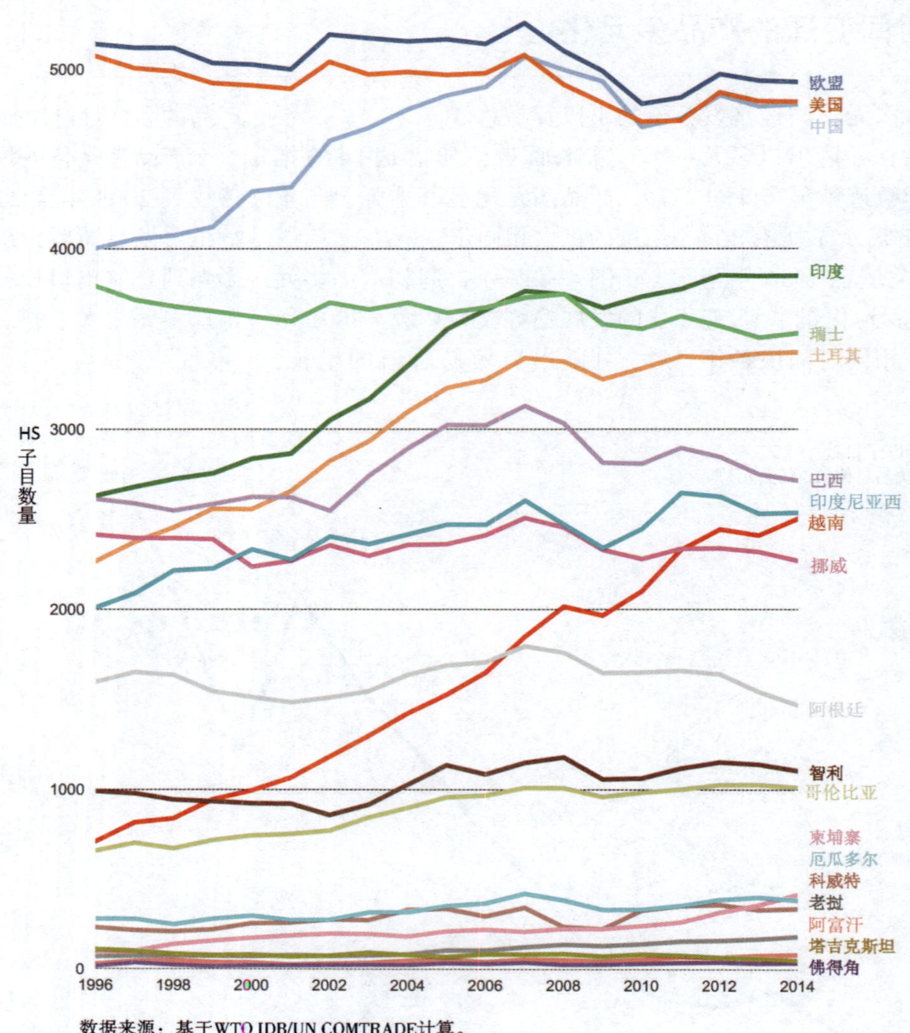

数据来源：基于WTO IDB/UN COMTRADE计算。

图 4-2 选定国家/关境的产品多元化走势

（1）经济衰退期间的产品多元化

伴随着金融危机，2009 年许多国家/关境的出口产品多元化停滞不前甚至出现倒退，而这样的下行走势在 1996 年和 2007 年间是极其罕见的。

在产品多元化最显著的 20 个贸易国/关境中，有 19 个在 2008 年后其出口产品多元化出现倒退。与 2007 年的峰值相比，2010 年中国、美国和欧盟的出口产品类别数量下降了 8%。

越南是唯一的例外，在上述的整个时间段里，其出口产品多元化持续快速扩展。

随着出口恢复增长，产品多元化又重回金融危机前的水平。

（2）产品多元化的长期趋势

为弄清产品多元化的长期趋势，编者采用聚类分析法对各国/关境的出口产品类别数量进行分析。分析中，用每年的出口产品多元化数值（根据其出口产品类别数量计得）除以1996年至2014年间出口产品类别总数。最平稳趋势线显示在纵坐标值0.05，即1/19左右。将趋势线的起点和终点进行比较即可知道，在上述时段内，各方的出口多元化是拓展了还是倒退了。

按其相似的发展趋势，可将其划分为4个聚类。

A组包括20个国家/关境，主要为小经济体或岛国。这些国家/关境出口产品的类别是很有限的。该组中不同年份的出口产品类别数量波动很大，总体呈轻微下降趋势。B组为主要出口国/关境，包括多数20国集团成员。尽管在上述时段内，其出口产品类别数量有一些变化，但保持相对恒定。

C组中国家/关境的出口产品类别数量有温和扩展。尽管增长并不显著，且波动较大，但上行趋势是明显的。该组中大多数国家为发展中经济体。D组包括23个国家/关境，这些国家/关境的出口产品类别显著增加。其中有11个最不发达国家，5个阿拉伯国家，4个东欧国家，以及加纳、尼加拉瓜和越南。

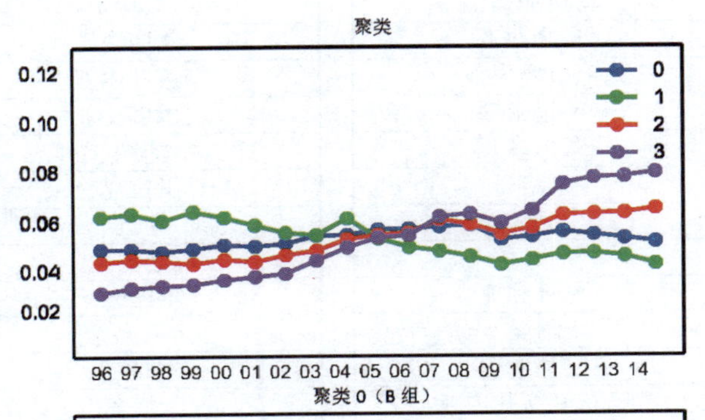

聚类 0（B组）

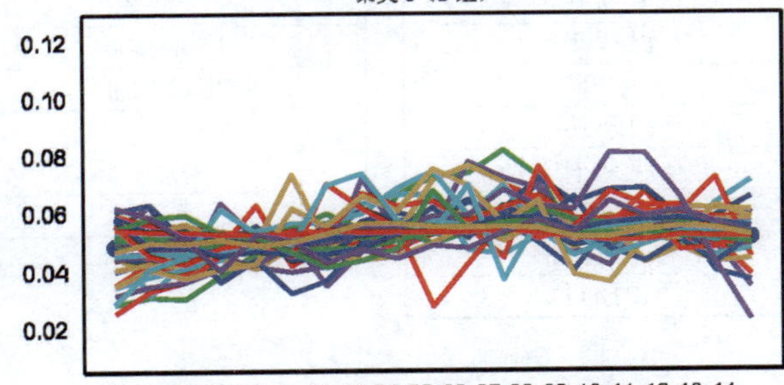

聚类 1（A组）

96 97 98 99 00 01 02 03 04 05 06 07 08 09 10 11 12 13 14

聚类 2（C组）

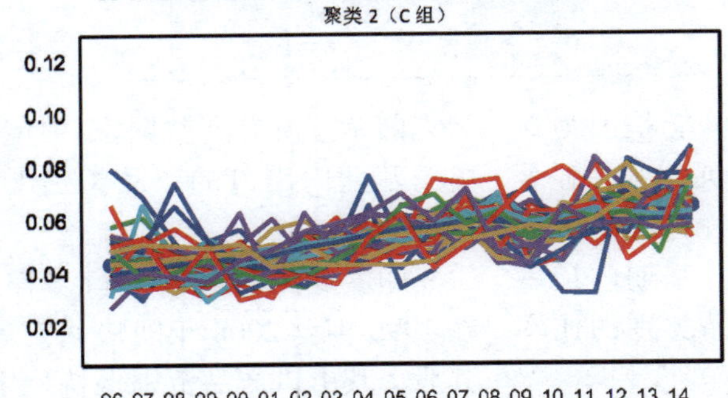

聚类 3（D组）

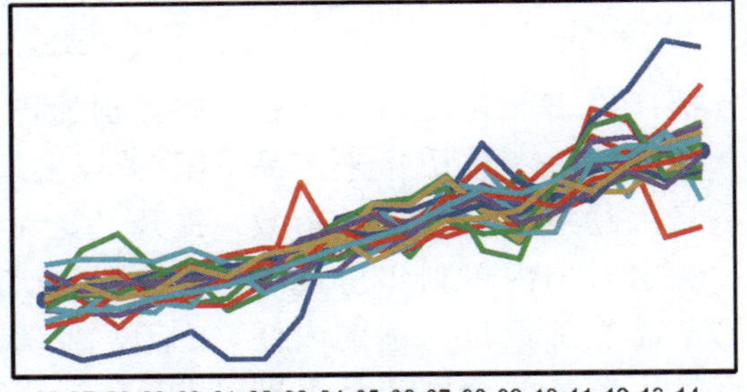

数据来源：基于WTO IDB/UN COMTRADE计算。

图4-3　出口产品多元化的长期趋势：出口国/关境聚类分析

A 组：多元化倒退
巴哈马
巴巴多斯
文莱
科摩罗
科特迪瓦
古巴
斐济
格林纳达
几内亚比绍
海地
牙买加
中国澳门
马尔代夫
圣卢西亚
圣文森特和格林纳丁斯
圣多美和普林西比
塔吉克斯坦
特立尼达和多巴哥
委内瑞拉
津巴布韦
B 组：多元化不变
阿尔及利亚
安提瓜和巴布达
阿根廷
澳大利亚
伯利兹
巴西
布基纳法索
加拿大
中非共和国
智利
中国
中国台北
哥斯达黎加
多米尼加
欧盟
几内亚
圭亚那
中国香港
印度尼西亚
以色列
日本
韩国
吉尔吉斯斯坦
利比里亚
马拉维
马里
墨西哥
蒙古
尼泊尔
新西兰
挪威
巴拿马
菲律宾
俄罗斯
塞拉利昂
新加坡
南非
瑞士
叙利亚
多哥
汤加
乌克兰
美国
乌拉圭
乌兹别克斯坦
C 组：多元化温和提升
阿塞拜疆
巴林
白俄罗斯
贝宁
玻利维亚
布隆迪
佛得角
喀麦隆
哥伦比亚
刚果（布）
刚果（金）
吉布提
多米尼加共和国
厄瓜多尔
埃及
萨尔瓦多
加蓬
格鲁吉亚
危地马拉
洪都拉斯
冰岛
印度
伊朗
哈萨克斯坦
肯尼亚
科威特
利比亚
马达加斯加
马来西亚
毛里塔尼亚
毛里求斯
摩尔多瓦
摩洛哥
缅甸
尼日尔
尼日利亚
阿曼
巴基斯坦
巴布亚新几内亚
巴拉圭
秘鲁
卢旺达
圣基茨和尼维斯
萨摩亚
沙特阿拉伯
塞内加尔
塞舌尔
所罗门群岛
斯里兰卡
苏里南
泰国
马其顿
冈比亚
突尼斯
土耳其
瓦努阿图
也门
赞比亚
D 组：多元化显著提升
阿富汗
阿尔巴尼亚
安哥拉
亚美尼亚
孟加拉国
不丹
波黑
柬埔寨
赤道几内亚
埃塞俄比亚
加纳
伊拉克
约旦
老挝
黎巴嫩
莫桑比克
尼加拉瓜
卡塔尔
塞尔维亚
坦桑尼亚
乌干达
阿联酋
越南

（3）产品类别的稳定性走势

分析产品多元化随时间变化的另一种方法是考察历年来产品类别数量的稳定性。稳定性指数可通过一定时期内单独年份连续贸易的产品类别数量与基期内任何时点发生贸易的个别产品类别数量进行比较而计得。比率越高，表明出口国/关境在其出口市场上的地位越持久越稳固。比率偏低，则可能是因为该国/关境贸易表现不稳定，不再出口或开始出口某些类别的产品；也可能是因为该国/关境出口产品多元化水平显著提升。要弄清后一种情况，必须对特别的产品类别与基期内最后一年发生贸易的产品类别的比率进行分析。

图 4-4 显示了选定国家/关境的稳定性指数。不出所料，主要发达国家、瑞士、中国、韩国、中国台北一道，作为非常成熟发达且出口多元化水平较高的贸易方名列前茅。所有这些国家/关境在整个基期内出口的产品类别十分广泛。

印度和土耳其的出口多样性在 1996 年至 2008 年间快速扩展，其后，其出口产品范围保持稳定。在产品多元化方面表现最为引人注目的发展中国家是越南和柬埔寨，以及塞尔维亚和波黑。

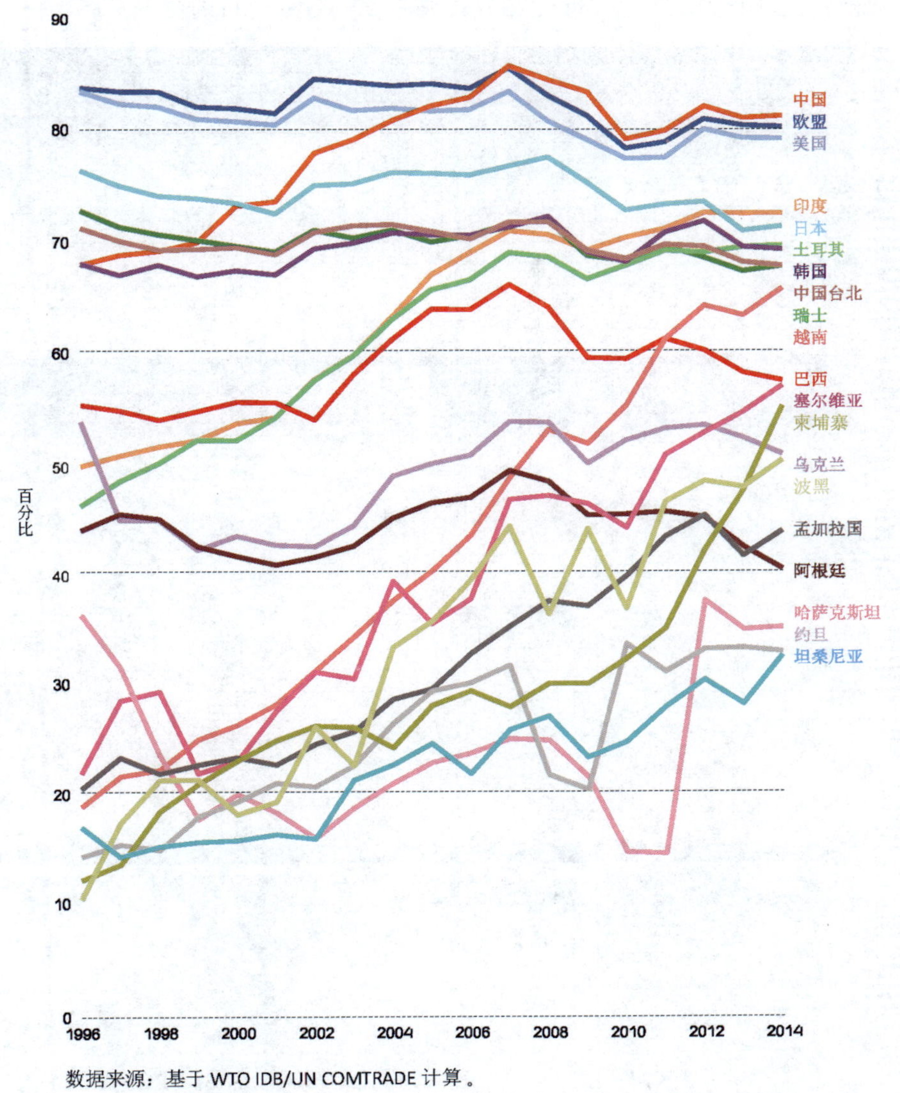

数据来源：基于 WTO IDB/UN COMTRADE 计算。

图 4–4　产品多元化的稳定性

4.2.3　各个产品组的产品多元化

本小节将从更细分的角度对产品多元化进行分析。考虑到《协调制度》各个章节所包含的产品类别数量各不相同，需要计算每章中出口产品类别数量与该章所列产品类别总数的比率。这样就能够确定《协调制度》每一章出口产品多元化的指标值。

图 4-5 显示了按收入水平（高收入、中高收入、中低收入和低收入）和出口总值将各国/关境分组后的计算结果。

图 4-5 揭示了高收入国家/关境的出口产品多元化结构比低收入国家/关境显著。但即使是在同一组别中，不同国家/关境间的出口产品多元化程度也是千差万别的。

例如，在高收入国家/关境组别中，大多数产油国的出口产品多元化程度很低（即便是原油所在的第 29 章也是如此）。这表明，这些国家的出口高度集中在为数不多的产品类别上，仅涵盖该章项下的极少数子目。

按收入水平分组，各国/关境产品多元化在《协调制度》各章子目的覆盖率。

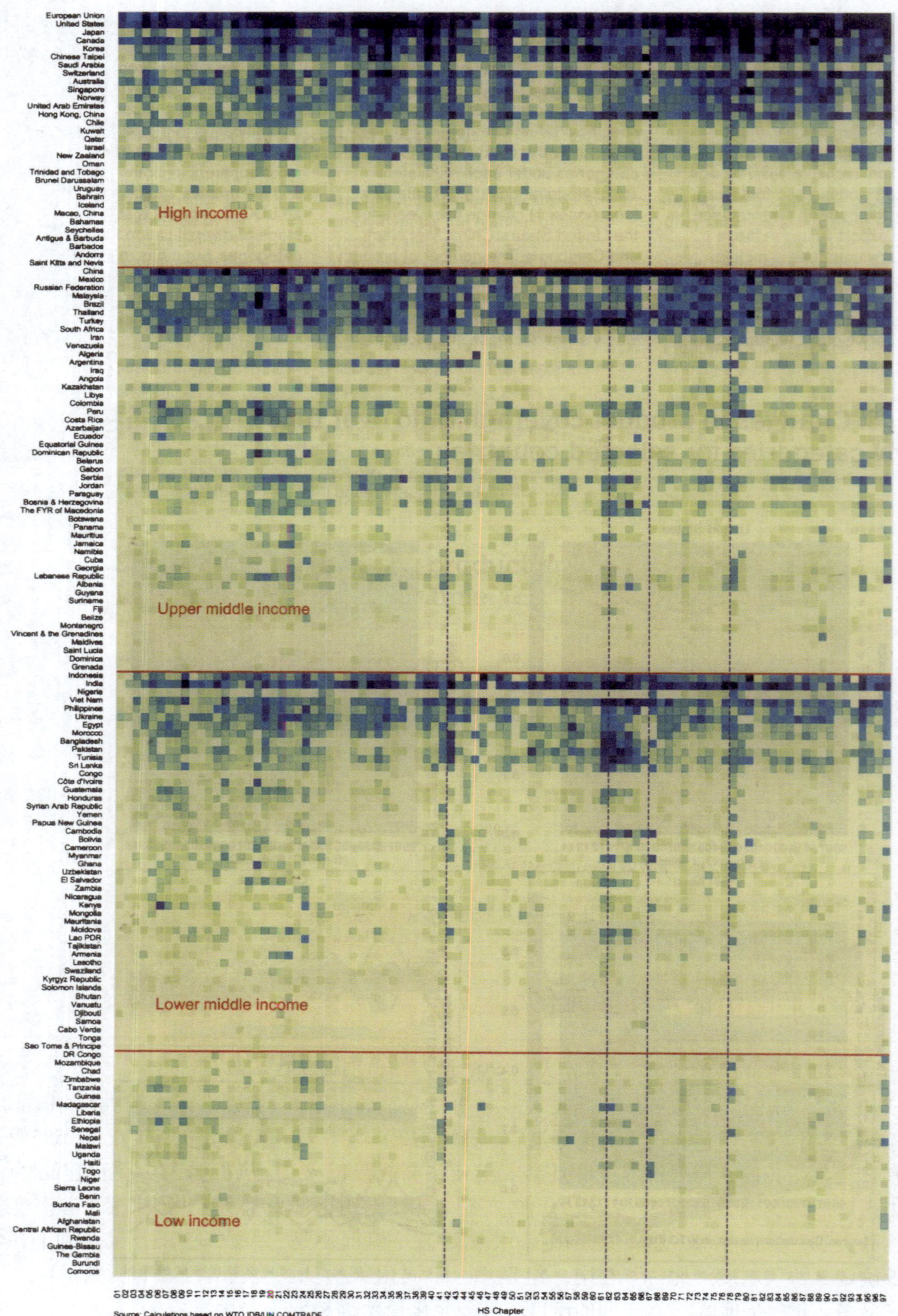

图 4-5　《协调制度》各章的产品多元化

注：右侧的色标显示 HS 子目的覆盖率。1.0 是指在某一 HS 章节项下的所有子目均有贸易。每一组中，各国/关境是按其产品多元化程度递减排序的。

在中高收入国家/关境组别中，许多国家/关境的出口产品多元化水平很高。特别是巴西、中国、印度和墨西哥等较大发展中经济体，其出口结构已经与传统工业化国家十分相似。但是，低收入国家/关境的出口多元化程度很低。从产品部类看，许多发展中国家/关境的出口产品多元化水平在第 61、62 和 64 章（服装和鞋类）较高，这与其在这些产品部类出口总值上的优异表现是一致的。在中等收入和低收入国家/关境组别中，许多国家/关境在农产品部类上的多元化表现优于其在工业品部类（例如，化工品和机器设备等）上的表现。

对许多国家/关境而言，某些章节项下的出口产品多样性相对较高。这些章节所涵盖的产品类别数量一般较少，且多为自然资源或非工业品，例如，第 78 章（铅及其制品）和第 97 章（艺术品和古物）。对某些国家/关境在特定产品类别中的多样性演变进行探析也是十分有趣的。图 4-6 显示了多年来，美国、中国、越南和柬埔寨在历次多边贸易谈判中出口产品类别的数量是如何演变的。

19 年间，美国的出口产品类别数量总体上保持稳定，但在农产品、鱼和纺织品上稍有下降。中国方面，服装和电器设备是最强劲的产品部类。其他工业品的多样化程度在 2001 年中国加入 WTO 后快速提高。近年来，中国出口农产品的品种范围显著扩大。过去 10 年里，越南在大多数类别的产品多样化程度上均大幅攀升；近年来，在服装、鞋类及电子产品方面，这种趋势尤为明显。作为一个最不发达国家，柬埔寨尽管在大多数产品类别上的多元化才刚刚起步，但其在服装类产品多元化方面已取得长足进步，鞋类和部分农产品的多元化程度也有所提升。

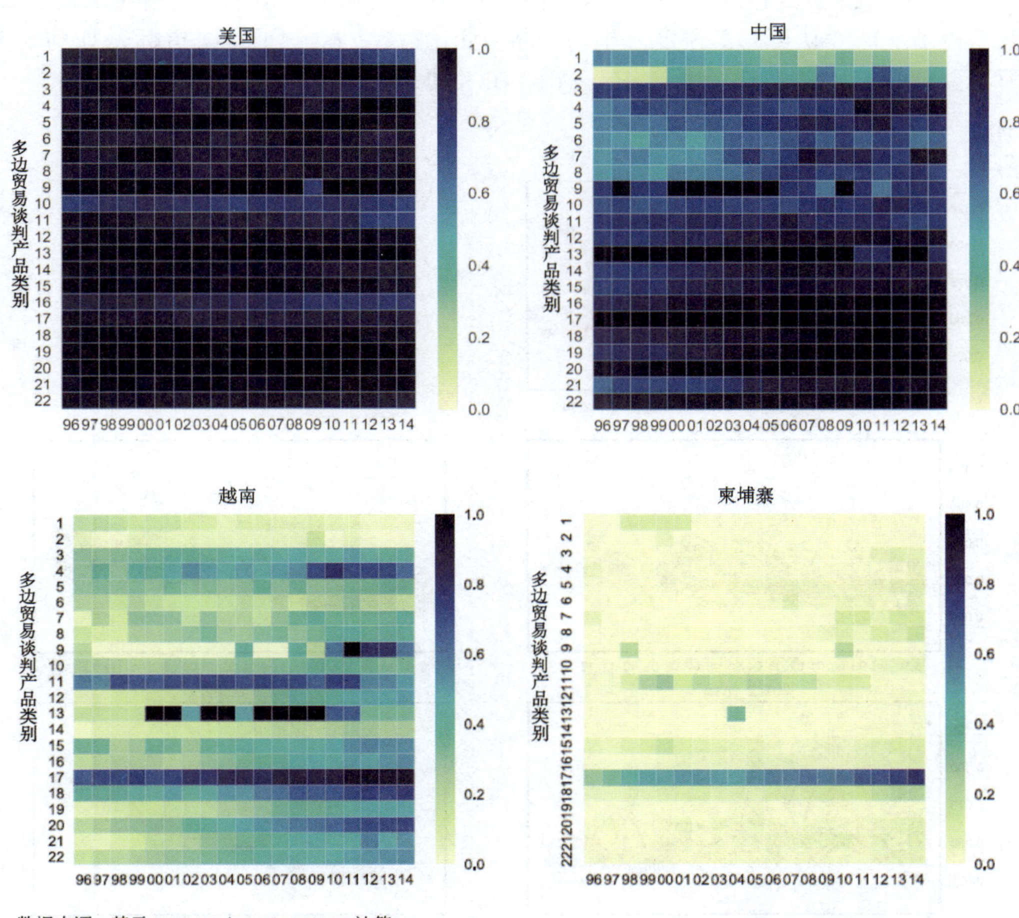

数据来源：基于 WTO IDB/UN COMTRADE 计算。

图 4-6 选定国家/关境在多边贸易谈判中的产品类别覆盖率走势

注：右侧的色标显示 HS 子目的覆盖率。1.0 是指在某一 HS 章节项下的所有子目均有贸易。每一组中，各国/关境是按其产品多元化程度递减排序的。

4.3 其他多元化指标

本节将通过探析贸易伙伴多元化，以及随时间变化的多元化等其他领域，对产品多元化问题作更深入的研究。可以说，与更多贸易伙伴交易相同数量的产品类别，表明该国/关境在全球市场上的影响力更强。相应地，这又可作为更大市场份额的一项指标。此外，其出口如能随时间变化而保持稳定，则说明该国/关境在全球市场上具有持续性和更大影响力。

4.3.1 地域多元化

正如在上述各节中对一国/关境出口到 18 个主要进口国/关境的产品多样性进行衡量那样，可以通过将一国/关境的产品多元化与世界市场比较，对其技术能力加以评估。然而，将同一种产品出口到一个以上的市场，不仅反映了一国/关境的技术实力，也反映了其获得了全球“认可”。同时，千万不要依赖于一个出口市场，这是至关重要的。

将地域维度引入出口多元化指标的一个简单方法，就是将某一给定国家/关境出口产品类别的数量与给定年份内该国/关境出口的市场的数量相乘：

$$HSDiv_{m,j} = i = 1NHSN_{m,j,i}$$

$HSDiv_{m,j}$：m 方 j 年在《协调制度》中的产品多元化指数；

NHS_j：j 年在《协调制度》中的出口产品类别数量；

$N_{m,j,i}$：j 年 m 方在 HS 子目 i 项下的出口市场数量。

结合地域多元化，根据此项新指标进行聚类分析。与图 4-3 一样，通过将各年份的数值除以 19 年间的累积数之和，以对指标值进行规格化处理。图 4-7 显示了此项指标是如何对各国/关境的分组产生影响的。

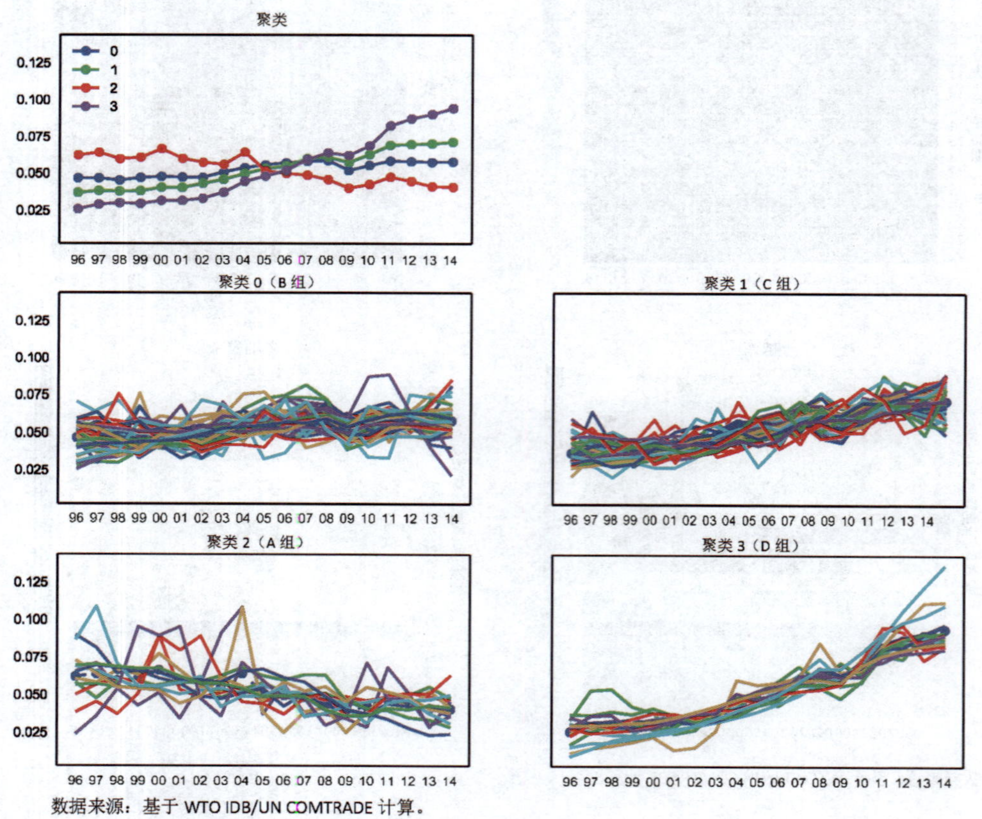

图 4-7 基于产品及地域多元化的国家/关境聚类走势

A：多元化倒退

巴哈马
巴巴多斯
文莱
古巴
斐济
格林纳达
几内亚比绍
海地
牙买加
中国澳门
马尔代夫
圣卢西亚
圣文森特和格林纳丁斯
圣多美和普林西比
塔吉克斯坦
冈比亚
委内瑞拉
津巴布韦

B：多元化不变

阿尔及利亚
安提瓜和巴布达
阿根廷
澳大利亚
阿塞拜疆
白俄罗斯
伯利兹
巴西
布基纳法索
加拿大
智利
科摩罗
科特迪瓦
多米尼加
欧盟
几内亚
圭亚那
中国香港
伊朗
以色列
日本
哈萨克斯坦
韩国
吉尔吉斯斯坦
利比亚
马拉维
马里
毛里塔尼亚
蒙古
尼泊尔
新西兰
尼日尔
挪威
巴拿马
俄罗斯
新加坡
所罗门群岛
南非
瑞士
叙利亚
中国台北
多哥
汤加
特立尼达和多巴哥
乌克兰
美国
乌拉圭
乌兹别克斯坦
也门

C：多元化温和提升

阿富汗
巴林
贝宁
不丹
玻利维亚
布隆迪
佛得角
喀麦隆
中非共和国
中国
哥伦比亚
刚果（布）
哥斯达黎加
刚果（金）
吉布提
多米尼加共和国
厄瓜多尔
埃及
萨尔瓦多
赤道几内亚
加蓬
格鲁吉亚
加纳
危地马拉
洪都拉斯
冰岛
印度尼西亚
约旦
肯尼亚
科威特
黎巴嫩
利比里亚
马达加斯加
马来西亚
毛里求斯
墨西哥
摩尔多瓦
摩洛哥
缅甸
尼加拉瓜
尼日利亚
阿曼
巴基斯坦
巴布亚新几内亚
巴拉圭
秘鲁
菲律宾
卢旺达
圣基茨和尼维斯
萨摩亚
沙特阿拉伯
塞内加尔
塞舌尔
塞拉利昂
斯里兰卡
苏里南
坦桑尼亚
泰国
马其顿
突尼斯
乌干达
瓦努阿图
赞比亚

D：多元化显著提升

阿尔巴尼亚
安哥拉
亚美尼亚
孟加拉
波黑
柬埔寨
埃塞俄比亚
印度
伊拉克
老挝
莫桑比克
卡塔尔
塞尔维亚
土耳其
阿联酋
越南

如上表所示，增加出口市场数量，使各国/关境的分组发生了变化。某些国家/关境的出口产品类别数量呈下行趋势，其贸易伙伴数量却呈上行趋势。而另一些国家/关境恰恰相反，例如，印度和土耳其从“温和提升”组转入“显著提升”组。这表明两国的出口产品类别较多，同时其出口地域范围扩大。

考察地域或市场多元化的另一种方法是计算每个产品类别的贸易伙伴平均数，由此可获得令人更容易理解的数值。图 4-8 显示了该方法的计算结果。

欧盟是出口地域多元化程度最高的经济体（每个产品类别的贸易伙伴平均有 10 个），中国（平均 8 个）和美国（平均 8 个）紧随其后，它们都远远抛离了其他经济体。

一直以来，美国和欧盟的贸易伙伴比率较为稳定，但同期中国的贸易伙伴比率却翻了一番。柬埔寨和越南也值得一提，其贸易伙伴比率增加均超过两倍，分别达到 3.6 和 4.1。

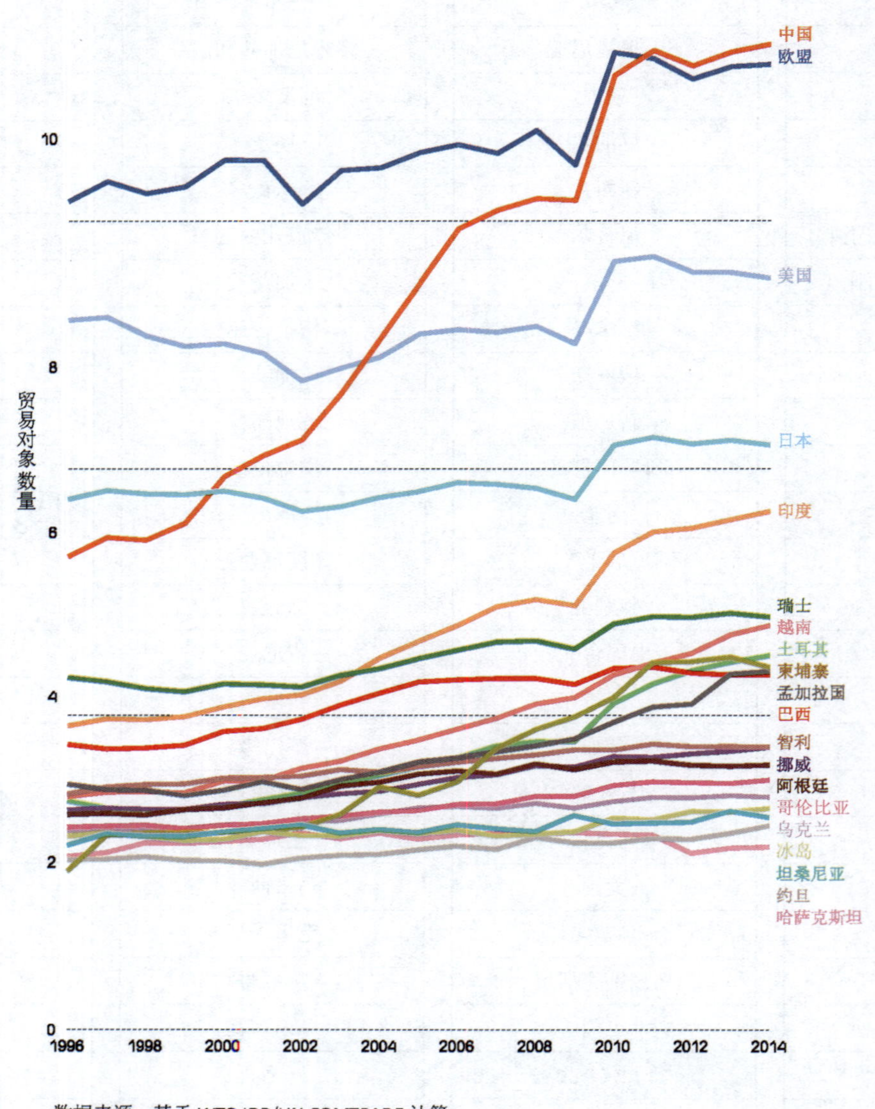

数据来源：基于 WTO IDB/UN COMTRADE 计算。

图 4-8　每个产品类别逐年贸易伙伴的平均数

4.3.2 历史表现

另一个重要因素是一国/关境的单个产品类别的持续出口时间有多长。基于对有贸易的年份所有产品类别分布的分析，可清晰地将其分为两组。第一组是贸易大国（地区），多年来其出口产品覆盖范围较为稳定。19 年间，其大多数产品均保持正常出口。第二组大多数为贸易小国（地区），其出口产品类别波动较大，多数产品的出口仅持续一至两年，只有极少数产品在 19 年间持续出口。

图 4-9 显示了选定国家/关境产品类别出口持续性的百分比。

就美国和加拿大等国家而言，19 年间均有出口的产品类别约占一半。然而，哈萨克斯坦和尼日利亚等国家，19 年间均有出口的产品类别仅占 3%。

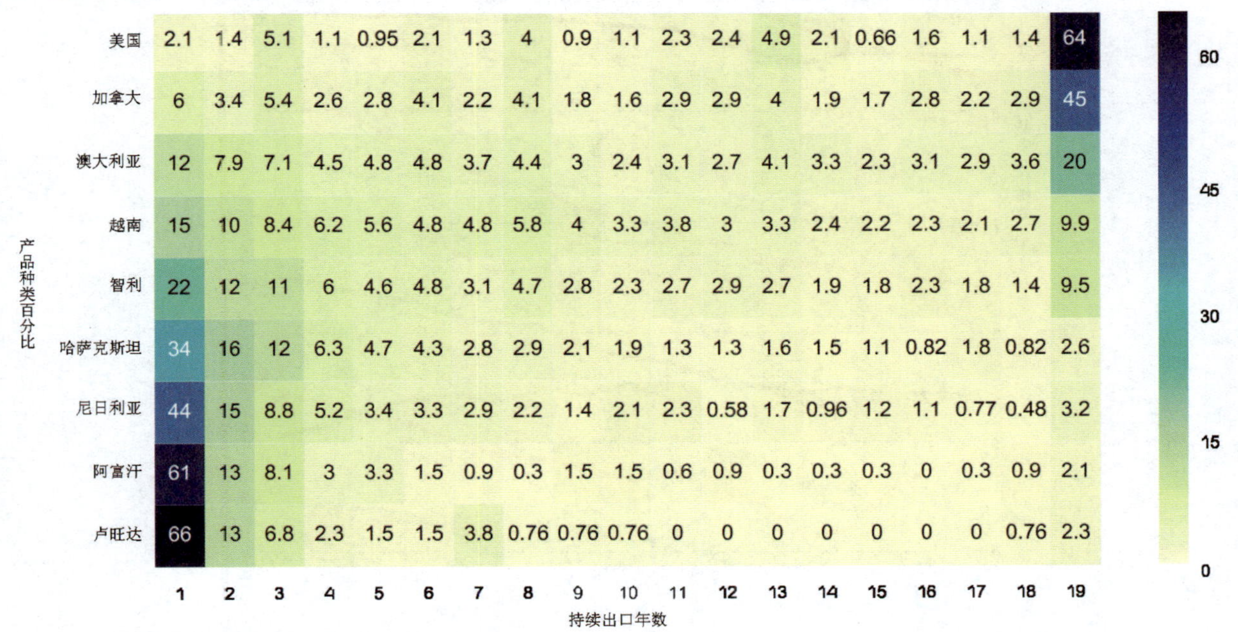

图 4-9 选定国家/关境多年持续出口的产品类别比例

注：颜色越深表明比例越高，参见右侧图例说明。

4.3.3 产品多元化指数

构建产品多元化指数需考虑三个因素：一是一国/关境出口产品类别的数量；二是市场范围；三是历史表现。

就后两个因素而言，可以三年作为一个时间跨度。也就是说，具体年份的产品多元化指数就是根据其在近三年的地域多样性及其历史表现进行调整后所得到的产品类别的数量。通过自然对数转换可缩小其值域范围。

$HSDiv_{m,y}$ = In（$\sum_{j}^{y}$ = y − 3 $\sum_{i=1}^{NHSJ}$ = $N_{m,j,i}$）

$HSDiv_{m,y}$：y 年 m 方出口的 HS 产品多元化指数；

NHS_j：j 年出口产品所涵盖的 HS 子目数量；

$N_{m,j,i}$：j 年 HS 子目 i 项下出口的市场对象 m 的数量。

图 4-10 显示了选定国家/关境在 1998 年至 2014 年间的产品多元化指数。附件 2 列出了本章中所有国家/关境的产品多元化指数。

图 4-10 的模式看似与图4-2中的产品多元化相似，但它们是有区别的。因为，该指数同样反映了地域和历史因素对产品多元化的影响。例如，在经历了 2006 年之前的快速增长后，印度和土耳其出口的产品类别数量保持稳定（参见图 4-2），但其出口市场覆盖范围的多元化有所加强（参见图 4-8）。图 4-10 显示的多元化指数同样反映出这一点。大多数发展中国家（地区）均呈正常上行态势，表明它们在全球市场上站稳了脚跟。

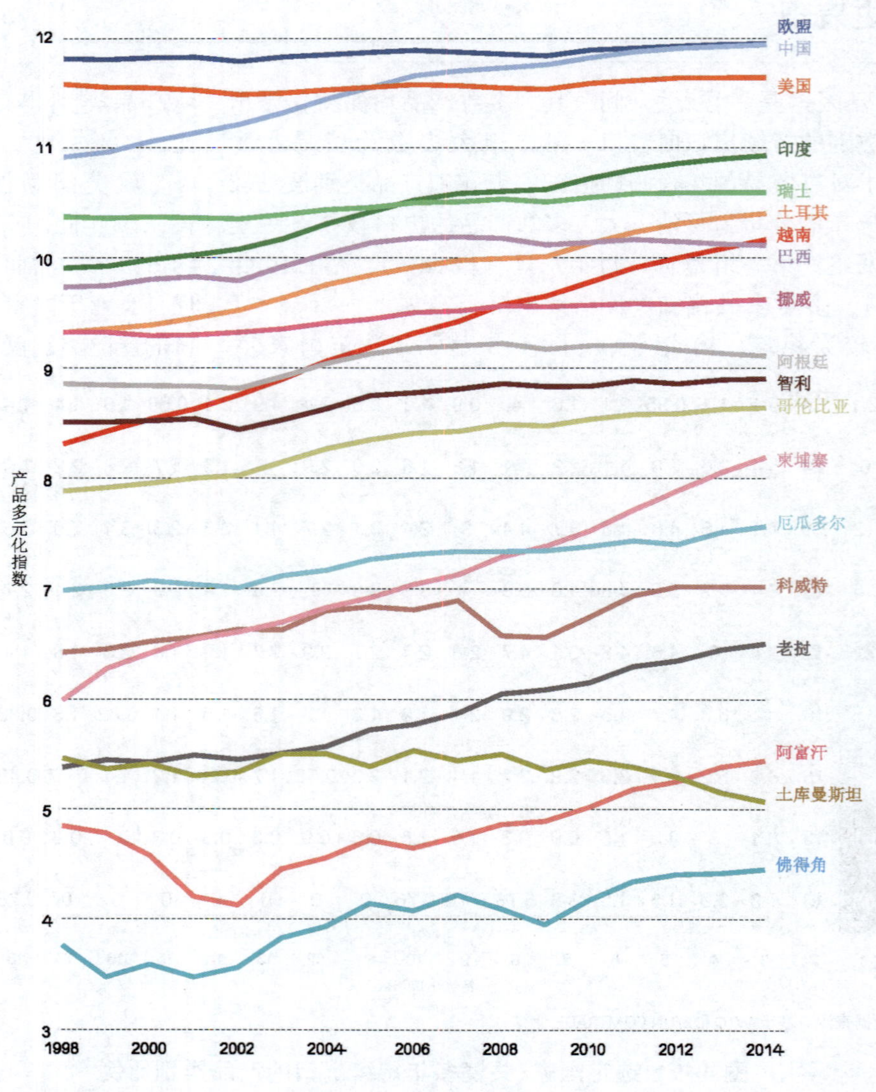

数据来源：基于 WTO IDB/UN COMTRADE 计算。

图 4-10　选定国家/关境的产品多元化指数走势

如上所述，产品多元化与经济体的大小呈正向关系。产品多元化指数也印证了这一点。图 4-11 显示产品多元化与 GDP 的相关性很强，其走势也与贸易总值息息相关。图 4-11 中右上角的大泡泡数量较多，说明较大的经济体的出口多元化程度较高，贸易体量也较大。

在 1998 年至 2014 年间，这一趋势保持不变，经济和贸易大国（地区）处上行轨迹的顶端，表明出口多元化与经济/贸易规模之间的相关性很强。

出口产品品种范围较窄的国家/关境提升出口多元化的空间更大。因此，理论上更容易扩大出口产品的品种范围。然而，在 15 年间，这些国家/关境中有多数国家/关境的出口多元化并未发生显著变化。

处于图片中部位置的国家/关境主要是中等收入发展中国家（地区），其出口多元化变化明显。处于图片右上方的发达国家（地区）其出口多元化始终处于上行状态，但升幅不大。

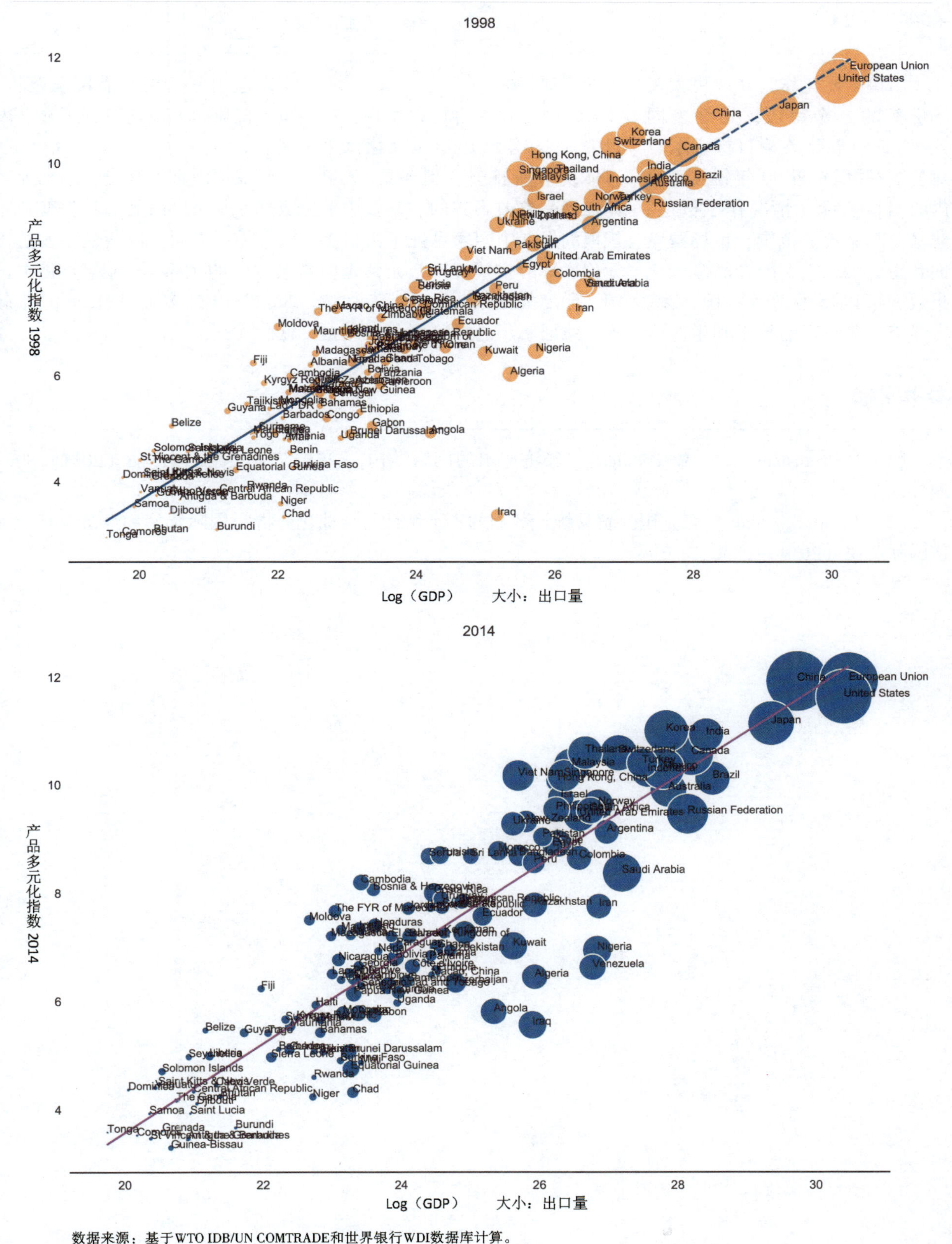

数据来源：基于WTO IDB/UN COMTRADE和世界银行WDI数据库计算。

图 4-11　产品多元化、经济体大小与贸易的相关性

4.4 结论

出口多元化作为获取更大市场份额的一个手段，是许多国家/关境的重要政策目标。本章对各国/关境在近20年较长时间内的出口多元化情况作了概述。建基于产品覆盖范围、市场覆盖面和历史表现之上的产品多元化指数，可以作为衡量一国/关境世界市场参与度的技术和生产能力的一项指标。

通过本章内容可以发现，在过去的20年间出口多元化水平总体上有所提升，但各国/关境的发展是参差不齐的。许多中等规模的发展中国家见证了出口多元化水平的快速提升，尤其是中国、印度等国家。同样，孟加拉国、柬埔寨、老挝等部分亚洲最不发达国家，在产品覆盖范围、市场覆盖面方面均得到了显著发展。

发达国家因其出口结构比较成熟，其出口商品的种类变化不大。另一方面，包括最不发达国家在内的大多数小型发展中国家，其出口多元化水平仍然较低。

参考文献

[1] R. Hausmann，C. A. Hidalgo，“经济产出的网络结构”，《经济发展杂志》，16（2011）309-342.

[2] V. Markhonko，“官方国际贸易统计数据的不平衡性与全球化分析” 国际贸易和经济全球化评估国际会议（2014）论文 .

附件 1　多边贸易谈判产品类别

序号	类别	序号	类别
01	动物产品	12	矿产品及金属
02	乳制品	13	石油
03	水果、蔬菜及植物	14	化工品
04	咖啡及茶	15	木材、纸及其他
05	谷物及其制品	16	纺织品
06	含油子仁、脂肪及油脂	17	衣着
07	糖及糖食	18	皮革、鞋及其他
08	饮料及烟草	19	非电气设备
09	棉	20	电气设备
10	其他农产品	21	运输设备
11	鱼及鱼产品	22	其他工业品

注：有关这些产品类别在《协调制度》中的详细定义，参见国家/关境概况部分的技术性说明。

附件2 基于《协调制度》的产品多元化指数

代码	国家/关境名称	1998	1999	2000	2001	2002	2003	2004	2005	2006	2007	2008	2009	2010	2011	2012	2013	2014
AFG	阿富汗	4.8	4.8	4.6	4.2	4.1	4.5	4.6	4.7	4.6	4.7	4.9	4.9	5	5.2	5.3	5.4	5.4
ALB	阿尔巴尼亚	6.2	6.2	6.2	6.3	6.2	6.4	6.4	6.5	6.6	6.7	6.8	6.9	7	7	7.1	7.2	7.2
DZA	阿尔及利亚	6	6.1	6	6.2	6.3	6.3	6.4	6.4	6.4	6.5	6.6	6.4	6.5	6.4	6.3	6.4	6.4
AGO	安哥拉	4.9	4.9	4.9	4.9	5	5	5.3	5.2	5.3	5.4	5.5	5.6	5.5	5.9	5.9	5.7	5.8
ATG	安提瓜和巴布达	3.7	3.7	3.6	3.5	3.7	4	4	3.8	4.1	4.1	4.1	3.7	3.6	3.9	3.7	4	3.5
ARG	阿根廷	8.9	8.8	8.8	8.8	8.8	8.9	9	9.1	9.2	9.2	9.2	9.2	9.2	9.2	9.2	9.1	9.1
ARM	亚美尼亚	4.8	4.8	5.2	5.3	5.4	5.5	5.6	5.6	5.8	5.9	6.1	6	6.1	6.2	6.3	6.4	6.4
AUS	澳大利亚	9.6	9.6	9.6	9.7	9.7	9.7	9.8	9.8	9.9	9.9	9.9	9.9	9.9	9.9	9.9	9.9	9.9
AZE	阿塞拜疆	5.9	5.7	5.8	5.7	5.6	5.7	5.9	6.1	6.3	6.3	6.3	6.2	6.2	6.3	6.3	6.3	6.3
BHS	巴哈马	5.4	5.5	5.5	5.5	5.5	5.4	5.4	5.5	5.4	5.4	5.4	5.3	5.3	5.3	5.4	5.5	5.4
BHR	巴林	6.7	6.6	6.6	6.7	6.7	6.7	6.8	6.8	6.9	6.9	6.9	6.9	7	7.1	7.1	7.1	7.2
BGD	孟加拉国	7.4	7.5	7.5	7.5	7.5	7.6	7.8	7.9	8	8.1	8.2	8.2	8.3	8.5	8.5	8.6	8.7
BRB	巴巴多斯	5.2	5.3	5.4	5.1	4.9	5	5.1	5	5.1	5	5	5	5	5.1	5.1	5.1	5.1
BLR	白俄罗斯	7.4	7.4	7.3	7.3	7.4	7.4	7.6	7.6	7.7	7.6	7.7	7.7	7.7	7.8	7.7	7.8	7.8
BLZ	伯利兹	5.1	5.2	5.3	5.1	5	5.1	5.3	5.3	5.4	5.3	5.2	5	5.2	5.4	5.3	5.4	5.5
BEN	贝宁	4.5	4.6	4.6	4.7	4.6	4.5	4.5	4.7	5	4.9	4.9	4.8	4.9	5.1	5.1	5.1	5.1
BTN	不丹	3	3.4	3.2	3.5	3.6	4	3.9	4.2	4.1	4.3	4.4	4.4	4.5	4.6	4.6	4.2	4.2
BOL	玻利维亚	6.1	6	6.2	6.1	6	6.2	6.4	6.6	6.7	6.7	6.8	6.8	6.9	6.9	6.8	6.8	6.8
BIH	波黑	6.7	6.9	6.8	6.8	7	7	7.3	7.4	7.6	7.7	7.6	7.8	7.7	7.9	7.9	8	8.1
BWA	博茨瓦纳			3.7	4.2	4.4	4.4	4.9	4.9	4.9	4.9	4.7	4.6	4.3	4.3	4.5	4.4	4.5
BRA	巴西	9.7	9.7	9.8	9.8	9.8	9.9	10	10.1	10.2	10.2	10.2	10.1	10.1	10.2	10.1	10.1	10.1
BRN	文莱	4.9	5	5.1	5.2	5.3	5.3	5.3	5.4	5.1	5	5.1	5	4.9	5	5	5	5.1
BFA	布基纳法索	4.3	4.3	4.5	4.5	4.4	4.6	4.8	4.7	4.5	4.5	4.6	4.6	4.6	4.8	4.6	4.7	4.9
BDI	布隆迪	3.1	3	3	3	3.3	3.5	3.4	3.5	3.5	3.3	3.5	3.5	3.6	3.9	3.8	4	3.7
CPV	佛得角	3.8	3.5	3.6	3.5	3.6	3.8	3.9	4.1	4.1	4.2	4.1	4	4.2	4.3	4.4	4.4	4.5
KHM	柬埔寨	6	6.3	6.4	6.5	6.6	6.7	6.8	6.9	7	7.1	7.3	7.4	7.5	7.7	7.9	8.1	8.2
CMR	喀麦隆	5.8	5.8	5.8	5.8	5.9	6	6	6.1	6.2	6.2	6.3	6.3	6.3	6.3	6.4	6.4	6.4
CAN	加拿大	10.3	10.3	10.3	10.3	10.3	10.3	10.4	10.4	10.5	10.5	10.5	10.5	10.5	10.5	10.5	10.6	10.6
CAF	中非共和国	3.8	3.8	3.9	4	4	4.1	4.2	4.2	4.4	4.5	4.6	4.5	4.6	4.6	4.6	4.5	4.3
TCD	乍得	3.3	3.4	3.4	3.4	3.2	3.6	3.7	3.9	3.7	3.8	3.8	4.3	4.1	4	3.9	4.2	4.3
CHL	智利	8.5	8.5	8.5	8.5	8.4	8.5	8.6	8.7	8.8	8.8	8.9	8.8	8.8	8.9	8.9	8.9	8.9
CHN	中国	10.9	11	11.1	11.1	11.2	11.3	11.4	11.5	11.6	11.7	11.7	11.7	11.8	11.9	11.9	11.9	11.9
COL	哥伦比亚	7.9	7.9	8	8	8	8.1	8.3	8.3	8.4	8.4	8.5	8.5	8.5	8.6	8.6	8.6	8.6
COM	科摩罗	3	3.3	2.9	3.2	3.1	3.4	3.3	3.5	3.5	3.2	3.3	3.4	3.5	3.3	3.2	3.6	3.5
COG	刚果（布）	5.2	5.3	5.4	5.5	5.4	5.5	5.6	5.7	5.8	5.8	5.8	5.9	5.8	5.9	5.9	5.8	5.8
CRI	哥斯达黎加	7.4	7.5	7.5	7.5	7.5	7.5	7.6	7.7	7.8	7.8	7.8	7.8	7.8	7.9	7.9	8	8
CIV	科特迪瓦	6.5	6.5	6.5	6.6	6.6	6.5	6.6	6.6	6.6	6.6	6.6	6.6	6.6	6.5	6.6	6.6	6.6

代码	国家/关境名称	1998	1999	2000	2001	2002	2003	2004	2005	2006	2007	2008	2009	2010	2011	2012	2013	2014
CUB	古巴	5.9	6	5.9	5.9	5.9	6	6.1	6	6	6	6	5.9	5.9	6	6	6.1	6.1
COD	刚果（金）	5.1	4.9	5	4.9	4.9	5	5.2	5.4	5.5	5.5	5.6	5.6	5.6	5.6	5.6	5.7	5.7
DJI	吉布提	3.4	3.3	3.1	3	3.2	3.4	3.9	3.7	3.7	3.9	4	4.2	3.9	4	4	4.2	4.1
DMA	多米尼加	4.1	4.4	4.1	4.2	3.9	4	4.2	4.2	4.3	4.2	4.4	4.3	4.2	4.3	4.3	4.3	4.4
DOM	多米尼加共和国	7.3	7.3	7.3	7.3	7.4	7.5	7.5	7.6	7.7	7.7	7.8	7.7	7.8	7.8	7.8	7.8	7.8
ECU	厄瓜多尔	7	7	7.1	7	7	7.1	7.2	7.3	7.3	7.3	7.3	7.3	7.4	7.4	7.4	7.5	7.6
EGY	埃及	8.1	8	8.1	8.1	8.1	8.2	8.3	8.5	8.5	8.6	8.5	8.5	8.6	8.8	8.8	8.8	8.9
SLV	萨尔瓦多	6.7	6.6	6.7	6.7	6.8	6.8	6.9	6.9	7	6.9	7	7	7	7.1	7.1	7.2	7.2
GNQ	赤道几内亚	4.2	4.2	4.2	4.4	4.3	4.5	4.6	4.7	4.6	4.8	4.7	4.7	4.8	4.9	4.7	4.8	4.8
ETH	埃塞俄比亚	5.3	5.3	5.4	5.6	5.4	5.6	5.8	5.9	6	6.1	6.2	6.2	6.2	6.4	6.4	6.5	6.6
EU	欧盟（27）	11.8	11.8	11.8	11.8	11.8	11.8	11.8	11.9	11.9	11.9	11.8	11.8	11.9	11.9	11.9	11.9	11.9
FJI	斐济	6.2	6.3	6.3	6.2	6.1	6.1	6.2	6.2	6.1	6.2	6.1	6.1	6.1	6.2	6.2	6.3	6.2
GAB	加蓬	5.1	5.2	5.3	5.4	5.5	5.6	5.7	5.5	5.6	5.5	5.6	5.6	5.5	5.6	5.7	5.7	5.7
GEO	格鲁吉亚	5.7	5.7	5.8	5.9	5.8	5.9	6	6.2	6.2	6.2	6.3	6.3	6.4	6.4	6.5	6.6	6.6
GHA	加纳	6.3	6.3	6.3	6.3	6.4	6.5	6.6	6.6	6.7	6.7	6.7	6.7	6.7	6.9	6.9	7	7
GRD	格林纳达	4	4.1	4	4.1	3.9	3.8	4.1	3.5	3.1	3.3	3.3	3	3.2	3.4	3	3.5	3.6
GTM	危地马拉	7.2	7.2	7.2	7.2	7.3	7.3	7.4	7.5	7.5	7.5	7.5	7.5	7.5	7.6	7.6	7.7	7.7
GIN	几内亚	4.9	5	5.1	5.1	5.1	5.2	5.3	5.3	5.3	5.3	5.3	5.1	5.2	5.2	5.1	5	5.1
GNB	几内亚比绍	3.7	3.6	3.5	3.4	3.7	3.9	4.4	3.3	3.6	3	3.2	3	2.9	3.6	3.4	2.9	3.3
GUY	圭亚那	5.3	5.3	5.4	5.4	5.4	5.4	5.4	5.4	5.4	5.4	5.5	5.4	5.5	5.4	5.4	5.3	5.4
HTI	海地	5.9	5.9	5.8	5.8	5.7	5.8	5.7	5.7	5.6	5.6	5.6	5.6	5.6	5.7	5.8	5.9	5.9
HND	洪都拉斯	6.8	6.8	6.8	6.8	6.9	6.9	7	7	7	7.1	7.1	7.1	7.2	7.2	7.2	7.3	7.4
HKG	中国香港	10.1	10.1	10.1	10.1	10	10	10.1	10.1	10.1	10.1	10.1	10	10.1	10.1	10.1	10.1	10.1
ISL	冰岛	6.8	6.8	6.9	6.9	6.9	7	7	7.1	7.1	7.1	7.2	7.1	7.2	7.2	7.2	7.3	7.3
IND	印度	9.9	9.9	10	10	10.1	10.2	10.3	10.4	10.5	10.6	10.6	10.6	10.7	10.8	10.9	10.9	10.9
IDN	印度尼西亚	9.7	9.7	9.8	9.8	9.8	9.8	9.9	10	10	10	10	10	10.1	10.2	10.2	10.2	10.2
IRN	伊朗	7.2	7.3	7.4	7.4	7.5	7.6	7.7	7.8	7.8	7.9	7.9	7.8	7.9	7.9	7.9	7.8	7.7
IRQ	伊拉克	3.4	3.6	3.9	3.5	3.6	3.8	4.6	4.8	4.8	4.9	5.1	5	5	5.2	5.3	5.5	5.6
ISR	以色列	9.3	9.4	9.4	9.4	9.4	9.4	9.5	9.6	9.6	9.6	9.7	9.7	9.7	9.7	9.8	9.8	9.8
JAM	牙买加	6.5	6.4	6.3	6.2	6.2	6.3	6.3	6.3	6.3	6.2	6.2	6.1	6.1	6.2	6.1	6.2	6.2
JPN	日本	11.1	11.1	11.1	11	11	11	11.1	11.1	11.1	11.1	11.1	11.1	11.1	11.1	11.2	11.1	11.1
JOR	约旦	6.6	6.7	6.7	6.8	6.9	7	7.2	7.3	7.4	7.4	7.1	7.1	7.4	7.4	7.6	7.6	7.7
KAZ	哈萨克斯坦	7.5	7.2	7.2	7.2	7.1	7.2	7.3	7.4	7.5	7.6	7.6	7.5	7	7	7.4	7.6	7.8
KEN	肯尼亚	6.6	6.6	6.6	6.6	6.7	6.7	6.9	6.9	7	7	7	7	7.1	7.1	7.1	7.2	7.3
KOR	韩国	10.5	10.6	10.6	10.6	10.6	10.7	10.7	10.8	10.8	10.8	10.8	10.8	10.9	10.9	11	11	11
KWT	科威特	6.4	6.5	6.5	6.6	6.6	6.6	6.8	6.8	6.8	6.9	6.6	6.6	6.7	6.9	7	7	7
KGZ	吉尔吉斯斯坦	5.9	5.5	5.6	5.4	5.4	5.7	5.9	5.9	5.9	6	6.2	6.1	6.2	6.2	6.1	5.8	5.7
LAO	老挝	5.4	5.4	5.4	5.5	5.5	5.5	5.6	5.7	5.8	5.9	6	6.1	6.2	6.3	6.3	6.4	6.5
LBN	黎巴嫩	6.8	6.8	6.8	6.9	7	7.1	7.2	7.4	7.5	7.6	7.4	7.3	7.5	7.6	7.7	7.8	7.7

代码	国家/关境名称	1998	1999	2000	2001	2002	2003	2004	2005	2006	2007	2008	2009	2010	2011	2012	2013	2014
LSO	莱索托			3.4	4.3	4.8	4.9	4.9	5	5	5.1	5.1	5	5.2	5.2	5.2	5	5.1
LBR	利比里亚	4.1	4.4	4.7	4.5	4.6	4.6	4.4	4.6	4.7	4.5	4.8	4.8	4.9	5.1	5.2	5.2	5
LBY	利比亚	5.6	5.4	5.5	5.6	5.6	5.8	5.8	5.9	5.9	5.9	5.9	5.9	5	5.9	5.6	5.8	5.9
MAC	中国澳门	7.3	7.2	7.3	7.3	7.3	7.4	7.5	7.4	7.3	7.3	7.3	7.1	6.9	6.8	6.7	6.7	6.5
MDG	马达加斯加	6.4	6.5	6.5	6.6	6.5	6.6	6.7	6.7	6.8	6.8	6.9	6.9	6.9	7	7	7.1	7.2
MWI	马拉维	5.7	5.7	5.7	5.5	5.5	5.6	5.6	5.7	5.6	5.7	5.7	5.8	5.6	5.6	5.5	5.5	5.6
MYS	马来西亚	9.7	9.7	9.8	9.8	9.8	9.9	10	10.1	10.1	10.1	10.2	10.2	10.2	10.3	10.3	10.3	10.3
MDV	马尔代夫	4.1	4.3	4.8	4.8	4.9	4.6	4.3	4.1	4	4.1	4.2	4.1	4	4.2	4.1	4.2	4.5
MLI	马里	4.8	4.7	4.9	5	4.6	4.8	4.8	4.9	5.1	5	4.9	4.8	4.9	4.9	4.9	4.9	4.9
MRT	毛里塔尼亚	4.9	5.1	5.1	5	5	5.1	5.2	5.1	5.2	5.2	5.2	5	5	5.2	5.2	5.3	5.5
MUS	毛里求斯	6.8	6.8	6.8	6.8	6.8	6.8	6.9	6.9	7	7	7.1	7	7.1	7.2	7.2	7.3	7.3
MEX	墨西哥	9.7	9.7	9.7	9.7	9.7	9.7	9.8	9.9	9.9	10	10	10	10.1	10.2	10.2	10.3	10.3
MDA	摩尔多瓦	6.9	6.8	6.9	6.9	6.8	6.9	7	7.1	7.1	7.2	7.3	7.2	7.3	7.4	7.4	7.5	7.5
MNG	蒙古	5.5	5.5	5.7	5.8	5.8	5.9	6.1	6.2	6	6.1	5.9	5.7	5.8	5.8	5.9	5.8	5.8
MNE	黑山									4.3	4.8	5.2	5.3	5.4	5.4	5.5	5.5	5.5
MAR	摩洛哥	7.9	8	8	8.1	8.1	8.2	8.3	8.3	8.4	8.5	8.6	8.5	8.6	8.6	8.7	8.7	8.8
MOZ	莫桑比克	5.7	5.7	5.8	5.6	5.4	5.4	5.5	5.6	5.7	5.9	5.9	6	6	6.2	6.3	6.4	6.4
MMR	缅甸	6.6	6.7	6.9	7	7	7	6.9	6.9	6.9	7	7.1	7.1	7.1	7.3	7.3	7.3	7.5
NAM	纳米比亚			4.5	5	5.4	5.5	5.6	5.8	5.8	5.8	5.8	5.7	5.7	5.8	5.7	6	5.9
NPL	尼泊尔	6.3	6.4	6.6	6.7	6.7	6.8	6.9	6.9	6.9	6.9	7	6.9	6.9	7	6.8	6.9	6.9
NZL	新西兰	9	9	9	9	9	9.1	9.2	9.2	9.2	9.2	9.2	9.2	9.2	9.3	9.3	9.3	9.3
NIC	尼加拉瓜	5.8	5.8	5.9	6	6	6.1	6.2	6.3	6.4	6.4	6.5	6.5	6.5	6.6	6.7	6.7	6.8
NER	尼日尔	3.6	3.7	3.9	3.7	3.7	3.9	4	3.7	4.1	4.1	4.2	3.7	3.8	4	4	4.2	4.2
NGA	尼日利亚	6.5	6.4	6.4	6.3	6.3	6.5	6.6	6.6	6.6	6.7	6.8	6.8	6.9	6.9	7	6.9	6.9
NOR	挪威	9.3	9.3	9.3	9.3	9.3	9.4	9.4	9.4	9.5	9.5	9.6	9.6	9.6	9.6	9.6	9.6	9.6
OMN	阿曼	6.5	6.5	6.6	6.6	6.7	6.7	6.9	6.9	6.8	6.9	6.7	6.7	6.9	7.1	7.2	7.2	7.3
PAK	巴基斯坦	8.4	8.4	8.4	8.4	8.4	8.5	8.6	8.7	8.8	8.8	8.8	8.8	8.9	8.9	9	9	9
PAN	巴拿马	6.5	6.5	6.4	6.4	6.4	6.3	6.4	6.5	6.6	6.5	6.7	6.6	6.6	6.7	6.7	6.7	6.8
PNG	巴布亚新几内亚	5.7	5.6	5.6	5.7	5.7	5.8	5.9	6	6	6	6.1	6.2	6.1	6.3	6.2	6.1	6.1
PRY	巴拉圭	6.5	6.4	6.4	6.4	6.2	6.4	6.5	6.6	6.7	6.8	6.9	6.9	6.9	7	6.9	7	7
PER	秘鲁	7.7	7.7	7.7	7.7	7.8	7.8	8	8.1	8.2	8.2	8.3	8.3	8.3	8.4	8.5	8.5	8.6
PHL	菲律宾	9	9	9.1	9.1	9.1	9.2	9.3	9.3	9.3	9.3	9.4	9.3	9.4	9.5	9.5	9.5	9.5
QAT	卡塔尔	5.9	6	6.1	6.1	6.1	6.2	6.2	6.3	6.4	6.4	6.5	6.5	6.7	7	7	7	7
RUS	俄罗斯	9.2	9.2	9.2	9.2	9.2	9.2	9.3	9.3	9.4	9.3	9.3	9.3	9.3	9.4	9.4	9.4	9.4
RWA	卢旺达	3.9	3.7	3.9	3.6	3.7	3.5	3.7	3.7	3.7	3.9	4	3.9	4	4.2	4.4	4.5	4.6
KNA	圣基茨和尼维斯	4.1	4.1	4.1	4	4	3.9	4	4.1	4.2	4.4	4.3	4.2	4.3	4.5	4.6	4.6	4.5
LCA	圣卢西亚	4.6	4.5	4.4	4.4	4.3	4.3	4.2	4.1	4.1	4.2	4	4	3.9	4	4	4.1	3.9
VCT	圣文森特和格林纳丁斯	4.4	4.1	4.1	4.1	4	3.7	3.8	3.8	3.8	3.6	3.5	3.6	3.3	3.6	3.6	3.7	3.5

代码	国家/关境名称	1998	1999	2000	2001	2002	2003	2004	2005	2006	2007	2008	2009	2010	2011	2012	2013	2014
WSM	萨摩亚群岛	3.5	3.6	3.3	3.2	3.2	3.4	3.6	3.7	3.5	3.6	3.8	3.8	3.9	3.8	3.4	3.5	3.9
STP	圣多美和普林西比	2.7	3.2	3.4	3.5	2.7	2.3	2.7	2.9	2.6	2.7	2.1	2.4	2.8	2.6	2.4	1.9	2.2
SAU	沙特阿拉伯	7.7	7.7	7.8	7.8	7.8	7.8	7.8	7.9	8	8.1	8.1	8.1	8.2	8.3	8.4	8.3	8.4
SEN	塞内加尔	5.6	5.6	5.7	5.7	5.7	5.8	5.9	5.8	5.9	6	6	5.9	6	6.1	6.1	6.2	6.3
SRB	塞尔维亚	7.6	7.5	7.5	7.5	7.7	7.8	8	8	8.1	8.2	8.3	8.3	8.3	8.4	8.5	8.6	8.7
SYC	塞舌尔	4.1	4.1	4.2	4.3	4.5	4.7	4.8	4.8	4.9	4.5	4.6	4.6	4.7	4.8	4.6	4.9	5
SLE	塞拉利昂	4.5	4.4	4.5	4.4	4.7	4.6	4.6	4.1	4.4	4.8	4.9	5	5.1	5	5.1	5	5
SGP	新加坡	9.8	9.8	9.9	9.8	9.8	9.9	9.9	10	10	10	10.1	10.1	10.1	10.2	10.2	10.2	10.2
SLB	所罗门群岛	4.6	4.4	4.3	4.1	4	4	4	4	4.3	4.3	4.2	4.1	4.2	4.3	4.3	4.5	4.7
ZAF	南非	9.1	9.2	9.2	9.2	9.2	9.3	9.4	9.4	9.4	9.4	9.5	9.4	9.4	9.5	9.5	9.5	9.5
LKA	斯里兰卡	8	8	8	8	8	8.1	8.2	8.3	8.3	8.4	8.4	8.4	8.4	8.6	8.6	8.6	8.7
SDN	苏丹	5.6	5.5	5.5	5.6	5.5	5.6	5.7	5.5	5.5	5.6	5.6	5.6	5.6	5.8			
SUR	苏里南	5	5	4.9	4.8	4.9	4.8	5	5	5.1	5.3	5.2	5.3	5.3	5.5	5.4	5.5	5.7
SWZ	斯威士兰	1.1	1.1	4.8	5.3	5.8	5.9	6.1	6.1	6.2	6.1	6.1	6.1	6	5.9	5.9	5.9	5.9
CHE	瑞士	10.4	10.4	10.4	10.4	10.3	10.4	10.4	10.5	10.5	10.5	10.5	10.5	10.5	10.6	10.6	10.6	10.6
SYR	叙利亚	6.9	7	7	7.2	7.3	7.3	7.4	7.4	7.4	7.5	7.4	7.4	7.6	7.8	7.5	7	6.5
CHT	中国台北	10.7	10.7	10.7	10.7	10.7	10.7	10.8	10.8	10.8	10.8	10.9	10.8	10.9	10.9	11	11	11
TJK	塔吉克斯坦	5.5	5.4	5.4	5.3	5.3	5.5	5.5	5.4	5.5	5.4	5.5	5.4	5.4	5.4	5.3	5.2	5.1
TZA	坦桑尼亚	6	6	6	6.1	6	6.2	6.3	6.4	6.4	6.4	6.5	6.6	6.5	6.6	6.7	6.7	6.8
THA	泰国	9.8	9.9	9.9	10	10	10.1	10.2	10.3	10.3	10.4	10.4	10.4	10.5	10.5	10.6	10.6	10.6
MKD	马其顿	7.2	7.2	7.1	7	6.9	6.9	7.1	7.2	7.3	7.4	7.4	7.5	7.5	7.6	7.5	7.6	7.7
GMB	冈比亚	4.4	4.2	4.1	3.9	3.7	3.6	4	3.6	3.6	3.8	4	3.8	4.1	4	4.1	4.1	4.2
TGO	多哥	4.8	4.8	4.9	5.1	5.1	5.3	5.3	5.3	5.4	5.2	5.3	5	5	5.2	5.2	5.3	5.4
TON	汤加	2.9	3.4	3.4	3.6	3.8	3.8	3.7	3.5	3.7	3.6	3.7	3.7	3.1	3.3	2.9	3.3	3.6
TTO	特立尼达和多巴哥	6.3	6.3	6.1	6.1	6.1	6.1	6.2	6.2	6.2	6.2	6.3	6.2	6.2	6.2	6.3	6.3	6.3
TUN	突尼斯	7.7	7.7	7.8	7.9	8	8.1	8.2	8.2	8.3	8.4	8.4	8.4	8.5	8.6	8.6	8.7	8.7
TUR	土耳其	9.3	9.4	9.4	9.5	9.5	9.6	9.8	9.8	9.9	10	10	10	10.1	10.2	10.3	10.4	10.4
UGA	乌干达	4.8	4.9	5.1	5.2	5.2	5.3	5.4	5.4	5.4	5.4	5.6	5.7	5.7	5.8	5.8	5.8	6
UKR	乌克兰	8.9	8.8	8.8	8.8	8.8	8.9	9	9.1	9.2	9.2	9.2	9.2	9.2	9.3	9.3	9.3	9.3
ARE	阿联酋	8.2	8.3	8.3	8.3	8.4	8.5	8.6	8.8	8.9	9	8.9	8.9	9.1	9.2	9.3	9.4	9.4
USA	美国	11.6	11.5	11.5	11.5	11.5	11.5	11.5	11.5	11.6	11.6	11.5	11.5	11.6	11.6	11.6	11.6	11.6
URY	乌拉圭	7.9	7.8	7.8	7.7	7.5	7.6	7.7	7.9	7.9	7.9	8	7.9	7.9	8	7.9	7.9	7.9
UZB	乌兹别克斯坦	6.7	6.6	6.7	6.7	6.6	6.7	6.7	6.8	6.8	6.9	6.9	6.9	7	7	7	7	6.9
VUT	瓦努阿图	3.8	3.9	4	3.9	3.7	3.7	3.9	4.1	4.2	4.2	4.3	4.2	4.3	4.5	4.2	4.1	4.4
VEN	委内瑞拉	7.7	7.7	7.6	7.6	7.5	7.5	7.6	7.7	7.6	7.6	7.4	7.2	7.1	7	6.8	6.7	6.6
VNM	越南	8.3	8.4	8.5	8.6	8.8	8.9	9.1	9.2	9.3	9.4	9.6	9.7	9.8	9.9	10	10.1	10.2
YEM	也门	5.4	5.4	5.6	5.6	5.7	5.7	5.8	6	6	6	5.8	5.6	5.9	6	6	6	5.9
ZMB	赞比亚	5.9	5.8	5.8	5.6	5.6	5.6	5.7	5.6	5.7	5.8	5.9	5.9	5.9	6	6	6.1	6.2
ZWE	津巴布韦	7.1	7.1	7.1	7	6.8	6.8	6.8	6.7	6.7	6.7	6.5	6.4	6.4	6.4	6.4	6.5	6.5

附 录

05

chapter

附录1　数据源

数据分别来源于下列三个国际组织的数据库①：WTO 的综合关税减让表（CTS）数据库和综合数据库（IDB）、ITC 的市场准入导图（MAcMap）和贸易导图（TradeMap）数据库、UNCTAD 的贸易分析与情报系统（TRAINS）数据库，旨在获取各国/关境的最新信息。在关税表概述和关税概况的 A 部分，仅采用 2016 年或 2015 年的各国/关境已实施关税，以及 2015 年或 2014 年的进口数据。本书数据更新的最后截止日期为 2017 年 5 月 31 日。

在关税概况的 B 部分，已知的所有贸易协定可获得的数据，已包含在优惠幅度和零关税市场准入的统计当中。基于下列一个或多个原因，现已实施的某些贸易协定未被考虑在内：

（1）在本书公布前，协定文本的内容或其补充信息无法获得（或文件本身不可用）。

（2）协定文本的数据存在一些问题。例如，商品编码缺失，或者协定文本中的商品编码与该国/关境已实施 MFN 关税的商品编码无法对应。或者

（3）在一国/关境将相关信息上传 MAcMap 数据库后，协定文本才生效（在这种情况下，该数据库数据下次更新时，协定文本的信息将被录入到数据库中）。

读者要了解各个数据库全部内容的更详细信息，可以查阅下列相关网站或文献：

ITC	市场准入导图（MAcMap）	www. macmap. org
	贸易导图（TradeMap）	www. trademap. org
UNCTAD	贸易分析与情报系统（TRAINS）	www. unctad. org/trains wits. worldbank. org
UN（联合国）	商品贸易统计数据库（COMTRADE）	comtrade. un. org
WTO	综合关税减让表（CTS）	tdf. wto. org or tao. wto. org
	综合数据库（IDB）	tdf. wto. org or tao. wto. org

① 有关已报送给 WTO 的区域贸易协定信息可查阅网站 http：//rtais. wto. org。

表 5-1 数据可用性

国家/关境	关税			进口（最近一年；2015 年或 2014 年）①		
	约束关税	已实施 MFN 关税及优惠关税（最近一年；2016 年或 2015 年）①		税号数据		HS 六位子目
		WTO	ITC	WTO	ITC	COMTRADE
阿富汗	×					
阿尔巴尼亚	×	2016	2016			2015
阿尔及利亚		2016	2016		2015	
安哥拉	×	2015	2016		2015	
安提瓜和巴布达	×		2016	2014		2015
阿根廷	×	2016	2016	2015		
亚美尼亚	×		2016		2015	
澳大利亚	×	2016	2016	2015		
阿塞拜疆			2015			2015
巴哈马			2016		2015	
巴林	×		2016		2015	
孟加拉国	×		2016			2015
巴巴多斯	×					
白俄罗斯			2016			2015
伯利兹	×	2016	2016	2015		
贝宁	×	2016	2016	2015		
不丹			2015			
玻利维亚	×	2016	2016	2015		2015
波黑			2016			2015
博茨瓦纳	×	2016	2016	2015		
巴西	×	2016	2016	2015		
文莱	×	2016	2016	2015		
布基纳法索	×	2016	2016			2015
布隆迪	×	2016	2016	2015		2015
佛得角	×	2015	2015	2015		
柬埔寨	×	2016	2016		2015	
喀麦隆	×					
加拿大	×	2016	2016	2015		
中非共和国	×		2016		2015	
乍得	×		2016			
智利	×	2016	2016	2015		
中国	×	2015	2016	2015		
哥伦比亚	×	2016	2016	2015		
科摩罗			2015			
刚果（布）	×		2015		2014	
库克群岛			2016			
哥斯达黎加	×	2016	2016	2015		
科特迪瓦	×	2016	2016	2014		2015
古巴	×	2016	2016	2014		
刚果（金）	×	2015	2015			
吉布提	×					
多米尼加	×	2015	2016			
多米尼加共和国	×	2016	2016	2015		2015

① 有些国家/关境表列时间段的数据不可用，因为这些数据不完整、不连贯，就其贸易统计数据而言，没有相应的关税数据。

国家/关境	关税			进口（最近一年；2015 年或 2014 年）		
	约束关税	已实施 MFN 关税及优惠关税（最近一年；2016 年或 2015 年）		税号数据		HS 六位子目
		WTO	ITC	WTO	ITC	COMTRADE
厄瓜多尔	×		2016		2015	
埃及	×	2016	2016	2015		
萨尔瓦多	×	2015	2015	2014		2015
埃塞俄比亚			2015		2015	
欧盟	×	2016	2016	2015		
斐济	×	2015	2015	2015		
加蓬	×		2016			
冈比亚	×					
格鲁吉亚	×	2016	2016	2015		
加纳	×		2016			
格林纳达	×		2016			
危地马拉	×		2015	2014		2015
几内亚	×					
几内亚比绍	×					
圭亚那	×		2016		2015	
海地	×	2016	2016	2014		
洪都拉斯	×		2015		2015	
中国香港	×	2016	2016	2015		
冰岛	×	2016	2016		2015	
印度	×	2016	2016	2015		
印度尼西亚	×	2016	2016	2015		
以色列	×	2016	2016	2015		
牙买加	×	2016	2016	2015		
日本	×	2016	2016	2015		
约旦	×	2016	2016	2015		2015
哈萨克斯坦	×	2016	2016	2015		
肯尼亚	×	2016	2016		2014	
韩国	×	2016	2016	2015		
科威特	×		2016		2015	
吉尔吉斯斯坦	×		2016	2014		2015
老挝	×		2016			
黎巴嫩			2016		2014	
莱索托	×	2016	2016		2014	
利比里亚	×					
中国澳门	×	2016	2016	2015		
马达加斯加	×	2016	2016		2015	
马拉维	×	2015	2016	2015		
马来西亚	×	2016	2016			2015
马尔代夫	×					
马里	×	2016	2016			
毛里塔尼亚	×		2015	2014		
毛里求斯	×	2016	2016	2015		
墨西哥	×	2016	2016	2015		

国家/关境	关税			进口（最近一年；2015 年或 2014 年）		
	约束关税	已实施 MFN 关税及优惠关税（最近一年；2016 年或 2015 年）		税号数据		HS 六位子目
		WTO	ITC	WTO	ITC	COMTRADE
摩尔多瓦	×	2016	2016	2015		
蒙古	×	2016	2016	2015		
黑山	×	2016	2016	2015		
摩洛哥	×	2016	2016		2015	
莫桑比克	×	2016	2016	2014		2015
缅甸	×		2015			
纳米比亚	×	2016	2016	2014		2015
瑙鲁			2016			
尼泊尔	×	2016	2016	2015		
新西兰	×	2016	2016	2015		
尼加拉瓜	×	2016	2016	2015	2015	
尼日尔	×	2016	2016	2015		
尼日利亚	×		2016	2014		
挪威	×	2016	2016	2015		
阿曼	×		2016		2015	
巴基斯坦	×	2016	2016	2015		
帕劳			2016		2015	
巴拿马	×	2015	2015	2015		
巴布亚新几内亚	×					
巴拉圭	×	2016	2016	2014		2015
秘鲁	×	2015		2015		
菲律宾	×	2016	2016	2015		
卡塔尔	×	2016	2016	2014	2015	
俄罗斯	×	2016	2016		2015	
卢旺达	×	2016	2016	2015		
圣基茨和尼维斯	×		2016			
圣卢西亚	×	2015	2016		2014	
圣文森特和格林纳丁斯	×		2016			2015
萨摩亚群岛	×		2016	2014	2015	
圣多美和普林西比			2016			2015
沙特阿拉伯	×	2015	2015	2014		2015
塞内加尔	×	2016	2016	2015		
塞尔维亚			2016		2015	
塞舌尔	×	2016	2016	2015		
塞拉利昂	×					
新加坡	×	2016	2016	2015		
所罗门群岛	×		2016			2015
南非	×	2016	2016	2015		
斯里兰卡	×	2015	2015	2015		2015
苏里南	×					
斯威士兰	×	2016	2016		2015	
瑞士	×	2016	2016	2015		
中国台北	×	2016	2016	2015		

国家/关境	关税			进口（最近一年；2015 年或 2014 年）		
	约束关税	已实施 MFN 关税及优惠关税（最近一年；2016 年或 2015 年）		税号数据		HS 六位子目
		WTO	ITC	WTO	ITC	COMTRADE
塔吉克斯坦	×		2016			
坦桑尼亚	×	2016	2016			2015
泰国	×	2015	2015	2014		2015
马其顿	×	2016	2016		2015	
东帝汶			2016			
多哥	×	2016	2016	2015		
汤加	×	2016	2016	2015		
特立尼达和多巴哥	×					
突尼斯	×	2016	2016		2015	
土耳其	×	2015	2016		2015	
乌干达	×	2016	2016	2015		
乌克兰	×	2016	2016	2015		
阿联酋	×	2015	2016			2015
美国	×	2016	2016	2015		
乌拉圭	×		2016		2015	
乌兹别克斯坦			2015			
瓦努阿图	×		2016			
委内瑞拉	×	2015	2016			
越南	×	2016	2016			2015
也门	×	2016	2016		2015	
赞比亚	×	2016	2016	2015		
津巴布韦	×	2016	2016	2015		

附录 2 常见问题

1. 《世界关税概况》是如何选取研究对象国的?

每一期《世界关税概况》均把所有 WTO 成员和一些在基准年份可获得已实施关税数据的国家/关境包含其中。非 WTO 成员是否包含其中，则要视每一期的内容而定，取决于在基准年份能否获得其已实施关税的数据。所有 WTO 成员均包含在每一期中。

2. 为什么某些 WTO 成员没有已实施 MFN 关税的相关数据?

约束关税的数据可从 WTO 的法律文件中获得。与此不同的是，已实施关税的数据要么源自各个成员向发送 WTO 的通知，要么源自与 WTO 合作开展研究的两个机构——ITC 或 UNCTAD 的数据库。每一期《世界关税概况》均采用两个基准年份（一般是最近两年）的各国/关境的已实施 MFN 关税数据。例如，《世界关税概况（2017 年版）》采用的是 2016 年的已实施 MFN 关税数据。如上述数据不可得，则采用 2015 年的数据。如果上述三个机构的数据库中都没有相关数据，则已实施关税一栏的统计数据为空。

3. 为什么农产品的约束关税覆盖率一栏没有统计数据?

在“乌拉圭回合”关税谈判中，所有成员均应约束所有农产品的关税。因此，所有农产品的约束关税覆盖率均设定为 100%。

4. 当存在非从价税时，平均关税如何计算?

当一国/关境的税则中包含非从价税时，应尽可能地将其换算成从价税等值，换算方法详见《世界关税概况（2006 年版）》的技术附录 B。需要注意的是，如果有些非从价税过于复杂，则必须获得非现成的其他数据才能计算从价税等值。例如，用“9 + EA max 18.7 + AD S/Z”表示的关税。在这种情况下，该非从价税不得计入平均关税的指标值。

5. 为什么已实施关税平均值高于约束关税平均值?（当最高的已实施关税高于最高的约束关税时就会出现上述情况）

当约束关税低于已实施关税时，意味着违反了约束关税承诺。但这不见得总是对的。在下列情况下，即使已实施关税的统计数据高于相应的约束关税统计数据，也并不意味着违反了约束关税承诺。

- 约束关税覆盖率低于 100%，而非约束产品的已实施关税较高，由此影响到已实施关税的平均值和最大值。值得注意的是，约束关税的平均值仅是基于受约束的税号进行计算的；而已实施关税平均值是基于某一版本《协调制度》所制定的全税则进行计算的。在“乌拉圭回合”期间加入 WTO 的某些成员，并未将其全税则纳入约束范围。
- 新近加入的 WTO 成员，其关税减让并未全部执行完毕。由于《世界关税概况》中呈现的约束关税统计数据为执行期限末尾的最终约束关税数据，因此，已实施关税仍有可能高于约束关税。
- 约束关税减让表和已实施关税税则是基于不同版本的《协调制度》设定的。对于每一个 WTO 成员而言，本书所采用的是基于最新版本《协调制度》的已经确认或认可的约束关税数据。例如，在“乌拉圭回合”期间加入的 WTO 成员，其最初的约束关税减让表是基于 1992 年版《协调制度》设定的。而在实践中，WTO 成员的已实施关税所采用的《协调制度》一般都是最新版本。为使约束关税与已实施关税的信息保持一致，需定期对关税减让表进行转换，使之适应最新版本的《协调制度》。但是，采用不同版本的《协调制度》对减让表进行更新必须得到其他所有 WTO 成员的认可，以确保关税减让表的转换并未造成关税减让的任何变化。对基于更新版本《协调制度》的减让表的这一确认程序通常需要花费较长的时间。因此，与已实施关税所采用的《协调制度》相比，约束关税往往采用较旧版本的《协调制度》。尽管采用不同版本的《协调制度》不会改变各成员的承诺，但会影响到汇总统计数据，因为不同版本的《协调制度》在 HS 子目细分上存在差异。
- 即使是采用同一版本的《协调制度》，各国/关境税则针对约束关税和已实施关税的税号拆分也会有所不同，因此会对平均值的计算造成影响。举个简单的例子（如下表所示），已实施关税的列目较约束关税更细，因此造成了即便没有违反约束关税承诺，已实施关税的平均值也会高于约束关税。

2012 年版《协调制度》子目 0810. 90 项下的约束关税和已实施关税（番石榴、芒果和山竹，鲜或干的）

约束关税			已实施关税		
编码	商品描述	税率（%）	编码	商品描述	税率（%）
0810. 90. 10	芒果	10	0810. 90. 11	鲜芒果	10
			0810. 90. 19	干芒果	9
0810. 90. 90	番石榴和山竹	5	0810. 90. 90	番石榴和山竹	5
	平均税率	7. 5		平均税率	8

● 当由于《协调制度》目录变化而导致采用不同的单价时，从价税等值也会对约束关税与已实施关税的比较带来影响。从价税等值的计算方法请参阅《世界关税概况（2006 年版）》的技术附录 B。

● 某些 WTO 成员在“其他税费”（ODCs）方面已作出承诺，其在已实施关税方面的可获得数据中也许包含了“其他税费”，这时是无法将其从进口关税中剔除的。

6. 为什么所计算的一国/关境关税水平的简单平均值与《世界关税概况》中所列的数值不同?

● 由于非从价税的存在，《世界关税概况》所计得的从价税等值会有别于通过其他方法计得的从价税等值。

●《世界关税概况》采用的是两步平均法。第一步，先计算同一 HS 六位子目项下所有本国/关境税号关税的平均值，然后再计算所有 HS 子目关税的平均值。由此可最大限度地减少因同一 HS 子目项下拆分不同本国/关境税号而造成的差异。第二步，采用同一版本《协调制度》的各方可按相同数量的 HS 子目，计算各国/关境关税的平均值或者各个商品部类或产品组的关税平均值。

7. 为什么某国/关境上一年已实施关税没有变化，但关税平均值却有变化?

● 由于非从价税的存在，《世界关税概况》所计得的从价税等值会有所不同，因为每一期所采用的进口基准年份会作更新。

● 即使税则中不存在非从价税，但由于某种原因税则税号列目发生了变化，每项产品的已实施税率保持不变也是有可能的。下面仍以 HS 子目 0810. 90 为例，因税则税号的不同，造成该 HS 子目项下的关税平均值发生变化。

第一年的已实施关税			第二年的已实施关税		
编码	商品描述	税率（%）	编码	商品描述	税率（%）
0810. 90. 10	芒果	10	0810. 90. 11	鲜芒果	10
			0810. 90. 19	干芒果	10
0810. 90. 90	番石榴和山竹	5	0810. 90. 90	番石榴和山竹	5
	平均税率	7. 5		平均税率	8. 3

8. 为什么最大值要用斜体标注?

根据基期产品的单价不同，基于从价税等值计算的最大值也会有所不同。为了将基于从价税的最大值与基于从价税等值的最大值区分开来，基于从价税等值的最大值用斜体表示。

9. 为什么同一年的已实施关税会在连续两期《世界关税概况》中出现?

在每一期《世界关税概况》中，编者都会采用两个基准年份（通常是选取能够获得数据的最近两年）的已实施 MFN 关税作参考。对于相邻的每两期《世界关税概况》，在其基准年份中总会有一年重叠。例如，《世界关税概况（2017 年版）》中关税数据的基准年份为 2015 年和 2016 年，而《世界关税概况（2016 年版）》中关税数据的基准年份为 2014 年和 2015 年。如果在编制《世界关税概况（2016 年版）》时，X 国/关境 2015 年的关税数据可用，则采用 2015 年的数据；如果在编制《世界关税概况（2017 年版）》时，X国/关境2016年的关税数据在各个数据库中均不可得，则只能再次使用2015年的数据。

10. 为什么同一年的已实施关税在连续两期《世界关税概况》中的统计数据会有所不同？

统计数据有所不同，可能是因税则中有非从价税而引起的。每一期《世界关税概况》中，在计算从价税等值时会采用不同基准年份的进口数据，因此从价税等值会有所不同。

另一个原因可能是相关国家/关境对其先前在相关年份提交的数据作了修正。

11. 为什么约束关税的统计数据与上一期《世界关税概况》中公布的数据不同？

理论上，约束关税是不可能发生变化的，除非对WTO成员所作承诺进行了重新谈判。因此，最直观的解释是，这一年中该国/关境就其部分或全部承诺重新进行了谈判。

但也可能有其他原因。因为即使其承诺没有变化，部分汇总的统计数据也会发生变化。其中一个原因是其约束关税减让表中存在非从价税。每一期《世界关税概况》中，在计算从价税等值时会采用不同参考年份的进口数据，因此从价税等值会有所不同。

另一个原因是采用了最新版本《协调制度》制作关税减让表。详细说明请参阅对问题“为什么已实施关税平均值高于约束关税平均值”的解答。

12. 某国/关境主要从与其签订自由贸易协定的国家/关境进口货物且进口税为零，为什么其贸易加权平均值远高于预期？

“国家/关境关税概况”中PartA. 1所示的贸易加权平均值，是基于进口总值加权的已实施MFN关税，并未考虑到适用于某些贸易伙伴的非MFN关税（大多数为优惠关税）。实际上，该贸易加权平均值假设所有进口货物都是按MFN税率征税的。

13. 在Part B中，某国/关境出口货物到另一国/关境，并未像优惠幅度和零关税两栏所反映的那样享受到优惠，而实际上该国/关境出口的货物享受到了优惠税率，为什么？

在Part B中，计算市场准入统计数据时，需要每个进口市场或进口方提供适用于其每个进口贸易伙伴的非MFN关税制度的充分信息。但有些国家/关境未就非MFN关税或其他优惠关税信息向WTO发送通知，或者这些信息无法从相关数据库中采集到。相关统计数据只能基于可采集到的各个市场的非MFN关税数据进行计算。

14. 如何才能获取EXCEL版本的“国家/关境关税概况表”，以及先前发布的《世界关税概况》的概述表？

目前，还无法通过网络获取这些表格。但可以向WTO市场准入情报处提出查询申请，发送邮件至mai@wto.org，注明需要查询哪一期《世界关税概况》中的数据。

附录 3 《世界关税概况（2006 年版）》技术附录 B

1. 关税合计方法及其含义

（1）为何需要合计？

统计的主要工作是对微观信息（调查结果、行政管理或商务相关数据）进行分析和描述，从中获得有助于管理的宏观信息。研究者们开发了各种描述性统计、指数和工具，旨在提炼和识别基础数据集的具体特征。

任何有意义的统计分析都要以可比较和可合计的统计单位为基础，这是十分重要的。不同层级的合计必须保持一致，以便将较低层级的数据"加总"成为较高层级的合计数据。因此，测量单位十分关键。许多经济统计数据直接通过其商业价值即可进行比较和加总。例如，进出口时，海关根据每宗交易的价值（以本币计算）、货物数量单位（如重量），连同其他各种指标，即可对进出口进行统计。通过将不同生产部类、来源地、目的地或仅将某个国家/关境、某个地区乃至全世界的总贸易额加总，即可计算进出口总值，因其所使用的测量单位为货币单位，其汇率可使用市场导向的转换系数进行换算。但在数量统计上采用同样的换算方法就不太不可行，因为不同商品所采用的计量单位各不相同。有些可换算为公分母，有些则不能。当测量单位难以合计时，就需要采用加权方法和转换系数。这意味着，需要将不可直接比较的测量数据转换成统一的换算单位。

（2）关税的特殊性

关税通常是根据各国/关境税则税号项下的从价税税率来计算的①。这些税号按国际公认的《协调制度》目录进行拆分，将商品范围用 HS 六位编码加以界定。为满足境内需要，各国/关境税则目录的各个税号所涵盖的商品范围并不相同。每个税号项下的商品要么有大量进口，要么仅有少量进口，甚至没有进口。这取决于税号的拆分情况；关税水平；在给定价格条件下，税号项下所涵盖的商品在境内的实际需求；非关税措施。

因此，必须采用一些等效化或标准化加权方法，以得到有意义的关税合计数据。这并不意味着只能有一套最佳权数集。基于不同目的，通常可以采用不同的加权方法，并且应当采用最合理的加权方法。

跨境间的比较也值得关注。尽管许多基于各国/关境内部标准的统计方法在满足其内在需求时十分奏效，但可别忘了，即使站在一国/关境的角度看，国际间比较也是十分重要的。

（3）《协调制度》目录

几乎所有国家/关境的税则都是以 WCO 主导的《协调制度》为基础进行编制的。WCO 的成员方大多也是 WTO 的成员方，均认同采用《协调制度》的产品分类作为其国际标准分类目录。《协调制度》的产品分类被拆分为类、章、品目和最为具体的子目（HS 六位编码）。《协调制度》的产品分类结构严谨，并辅以归类总规则和注释，以确保统一归类。HS 六位编码是在《协调制度》的前身《海关合作理事会税则商品分类目录》（CCCN）的四位编码基础上扩展而成的，并于 1992 年、1996 年、2002 年和 2017 年进行了修订。

（4）各国/关境税则的税号拆分

为满足境内需要，各成员方通常会将 HS 六位标准目录拆分为更具体的税号（8～10 位或者更多），以便于海关归类。因此，人们会发现各国/关境海关使用的税号数目及其商品描述各不相同。这在关税表概述中展现无遗。尽管如此，大多数国家/关境的税则税号数目不会超过 10000 个，不到国际标准数量 5224 条（2002 年版《协调制度》）的两倍。

（5）常用的合计方法

《世界关税概况（2006 年版）》采用了四种合计方法，其中两种方法仅基于关税，另外两种方法还考

① 关税可以是从价税，即按进口价的百分比计征；也可以是非从价税。后者需通过特定方法进行换算，详见本附录"非从价税的估算方法"部分。后续分析中假设所有关税均按从价税计征。

5 附录

虑了贸易加权。全书重点围绕 MFN 关税平均值展开讨论。所使用的符号释义如下：

T	关税税率
Ta	关税平均税率
M	申报国/关境的进口额
TRADE	外原定义的贸易份额
i	表示本国税号 i
hsj	表示 HS 标准子目 j

①方法 1：所有税号税率的简单平均值。

所有税号税率的简单平均值为最常用的指标。其定义如下：

$Ta(1) = Sum(T_i) / Count(T_i)$

不论其在经济上的重要性如何，每个税号 T_i 的权重是相同的。某一 HS 子目的相对权重取决于其拆分的税号数量与该国/关境税则总税号数的比值。由于各国/关境税则的具体税号拆分情况不同，每个国家税号税率的简单平均值会有差异。

②方法 2：基于预合计的税号税率的简单平均值。

该项指标与前项指标略有不同，使用《协调制度》标准分类目录的 HS 六位子目作为计算基础。其定义如下：

$Ta(2) = Sum(T_{hsj}) / Count(T_{hsj})$

其中，$T_{hsj} = Sum(T_i) / Count(T_i)$，是子目 hsj 的平均关税税率。

该项指标旨在使每个 HS 六位子目在全部税号的关税平均值中获得相同的权重。反过来，这又可确保在进行跨境数据分析时采用相同的权重。因为，对所有国家/关境而言，其 HS 六位子目的数量是相同的。因此，不论某一 HS 六位子目项下拆分了多少个税号，或者各国/关境税则的总税目数是多少，就同一 HS 六位子目而言，其权重是相同的。

③方法 3：进口贸易加权平均关税税率。

通过将实际贸易流纳入计算当中，可将经济加权值与税号税率相结合，由此可使计算完全不受相关子目拆分的影响。其定义如下[①]：

$Ta(3) = Sum(T_i \times M_i) / Sum(M_i)$

其中，M_i = 关税税率 T_i 所对应货物 i 的进口额。

贸易加权平均值为每一进口价值单位的关税平均税率，一般低于简单平均值，因为相较于低关税商品，高关税商品通常对进口商缺乏吸引力。高关税使进口发生扭曲，由此拉低贸易加权关税平均税率。一般认为，该方法不能真实反映贸易保护水平，但可用于评估关税税率变化给税收带来的影响。

在相关税号项下贸易流数据缺失的情况下，可采用更容易获得的 HS 六位子目的贸易流作为近似值。此时必须依靠 HS 六位子目平均税率的初始预合计值（与方法 2 相似），然后用 HS 六位子目的贸易流进行计算。该方法可能会导致计算结果偏高，因为在某一子目项下，税率较低的税号可能占据更大的贸易流比例份额。

④方法 4：采用标准权重计算贸易加权关税平均值。

为矫正采用一国/关境自身进口值所带来的偏差，可以采用以能够典型反映其他国家/关境出口利益及/或能力的贸易流为基础建立的一套标准权重指标。由于其他国家/关境的贸易与进口方的贸易一般是基于税则目录的不同税号进行统计的，标准权重指标只能基于 HS 六位子目进行定义。因此，必须在 HS 六位编码一级先进行预合计，然后再采用加权方法进行计算（如方法 2 所示）。

采用标准权重计算的贸易加权关税平均值定义如下：

$Ta(4) = Sum(T_{hsj} \times TRADE_{hsj}) / Sum(TRADE_{hsj})$

---

① 另一种计算方法是用所征收的关税除以进口值。这将把现行的所有税收优惠措施及例外情况涵盖其中，能更好地反映税收变化情况。但另一方面，当某些商品以优惠税率进口时，这种方法无法对 MFN 关税的平均值进行评估。

其中，$TRADE_{hsj}$ =HS 子目 hsj 的标准贸易权重。

加权方法的选择至关重要，且会对计算结果产生显著影响。例如，如果要评估发达国家市场针对发展中国家出口方的贸易保护效应，可以采用后者的出口结构作为加权方法。但是仍需注意两点：一是如果该出口结构是基于所有发展中国家出口值的简单加总，通常仅需反映 5~10 个主要出口国的出口结构即可，而不需要列出大多数发展中国家的出口结构；二是发展中国家的出口结构大多受到现行贸易优惠制度的制约，因此无法反映其真实的贸易潜力。

（6）比较

为阐明采用不同国家/关境税则目录和不同合计方法对平均值的计算结果可能产生的影响，编者制作了一个小的虚拟范例表（见表 5-2）。该表内含四个细表，基于一个只有 5 个编码的标准目录制得，显示在 j 列；i 列显示是否进一步拆分了本国子目。这两列用于展示 HS 六位子目和本国子目拆分间的关系。该表旨在展示 HS 六位子目对应各国/关境税则税号拆分的情况。其中，细表 A 列出了根据 HS 标准拆分的 5 个税号的情况。细表 B 列出了同一 HS 标准组别项下有拆分税号但税率相同的情况。细表 C 的税号拆分与细表 B 相同，其 HS 六位子目的平均税率也相同，但各个税号项下的关税保护水平不一。细表 D 与细表 C 具有相同的关税保护水平，但 j 列的 20、30 项下的低税率税号分别合并为一个税号。在 5 个标准税号一级，进口结构是一致的，但细表 B 展示得更详细。此外，还有一列展示标准贸易权重的情况。

表 5-2　虚拟范例表

细表 A					细表 B					标准权重
税号		关税税率	预合计	进口	税号		关税税率	预合计	进口	
j	i	T	T_{hs}	M	j	i	T	T_{hs}	M	TRADE
10	0	10	10	200	10	1	10	10	50	20%
					10	2	10		150	
20	0	20	20	100	20	1	20	20	50	10%
					20	2	20		20	
					20	3	20		30	
					20	4	20		0	
30	0	10	10	1000	30	1	10	10	500	20%
					30	2	10		100	
					30	3	10		400	
40	0	0	0	500	40	0	0	0	500	10%
50	0	5	5	400	50	0	5	5	400	40%

细表 C					细表 D					标准权重
税号		关税税率	预合计	进口	税号		关税税率	预合计	进口	
j	i	T	T_{hs}	M	j	i	T	T_{hs}	M	TRADE
10	1	15	10	50	10	1	15	10	50	20%
10	2	5		150	10	2	5		150	
20	1	10	20	50	20	1	10	30	100	10%
20	2	10		20						

续表

细表 C					细表 D					标准权重
税号		关税税率	预合计	进口	税号		关税税率	预合计	进口	
j	i	T	T_{hs}	M	j	i	T	T_{hs}	M	TRADE
20	3	10		30						
20	4	50		0	20	4	50		0	
30	1	5	10	500	30	1	5	12. 5	900	20%
30	2	5		400						
30	3	20		100	30	3	20		100	
40	0	0	0	500	40	0	0	0	500	10%
50	0	5	5	400	50	0	5	5	400	40%

表 5-3 中的汇总统计数据展示了将四种统计方法用于四个细表所得出的计算结果。尽管细表 A 与细表 B、细表 C 与细表 D 的关税保护水平一致，但两组细表中得出的汇总统计数据却不尽相同。只有采用方法 3 在两组细表中得出的计算结果是相同的。事实上，基于税号统计的进口贸易加权平均值在出现各国/关境税则税号拆分时仍维持不变，因为贸易加权弥补了各国/关境税则目录的变化。而且，这样得到的平均值会偏低，因为低税率一般会吸引更多进口①。采用方法 2 和方法 4 在细表 A、细表 B、细表 C 中得出了相同的结果，因为在 5 个标准税号一级，其平均值是相同的。这些方法在分析各国/关境税则目录税号拆分变量方面非常实用。

表 5-3　不同合计方法的统计数据汇总

方法	细表			
	A	B	C	D
简单平均	9. 00	12. 27	12. 27	13. 75
基于预合计的简单平均	9. 00	9. 00	9. 00	11. 50
进口贸易加权	7. 27	7. 27	5. 00	5. 00
标准贸易权重	8. 00	8. 00	8. 00	9. 50

表 5-4 以一些国家/关境的现行税则为例，阐明不同的平均值计算方法会得出不同的结果。表中显示了在一些极端情况下，采用方法 1 和方法 2 计得的关税平均值②。只要审视整个示例就会发现，就大多数国家/关境而言，基于税号（方法 1）计得的平均值会高于基于 HS 六位子目预合计（方法 2）计得的平均值。有超过 40 个国家运用方法 1 得出的计算结果高出方法 2 超过一个百分点；只有 5 个国家（均是拉丁美洲国家）运用方法 1 得出的计算结果低于方法 2 超过一个百分点。数据显示，平均而言，相较于保护力度较小的商品部类，保护力度更大的商品部类的税号拆分更细。

① 尽管关税相对较高，但某些出口商会专门出口高附加值产品。
② 简单平均值更方便计算，比贸易加权平均值更为常用。

表 5-4 选定国家/关境平均关税的差别

国家/关境	年份	所有产品的平均关税		差数
		方法 1	方法 2	
瑞士	2006	13.4	7.6	5.7
突尼斯	2006	31.8	26.8	5.0
挪威	2006	12.4	8.6	3.8
乌拉圭	2006	9.2	10.6	-1.4
巴西	2006	10.6	12.3	-1.7
巴拉圭	2006	8.1	9.9	-1.8

《世界关税概况（2006 年版）》采用方法 2 作为关税表概述和国家/关境关税概况的主要计算方法。此外，基于 HS 六位子目预合计的贸易加权平均值在国家/关境关税概况的 Part A.1 部分予以呈现。Part B 部分的进口贸易加权平均值是基于双边税则税号项下的贸易流，结合考虑贸易优惠待遇的适用情况计得的。在双边贸易中，专注于有贸易往来的税则税号的做法是十分恰当的，且非常对口。在限制性市场准入条件缺省的情况下，这些税号正是出口方的关注点所在。MFN 关税与优惠贸易加权关税之间的税差显示优惠幅度的状况。

2. 非从价税的估算方法

各国/关境的现行税则或约束关税税率表种类繁多。大多数关税均以从价税方式，即按进口货物价值的简单百分比征收。但是有些国家/关境的部分关税，甚至相当大数量的关税是以非从价税方式征收的（分类情况见表 5-5①）。

表 5-5 非从价税术语

从量税（specific duties）	不是按进口货物的价值，而是按其重量、体积、面积等征收关税。从量税规定每单位数量征收多少货币单位的关税（例如，2 瑞士法郎/千克）。
复合税（compound duties）	按从价税加上或减去从量税征收关税（例如，10%加上 2 美元/千克；20%减去 2 美元/千克）。
混合税（mixed duties）	在上限（最高）以及/或者下限（最低）的范围内，基于一定条件，选择按从价税或从量税征收关税。
技术性关税（technical duties）	按酒精含量、糖份或进口货物的价值等复杂的技术要素加以确定（例如，8.2%加上 **T1**，其中 **T1** 是指基于农产品成份的具体计算公式）。

非从价税（NAVs）的扩散，在一定程度上源于乌拉圭回合谈判期间针对农产品的关税化进程。农产品的数量限制措施和多变的征税措施都被转换成关税及关税配额。这种关税化进程的结果就是采用从量税，常辅之以配额，而不是采用纯粹的从价关税。从价税和非从价税的共存使得对各国/关境税收概况的比较困难重重，因此需要对非从价税进行从价税等值估算。

《世界关税概况（2006 年版）》所涵括的 151 个国家/关境中，有 68 个国家/关境采用了非从价税，其中还包括多个最不发达国家。在非从价税的使用上，不同国家/关境之间天差地别。在瑞士，80%的税号按非从价税征税；在坦桑尼亚，只有 1 个税号采用非从价税。在采用非从价税的 68 个国家/关境当中，有 19 个国家/关境将非从价税用于超过 10%的农产品税号。其中，瑞士、挪威、泰国及美国的税则税号三分之一以上采用非从价税。非农产品税号较少采用非从价税，但超过 10 个国家/关境的税则中有 200 多个税号

① 参见 WTO 文件 TN/MA/S/10。

采用非从价税，瑞士、泰国、俄罗斯、印度及阿根廷位列其中。

非从价税的独特之处在于，即使采用非从价税的税号有限，但其所涉及的商品大多属于敏感商品。要么是作为各国/关境政府的重要关税收入（例如，烟酒之类），要么是为保护境内产品免受低价进口货物的损害。这就彰显了对非从价税进行分析的重要性。为了对不同商品、不同国家/关境的贸易保护水平进行比较，必须对某一国家/关境所实施的不同种类的非从价税进行“归一化”和同质化处理。

“归一化”处理的最常见做法是将各种非从价税转换成从价税等值。从价税等值是对非从价税作用于进口货物的从价税效应的估算值。须注意，从价税等值并不是完美的估算，因为只有在进口货物的价格保持不变的情况下，在给定日期，从量税的从价税等值才能维持等价①。

（1）基于单位价值（UV）的从价税等值

GATT/WTO 最常用的两种从价税等值估算方法包括实征关税除以进口值，以及基于进口值的单位价值除以进口量。

这里对实征关税法将不作深入探讨，因其实际应用与单位价值法相比有更大的局限性。特别是实征关税法要求在基准期间已发生 MFN 涉税贸易。相对来说，当没有实际贸易流及/或涉及多重优惠税率时，单位价值法运用起来比较简单。

按单位价值法，首先将进口值除以进口规模（数量），得出进口单位价值。然后，将非从价税的从量部分除以单位价值，即可计算从价税等值，其计算结果用百分比表示②。例如，进口值为 10000 美元，相应的进口量为 100 吨，则其单位价值为 100 美元/吨。10 美元/吨的从量税用所得到的单位价值表示，即可得出 10%的从价税等值。

简单从量关税的从价税等值可采用下列公式进行计算：

$$AVE = \left(\frac{SP}{UV} \times XR\right) \times 100$$

AVE：从价税等值（%）。SP：每个进口单位的关税币值。UV：进口单位价值，其中 UV = V/Q、V=进口值、Q=进口量。XR：相应汇率。

进口单位价值是计算从价税等值的关键参数。然而，不同的商品有其特定的单位价值（包括基于从各国/关境进口的或者从参照国家/关境组别进口的在税号一级或者 HS 六位编码一级的双边贸易流）可供选择。根据进口数据的可得程度及其质量，单位价值应当在税号一级进行计算。如果税号一级的数据不可得，或者不能满足一定的质量测试要求，就得采用 HS 六位编码一级的单位价值。在这种情况下，应将同一单位价值用于同一 HS 子目项下的所有税号商品。

可以按贸易伙伴逐个计算单位价值，以便捕获高质量、专业化的相关贸易流信息。也可以按国家/关境组别（基于地理位置或者人均 GDP、贸易开放度、贸易总值等经济标准确定的参照国家/关境组别）计算单位价值。此外，各国/关境参加优惠贸易协定，常常会对其贸易模式乃至进口货物单位价值的分配带来影响。

在计算单位价值前，必须剔除没有数量和价值信息的税号，因其对计算双边贸易项下的单位价值毫无用处，还会使基于从各国/关境进口的或者从参照国家/关境组别进口的数据计算的单位价值扭曲。汇率及其转换要素用以在原始数据中将每个相关国家/关境的每种商品的价值、数量及单元换算成同一单位。这些准备工作完成后，可以采用多种方法对进口方的某一给定商品 k 的单位价值进行计算：

①全球 UV 平均

该方法是基于所有（n）双边进口贸易流（i）的总和进行计算。首先将一定时期录得的进口值 V_{ik} 及

① 与之相似，当产品的价格发生变化时，从价税等值会出现偏离。人们发现，从量税对低收入国家/关境的出口存有歧视，因为这些国家/关境的生产商通常主要生产出口市场的低价和低质产品。此外，近年来许多商品价格的下降使许多最不发达国家/关境处于更加不利的地位，因为这些商品的从量税的从价税等值也相应增加。例如，当价格为 100 美元/吨时，20 美元/吨的从量税与 20%的从价税的保护水平是等值的。但是，如果价格下降到 50 美元/吨，相同的从量税则等于 40%的从价税的保护水平。

② 对于复合税，将从价部分加减，即可得出从价税等值。对于混合税，其从量部分的从价税等值取决于混合税中设定的相关条件。

进口量 Q_{ik} 加总，然后将进口值之和除以进口量之和。

$UV_k = \sum_i^n V_{ik} / \sum_i^n Q_{ik}$

该方法的缺点是高价值和高量贸易对计算结果影响较大。

②加权 UV 平均

首先计算与各国/关境的双边贸易流的单位价值，然后计算其进口加权平均值。

$$UV_k = \frac{\sum_{i=1}^{n}\left[\left(\frac{V_{ik}}{Q_{ik}}\right) \times V_{ik}\right]}{\sum_{i=1}^{n}[V_{ik}]}$$

该方法的缺点是高价值贸易对计算结果影响较大。

③简单 UV 平均

将与各国/关境的双边进口贸易流的所有单位价值加总，然后除以双边贸易流的总数。

$$UV_k = \frac{1}{n}\sum_{i=1}^{n}[V_{ik}/Q_{ik}] = \frac{1}{n}\sum_{i=1}^{n}[UV_{ik}]$$

该方法在计算单位价值的平均值时，所有单位价值被赋予相同的权重。小额贸易通常交易数量较多，且单位成本较高，如果不设置贸易额下限，会推高平均值。极端的单位价值也会对计算结果造成不适当的影响。

④UV 中间值

该方法也是基于与各国/关境的双边贸易流的单位价值，采用对极端数值不敏感的单位价值的中间值（median）。但是，在多峰结构（某一特定税号所涵盖的商品包括两个以上贸易值迥异的子项）中，采用中间值是不合适的。从地理上看，人们会发现单位价值分布存在多峰值的情况。

为了确定采用哪种方法才能计算出最为准确的单位价值，以便对从价税等值进行估算，必须对不同方法进行测试，分析其对数据中各种变量的敏感性。重要的是解读这些变量的来源，并尽可能对其作出修正。这种方法还可以对多峰值单位价值分布情况加以识别。下文将对贸易数据分析中需面对的问题进行探讨和阐析，并对《世界关税概况（2006 年版）》中计算从价税等值时，克服这些问题所采取的不同手段和方法进行介绍。

编者将对各国/关境税则中呈现的约 28000 项非从价税进行分析。对于约 15000 个税号的单位价值，将在税号一级进行计算。对于其他税号，将采用 HS 六位子目一级的单位价值。

（2）异常值的识别和剔除

人们常发现有些单位价值与样本的一般特征不相符。在与双边贸易流单位价值的总体分布情况进行比较时，此类单位价值要么“太低”，要么“太高”；此类极端数值称为“异常值”（outliers）。此类异常值有可能是小众产品（niche products）和测量误差造成的，也有可能是数据汇总过程中的报表错误造成的。由于此类异常值会对平均值的计算产生严重影响，因此必须尽可能识别它们并加以剔除。

排除此类极端的单位价值有多种方法，例如，可以将小额进口值（如低于 5000 美元）加以剔除，或者将大于或小于中间值 X 倍的单位价值加以剔除。《世界关税概况（2006 年版）》所采用的方法是，依次保留环绕中间值的单位价值，直至达到贸易总值的 90%，或者涵盖观测数据的 90%。在剔除极端数值后，所保留的序列数据必须至少包含 3 项观测数据。否则，该序列数据应忽略不计。应当在 HS 六位编码一级对相关税号的从价税等值进行计算。

为了说明这个问题，以欧盟进口的税号 04041006[①] 的下列产品为例。在剔除极端数值前，单位价值从 39 美元/吨到 111250 美元/吨，平均值为 4021 美元/吨。剔除 6 项极端数值后，单位价值下降到从 39 美元/吨到 3212 美元/吨，平均值为 1282 美元/吨，中间值为 952 美元/吨。（见表 5-6、表 5-7）

① 乳清及改性乳清，粉状、粒状或其他固体形状，未加糖或其他甜物质。按重量计蛋白质含量“氮含量×6. 38”≤15%，脂肪含量>27%。

表 5-6 UV 分布（美元/吨）

	最低 UV	四分位数 UV（Quartile UV）		最高 UV	观测数据数量
		最低值（Q_1）	最高值（Q_3）		
含异常值	39	782	2, 052	111, 250	65
不含异常值	39	769	1, 833	3, 212	59

表 5-7 显示了在含异常值和不含异常值情况下，采用前述四种方法计算得的结果。

表 5-7 采用不同方法计得的 UV（美元/吨）

	全球 UV 平均	加权 UV 平均	简单 UV 平均	UV 中间值
含异常值	1, 115	11, 994	4, 021	978
不含异常值	964	1, 281	1, 282	952

一方面，剔除极端数值可使估算的单位价值更紧凑，但另一方面，这样做也仅是部分消除与单位价值离差相关的风险。

除了识别和剔除异常值之外，双边贸易流单位价值展示了某些特性，需要采用不同的算法进行计算。其计算方法的选择很大程度上取决于双边贸易流单位价值分布的特征。在理想条件下，需要对每个样本进行透彻分析，以便更恰当地运用各种计算方法。由于需要分析的数据量很大，明智的做法是找到一种自动化计算方法。

（3）离差和不对称程度的测定

四分位数极差率（IRR）是描述数据序列离差的一种非常实用而有效的方法，是指一组数据内的最低值（Q_1）与最高值（Q_3）之间的比值（IRR = Q_1/Q_3）。这个比值越接近于 1，其离差越低且越稳定。比值低反映出数据序列所包含的单位价值具有高变异性。此外，也不允许从这种高变异数据中提取有代表性的单位价值样本。IRR 的敏感性有些是由于数据集的误差造成的，有些是由于同一税号项下存在两个以上产品类别或品种造成的。在对 HS 六位编码一级数据进行分析时，由于需要对同一 HS 子目项下的不同产品进行合计，这种现象比较常见。

编者分两级对 IRR 敏感性进行测试。第一级是 IRR>0. 5，第二级是 IRR>0. 25。在较稳定的区间，最高值（Q_3）最多是最低值（Q_1）的两倍（分别计算时前者是后者的四倍）。

据分析，税号一级的单位价值中，约 80%满足第一级敏感性测试要求（IRR>0. 25），46%满足第二级敏感性测试要求（IRR>0. 5）。如按上述做法剔除异常值，第二级敏感性测试的比例可提高到 66%。尽管 0. 5 的 IRR 值被认为过于限制且不够灵活，但其详尽的分析方法在提高可靠性方面得到了回报。如 IRR 值> 0. 5，即可认为样本是稳定的，其单位价值的中间值可作为有代表性的样本数值。

作出结论前，必须核查该中间值是否居中。核查时采用了鲍利偏度系数（BSC）。其计算公式如下：

$$BSC = \frac{(Q_3 - Q_2) - (Q_2 - Q_1)}{(Q_3 - Q_2)}$$

其数值介于-1 和+1 之间。如其中间值恰好位于四位数极差值的中间，则该数值为零。

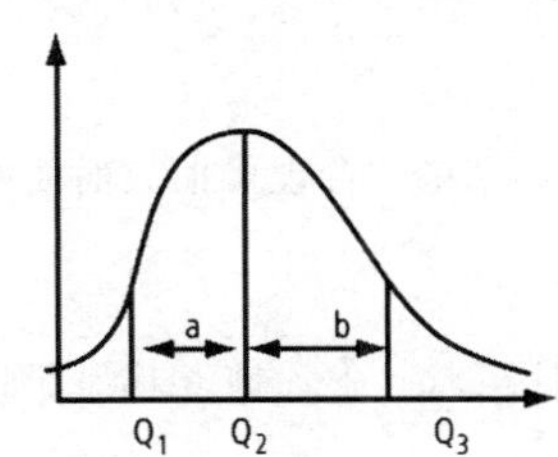

$$\begin{cases} b>a \Leftrightarrow BSC>0 \\ b=a \Leftrightarrow BSC \leqslant 0 \\ b<a \Leftrightarrow BSC<0 \end{cases}$$

80%以上税号的单位价值的 BSC 数值介于-0.5 和 0.5 之间，因而可以认为其分布是对称的。这些税号的单位价值的中间值被用于计算从价税等值（必须符合 IRR 的相关条件，且至少有 3 项观测数据可供计算）。对于其余税号，因离散度较高，须运用不同算法分开计算。

再次以欧盟进口的税号 04041006 项下的产品为例。尽管剔除极端数值后，单位价值样本的离散度已有所下降，但上述两个前提条件均未得到满足。该产品的 BSC 数值为 0.66，IRR 数值为 0.42。结果是该产品被归入“其他”产品组别，这一组别中的产品都因未满足同样的标准而未得到保留。对这些产品的单位价值，将通过其他步骤进一步识别。

综上，58%税号的单位价值满足上述两个条件，其中 42%税号的单位价值至少含有 3 项观测数据，因此这些单位价值予以保留，并被用于计算单位价值的中间值。

（4）对不合格税号数据的处理

对于那些离散度较高且明显不对称的数据序列，不能把中间值作为有代表性的单位价值，因而采用了其他解决方案。其方法是在计算平均值时应当考虑不同产品组别的情况。为此，必须确定每个数据序列中观测数据环绕聚集的中心点。其后，即可将与每一中心点相关的具有相对权重和数量的观测数据用于计算数据序列中具有代表性的单位价值的平均值。为确保算法的有效性，在已识别的数据序列中必须具有适当数量的观测数据。因此，对于所含观测数据少于 10 个的数据序列，采用了 HS 六位子目的数据进行计算①。

起始点是一个分区，其中每个区间由初始中心值［C（0，1），C（0，2）和 C（0，3）］表示。当前算法的起始值是三个四分位数：Q_1、Q_2（中值）和 Q_3。经过多轮逐次迭代，不同的观测数据与其先前重心之间的差距逐步缩小，直到梳理出一组稳定的分区②。相关数值稳定后，即可将最终分区的单位价值与其分区的相对权重和观测数据数量进行加权，以计算单位价值的平均值。

以欧盟进口的税号 04041004③ 项下的产品为例，对计算步骤加以说明。不含异常值的数据序列含有 169 项观测数据，从 54 美元/吨到 5259 美元/吨，平均值为 1348 美元/吨，中间值为 680 美元/吨。其 BSC 值为 0.63，其 IRR 值为 0.336，未设不对称和离散度条件。因其观测数据的数量大于 10，可以运用当前算法进行计算。将每项初始中心值及其观测数据的数量与其贸易权重进行加权，即可计得其单位价值的平均值为 881 美元/吨。

图 5-1 显示，经过五轮逐次迭代后，如何梳理出稳定的分区。在最后一个分区中，第一个中心值从 C（0，1）= 500 美元/吨到 C（5，1）= 547 美元/吨，涵盖 109 项观察数据和 2300 万美元贸易额。第二个中心值从 C（0，2）= 680 美元/吨到 C（5，2）= 1562 美元/吨，涵盖 39 项观察数据和 3800 万美元贸易额。第三个中心值从 C（0，3）= 1488 美元/吨到 C（5，3）= 4304 美元/吨，涵盖 21 项观察数据和 3500 万美元贸易额。采用这三项数值计得的单位价值的加权平均值为 1246 美元/吨，几乎是其中间值的两倍。

① 至少应当选取 10 项观测数据，以确保计算结果的合理可信。前面所做的敏感性分析显示，相比于 5 项阈值集观测数据，数据序列中仅丢失了 25%的数据。

② 在此过程中，类别数量逐步减少。

③ 乳清及改性乳清，粉状、粒状或其他固体形状，未加糖或其他甜物质。按重量计蛋白质含量“氮含量×6.38”≤15%，1.5%<脂肪含量≤27%。

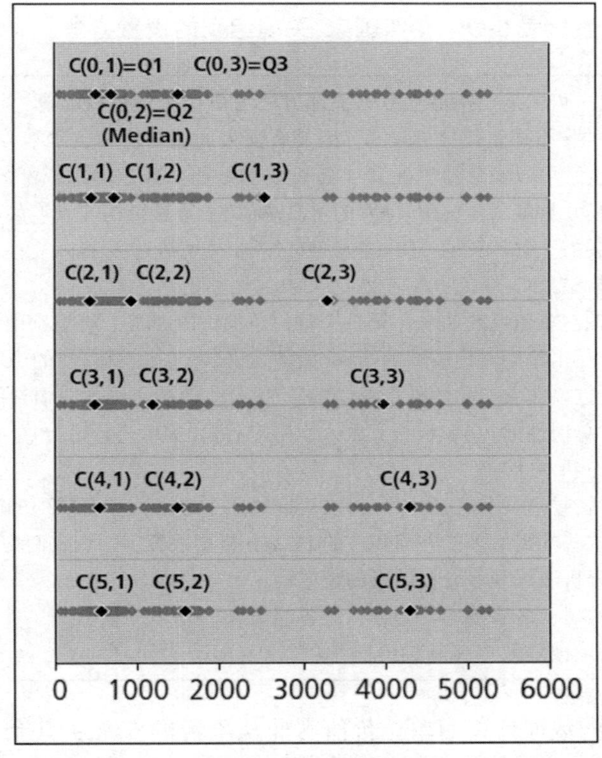

图 5-1 经逐次迭代后的数据分布情况

上述计算步骤所包含的数据序列中有 24%的序列至少包含 10 项观测数据。其余数据序列可忽略不计，可采用 HS 六位子目的数据进行计算（见表 5-8）。

表 5-8 运用单位价值法计得的税号单位价值的分布情况

方法	税号占比
中间值	42
<3 项中间值观测数据	16
算法	24
<10 项算法观测数据	18

（5）采用 HS 六位子目数据进行处理

HS 六位子目一级的国际贸易是相关子目项下所含产品组别的集合。每种产品权重的贡献率因各国/关境而异，深受其所征收关税的影响。产品的关税越高，其进口越少。这就意味着，在 HS 六位子目的集合中，产品组合是以低关税或单位价值较高的产品为主，由此导致对给定国家/关境的贸易保护水平的低估。

为了将这种内生性偏差降到最低，可使用那些具有相似经济和贸易结构的参照国家/关境组别的单位价值（参照国家/关境组别的设置方法见表 5-9）。这样一来，某一国家/关境的进口结构不再对单位价值造成影响，而是参照国家/关境组别的进口结构会对单位价值造成影响。

参照国家/关境组别一经确定，就需要对每个国家/关境组别在 HS 六位子目一级的单位价值分别加以计算。在税号一级的计算步骤（异常值、离散、对称、观测数据数量、中间值和算法）同样适用于在 HS 六位子目一级。某一 HS 六位子目项下产品及给定单元的数据序列涵盖了 2003—2005 年间参照国家/关境组别的进口总值。

表 5-9　参照国家/关境组别的设置方法

在设置参照国家/关境组别时，可以运用两种互补的统计方法对单位价值进行计算，即主成分分析法（PCA）和层次聚类分析法（HCA）这两种主要的多维探索性分析技术。因具有强大的过滤能力，阶乘分析可作为这一思路的初始步骤。通过将初集变量缩减到更小的维度，可以消除随机波动（随机波动是初始方差的组成部分）。这里运用了七种变量①。参照国家组别可帮助人们根据其贸易开放度（以 GDP 计算的贸易总值）、贸易结构（农产品和非农产品在进出口中的占比），对世界贸易的相对贡献及其以购买力平价计算的 GDP 等方面对各国/关境进行区分。 主成分分析法（PCA）的分析结果 分析中所保留的前四个阶乘轴占总惯性的 88%。第一个轴占总惯性的 47%。该组别中一边是在非农产品出口中占比较高的国家/关境，另一边是在农产品出口中占比较高的国家/关境。第二个轴占总惯性的 20%。将进口农产品、出口非农产品的国家/关境，与出口农产品、进口非农产品的国家/关境进行区分。第三个轴占总惯性的 14%，根据其贸易开放度将各国/关境区分开来。最后一个轴占总惯性的 7%，根据其收入水平对各国/关境进行区分。 层次聚类分析法（HCA）的分析结果 运用主成分分析法进行分析后，可运用层次聚类分析法对按照四个阶乘轴重新排列的数据进行分析，根据沃德法的广义准则对元素组进行聚集分类。这些准则似乎能够与相应的 PCA 分析相兼容，因为它们均基于相似的惯性概念。对具有相似轮廓的元素进行分组时，这种分析法可确保分析结果的稳定性。 通过这种分类方法生成的层次树，各层被均匀切分，但各层分离。基于该层次树，各国/关境被划分为七个组别。未纳入本附录分析范围内的国家/关境被划入“其他”组别。

采用参照国家/关境组别的数据计算的单位价值占非从价税的 57%；其余单位价值是基于世界贸易进口值进行计算。即使采用世界贸易数据进行计算，其单位价值的筛选步骤同样严格，由此计算的单位价值占非从价税的另外 2%。最终，只有 4%的非从价税无法计算其从价税等值，这是因为相关国家/关境未对计量单位给出定义，或者推行了非量化技术措施（见表 5-10）。

表 5-10　运用单位价值法计得的单位价值的总体分布情况

方法	税号占比
税号单位价值	38
HS 六位子目参照国家/关境组别单位价值	57
HS 六位子目世界贸易单位价值	2
有问题的税则	3
技术性关税	1

（6）结束语

可以采用多种方法对从价税等值进行估算。这些方法的不同计算结果取决于多种因素。具体包括所采用的产品解集水平，剔除异常值的数据预处理，在各国/关境可靠数据缺失的情况下对参照国家/关境组别或世界贸易单位价值的选择等。采用多种标准对过度离散的风险进行识别，以便取得更可信的计算结果。《世界关税概况（2006 年版）》所采用的方法着重于单位价值计算结果的稳定性，由此计算出 96%的非从价税的从价税等值。对于未能做同样处理的剩余的 4%税号，编者将予以密切关注，并将继续与各国/关境合作，以求解决与非从价税相关的问题。

图 5-2 概括了为实现获取每一国别/关境、产品和数量单元的唯一单位价值这一初始目标而采用的不同方法②。

---

① 贸易开放度、进出口总值、GDP 购买力平价、出口总值中的农产品出口占比、出口总值中的非农产品出口占比、进口总值中的农产品进口占比、进口总值中的非农产品进口占比。

② 可循相同的逻辑路径，在双边贸易层面对从价税等值进行计算。其优点是无需仅仅保留一项从价税等值。保留多项单位价值有助于强调一点，即某一税号项下可能涵盖不同品质和类型的产品。这种方法将用于新版《市场准入导图》。

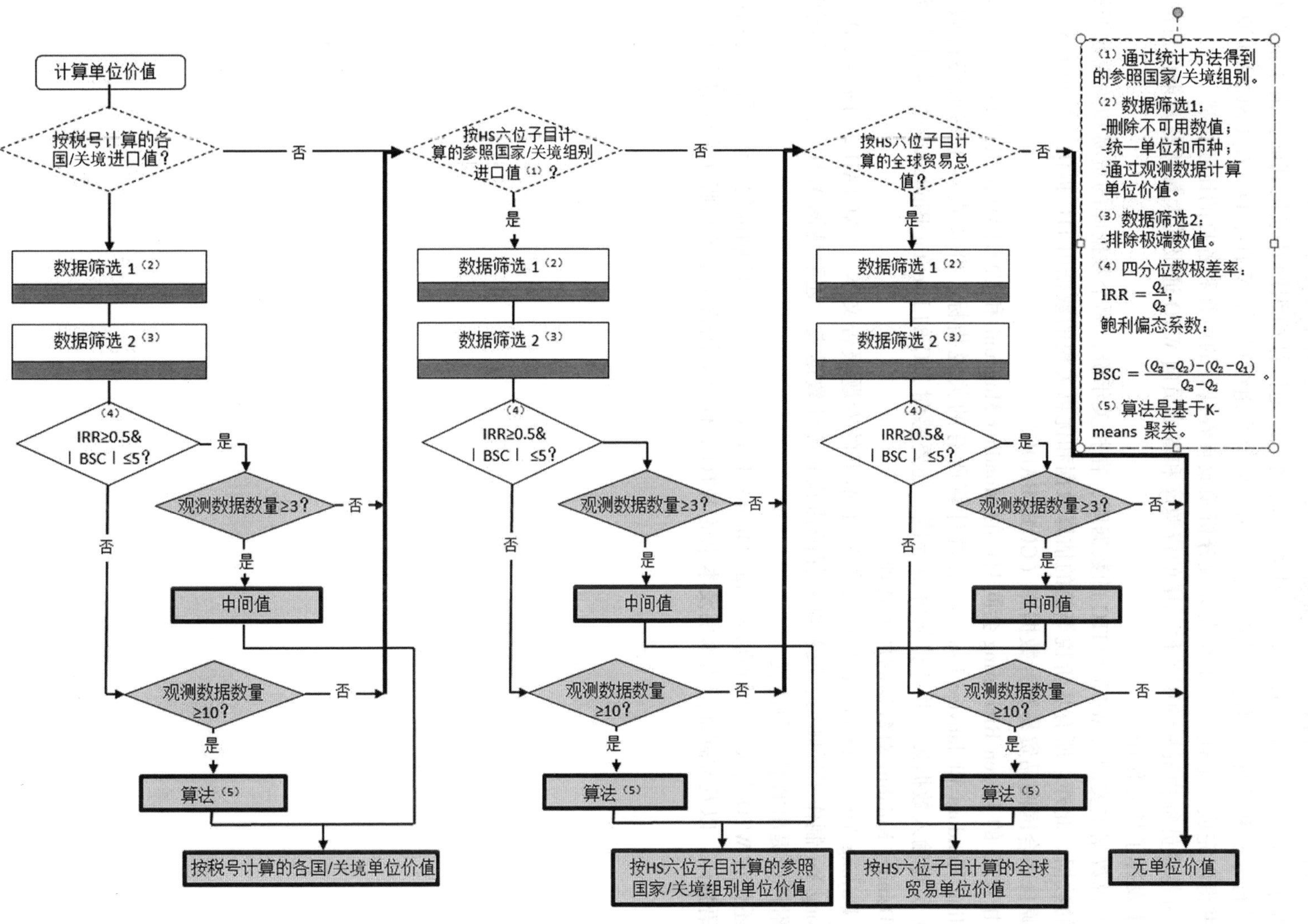

图5-2 单位价值的计算步骤